毛陽光　主編

洛陽流散唐代墓誌彙編三集

下

國家圖書館出版社

洛 陽 流 散 唐 代 墓 誌 彙 編 三 集

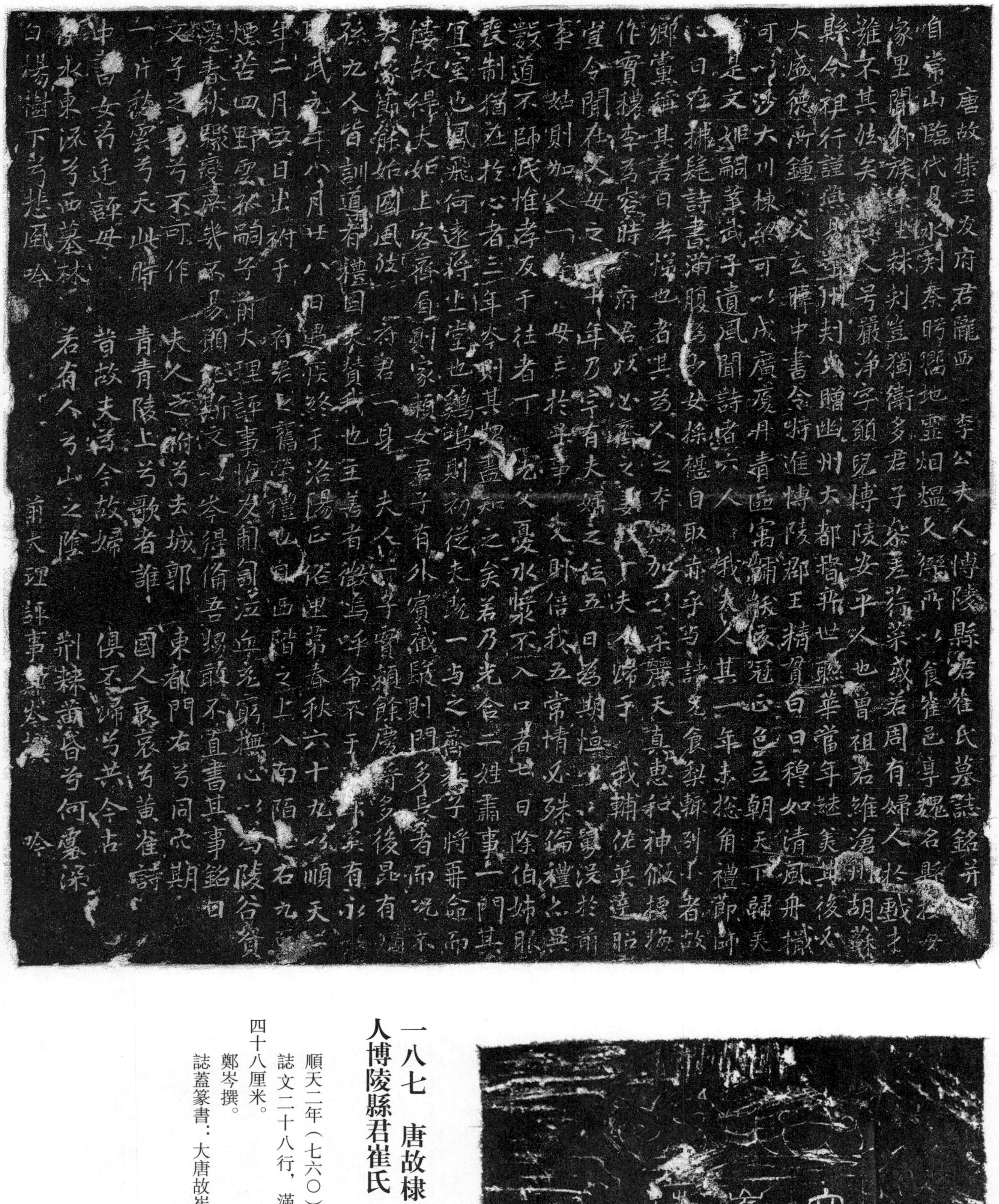

一八七　唐故棣王友府君隴西李公（昌庭）夫人博陵縣君崔氏（嚴淨）墓誌銘

順天二年（七六〇）二月五日葬。

誌文二十八行，滿行二十八字。正書兼行意。誌長、寬均四十八厘米。

鄭岑撰。

誌蓋篆書：大唐故崔夫人墓誌銘

唐故棣王友府君隴西　李公夫人博陵縣君崔氏墓誌銘并序

自常山臨代，易水刺秦，眄嚮地靈，烟煴人杰，所以食崔邑，享魏名，縣□毋家，里聞卿族。□生棘刺，豈獨衛多君子；參差荇菜，或若周有婦人。於戲才難！不其然矣。　夫人號嚴浄，字願兒，博陵安平人也。曾祖君維，滄州胡蘇縣令。祖行謹，燕、易等州刺史，贈幽州大都督。弈世聯華，當年繼美，其後必大，盛德所鍾。　父玄暐，中書令、特進、博陵郡王。精貫白日，穆如清風。舟檝可以涉大川，棟梁可以成廣厦。丹青區寓，黼黻衣冠，正色立朝，天下歸美。□是文姬嗣業，武子遺風。聞詩者六人，　我夫人其一。年未總角，禮節師心。日在拂髦，詩書滿腹。爲少女採椹，自取赤乎；與諸兄食梨，輒引小者。故鄉黨稱其善，曰孝悌也者，其爲人之本歟！加以柔麗天真，惠和神假，摽梅作實，穠李爲容。時　府君[一]以必齊之姜，故　夫人歸於　我。輔佐英達，昭宣令聞。在父母之□，十年乃字；有夫婦之位，五日爲期。恒以　舅没於前，事　姑則加人一㘞；　母亡於□，　事　父則倍我五常。情必殊倫，禮亦异數。道不師氏，惟孝友于。往者丁　先父憂，水漿不入口者七日，除伯姊服喪制，猶在於心者三年。岑則其甥，盡知之矣。若乃光合二姓，肅事一門。其宜室也，鳳飛何遠；將上堂也，鷄鳴則初。從夫既一與之齊，圂子將再命而僂。故得夫如上客齊眉，則家賴女君；子有外賓截髮，則門多長者。而况不因家節，能始國風然。　府君一身，　夫人一子。實賴餘慶，將多後昆。有嫡孫九人，皆訓導有禮，固天贊我也，主善者微。嗚呼！命不於□，年奚有永。聖武元年八月廿八日遇疾終於洛陽正俗里第，春秋六十九。以順天二年二月五日出祔於　府君之舊塋，禮也。自西階之上，入南陌之右。九□烟苦，四野雲孤。嗣子前大理評事惟友，匍匐泣血，充窮撫心。以爲陵谷貿遷，春秋驟變。庶幾不易，願紀斯文。以岑得備吾甥，敢不直書其事。銘曰：

文子之□兮不可作，夫人之祔兮去城郭。東都門右兮同穴期，一片愁雲兮夭此時。青青陵上兮歌者誰，國人哀哀兮黄雀詩。中書女兮廷評母，昔故夫兮今故婦，俱不歸兮共今古。伊水東流兮西墓林，若有人兮山之陰。荆棘黄昏兮何墓深，白楊樹下兮悲風吟。

前大理評事鄭岑撰

[一] 此府君即李昌庭，墓誌見本書一五四《大唐故朝請大夫棣王府友隴西李府君（昌庭）墓誌銘》。

一八八　唐故銀青光祿大夫恒王傅上柱國隴西縣開國侯李公（朝弼）墓誌銘

上元二年（七六一）十月十日葬。

誌文二十六行，滿行二十六字。正書。誌長、寬均五十五厘米。

李昂撰。

誌蓋正書：故隴西李府君墓誌銘

唐故銀青光禄大夫恒王傅上柱國隴西縣開國侯李公墓誌銘并序

族弟昂撰

辛丑歲七月己酉隴西李公薨。時難未已，公以疾自固，獲没於洛陽寧仁里之私第，有識者泣而志之，貴正也。嗚呼！君子達命守節，冒干戈，處饑饉，恬然不動，爲難矣。公未弱冠，遊太學而秉德脩業。成名委吏，以至於食邑終世。文行忠信，外和内剛。苞周身之防，垂不朽之裕，皆出乎其類也。凡歷官廿有四，始於武德主簿，而廉使三以狀聞。洎涇陽、長安及遺闕之任，舉才者再以能進。掾府寺、宰新豐，四爲尚書郎。遷給事中，亞尹京兆。分歷五郡，一拜宫相，三傅諸王，皆尚德也。猶金在冶，隨所施用，其不器之謂乎。公於汝鄭汲魏之日淺，而於晋之日深。晋人愛公化公，詣　闕請留，樹碑猶存，國史載之矣。公在京兆，風損右臂，而其左揮翰不异。調護曳裾，宫府穆然。起居寢食，寧或不悆。前幽都之始禍也，中州人士未有能以禮進退者，獨我公病隨亂增，心匪石轉。克復之後，本朝嘉之。開國之命，宜其是荷。公嘗曰：避地與世而鮮克，辭多受少而爲害。余則病也，非敢獨也。豈古人之分謗，將爲善□惡名耶。前年春，西軍反旆，公之疾益甚。秋夏之交，米斗萬錢。甘於藜藿，不食非義。處順而待，靡禱靡藥。饗年四百有六十甲子，反真以壽，其福善乎？夫人滎陽鄭氏，故監察御史元久之女。高識遠寄，清風不回。成公之美，實左右也。有子五人：曰儹、曰倓、曰伾、曰仿、曰僨，皆令人也。泣血靡訴，哀哀難繼。始公與兄伯朝隱□□雲衢，時謂二龍。今諸子若虎，知公之餘慶，其大昌矣。公諱朝弼，字輔國。五代祖子雲，北齊豫州刺史。父縮，皇秘書少監。封樹在秦，故以其年十月十日權窆於龍門南之西原，禮也，宜也。嗚呼哀哉！銘曰：

道之將廢，亂是用長。陋巷誰堪，匏瓜或往。於戲我公，清規獨賢。星霜冒難，手足歸全。闕口西轉，蒼蒼古原。雖托丘隴，還依舊園。家國寧兮冠劍盛，干戈世兮忠義存。已兮已兮素車一乘，觀者不貴其璵璠。

一八九　大唐朝散大夫職方郎中兼侍御史鄭府君（叔華）墓誌銘

廣德元年（七六三）八月二十七日葬。

誌文二十七行，滿行二十七字。正書。誌長、寬均三十八厘米。

裴穎撰。

大唐朝散大夫職方郎中兼侍御史鄭府君墓誌銘并序

朝議郎監察御史裏行裴穎撰

公諱叔華，字貽長，滎陽人也。其先□□之東遷，夾輔王室。入爲卿士，內作藩屏。弈葉傳芳，□□□國。則知積慶厚者流澤廣，分派長者其源深。逮及兩漢，迄於周□。□□相承，儒風不絕。曾祖諱世方， 皇潤州丹徒令。王父諱玄一， 左千牛衛長史。烈考諱永， 皇中散大夫、右司郎中、河南縣令、上柱國、陽武縣開國男，贈太常少卿，又贈大理大卿。咸以禮樂資身，以□惠成性。慶鍾於後，是生我公。公即陽武公之第三子也。初以門蔭補齋郎，解褐授潤州金壇尉。筮仕之始，束身自飭。歷職九命，有初有終。調補綿州龍門尉。尋轉京兆府櫟陽縣主簿。屬戎羯□華， 六龍西幸；胡塵指蜀，八駿南馳。黔首哀號，崩角誰訴。□有全邑，義無完都。□□□敗，□□□□。以從□足□□□，舉家流離， 朝廷□之，擢拜監察。蓋□□□□□□□矣。尋轉殿中侍御史，遷倉部員外郎、金部郎中。 優□□□□君太常少卿、大理卿。揚名顯□於是□在。尋改職方郎中兼□□□東都水陸運□倉庫出納等使□朝散大夫，位列含香，威郵避□。□□□□□海偊策。公入孝出忠，自家形國。伯仲惟父□之譽，朝廷□□□□名。義以睦親，孀孤滿室；謙□□物，士族盈門。□於燦燦文詞，汪汪德潤。吉凶禮度，政術變通。爲中外所師，爲友朋所仰。臮寶應□初，東都大定，蕃夷雜種，□踐黎元。毀宮豈止於穀洛，□人或甚於猰貐。 聖上軫慮，宰臣□□。乃命使車，□□風俗。公投□而起，不宿於家，捧詔員來，纍日□□。□□□□，屬□之際，而夫人盧氏不之□也。春秋五十有三，廣德元年七月廿七日没於東都昭成寺之僧院，四月廿七日權厝於昭成寺之菓園，禮也。□子前明經佋、吏部常選倫等，皆以□□□□□□□哀不勝喪。銘曰：

世業樹德，實爲國榮。玉有其潤，蘭有其英。□□□□，□□難朽。茂宰連輝，□郎世有。忠以奉主，孝以全身。險阻崎嶇，時堆曩晨。霜野蕭颸，秋城寂寞。遠對嵩邙，下俯伊洛。交臂相失，故人所悲。遺芳不朽，令子傳之。

一九〇　唐贈太府卿王府君（思揔）墓誌銘

大曆三年（七六八）七月二日葬。

誌文二十五行，滿行二十四字。正書。誌長、寬均五十三厘米。

誌蓋篆書：唐故王府君墓誌之銘

唐贈太府卿王府君墓誌銘并序

府君諱思揔，字季康，其先蓋琅琊人也。八代祖徙居於桃林南湖邑，子孫因家者，今爲湖城人也。自緱山命氏，世有明德，淮水筮吉，其族始茂。嗣續冠冕，光昭簡策，不可得而備已。高祖弘讓，隋朝歷中書舍人。曾祖雄，皇朝任安州別駕。祖伯惠，甘州張掖丞。父義亶，贈秘書少監。咸汲汲於求善，或存榮而没彰。府君即秘書第二子也。天與純懿，家傳禮樂。茂德休行，處幽而芳。年卌明經擢第。開元之末也，天下無事，仕人如林，選曹取才，拘以年限，遂迺歸而勵學，以俟時進。其志業也，施於有政，上可以輔主，下可以律人。彼蒼者天，不假中壽，享年卌有五，天寶元年十二月廿二日終於湖城私第。時鄉黨達士嘆之而言曰：『王君無禄耶！我聞天道昭昭，唯德是輔，不在此，其在他日乎！』達士之言，斯可復也。嗣子履直，今年卌二，官至絳州刺史、河中少尹、御史中丞。列位已崇，前途未半，德之所輔，其昭昭歟！乾元中，　詔贈府君鴻臚少卿。廣德初，加贈太府卿。蓋美其克生英賢，爲國楨幹者也。夫人楊氏，封弘農郡太夫人。禮度保家，義方訓子，言範才淑，光我六姻。大曆二年正月十九日終於絳州官舍，春秋六十有五，權厝於河中城南。先是，　府君亦權殯於湖城縣界。龜筮云吉，即以大曆三年七月二日合祔於天平縣鑄鼎原，禮也。次子輔真，前同州參軍。日與兄號於旻天，封壤樹檟。見托不敏，傳之無窮。迺爲銘曰：

爰自登仙，世有仁賢。逮我太府，不永其年。顯名身後，藴德生前。誕兹令嗣，夫豈徒然。彼美弘農，柔嘉淑慎。動合内則，言成母訓。禄養不終，天何可問。軒皇鑄鼎，於以高原。龍髯一去，馬鬣長存。安我靈魄，宜爾子孫。

一九一　唐故南平郡司馬贈秘書少監虞公（從道）墓誌銘

大曆四年（七六九）八月葬。

誌文二十八行，滿行三十一字。隸書。誌長、寬均五十八厘米。嚴郢撰，趙甚書，李陽冰篆額。

唐故南平郡司馬贈秘書少監虞公墓誌銘并序

朝散大夫守河中少尹兼御史中丞知府事仍充朔方節度行軍司馬賜紫金魚袋嚴郢撰

太中大夫前行國子司業上柱國趙惎書

公諱從道，字之恒，會稽餘姚人也。昔舜以天下禪禹，禹封舜子商均於虞，以奉其祀。厥後因地爲姓，則虞氏之世祀也遠哉。有若趙相卿者，顯名於六國；有若處士香者，嘉遯於暴秦。處士之十四世孫東漢定侯竞，避地於餘姚，子孫因家焉。陳儀同三司諱仲卿者，即定侯之裔孫也。儀同生太中大夫、綿州刺史荀，荀生鄜州長史玄操，玄操生蔡州司户思隱，思隱生公焉。公羈貫以至行聞，司户之在蔡州也。越敬王[一]爲蔡州牧，時天后稱制。敬王懼及，乃傳檄郡縣，議復明辟。衆未成旅，卒已揞兵。司户從王皆遇害。隱之故不地也。公時年十六，與叔父思忠同謫白州。泣血即路，見者莫不哀悼。頃之，思忠早世。或勸公逃歸。公以叔殯在遠，不可委去。居數年，乃卜便時，私發旅櫬。或負或戴，置於褚中。間行而反，爲盜所逼，公中矢不去，伏死而爭。盜發篋見柩，錯愕大駭。公具以情告，盜義而釋之。既至周南，匿名隱市，用漢祖臘。神龍中興，天下文明。幽枉必申，公乃以明經高第。解巾授揚州六合縣尉。秩滿，授徐州彭城縣丞。以清白尤异聞。遷海州沭陽縣令，轉南平郡司馬。所莅之職，章文揚和，理有能名。天寶五載八月十日薨於[位]，春秋七十有三矣。公言有物而行有恒。温良謹素，達練事體。有孝德以奉親，有恭德以從政，有文學以成名。馴行光於當時，義方貽於後昆。雖無貴仕，君子謂之貴矣。亦何必超踐官簿，乘堅驅良，致位三九，然後爲達也。夫人榮陽鄭氏，故馮翊主簿整仁之孫，處士璥之女。婦德母儀，六姻惟師。以天寶十二載正月十二日終於伊闕之私第，春秋五十九。大曆四年，嗣子當拜朝散大夫、檢校尚書主客員外郎兼侍御史，充朔方節度判官。與季弟絳州正平縣尉郢客等，悉其家器，以奉宅兆。　天子聞而嘉之，　詔贈秘書少監，夫人贈榮陽郡太君，餘慶故也。秋八月，克葬我公於景李原，夫人祔焉。《傳》不云乎：子服氏有子哉？松銘紀德，尚旌事實。數句成言，不敢煩也。銘曰：

於穆君子，孝友庸祇。理邑佐郡，受禄咸宜。郡邑信向，敬如天時。大位未躋，哲人其萎。猗歟嘉偶，遺美無斁。昔比琴瑟，今同窀穸。天地之間，纍石爲山。連崗鬱盤，賢人之阡。窅窅玄夜，蒼蒼新隴。宿草初陳，移松未拱。於嗟南平，　詔贈哀榮。大隧之中，光垂休銘。

河南府户曹參軍李陽冰篆額

[一] 越敬王即越王李貞，謚曰敬。

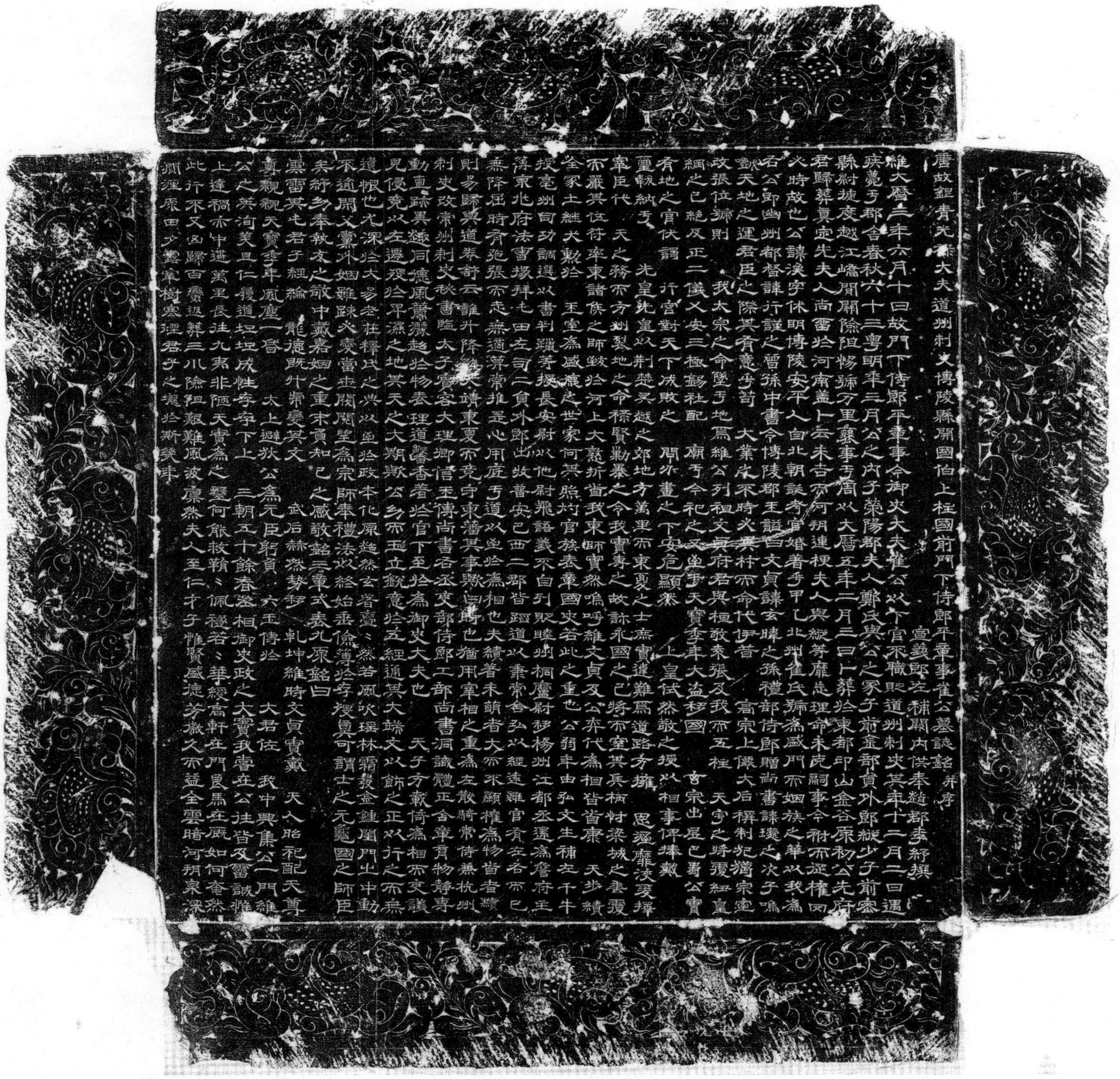

一九二　唐故銀青光祿大夫道州刺史博陵縣開國伯上柱國前門下侍郎平章事崔公（渙）墓誌銘

大曆五年（七七〇）二月三日葬。

誌文三十二行，滿行四十二字。隸書。誌長、寬均七十一厘米。

李紓撰。

誌蓋篆書：唐故相門下侍郎崔公墓誌銘

唐故銀青光禄大夫道州刺史博陵縣開國伯上柱國前門下侍郎平章事崔公墓誌銘并序

宣義郎左補闕内供奉趙郡李紓撰

維大曆三年六月十日故門下侍郎平章事今御史大夫崔公以下官不職，貶道州刺史。其年十二月二日遇疾薨於郡舍，春秋六十三。粵明年三月，公之内子滎陽郡夫人鄭氏與公之冢子前金部員外郎縱、少子前密縣尉捷，度越江嶠，間關險阻，惕號萬里，襄事於周。以大曆五年二月三日卜葬於東都邙山金谷原。初，公先府君歸葬真定，先夫人尚留於河南。蓋卜云未吉，而河朔連梗。夫人與縱等靡忘理命，未克嗣事。今祔而從權，罔必時故也。公諱渙，字休明，博陵安平人。自北朝誕考，官婚著乎甲乙。北州崔氏，號爲盛門。而姻族之華，以我爲右。公即幽州都督諱行謹之曾孫，中書令、博陵郡王，謚曰文貞，諱玄暐之孫，禮部侍郎、贈尚書諱璩之次子。嗚嚱！天地之運，君臣之際，其有意乎！苟 大業之不時，必异材而命代。伊昔 高宗上僊，大后稱制。犯獨宗室，改張位號，則我太宗之命墜於地焉。維公列祖文貞府君與桓、敬、袁、張及我而五，柱 天宇之將覆，紐皇綱之已絶。反正二儀，乂安三極。錫社配 廟，於今祀之。又至於天寶季年，大盜移國， 玄宗出居巴蜀。公實有地之官，伏謁 行宫，對天下成敗之 問。分晝之下，安危顯然。 上皇佽然敬之，授以相事。俾捧戴 璽戟納於 先皇。先皇以荆楚吴越之郊，地方萬里。而東夏之士庶實違難焉。道路方擁，恩渥靡浹。爰擇宰臣，代 天之務。而方州裂地之命，禄賢剿暴之令，我實專之。故診永國之已將而窒其兵柄，忖粱城之垂覆而嚴其伍符。率東諸侯之師致於河上。大憝折首，我東師實然。嗚呼！維文貞及公弈代爲相。皆首康 天步，績全家土。繼大勛於 王室，爲盛德之世家。何其照灼官族，表章國史，若此之重也。公弱年由弘文生補左千牛，授亳州司功。調選以書判躐等，授長安尉。以他尉飛語，義不自列，貶睦州桐廬尉。移揚州江都丞。還爲詹府主簿、京兆府法曹掾。拜屯田、左司二員外郎。出牧普安、巴西二郡。皆蹈道以秉常，含弘以經遠。雖官有左右而已無降屈，時有弛張而志無適算。常推是心，用底於道，以至於爲相也。夫績著未萌者，大而不顯；權爲物首者，黷則易歸。與道捲舒，云誰升降。雖大靖東夏，而竟守東藩。其事歟，曰時也。猶用宰相之重，爲左散騎常侍兼杭州刺史。改常州刺史、秘書監、太子賓客、大理卿、信王傅、尚書右丞、吏部侍郎、工部尚書，洞識體正，含章育物。静專動直，迹异趣同。德風蕭灑，超於物表。理道馨香，著於官下。至於爲御史大夫也， 天子方載倚爲相，而吏議見侵，竟以左遷殁於卑濕之地，其天之大期歟？公幼而玉立，鋭意於五經，通其大端。文以飾之，正以行之，而無遺恨也。尤深於大易、老莊、釋氏之典，以至於政本化原，超然玄著。亹亹然，若風吹瑶林，霜發金鍾。閨門之中，動不逾閑。父黨外姻，雖疏必愛。當世閥閲，望爲宗師。奉禮法以終始，垂儉薄於存殁。真可謂士之元龜，國之師臣矣。紓幼奉執友之敬，中戴嘉姻之重，末負知己之感。敬銘三章，式表九原。銘曰：

雲雷其屯，君子經綸。 龍德既升，虎變其文。 武后赫然，勢移 乾坤。維時文貞，實戴 天人。昭祀配天，尊尊親親。天寶季年，風塵一昏。 太上避狄，公爲元臣。躬負 六玉，傳於 大君。佐 我中興，集公一門。維公之英，洵美且仁。履道坦坦，成性存存。下上 三朝，五十餘春。丞相御史，政之大寶。我嘗在公，往皆及霤。誠惟上達，禍亦中遘。萬里長往，九夷非陋。天實爲之，醫何能救。鞙鞙佩璲，若若華綬。高軒在門，良馬在厩。如何奄然，此行不又。凶歸百蠻，返葬三川。險阻艱難，風波凛然。夫人至仁，才子惟賢。盛德芳徽，久而益全。雲暗河朔，泉深澗瀍。原田夕露，宰樹寒烟。君子之壟，於斯幾年。

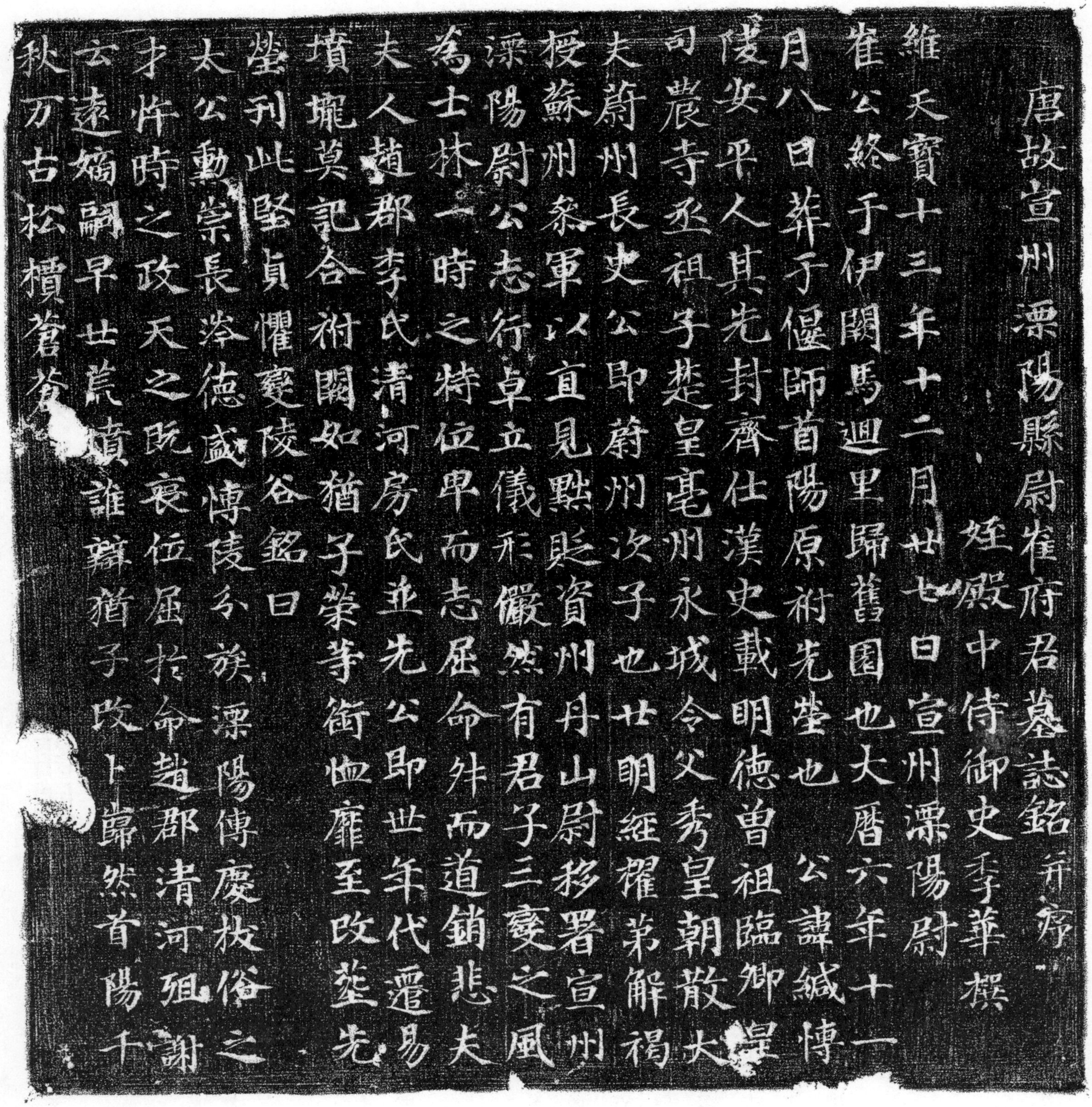
唐故宣州溧陽縣尉崔府君墓誌銘并序
姪殿中侍御史季華撰
維天寶十三年十二月廿七日宣州溧陽尉
崔公終于伊闕馬迴里歸舊園也大曆六年十一
月八日葬于偃師首陽原祔先塋也　公諱緘博
陵安平人其先封齊仕漢史載明德曾祖臨卿皇
司農寺丞祖子楚皇亳州永城令父秀皇朝散大
夫蔚州長史　公即蔚州次子也廿明經擢第解褐
授蘇州參軍以直見黜貶資州丹山尉移署宣州
溧陽尉公志行卓立儀形儼然有君子三變之風
為士林一時之特位卑而志屈命舛而道銷悲夫
夫人趙郡李氏清河房氏並先公即世年代遷易
墳壠莫記合祔闕如猶子榮等銜恤靡至改塋先
塋刊此堅貞懼變陵谷銘曰
太公勳崇長岑德盛博陵分族溧陽傳慶拔俗之
才忤時之政天之既喪位屈於命趙郡清河殂謝
云遠嫡嗣早世荒墳誰辯猶子改卜歸然首陽千
秋万古松檟蒼蒼

一九三　唐故宣州溧陽縣尉崔府君（緘）墓誌銘

大曆六年（七七一）十一月八日葬。
誌文十八行，滿行十九字。正書。誌長、寬均四十五厘米。
崔季華撰。
誌蓋篆書：大唐故崔府君墓誌銘

唐故宣州溧陽縣尉崔府君墓誌銘并序

侄殿中侍御史季華撰

維天寶十三年十二月廿七日宣州溧陽尉　崔公終於伊闕馬迴里，歸舊園也。大曆六年十一月八日葬於偃師首陽原，祔先塋也。公諱緘，博陵安平人。其先封齊仕漢，史載明德。曾祖臨卿，皇司農寺丞。祖子楚，皇亳州永城令。父秀，皇朝散大夫、蔚州長史。公即蔚州次子也。廿明經擢第，解褐授蘇州參軍。以直見黜，貶資州丹山尉，移署宣州溧陽尉。公志行卓立，儀形儼然。有君子三變之風，爲士林一時之特。位卑而志屈，命舛而道銷。悲夫！夫人趙郡李氏、清河房氏，并先公即世，年代遷易，墳壟莫記，合祔闕如。猶子榮等銜恤靡至，改葬先塋。刊此堅貞，懼變陵谷。銘曰：

太公勛崇，長湥德盛。博陵分族，溧陽傳慶。拔俗之才，忤時之政。天之既喪，位屈於命。趙郡清河，殂謝云遠。嫡嗣早世，荒墳誰辯。猶子改卜，巋然首陽。千秋萬古，松檟蒼蒼。

唐故博陵□□□□誌銘并序
姪殿中侍御史季華撰
公諱澤，博陵人也。其先命德寵，盖無代無
之。曾祖隱卿，皇司農寺丞；祖子楚，皇亳
州永城令；父秀，皇朝散大夫、蔚州長史。公
少立貞操，長傲浮俗，優遊墳史，淡泊聲華，
守靜默，無苟進之心；貴林丘，有終焉之志。
青春養素，白首怡然，逃名利以息機，啓手
足而歸化。春秋六十九，終于伊闕別墅，權
厝于所終，時艱也。大曆六年十一月八日，
猶子榮等改葬于偃師首陽原，祔先塋，禮
也。銘曰：
士林令族，閨門肅睦，襲家風兮。閑居雅
操，不仕高蹈，苻德充兮。少能退身，老以
歸真，善始終兮。成周之野，首山之下，此
為宮兮。先塋是祔，千古陵樹，松柏桐兮。

一九四　唐故博陵□□□（崔澤）墓誌銘

大曆六年（七七一）十一月八日葬。
誌文十六行，滿行十六字。正書。誌長、寬均三十二厘米。
崔季華撰。

唐故博陵□□□墓誌銘并序

侄殿中侍御史季華撰

公諱澤，博陵人也。其先令德冠蓋，無代無之。曾祖臨卿，皇司農寺丞。祖子楚，皇亳州永城令。父秀，皇朝散大夫、蔚州長史。公少立貞操，長傲浮俗。優遊墳史，淡泊聲華。守静默無苟進之心，賁林丘有終焉之志。青春養素，白首怡然。逃名利以息機，啓手足而歸化。春秋六十九，終於伊闕別墅。權厝於所終，時艱也。大曆六年十一月八日猶子榮等改葬於偃師首陽原，祔先塋，禮也。銘曰：

士林令族，閨門肅睦，表家風兮。閑居雅操，不仕高蹈，符德充兮。少能退身，老以歸真，善始終兮。成周之野，首山之下，此爲宫兮。先塋是祔，千古陵樹，松柏桐兮。

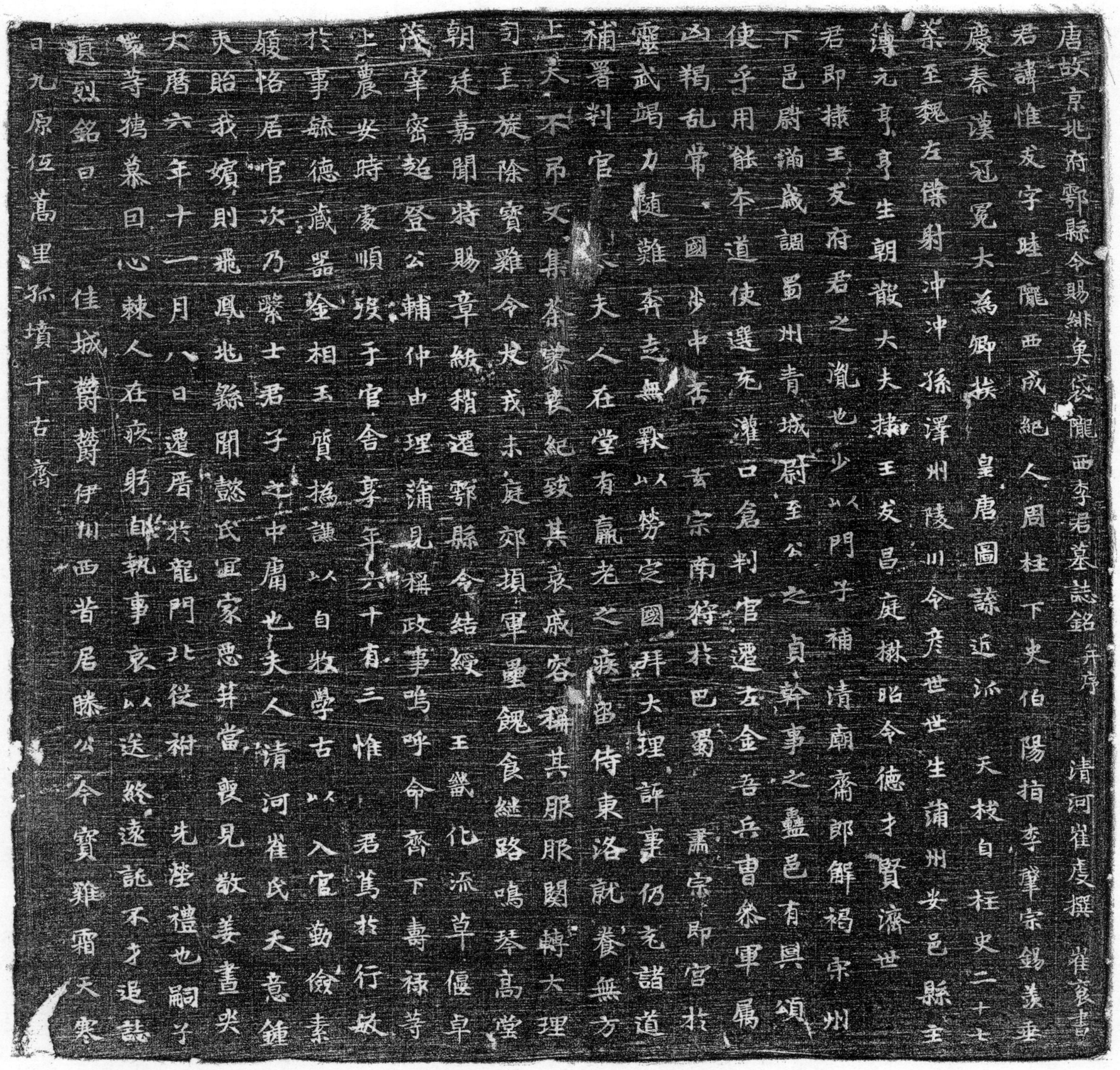

一九五　唐故京兆府鄠縣令賜緋魚袋隴西李君（惟友）墓誌銘

大曆六年（七七一）十一月八日葬。

誌文二十三行，滿行字數不等。正書。誌長、寬均四十二點五厘米。

崔虔撰，崔袞書。

誌蓋篆書：大唐故李府君墓誌銘

唐故京兆府鄠縣令賜緋魚袋隴西李君墓誌銘并序

清河崔虔撰

崔衮書

君諱惟友，字睦，隴西成紀人。周柱下史伯陽指李肇宗，錫羡垂慶。秦漢冠冕，大爲卿族。 皇唐圖諜，近派 天枝。自柱史二十七葉至魏左僕射冲，冲孫澤州陵川令彦世，世生蒲州安邑縣主簿元亨，亨生朝散大夫、棣王友昌庭，懋昭令德，才賢濟世。 君即棣王友府君之胤也。少以門子，補清廟齋郎，解褐宋州下邑尉。滿歲調蜀州青城尉。至公之貞，幹事之蠱，邑有興頌，使乎用能。本道使選充灌口倉判官，遷左金吾兵曹參軍。屬凶羯亂常， 國步中否。 玄宗南狩於巴蜀， 肅宗即宫於靈武。竭力隨難，奔走無斁。以勞定國，拜大理評事，仍充諸道補署判官。 太夫人在堂，有嬴老之疾。留侍東洛，就養無方，上天不吊，又集荼蓼。喪紀致其哀，戚容稱其服。服闋，轉大理司直，旋除寶鷄令。犬戎未庭，郊頓軍壘，饋食繼路，鳴琴高堂。朝廷嘉聞，特賜章紱。稍遷鄠縣令，結綬 王畿，化流草偃。卓茂宰密，超登公輔；仲由理蒲，見稱政事。嗚呼！命齊下壽，禄等上農，安時處順，歿於官舍，享年六十有三。惟 君篤於行，敏於事，毓德藏器，金相玉質。撝謙以自牧，學古以入官。勤儉素履，恪居官次，乃縶士君子之中庸也。夫人清河崔氏，天意鍾美，貽我嬪則。飛鳳兆繇，聞懿氏宜家；惡笄當喪，見敬姜晝哭。大曆六年十一月八日遷厝於龍門北，從祔 先塋，禮也。嗣子寰等，孺慕因心，棘人在疚。躬自執事，哀以送終。遠托不才，追誌遺烈。銘曰：

佳城鬱鬱伊川西， 昔居滕公今寶鷄。霜天寒日九原低， 蒿里孤墳千古齊。

一九六　□檢校尚書水部員外郎兼侍御史充渭北鄜坊等州節度判官知留後事上柱國賜紫金魚袋贈太子左庶子呂府君（建）墓誌

大曆六年（七七一）十一月二十四日葬。

誌文三十二行，滿行三十二字。正書。誌長、寬均五十七厘米。

范堅撰并書。

□檢校尚書水部員外郎兼侍御史充渭北鄜坊等州節度判官知留後事上柱國賜紫金魚袋贈太子左庶子吕府[君]

外甥宣德郎前守丹州雲巖縣丞范堅撰并書

□□□□通賢，漢稱仲齊夷甫；洛陽才子，晋推賈誼潘仁。是[知]□□挺生，間代而有。□□建，河南洛陽人也。自炎帝之後，因封[受]姓，周爲太師，漢爲司徒。厥後黻冕暉映，□可盡而紀也。曾祖習，益州温江令。祖暕，隴州長史，贈同州刺史。父崇賁，開府儀同[三]司、太府卿。皆當代英明，能賢[翊] 聖。公天從聰逸，生而歷落。舉止若神假，發言如老成。智者咸目之曰：是五色鳳雛也。志惟强學，性則純孝。弱歲善屬文，中年達吏道。至德歲，以 嚴君受擁旄之重，當 國家布延代之賞。起家拜右司禦率府兵曹，尋轉家令寺丞，又遷大理司直。公夙承義訓，家習清廉。莅法官而正直孤標，在朋僚而風規峻舉。由是朝廷仰止，中外馳名。明年，□監察御史，準繩端肅，實得其才。時 嚴君以本官兼御史大夫，柏臺之中，松筠俱秀，爲當朝之盛美。廣德歲，屬犬戎馬軼於三秦， 鑾輿避塵於二陝。公 嚴君分符泰華，杖節潼關。因寧左右，未復班列。中司議以惰職，從例降官，授太子司儀郎。 制曰：志求就養，以全子道。此雖小黜，實彰公之大孝也。無幾，太保、武威王〔一〕建旄渭北，知公風望清舉，幹能優洽，表公殿中侍御史充節度判官。公宣威布澤，軍政日肅。居二年，院轉侍御史。前年，加水部員外郎。國家以北郊未安，資公政術。其年冬，拜坊州刺史。時此士兵驕，□暴爲務。自公臨之，肅然一變。或布以恩惠，或按[以]嚴刑。黎氓□蘇，士卒知訓。□□□歲，政化已成。元戎以帷幄曠賢，咨謀屢闕。輟彼熊軾，復迴軺□。□□轅門之□，□[光]臺閣之望。嗚呼！昊天不傭，福善何妄。遽嬰沉瘵，綿歷晦明。醫窮□□之工，疾在膏肓之上，以大曆六年二月十日薨於華原之官舍，春秋卅有五。三軍慟哭，百姓哀號。 天子於是慘戚中朝，以之驚嘆。其月爰降 恩詔，贈太子左庶子，哀寵泉壤也。夫人隴西李氏，虞部員外郎鸛之季女。佩服詩史，組紃箴誡。奉舅姑而色順，事君子而鳴和。以喪公之前年，先終於此縣。翩翩雙旌，發彼西鎬；輀輴接軫，反葬東周。以其年十一月廿四日宅兆於首陽之原，祔 大塋之左崗，侍 先墳之東穴。塗車芻靈，合於古禮。却倚重阜，前臨逝川。人悲薤露，天慘寒日。棣華懷念，徒有陟崗之心； 慈愛他時，永絶倚門之望。瑑彼貞琬，敬勒斯銘。小子不才，直書其事。銘曰：

礌溪邁德，令尹遺英。千載餘慶，謨孫挺生。風標森爽，器宇弘澄。安親能孝，奉 主惟貞。其一。詞海遐深，才峰峻峙。砉爾操割，粲然成綺。直將奉公，清以莅事。孤松百尺，澄江千里。其二。入端烏府，出佐鷹揚。貴兼露冕，榮復含香。豸冠熊軾，紫綬金章。清風肅肅，容止鏘鏘。其三。嗚呼大賢，美不雙全。既茂其德，胡短其年！高衢始騁，隙駟俄顛。秀而不實，彼蒼者天。其四。清洛□□兮首山之陽， 先君舊域兮松柏蒼蒼。公歸祔葬兮連山左崗，月冷風清兮□□□楊，千秋萬歲兮閉此賢良。其五。

〔一〕太保、武威王即李光進，參《舊唐書》卷一六一《李光進傳》。

一九七　唐故濮陽郡鄄城縣鄭府君（老彭）墓誌

大曆七年（七七二）二月九日葬。

誌文二十四行，滿行二十四字。正書。誌長、均寬四十三厘米。

鄭叔規撰。

唐故濮陽郡鄄城縣鄭府君墓誌

姪左武衛倉曹參軍叔規文

府君諱老彭，字殷賢，其先滎陽人也。始封前葉，傳國受氏，赫弈光大，詳諸載籍。故魏氏參綜姓族，而以我法象四海，盛矣哉！曾祖隋秘書郎府君諱元叡，大父唐沂州費令府君諱弘勣，烈考閬州奉國令府君諱融，咸被服儒行，昭宣世德，是以談閥閱之徒舉爲稱首焉。府君仁厚寬裕，謙和聰敏。少好學，涉獵經籍，習草隸篆籀，尤工五言詩。體道任真，旁通多可，恂恂穆穆，有士君子之常。天寶初，以門蔭調補鄄城尉，率虚淡以待察友，而僚友推服；持廉平以臨吏民，而吏民咸懷。誠盡於物，物與之化，人到於今稱之。滿歲罷歸，閑居洛陽私第。親戚歡愛，怡怡如也。會有風痹疾，遂杜門養正，誨誘子弟，積然以道德名教自居。雖緼袍窮巷，啜菽飲水，逍遥諷咏，不改其樂，視纓緌珪組，蔑如也。乾元初，群盗阻兵，中州艱食，乃舉家避地江湖。間居流寓，顛沛之中垂廿年，而志尚一致，曠然自得。雖家人近襲，莫窺憂慘之容，其達生知命如此。大曆六年，王略漸復，遂盡室泝流，隨子澠池尉叔敖之官。是歲十二月十二日遘疾終於澠池官舍，春秋七十。其明年二月九日葬於河南縣萬安山之陽，陪　奉國府君之塋，禮也。於戲！府君不希世而名足以慕前烈，不在位而道足以昭後嗣。蹈中委順，介然有立，其所謂青有餘矣。與夫周旋爵禄，而卒無所聞者，可同而語哉！夫人弘農楊氏，有子四人，叔敖、叔展、叔度、叔服，皆脩詞顧行，克荷世業，實義方所至也。叔規弱歲偏孤，特鍾　慈愛，銜哀飲泪，詞咽理塞，誠不足以弘宣盛美也。

大曆七年二月九日

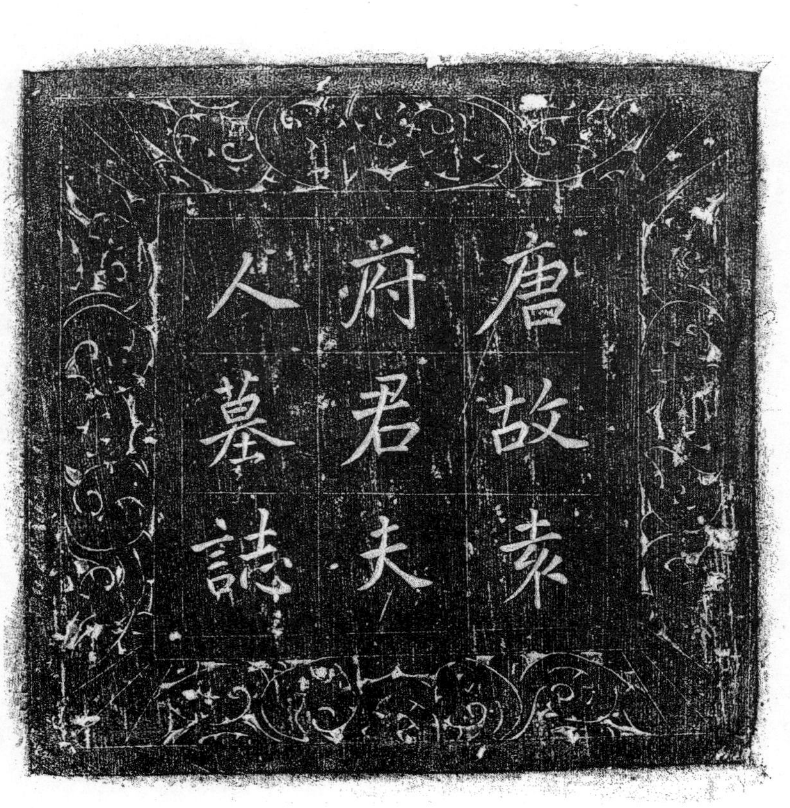

一九八　唐故朝議郎行常州晉陵縣令袁公（恒）夫人廣平宋氏墓誌銘

大曆七年（七七二）七月六日葬。

誌文二十二行，滿行二十二字。正書。誌長、寬均四十二厘米。

誌蓋正書：唐故袁府君夫人墓誌

唐故朝議郎行常州晉陵縣令袁公〔一〕夫人廣平宋氏墓誌銘并序

夫人姓宋氏，廣平人也。保姓受氏，世襲軒冕，史傳詳之矣。祖德元，　皇安西都護、蘭潁二州刺史。父待聘，　皇司農丞，貶蘭州奉國縣令。皆清德弈世，名重當時。理郡即龔黄繼美，宰邑與卓魯侔政。在邦必聞，頌聲不□。夫人即司農府君之第二女也。體坤順之德，執謙圂之性。容止可觀，進退合度。奉嬪君子，九族讚其賢；母儀閨門，三徙成其訓。頃以獯戎俶擾，避地全吴。以大曆五年三月十三日遘疾終於蘇州吴縣和政里之第，春秋六十有八。壬子歲七月乙酉歸祔於河南縣龍門之南原，禮也。夫人有八子：長子伾，吏部常選，早卒。次子俌，前杭州餘杭縣主簿。次子佶，前睦州桐廬縣丞。次子偘，冲和植性，孝行過人，志存奉養，輕於禄仕。次子侄，前河南府河南縣尉。次子倓，前左清道率府兵曹參軍。次子佩，早卒。季子倫，幼而未仕，頗有奇節。令問令望，元方季方。人兼兩驥之能，時與八龍之號。皆大家嚴誡，孟母善誘之所立也。彼蒼者天，不憖遺老。嗚呼！失所怙而空思泣血，毀存性而幾至絶漿。悲夫！孝友睦婣之則不可得而效，婉娩聽從之範不可得而師。玄夜長辭，幽泉永閉。式存不朽，貞石題銘。銘曰：

天姿淑慎，奉嬪高族。世學母儀，人師女則。彼蒼伐善，生齡遽促。先遠戒期，佳城既卜。伊水在左，龍山附北。泉户長扃，空悲拱木。

〔一〕此袁公即袁恒，墓誌見《洛陽流散唐代墓誌彙編續集》一九六《故晉陵郡晉陵縣令袁府君（恒）墓誌銘》。

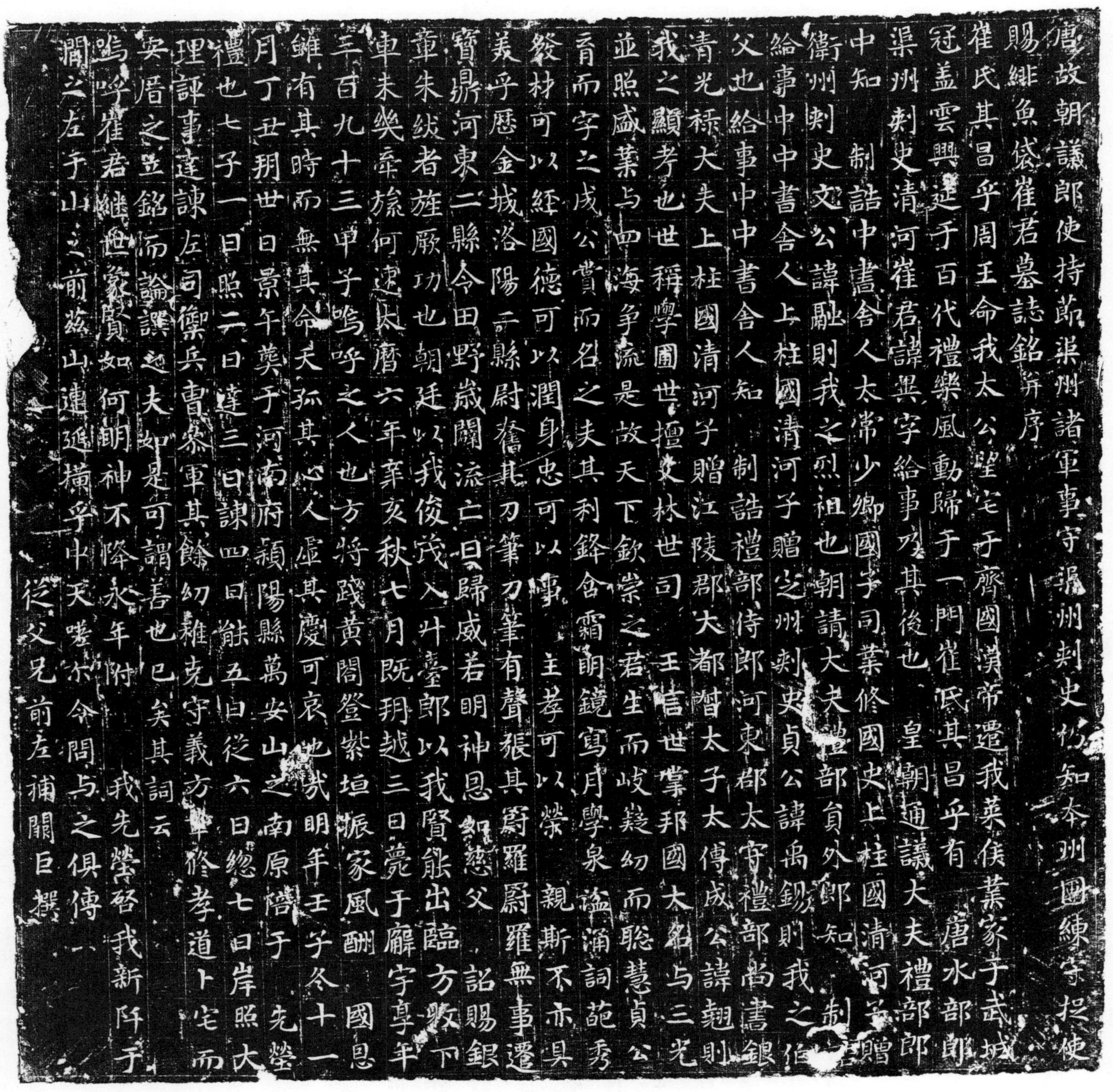

一九九　唐故朝議郎使持節渠州諸軍事守渠州刺史仍知本州團練守捉使賜緋魚袋崔君（異）墓誌銘

大曆七年（七七二）十一月三十日葬。

誌文二十七行，滿行二十七字。正書。誌長、寬均五十四厘米。

崔巨撰。

唐故朝議郎使持節渠州諸軍事守渠州刺史仍知本州團練守捉使賜緋魚袋崔君墓誌銘并序

崔氏其昌乎！周王命我太公望宅於齊國，漢帝遷我萊侯業家於武城。冠蓋雲興，延於百代；禮樂風動，歸於一門。崔氏其昌乎！有　唐水部郎、渠州刺史清河崔君諱巽，字給事，乃其後也。　皇朝通議大夫、禮部郎中、知　制誥、中書舍人、太常少卿、國子司業、修國史、上柱國、清河子、贈衛州刺史、文公諱融，則我之烈祖也。朝請大夫、禮部員外郎、知　制誥、給事中、中書舍人、上柱國、清河子、贈定州刺史、貞公諱禹錫，則我之伯父也。給事中、中書舍人、知　制誥、禮部侍郎、河東郡太守、禮部尚書、銀青光禄大夫、上柱國、清河子、贈江陵郡大都督、太子太傅、成公諱翹，則我之顯考也。世稱學圃，世擅文林，世司　王言，世掌邦國。大名與三光并照，盛業與四海争流，是故天下欽崇之。君生而岐嶷，幼而聰慧。貞公育而字之，成公賞而名之。夫其利鋒含霜，明鏡寫月，學泉溢涌，詞葩秀發。材可以經國，德可以潤身，忠可以事　主，孝可以榮　親，斯不亦具美乎！歷金城、洛陽二縣尉。奮其刀筆，刀筆有聲；張其罻羅，罻羅無事。遷寶鼎、河東二縣令。田野歲闢，流亡日歸，威若明神，恩如慈父。　詔賜銀章朱紱者，旌厥功也。朝廷以我俊茂，入升臺郎；以我賢能，出臨方牧。下車未幾，牽旐何速。大曆六年辛亥秋七月既朔越三日薨於廨宇，享年三百九十三甲子。嗚呼之人也，方將踐黄閣、登紫垣、振家風、酬　國恩，雖有其時而無其命。天孤其心，人虚其慶，可哀也哉。明年壬子冬十一月丁丑朔卅日景午葬於河南府潁陽縣萬安山之南原，陪於先塋，禮也。七子：一曰照，二曰達，三曰諫，四曰能，五曰從，六曰總，七曰岸。照，大理評事。達、諫，左司禦兵曹參軍。其餘幼稚。克守義方，聿修孝道。卜宅而安厝之，立銘而論撰之，夫如是可謂善也已矣。其詞云：

嗚呼崔君，繼世象賢。如何明神，不降永年。附　　我先塋，啓我新阡。於澗之左，於山之前。茲山連延，橫乎中天。嗟爾令問，與之俱傳。

從父兄前左補闕巨撰

唐朝請郎前祕書郎兼絳州正平縣令韋徵故
夫人河東裴氏墓誌銘并序　父盧州刺史諝撰
余長女字真爰自襁褓而
先公先夫人以視鞠育出入顧復年十三適京兆韋
徵下堂出門鞶帶申誡克遵厥訓莫有違命泉余感
遭憫凶荼毒銜疚真服其服泣血三年既而
賜姑亦繼云歿巻事中其禮奚泣過乎情動不踰閑
履必在義隴西李子千文其事跡世實傳之余為盧
江真在膝下大曆七年十二月十一日遘疾卒于廨
宅春秋三十有三嗚呼天之道輔于有德於真疑耶
二男三女皆狹穉也撫前追往益余之慟以八年二
月廿八日發軔泚上言歸洛中撰彼吉辰塋于韋氏
先塋禮也銘曰
柔而合矩順乃中規柔順之德克成其儀我心匪石
我心匪席言行禮樂平生之跡桂枝發秀玉鏡含光
一旦毀折其誰不傷吉日發軔飛旐翩翩送尒遠
淚下潺湲百花開兮春風起春日遲兮照千里靈
車轔前別離尒心痛腸斷不可忍　外弟崔豐書

二〇〇　唐朝請郎前秘書郎兼絳州正平縣令韋徵故夫人河東裴氏（真）墓誌銘

大曆八年（七七三）二月二十八日葬。
誌文十八行，滿行二十字。正書。誌長、寬均四十二厘米。
裴諝撰，崔豐書。

唐朝請郎前秘書郎兼絳州正平縣令韋微故夫人河東裴氏墓誌銘并序

父盧州刺史諝撰

余長女字真，爰自繈褓，而　先公先夫人收視鞠育，出入顧復。年十三適京兆韋微。下堂出門，鞶帶申誡。克遵厥訓，莫有違命。臮余夙遭憫凶，荼毒銜疚。真服其服，泣血三年。既而　舅姑亦繼云歿，喪事中其禮，哭泣過乎情。動不逾閑，履必在義。隴西李子千文其事迹，世實傳之。余爲廬江，真在膝下。大曆七年十二月十一日遘疾卒於廨宅，春秋三十有三。嗚呼！天之道輔於有德，於真疑耶？二男三女，皆孩稺也。撫前追往，益余之慟。以八年二月廿八日發軔淝上，言歸洛中。撰彼吉辰，葬於韋氏先塋，禮也。銘曰：

柔而合矩，順乃中規。柔順之德，克成其儀。一。我心匪石，我心匪席。言行禮樂，平生之迹。二。桂枝發秀，玉鏡含光。一旦毀折，其誰不傷。三。吉日發軔，飛旐翩翩。送爾遠郊，泪下潺湲。四。百花開兮春風起，春日遲兮照千里。　靈車轅前別離爾，心痛腸斷不可止。五。

外弟崔豐書

二〇一　大唐前守大理寺丞盧府君（楹）墓誌

大曆八年（七七三）二月葬。

誌文二十二行，滿行二十二字。正書。誌長、寬均四十七厘米。

盧杞撰。

誌蓋篆書：大唐故盧府君墓誌銘

大唐前守大理寺丞盧府君墓誌

杞撰

吾兄諱楹，字子石，范陽人也。至如因封命氏，爲世鼎閥，史諜詳矣。　曾祖世挺，　皇朝滑州靈昌縣丞。祖懷慎，　皇朝黄門侍郎、同中書門下平章事、黄門監。　父奕，　皇朝御史中丞、東京畿採訪處置使、給事中。　吾兄承纍代之素業，受上天之正性。行有清檢，交無苟合。密識幽通，窮物之奥。天寶末，屬禄山稱兵而首亂，　先代遺身而徇國。　吾兄鬱然盛濟時之心、克家之志矣。遂簡弃人事，屏居邛城。閲經籍，練政術，以分知三代之理，乘變得四時之通。既貞且達，經綸之器也。嗚呼！紹隆　世業，家望於　吾兄矣；康濟群生，時望於　吾兄矣。何天不惠，壽屈其志。以大曆七年八月寢疾終於襄州宜城縣邛城之别廬，享年卌一。其明年二月歸殯於河南府緱氏縣臨潤里之原，以年非通吉，故未成葬也。　吾兄動必謙退，居惟静密。志存遠致，遺略小名。故雖博學通幽而務從自晦，高文蓋世而不求人知。自解褐授太子宫門丞。後干戈方用，頻　詔除太府、大理寺丞。以非切時之職，難效本誠，竟不爲之。於戲！吾聞天道潛運，物理相轉。隱者，顯之本；屈者，伸之由。何　吾兄之隱屈，尚未獲其顯伸。年方强仕，遽問早世，親知驚慟，莫究其以。　吾兄無嗣子，有女八歲，先　兄而亡，今陪於塋後。豈唯取慰神道，抑又使渠不孤。猶恐陵谷遷移，故刻石紀事也。

有唐故范
陽縣君
盧夫人墓
誌之銘

二〇二　范陽縣君盧夫人（華）誌銘

大曆八年（七七三）九月十二日葬。

誌文二十八行，滿行二十七字。正書。誌長、寬均六十厘米。裴諝撰。

誌蓋正書：有唐故范陽縣君盧夫人墓誌之銘

范陽縣君盧夫人誌銘并序

裴諝撰

夫人字華，范陽人也。祖正言，唐左衛大將軍。與　玄宗有舊，特承恩遇。父踐微，京兆府倉曹參軍，才高出衆，位卑早世。外祖崔秀，唐秘書監，贈刑部尚書。禮樂仁厚，士大夫之準繩。源流長遠，世有賢哲。内外清華，門閥爲天下第一。

夫人即京兆倉曹府君第二女。年十有一，歸於諝家。入門克順，唯禮之勤。其静也，可以模範焉；其動也，可以規矩焉。其訓子孫也，必以仁義焉；其撫僕隸也，必以慈惠焉。敬慎威儀，厚待親族，自初至於今卅年矣。行道未嘗墮也。是故上愛之，下敬之。諝爲廬州，　夫人寢疾，以爲天輔仁德，勿藥有喜。豈知夫一旦逝川，而與物化。以其年七月一日歿於廬州開元寺經藏之院，春秋知命年矣。當此之時，顧命左右，扶翼而起。西面念佛，溘然而盡，其日復於州内正寢。噫！古人一言之善，星爲之退；一哭之悲，城爲之崩。今　夫人之德，豈一言之善，一哭之悲乎！而乃享年不永，奚天道神理微昧甚也。

夫人堂姑之子中書侍郎、同平章事、隴西郡公李揆，天下大賢也，弊邑上客也。親親之中，又有投分之契。於是乎録其德行，可以爲閨門母儀者七，作乩疑而問之，蓋於天道神理疑也。　公作辯惑以報。義在修短有分，貴賤有命，雖聖人不能遷，其體大，其學博，其言高，其風雅，必行於世矣。故於銘序而略焉。嗚呼！卜宅有期，凶事先遠。以其年九月十二日　發引歸東都　先塋，禮也。一男四女，至性過人，皆禀義方，水漿不酌口者七日。悲夫！諝守位之人，繫於國家之事，越疆而往，罪必及焉。徘徊路歧，敷瀝肝膽。追　夫人之德行，想　夫人之儀表。痛和鳴之失侶，哀菲陋之無律。遂作銘曰：

天地之純，降爲賢人。顯顯令德，　夫人之身。維行之高，維德之至。作人之表，叶坤之義。既善尊尊，又克親親。恭不違禮，履必合仁。處位守謙，居衆必退。滿而不溢，惠而能愛。　上帝不吊，降此鞠凶。蘭悴夜霜，花飄迅風。秋風落葉兮草木稀，雙鴻翩翩兮雲路飛。既同出兮不同歸，相送遠郊兮泪霏霏。

大曆八年太歲癸丑九月癸酉朔十二日甲申

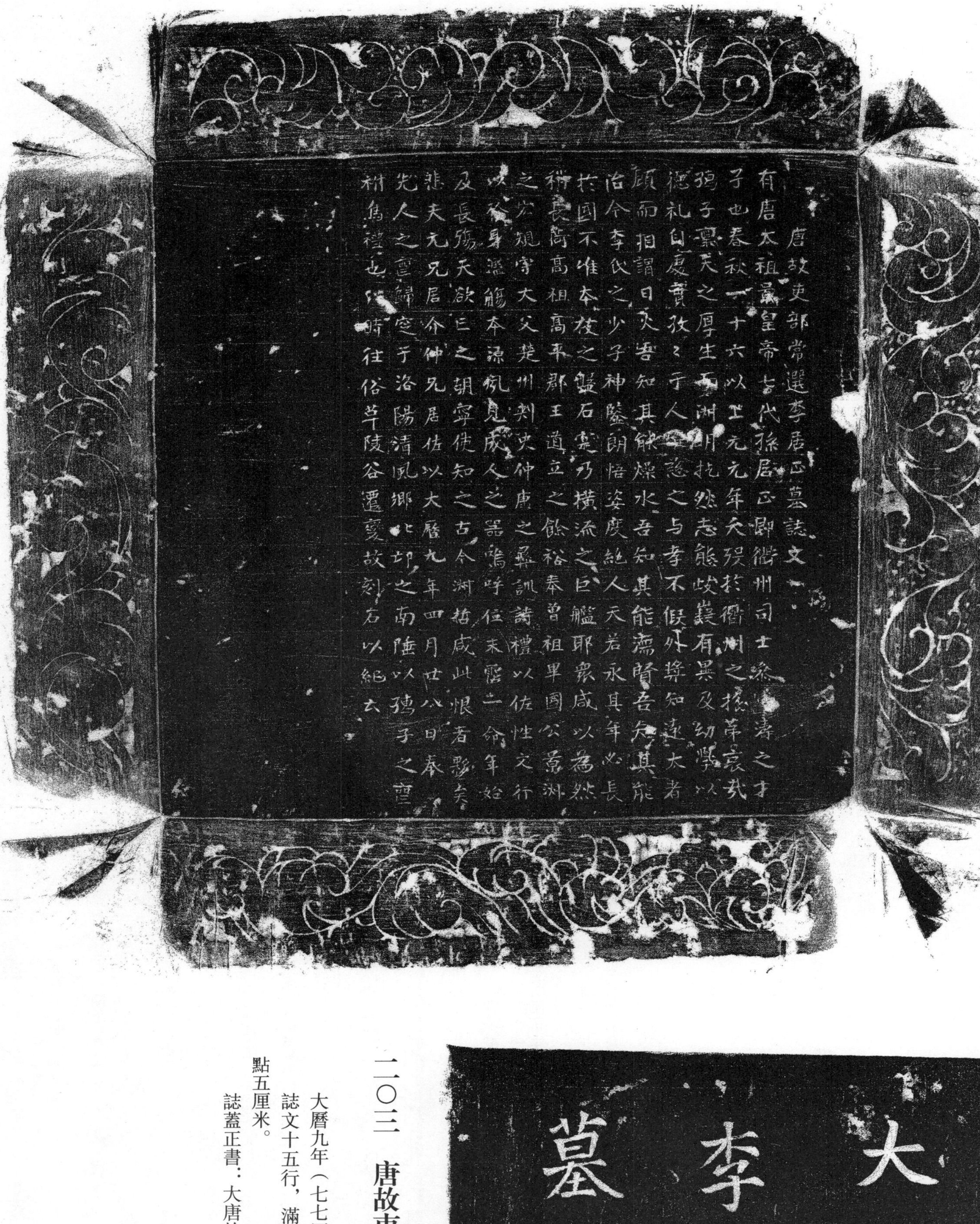

二〇三　唐故吏部常選李居正墓誌文

大曆九年（七七四）四月二十八日葬。

誌文十五行，滿行二十二字。正書。誌長四十厘米，寬三十八點五厘米。

誌蓋正書：大唐故李府君墓誌銘

唐故吏部常選李居正墓誌文

有唐太祖景皇帝七代孫居正，即衢州司士參軍濤之才子也，春秋一十六，以上元元年夭歿於衢州之旅第，哀哉！孺子稟天之厚，生而淑圓，扢然志態，岐嶷有异。及幼學以德禮自處，實孜孜於人，唯慈之與孝，不假外獎。知遠大者，顧而相謂曰：火，吾知其能燥；水，吾知其能濡；賢，吾知其能治。今李氏之少子，神鑒朗悟，姿度絶人。天若永其年，必長於國。不唯本枝之磐石，寔乃横流之巨艦耶。衆咸以爲然。稍長，荷高祖高平郡王道立之餘裕，奉曾祖畢國公景淑之宏規，守大父楚州刺史仲康之彝訓，詩禮以佐性，文行以圖身，濫觴本源，夙見成人之器。嗚呼！位未霑一命，年始及長殤。天欲亡之，胡寧使知之。古今淑哲，咸此恨者夥矣，悲夫！元兄居介、仲兄居佐，以大曆九年四月廿八日奉　先人之喪歸窆於洛陽清風鄉北邙之南陲，以孺子之喪祔焉，禮也。以時往俗革，陵谷遷變，故刻石以紀云。

二〇四　唐故涪陵郡司馬郭君（瑜）墓誌銘

大曆九年（七七四）十一月二十五日葬。
誌文二十四行，滿行二十四字。正書。誌長、寬均四十八厘米。
誌蓋篆書：唐涪陵郭司馬墓誌銘
墓誌原石藏山東桓臺拿雲美術博物館。

唐故涪陵郡司馬郭君墓誌銘并序

君諱瑜，字連城，太原祁人也。春秋有郭公者，或謂之虢，則周相王室，漢牧并州，子孫其昌，因爲著姓。高祖衍，以平陳封武山公，迹見隋史。曾祖賓，亳州刺史。祖依宗，父襲孝，世爲州佐。皆碩德弘量，人望國華。或勛灼於韓彭，或名高於霸遂。既題輿於鄜畤，亦繼軌於貝丘。政術徽猷，於今未泯。君帝出也，而天覆之。解巾易州參軍，調補代府户曹，轉上谷司法。屬天寶之末，巨猾間釁。將避地於江干，遂爲涪陵司馬。雖云展驥，未盡剸犀。明年，王室始騷，二京塗炭。猶復咨四岳，備八紘，維彼嚚熊之遺墟，亦慮夔子之不祀。乃命嗣道王鍊按節雲安，鎮撫巴峽，俟賢制畫，引公爲賓。初，公之圖南也，寄孥於三川。及乎人絶路殊，憂憤□疾。以至德二載閏八月廿四日終於使，享年七十有二。長子嚴，早世於瀛博。次子遇，隨難於巴江。至於視膳親嘗，易簀反席，殉無僉於尊己，違而道於王孫。爰崇丘也之封，方期杜氏之請。小子迴，望深陟岵，出慮倚門。啜飲盡歡，傭耕以贍。斯則行成於己，名得於人。而相國凉公[一]聞而嗟异，表遇爲長子尉，迴爲鄯州司馬。榮以禄及，懼以年知。樹不止風，川徒閲水。以大曆九年四月廿四日太夫人鄭氏終於潞，甲子四百卌四。嗚呼！久客思歸，或勞温席之夢；少孤有問，頗异鄒父之鄰。故遇以自北徂南，不遠而復；迴亦布材與器，凡附必誠。以其年十一月廿五日同穴於洛陽清風鄉之原，禮也。《傳》所謂穀也食子，難也收子，於遇、迴見之矣。迺爲銘曰：

巫峽長兮眇天末，邙阜深兮鑿靈窟。一南一北兮摧心，千里萬里兮歸骨。松檟鬱兮森爽，墳闕高兮突兀。蕭蕭瑟瑟兮多悲風，歲歲年年兮挂寒月。

[一] 相國凉公即澤潞節度使李抱玉，抱玉曾以尚書右僕射同中書門下平章事，爵位凉國公。

二〇五　唐故昭武校尉左威衛上谷郡新安府左果毅都尉上柱國蘇府君（日用）墓誌

大曆十年（七七五）二月八日葬。

誌文二十行，滿行字數不等。行書。誌長、寬均三十八厘米。

唐故昭武校尉左威衛上谷郡新安府左果毅都尉上柱國蘇府君墓誌并序

贈持節汝州刺史

公諱日用，字日用，武功人也。昔司寇聽訟，徽烈軼於周書；屬國秉旄，寅亮光於漢史。故盛德之後，大賢間生，則公其人也。祖父乃勛庸叠軫，章綬重輝。公誕膺天衷，資性明敏。以營田稱最，授潞州禮會府别將，轉遷忻州定襄府右果毅，旋又遷上谷郡新安府左果毅都尉。天寶十年七月廿七日，王師以林胡爲事。公首膺嘉選，不期蜂蠆有毒，天阻霖霪。驟失其宜，士馬崩潰。公獨奮忠勇，志不違難，中流鏑而斃，春秋卌七。三軍慟哭，四海悲嗟。時長子昂從之，誓擬賊庭，寢苫枕干，以報同天之讎。事不獲已，侍靈而歸，遠日未期，權宅他邑。今以大曆十年二月八日安厝東都北先祖之塋也。嗣子金紫光禄大夫、行蔚州别駕充横野軍副使昂，次子德州平原縣令顒，季子左清道率旻，家之曾閔，國之管晏。永感霜露，長懷荼蓼。夫以馬鶩之節，尚嘉誄以乘丘；貞烈之誠，庶傳芳於伊洛。其詞曰：

明明我祖，垂裕後昆。光光令緒，克壯前勛。蕞爾林胡，未嘗羈紲。興我王師，亦禮之伐。穹廬冀覆，天阻霖霪。大軍以潰，猶獨其心。嗟夫忠烈，志難可奪。義立邊疆，身終蜂栝。隱隱邙山，千秋不歇。

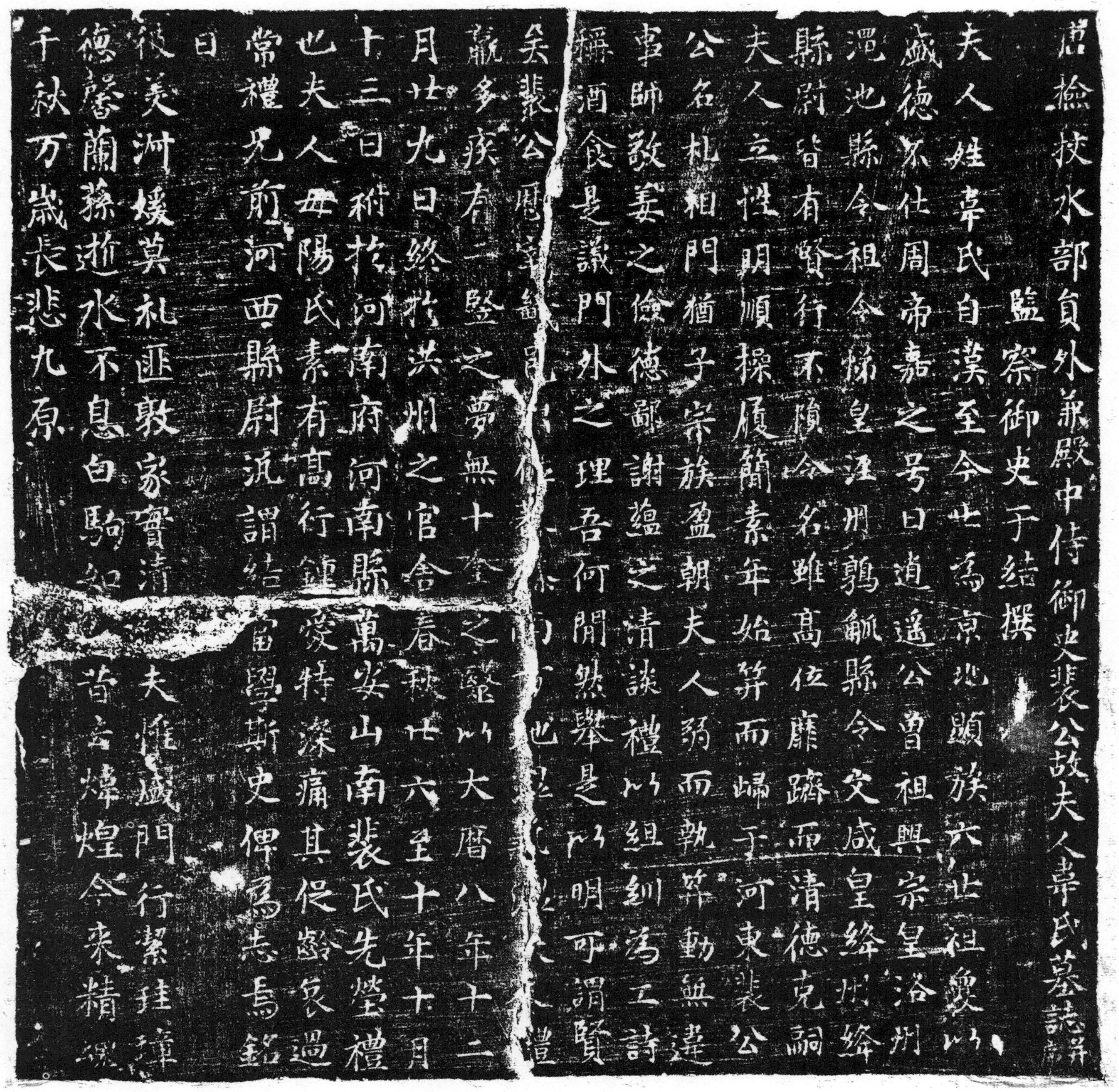
唐檢校水部員外兼殿中侍御史裴公故夫人韋氏墓誌銘
監察御史于結撰
夫人姓韋氏自漢至今廿爲京兆顯族六代祖彧以
盛德不仕周帝嘉之号曰逍遙公曾祖興宗皇洛州
澠池縣令祖令悌皇汪州鄮縣令父咸皇絳州絳
縣尉皆有賢行不顯今名雖高位靡躋而清德克嗣
夫人立性明順操履簡素年始笄而歸于河東裴公
公名札相門猶子宗族盈朝夫人弱而執笄動無違
事師教姜之儉德鄘謝韞之清談禮以組紃爲工詩
稱酒食是議門外之理吾何聞然舉是以明可謂賢
矣裴公歷官[illegible]也[illegible]禮
龍多疾有二豎之夢無十全之醫以大曆八年十二
月廿九日終於洪州之官舍春秋廿六至十年十月
十三日祔於河南府河南縣萬安山南裴氏先塋禮
也夫人母陽氏素有高行鍾愛特深痛其促齡哀過
常禮兄前河西縣尉沉謂結留學斯史俾爲志焉銘
曰
彼美淑媛莫禮匪敦家寶清[illegible]夫惟盛門行潔珪璋
德馨蘭蓀逝水不息白駒如[illegible]昔去煒煌今來精魂
千秋万歲長悲九原

大唐故夫人韋氏墓誌

二〇六　唐檢校水部員外兼殿中侍御史裴公（札）故夫人韋氏墓誌

大曆十年（七七五）十月十三日葬。
誌文二十行，滿行二十字。正書。誌長、寬均四十二厘米。
于結撰。
誌蓋正書：大唐故夫人韋氏墓誌

唐檢校水部員外兼殿中侍御史裴公故夫人韋氏墓誌并序

監察御史于結撰

夫人姓韋氏，自漢至今，世爲京兆顯族。六世祖夐，以盛德不仕，周帝嘉之，號曰逍遥公。曾祖興宗，皇洛州澠池縣令。祖令悌，皇涇州鶉觚縣令。父咸，皇絳州絳縣尉。皆有賢行，不隕令名。雖高位靡躋，而清德克嗣。夫人立性明順，操履簡素。年始笄而歸於河東裴公。公名札，相門猶子，宗族盈朝。夫人弱而執笄，動無違事。師敬姜之儉德，鄙謝藴之清談。禮以組紃爲工，詩稱酒食是議。門外之理，吾何間然。舉是以明，可謂賢矣。裴公歷宰畿邑，出作藩圞。南方地圞氣温，夫人體羸多疾，有二竪之夢，無十全之毉。以大曆八年十二月廿九日終於洪州之官舍，春秋廿六，至十年十月十三日祔於河南府河南縣萬安山南裴氏先塋，禮也！夫人母陽氏，素有高行，鍾愛特深，痛其促齡，哀過常禮。兄前河西縣尉汎謂結當學斯史，俾爲志焉。銘曰：

彼美淑媛，莫禮匪敦。家實清□，夫惟盛門。行潔珪璋，德馨蘭蓀。逝水不息，白駒如□。昔去煒煌，今來精魂。千秋萬歲，長悲九原。

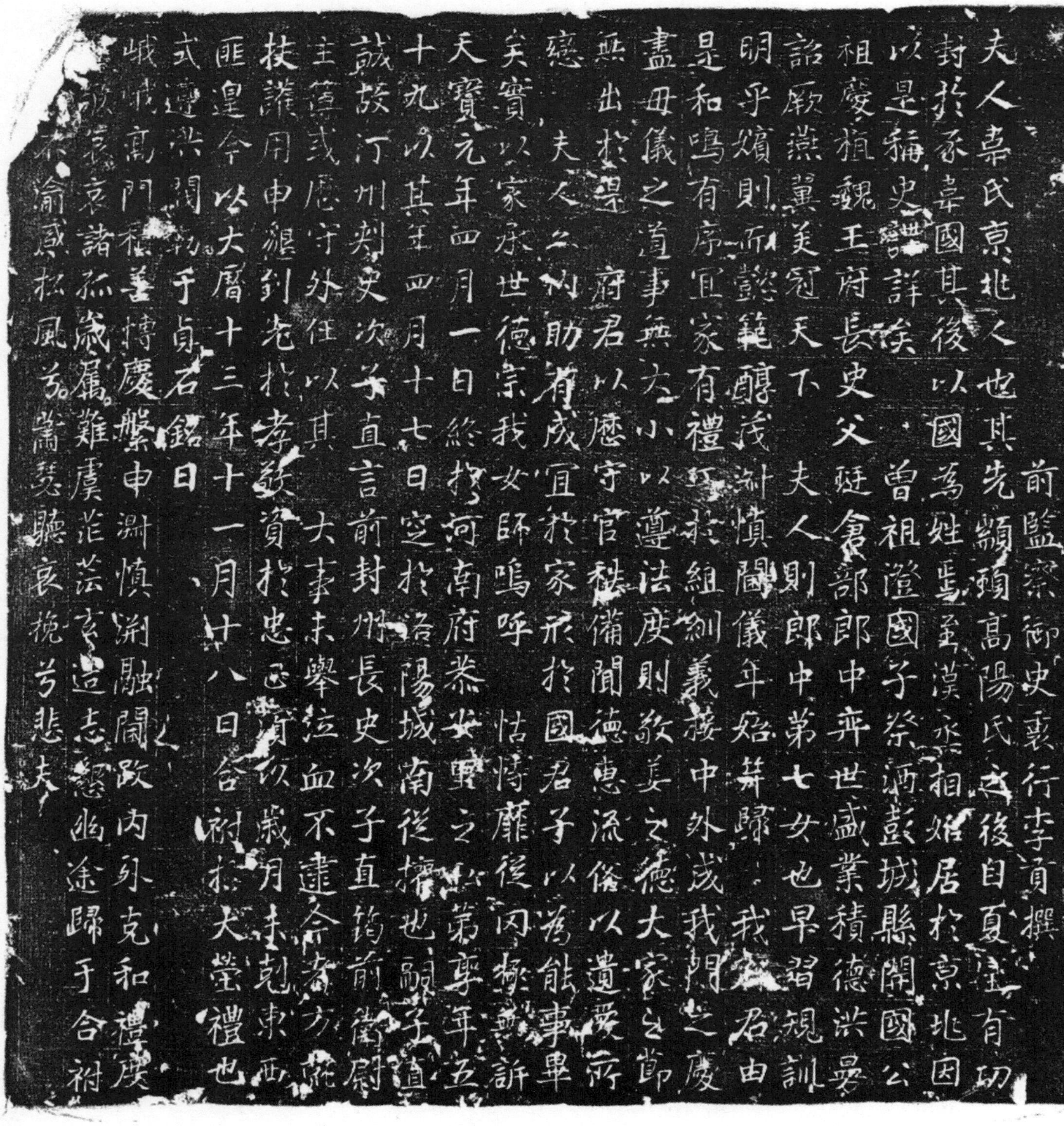

二〇七　唐故京兆府武功縣令蔡府君（鄭客）韋夫人墓誌銘

大曆十三年（七七八）十一月十八日葬。

誌文二十三行，滿行二十二字。正書兼行意。誌高四十六厘米，寬四十五厘米。

李貢撰。

唐故京兆府武功縣令蔡府君韋夫人墓誌銘并序

前監察御史裏行李貢撰

夫人韋氏，京兆人也。其先顓頊高陽氏之後，自夏室有功，封於豕韋國，其後以國爲姓焉。至漢丞相始居於京兆，因以是稱，史諜詳矣。　曾祖澄，國子祭酒、彭城縣開國公。祖慶植，魏王府長史。父珽，倉部郎中。弈世盛業，積德洪曼。詔厥燕翼，美冠天下。　夫人則郎中第七女也。早習規訓，明乎嬪則。而懿範醇茂，淑慎閫儀。年始笄，歸　我府君[一]，由是和鳴有序，宜家有禮。工於組紃，義接中外。成我門之慶，盡母儀之道。事無大小，以遵法度，則敬姜之德，大家之節，無出於是。　府君以歷守官秩，備聞德惠，流俗以遺愛所戀，　夫人亦內助有成。宜於家、形於國，君子以爲能事畢矣。實以家承世德，宗我女師。嗚呼！怙恃靡從，罔極無訴。天寶元年四月一日終於河南府恭安里之私第，享年五十九。以其年四月十七日窆於洛陽城南，從權也。嗣子直誠，故汀州刺史。次子直言，前封州長史。次子直筠，前衛尉主簿。或歷守外任，以其　大事未舉，泣血不逮。今者方就扶護，用申懇到。先於孝敬，資於忠正。頃以歲月未剋，東西匪遑。今以大曆十三年十一月十八日合祔於大塋，禮也。式遵洪閥，勒於貞石。銘曰：

峨峨高門，積善博慶。縏申淑慎，淵融閫政。內外克和，禮度□敬。哀哀諸孤，歲屬難虞。茫茫玄造，志懇幽途。歸於合祔，□□不渝。感松風兮蕭瑟，聽哀挽兮悲夫。

[一] 府君即蔡鄭客，墓誌見本書一四五《唐故京兆府武功縣令蔡府君（鄭客）墓誌銘》。

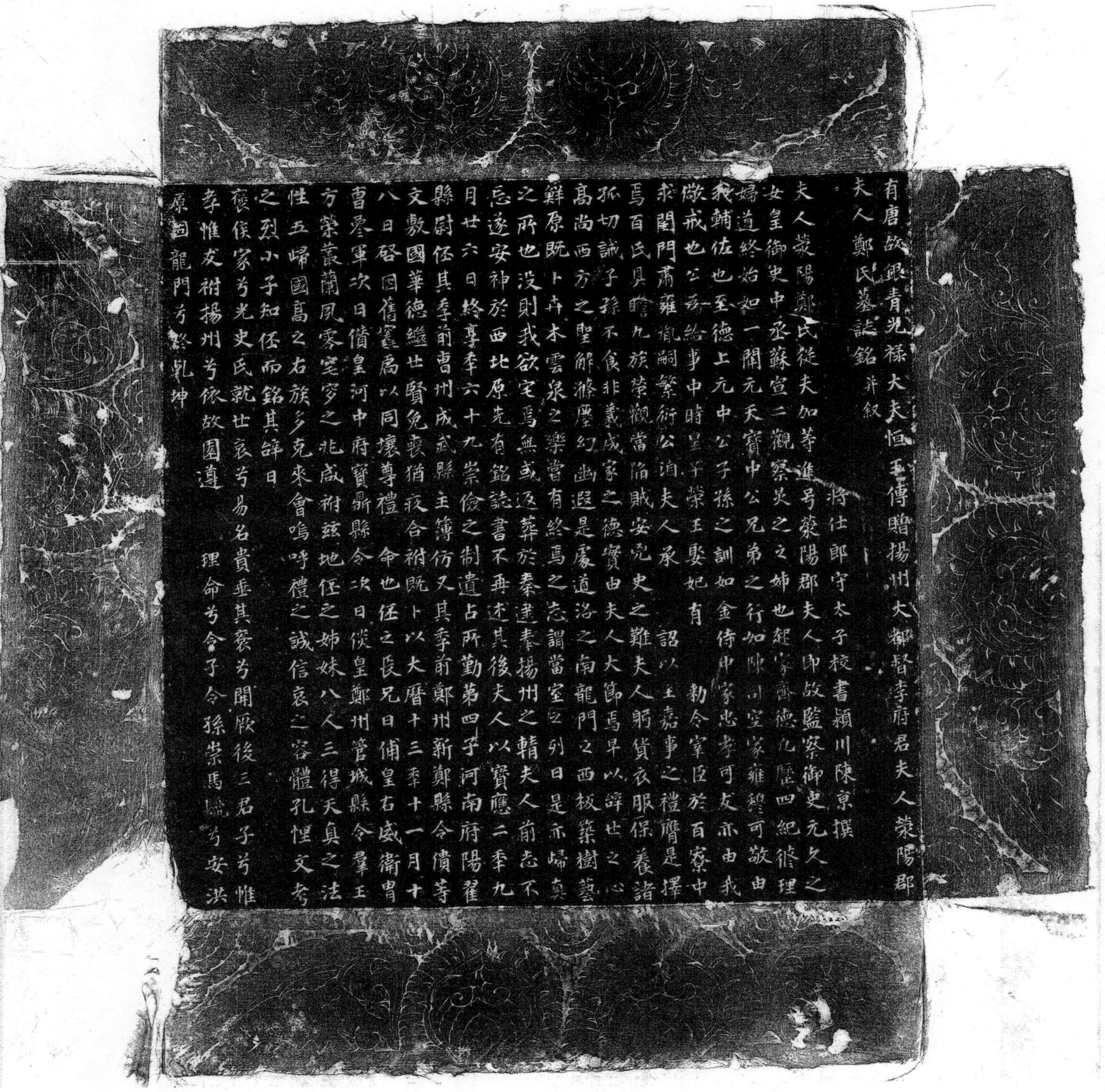

二〇八　有唐故銀青光禄大夫恒王傅贈揚州大都督李府君（朝弼）夫人滎陽郡夫人鄭氏墓誌銘

大曆十三年（七七八）十一月十八日葬。

誌文二十六行，滿行二十六字。正書。誌長、寬均五十三厘米。

陳京撰。

誌蓋正書：大唐故鄭夫人墓誌銘

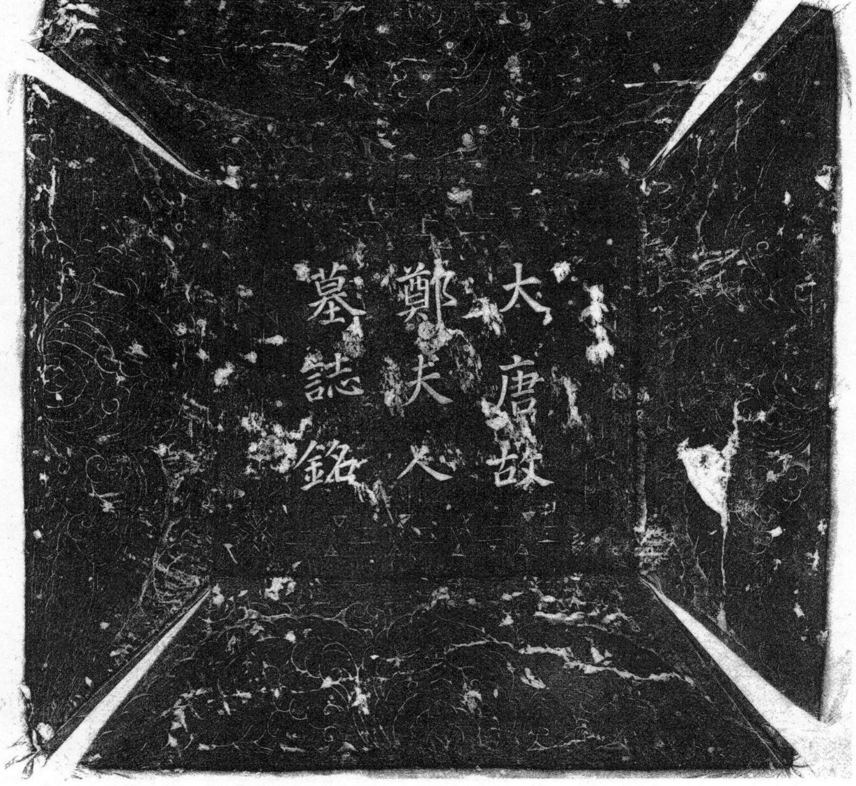

有唐故銀青光祿大夫恒王傅贈揚州大都督李府君[一]夫人滎陽郡夫人鄭氏墓誌銘并叙

將仕郎守太子校書潁川陳京撰

夫人滎陽鄭氏，從夫加等，進號滎陽郡夫人。即故監察御史元久之女，皇御史中丞、蘇宣二觀察炅之之姊也。起家齊德，凡歷四紀，修理婦道，終始如一。開元、天寶中，公兄弟之行如陳司空家，雍穆可敬，由我輔佐也；至德、上元中，公子孫之訓如金侍中家，忠孝可友，亦由我儆戒也。公爲給事中，時皇子榮王[二]娶妃，有　敕令宰臣於百寮中求閨門肅雍，胤嗣繁衍。公洎夫人承　詔，以主嘉事之禮，膺是擇焉。百氏具瞻，九族榮觀。當陷賊安凶史之難，夫人躬貨衣服，保養諸孤。切誡子孫，不食非義。成家之德，實由夫人大節焉。早以辭世之心，高尚西方之聖。解滌塵幻，幽遐是處。道洛之南，龍門之西，板筑樹藝，鮮原既卜。卉木雲泉之樂，嘗有終焉之志。謂當室之列曰：是亦歸真之所也，没則我欲宅焉，無或返葬於秦。逮奉揚州之輤，夫人前志不忘，遂安神於西北原。先有銘誌，書不再述。其後夫人以寶應二年九月廿六日終，享年六十九。崇儉之制，遺占所勤。第四子河南府陽翟縣尉伾，其季前曹州成武縣主簿仿，又其季前鄭州新鄭縣令僨等文敷國華，德繼世賢。免喪猶疚，合祔既卜。以大曆十三年十一月十八日啓因舊窆，扃以同壤，尊禮　命也。伾之長兄曰倩，皇右威衛胄曹參軍。次曰儹，皇河中府寶鼎縣令。次曰倓，皇鄭州管城縣令。群玉方榮，叢蘭夙零。窀穸之兆，咸祔兹地。伾之姊妹八人，三得天真之法性，五歸國高之右族，多克來會。嗚呼！禮之誠信，哀之容體。孔悝文考之烈，小子知伾而銘。其辭曰：

褒侯家兮光史氏，就世哀兮易名貴。垂其哀兮開厥後，三君子兮惟孝惟友。祔揚州兮依故園，遵　理命兮令子令孫。崇馬鬣兮安洪原，固龍門兮終乾坤。

［一］李府君即李朝弼，墓誌見本書一八八《唐故銀青光祿大夫恒王傅上柱國隴西縣開國侯李公（朝弼）墓誌銘》。

［二］榮王即李琬，參《舊唐書》卷一〇七《靖恭太子琬傳》。

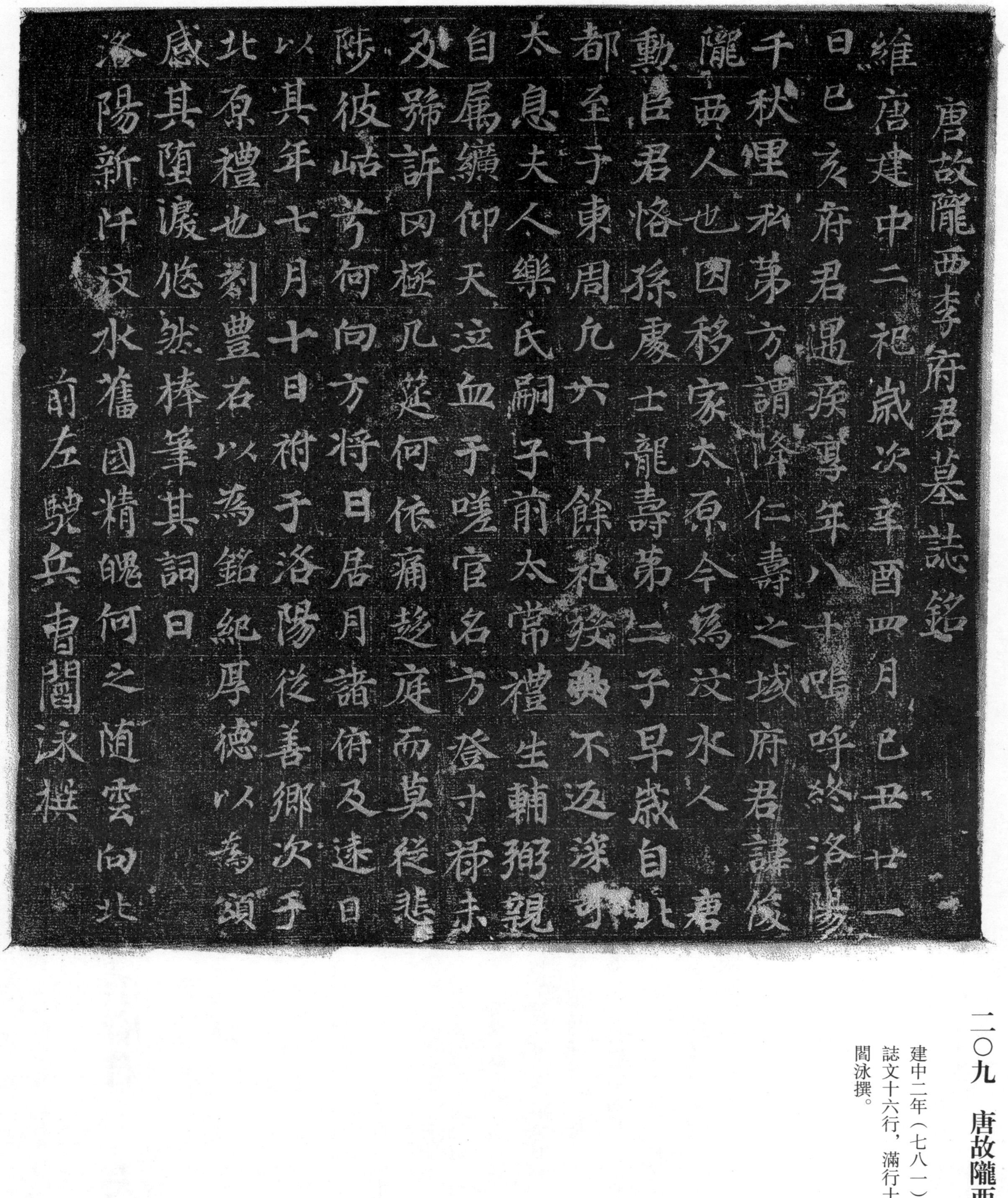
唐故隴西李府君墓誌銘
維唐建中二祀歲次辛酉四月己丑廿一
日己亥府君遇疾享年八十嗚呼終洛陽
千秋里私第方謂降仁壽之域府君諱俊
隴西人也因移家太原今爲汶水人唐
勳臣君恪孫處士龍壽第二子早歲自北
都至于東周凡六十餘祀殁魂不返遂寄
太息夫人樂氏嗣子前太常禮生輔鄉親
自屬纊仰天泣血于嗟官名方登寸祿未
及躋許罔極几筵何依痛趍庭而莫從悲
陟彼岵兮何向方將日居月諸俯及遠日
以其年七月十日祔于洛陽從善鄉次于
北原禮也劉豊石以爲銘紀厚德以爲頌
感其墮淚悠然捧筆其詞曰
洛陽新阡汶水舊國精魄何之隨雲向北
前左驍兵曹閻泳撰

二〇九　唐故隴西李府君（俊）墓誌銘

建中二年（七八一）七月十日葬。

誌文十六行，滿行十六字。正書。誌長、寬均三十厘米。

閻泳撰。

唐故隴西李府君墓誌銘

維唐建中二祀歲次辛酉四月己丑廿一日己亥，府君遇疾，享年八十。嗚呼！終洛陽千秋里私第，方謂降仁壽之域。府君諱俊，隴西人也。因移家太原，今爲汶水人。唐勛臣君恪孫、處士龍壽第二子。早歲自北都至於東周，凡六十餘祀，殁矣[一]不返，深可太息。夫人樂氏、嗣子前太常禮生輔弼，親自屬纊，仰天泣血。於嗟！宦名方登，寸禄未及。號訴罔極，几筵何依？痛趨庭而莫從，悲陟彼岵兮何向？方將日居月諸，俯及遠日。以其年七月十日祔於洛陽從善鄉次於北原，禮也。刻豐石以爲銘，紀厚德以爲頌。感其墮泪，悠然捧筆。其詞曰：

洛陽新阡，汶水舊國。精魄何之，隨雲向北。

前左驍兵曹閻泳撰

[一] 此處文字有改刻，或爲『而』。

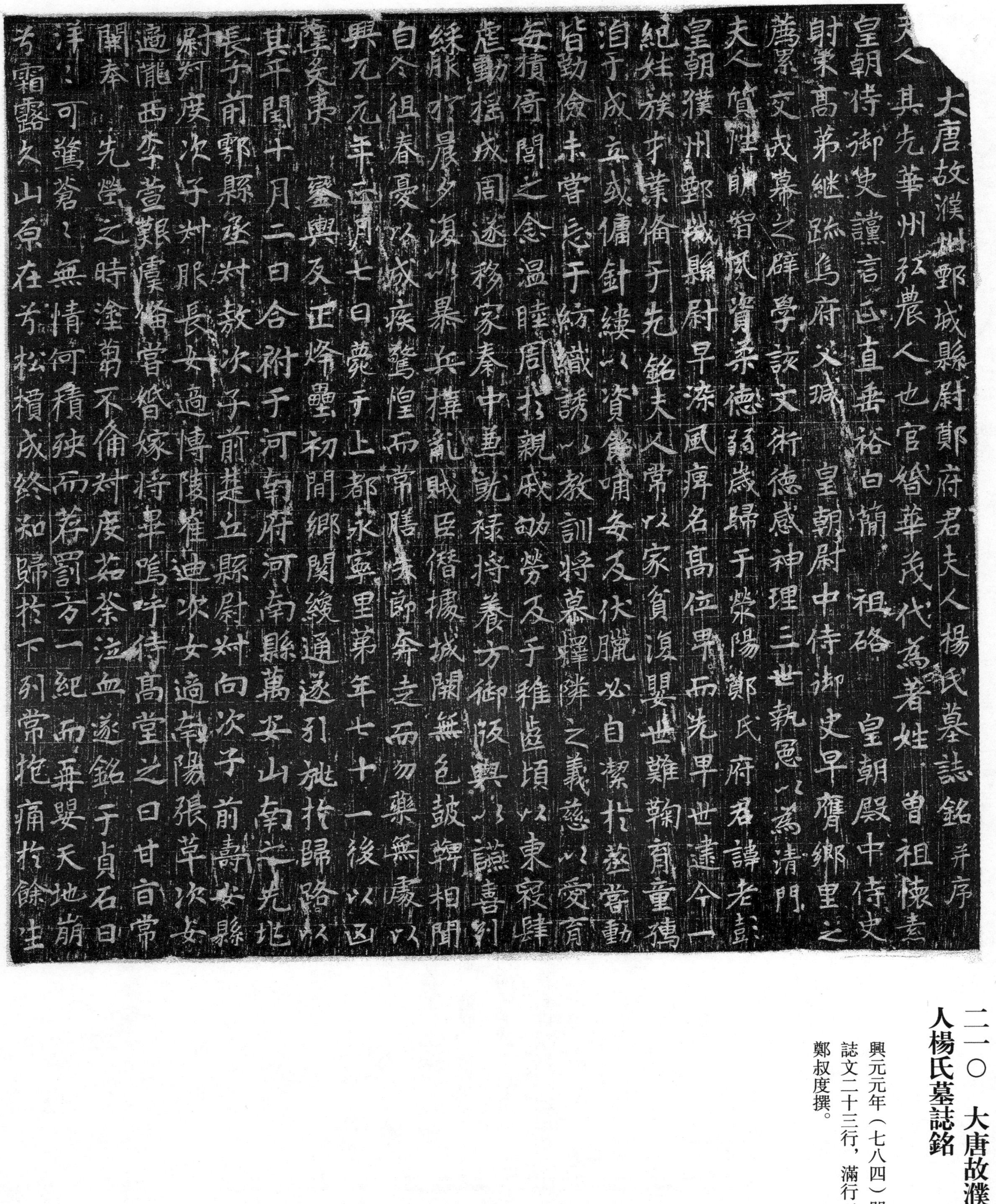

二一〇　大唐故濮州鄄城縣尉鄭府君（老彭）夫人楊氏墓誌銘

興元元年（七八四）閏十月二日葬。

誌文二十三行，滿行二十三字。正書。誌長、寬均四十五厘米。

鄭叔度撰。

大唐故濮州鄄城縣尉鄭府君夫人楊氏墓誌銘并序

夫人其先華州弘農人也，官婚華茂，代爲著姓。曾祖懷素，皇朝侍御史，讜言正直，垂裕白簡。祖硌，皇朝殿中侍[一]史，射策高第，繼迹烏府。父瑊　皇朝尉[二]中侍御史。早膺鄉里之薦，纍交戎幕之辟。學該文術，德感神理。三世執憲，以爲清門。　夫人質性明智，夙資柔德。弱歲歸於滎陽鄭氏府君諱老彭，皇朝濮州鄄城縣尉。早染風痹，名高位卑，而先早世，逮今一紀。姓族才業，備於先銘。夫人常以家貧，復嬰世難，鞠育童孺，洎於成立。或傭針縷以資飴哺。每及伏臘，必自潔於蒸嘗。動皆勤儉，未嘗忘於紡織。誘以教訓，將慕擇鄰之義；慈以愛育，每積倚閭之念。温睦周於親戚，劬勞及於稚齒。頃以東寇肆虐，動摇成周，遂移家秦中，兼就禄將養。方御版輿以讌喜，列綵服於晨夕。復以暴兵構亂，賊臣僭據，城闕無色，鼓鞞相聞。自冬徂春，憂以成疾。驚惶而常膳失節，奔走而勿藥無處。以興元元年正月七日薨於上都永寧里第，年七十一。後以凶孽殳夷，　鑾輿反正。烽壘初問，鄉關纔通。遂引旐於歸路，以其年閏十月二日合祔於河南府河南縣萬安山南之先兆。長子前鄠縣丞叔敖，次子前楚丘縣尉叔向，次子前壽安縣尉叔度，次子叔服。長女適博陵崔迪，次女適南陽張革，次女適隴西李萱。艱虞備嘗，婚嫁將畢。嗚呼！侍高堂之日，甘旨常闕；奉　先塋之時，塗蒭不備。叔度茹荼泣血，遂銘於貞石曰：

洋洋可驚，蒼蒼無情。何積殃而荐罰，方一紀而再嬰。天地崩兮霜露久，山原在兮松檟成。終知歸於下列，常抱痛於餘生。

[一] 此處脱漏『御』字。

[二] 『尉』當爲『殿』之誤。

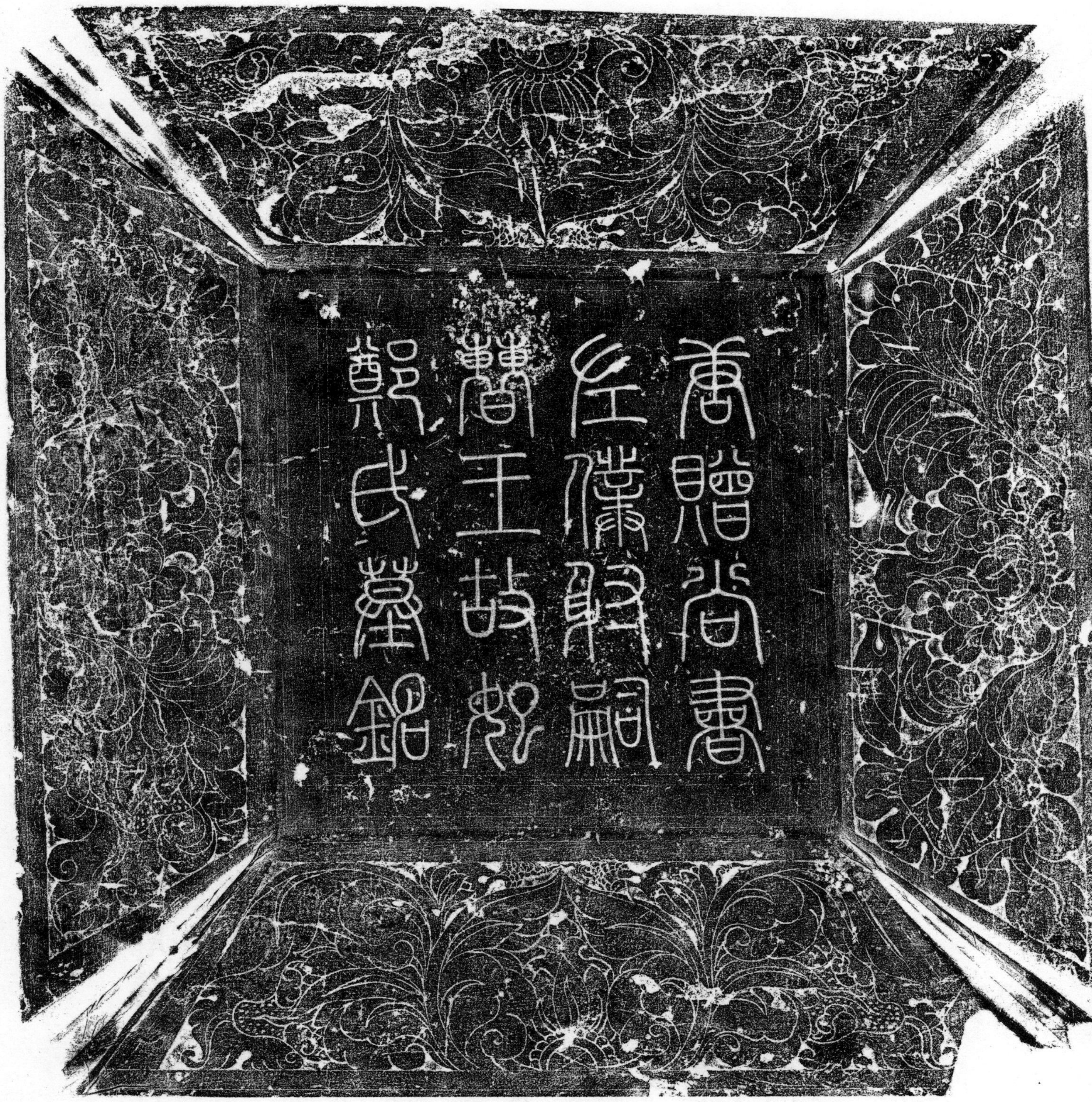

二一一 唐贈尚書左僕射嗣曹王（李戢）故妃鄭氏（中）墓銘蓋

貞元二年（七八六）七月二十二日葬。

誌蓋長、寬五十四厘米。篆書。

唐贈尚書左僕射嗣曹王故妃鄭氏墓銘[一]

[一] 此墓誌蓋爲遼寧省博物館所藏羅振玉舊藏《唐贈尚書左僕射嗣曹王（李戢）故妃鄭氏（中）墓誌銘》之誌蓋，墓誌圖版見《遼寧省博物館藏碑誌精粹》五九。該墓誌洛陽早年出土，誌蓋散落民間。

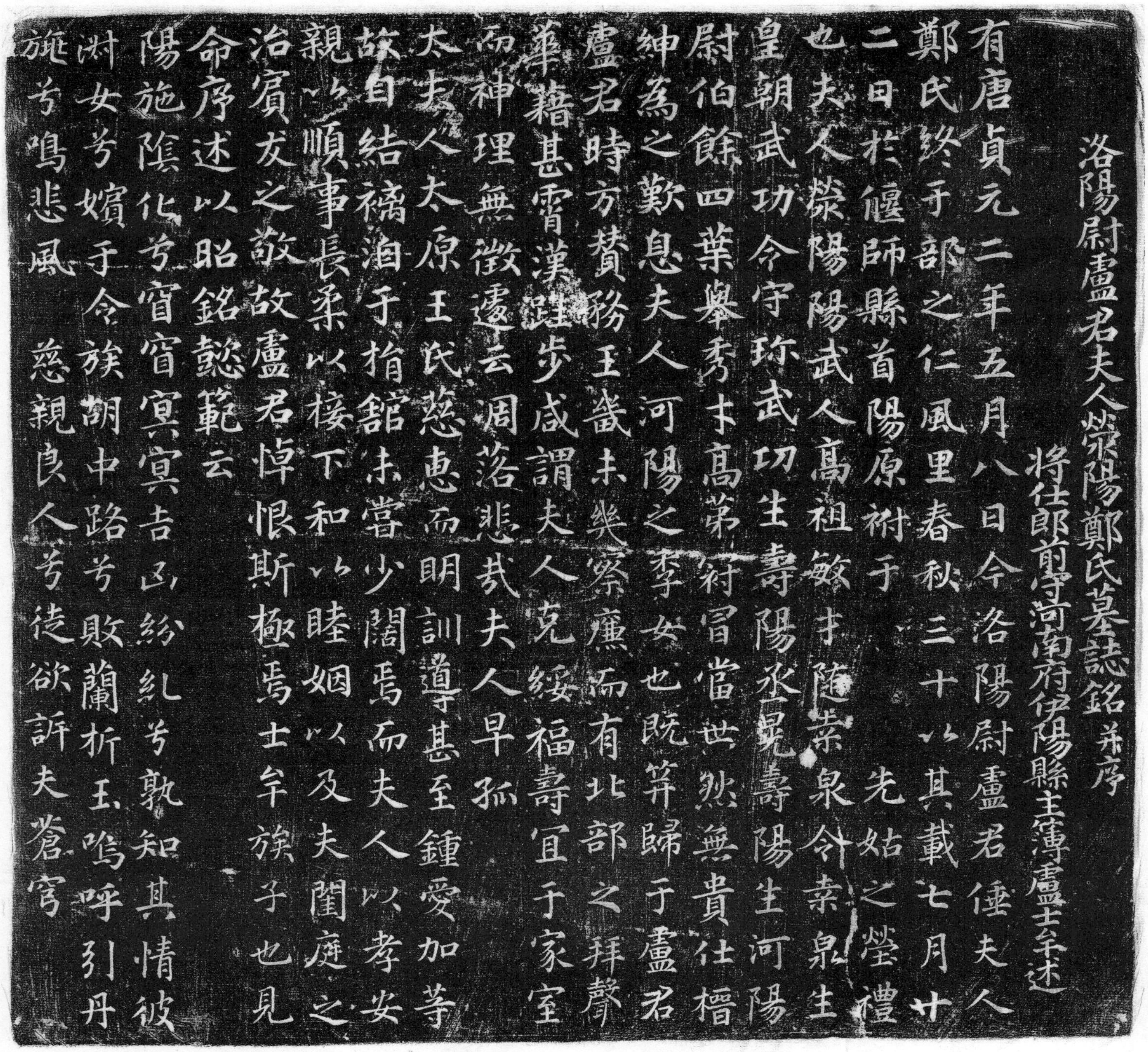
洛陽尉盧君夫人滎陽鄭氏墓誌銘并序
将仕郎前守河南府伊陽縣主簿盧士牟述
有唐貞元二年五月八日令洛陽尉盧君倕夫人
鄭氏終于部之仁風里春秋三十以其載七月廿
二日祔于偃師縣首陽原祔于先姑之塋禮
也夫人滎陽陽武人高祖敏隋棗泉令棗泉生
皇朝武功令守珎武功生壽陽丞晃壽陽生河陽
尉伯餘四葉舉秀才高第衍冒當世然無貴仕搢
紳爲之歎息夫人河陽之季女也既笄歸于盧君
盧君時方賛務王畿未幾察廉而有北部之拜聲
華籍甚霄漢跬步咸謂夫人克綏福壽宜于家室
而神理無徵遽云凋落悲哉夫人早孤
太夫人太原王氏慈惠而明訓導甚至鍾愛加等
故自結褵洎于捐舘未嘗少闕焉而夫人以孝安
親以順事長柔以接下和以睦姻以及夫閨庭之
治賓友之敬故盧君悼恨斯極焉士牟旅子也見
命序述以昭銘懿範云
陽施陰化兮窅窅冥冥吉凶紛糺兮孰知其情彼
淑女兮嬪于令族胡中路兮敗蘭折玉嗚呼引丹
旐兮鳴悲風慈親良人兮徒欲訴夫蒼穹

二一二　洛陽尉盧君（倕）夫人滎陽鄭氏墓誌銘

貞元二年（七八六）七月二十二日葬。

誌文二十行，滿行十九字。正書。誌長四十五厘米，寬四十三厘米。

盧士牟撰。

誌蓋正書：盧君亡妻鄭氏墓誌銘

洛陽尉盧君夫人滎陽鄭氏墓誌銘并序

將仕郎前守河南府伊陽縣主簿盧士牟述

有唐貞元二年五月八日，今洛陽尉盧君倕夫人鄭氏終於部之仁風里，春秋三十。以其載七月廿二日於偃師縣首陽原，祔於　先姑之塋，禮也。夫人滎陽陽武人。高祖敏才，隋桑泉令。桑泉生皇朝武功令守珍，武功生壽陽丞晃，壽陽生河陽尉伯餘。四葉舉秀才高第，冠冒當世，然無貴仕，搢紳爲之嘆息。夫人河陽之季女也，既笄歸於盧君。盧君時方贊務王畿，未幾察廉而有北部之拜。聲華藉甚，霄漢跬步。咸謂夫人克綏福壽，宜於家室。而神理無徵，遽云凋落。悲哉！夫人早孤，　太夫人太原王氏，慈惠而明，訓導甚至，鍾愛加等。故自結褵，洎於捐館，未嘗少闕焉。而夫人以孝安親，以順事長。柔以接下，和以睦姻。以及夫閨庭之治，賓友之敬。故盧君悼恨斯極焉。士牟族子也，見命序述，以昭銘懿範云：

陽施陰化兮窅窅冥冥，吉凶紛糾兮孰知其情。彼淑女兮嬪於令族，胡中路兮敗蘭折玉。嗚呼！引丹旐兮鳴悲風，　慈親良人兮徒欲訴夫蒼穹。

二一三　唐京兆府鄠縣令賜緋魚袋隴西李府君（惟友）夫人清河崔氏墓誌銘

貞元三年（七八七）五月十三日葬。

誌文二十四行，滿行二十四字。正書。誌長四十五點五厘米，寬四十四厘米。

李伯華撰，李察書。

誌蓋篆書：唐李府君崔夫人墓銘

唐京兆府鄠縣令賜緋魚袋隴西李府君夫人清河崔氏墓誌銘并序

隴西李伯華述

第四子給事郎前行鄭州滎澤縣尉察書

公諱惟友，字睦，隴西成紀人也。曾祖彦世，　皇朝澤州陵川縣令。祖元亨，　皇蒲州安邑縣主簿。父昌庭，　皇朝請大夫、棣王友。并人倫高標，名教華蓋。代無違德，不殞其名。本乎素行，君子之樞機；成乎易簡，賢人之德業。公積德餘慶，天錫純嘏。盈而克恭，性與道合。布慈惠以宰邑，弘雅量以臨人。故所居而德聲振，所莅而仁風遠。夫人清河崔氏之女也。　皇朝寧、延二州刺史玄弼之曾孫，　皇朝左庶子道猷之孫，　皇左司禦率府長史諤之第三女也，小字應兒。緬究簪纓，四海咸稱於鼎族；俯詳圖諜，一門獨盛於當朝。有子六人：長寰，滑州司士參軍。次實，早亡。次寧，河南府伊闕縣主簿。次察，鄭州滎澤縣尉。次宲，鄭州管城縣主簿。幼寅，楚州盱眙縣令。有女三人。而夫人生於德門，長於保傅。素恭箴誡，言惟禮典。秦晋匹也，泮合攸宜。柔包怡聲，善於事上。訓子可觀於禮，奉夫以敬如賓。素行克彰，積德餘慶。幼子宰邑，迎養寵禄，已嘆板輿之美，更加墨綬之歡。嗚呼！上天不吊，以貞元二年十月十一日寢疾，終於盱眙縣官舍，春秋七十有一。嗣子寰等克家罔孝，立身以忠。泣風樹之難追，痛榮逮之不逮。哀戚之情上感，飾終之澤下流。窀穸有期，祖奠時設。以貞元三年歲次丁卯五月十三日丙申合祔於龍門北原，禮也。乃爲銘曰：

猗歟君子，太古而生。發源帝堯，中葉周卿。惟仁惟義，克孝克明。爰暨祖考，咸有頌聲。堂堂我公，實咨令德。穆穆傅母，順成内則。兩譽齊舉，雙儀不忒。景行山東，風流河北。有生必謝，誰能獨存。寧神故里，合葬平原。劒暗泉室，松寒墓門。勒銘沉石，萬古何論。

二一四　唐故朝請大夫大理正崔府君（堅）墓誌

貞元三年（七八七）八月十日葬。

誌文三十九行，滿行三十八字。正書。誌長、寬均七十三厘米。

劉執經撰。

唐 故朝請大夫大理正崔府君墓誌并序

濟陰劉執經撰

園岳降神，齊爲大國；北州冠姓，崔實名家。婚姻則甲乙是先，軒冕乃旁午成列。況有行參顏閔，業蘊管簫。峻極千仞之姿，馨香九畹之美。而官未上秩，家無歲儲。以茲言命，斯可慟矣。 公諱堅，字貞固，博陵人也。 高祖公術，隋司隸臺從事、司隸別駕。 曾祖靈懿， 皇朝請大夫、懷州王屋令。 大父敬嗣，銀青光禄大夫、并州大都督府長史。 烈考嵩，太中大夫、行潁王府諮議參軍。武纘前脩，美傳世濟。治行存於碑誌，事業光於史册。 公風格清厲，宗姻所恭。仁恕爲室居，學行爲黼藻。天與之性，向寵淑均；氣得於天，王彬雅正。人倫至行，理本精識。潁然自明，不照而著。弱冠以脩飾崇玄及第。後丁内艱，蓼莪哀至，欒棘毀聞。服除，調授宋州楚丘尉。重遭大憂，秉顏丁、子臯之禮，殆不勝喪。制闋猶病，後所疾良已。選補右武衛録事參軍。矜孤恤窮，攻苦食淡。墻宇必葺，履屐當才。肅爲嚴君，謀以翼子。韜光於環衛之内，踠迹於曲艱之中。俄遷少府監主簿，續拜司農丞。工徒逸於程作，宫寺豐其廩餼。豈唯薪蒸合度，冕綬無差者哉。淮南節度陳公少遊，聆其嘉聲，擢拜監察御史賜緋，充闔田判官。鄰部賀盛府得賢，大田望有年多稼。志求親人官，吏部授 公福昌令。從避馬而鳴弦，變霜風而馴翟。課無逋事，政有殊迹。滿歲，悠然而歸。陳平多長者之車，揚雄有好事之酒。陷於賊境，窮巷食貧。勢當疑忌，不懼誘脅。白珪無玷，洪河忽清。太尉李晟收復類能，假攝禮部員外。故中書侍郎行相事劉從一，即其自出。渭陽之感，禮過於恭。 公群而不標，畏而不恃。門無私謁，心樂閑官。竟除大理正，衆謂身屈而名彰也。中書當濟川之任，大理處用竹之司。貨雖藩身，未嘗及口。孚則盈正，著誠在人。虞書尚直而能温，大雅貴既明且哲， 公之謂也。屬長女有及月之憂，

公乃發乘軺之請。豈謂柳花停咏，鸒起謝庭；野鳥自傷，灾延賈傅。 先太夫人隴西李氏，德表夫黨，行著宗家。勤恭謙淑，四者備矣。天寶初，先 諮議而弃代，宅兆於邙山之張楊村原。令龜襄事皆 諮議所決。及廣德歲， 諮議捐館於長安。其引蓋殯，未剋魯人之祔，累經胡虜之虞。兆順於今春而 公疾作。撫牀而命次子寬曰：『成吾志者，爾其勉哉。』輟藥量程，雪涕告别。 夫人范陽盧氏，諮諭改卜。 公曰：『死且不恤，無惑迺誠。』罔極之感，入於骨髓。翌日之瘳，悄焉不效。況鍾愛初殁，深悲所纏。竟當食麥之凶，永覆位槐之望。上蒼之不仁何甚，神理之福善非耶。以貞元三年正月廿日終於東都尊賢里之私第，春秋六十八。疾甚，顧左右曰：『山東士族，歷官至命大夫。享年將不愈矩，豈可恨耶。』易簀之時，發令尤當。君子曰：『名賢一言，足以抑貪浮而立義方也。』昔邴吉以能德愈疾，貢禹以辭榮保壽。古猶今也，何其爽歟！ 公清儉守約，忠直不回。有叔向撫孤之仁，平仲久要之分。與其腰金翕韶之上，垂白戚施之間。曷若名聞不朽之謂年，行高於時之謂貴也。以其年八月十日祔窆邙原之 先塋。夫人范陽盧氏，商州刺史廙之孫，河陽令宰之次女。公宫具美，門族蓋時。夜分撫孤，晝哭盡禮。嗣子前潤州句容縣尉震，次子京兆府鄠縣丞寬等六人，充窮勝杖，孺慕居衰。遺以清白，必將有後。 夫人視余猶子，哀命斯文。執經謬奉姻親，情深慰薦。痛亡嘉耦，仰感遺眷。屑涕於筆墨之間，庶虞於陵谷之變。誌曰：

浚發炎帝，精靈岱岳。漢瑗晋洪，高名碩學。兖州門風，延伯將略。齊魏以來，博陵森若。 顯考并州，布政優優。 諮議堂構，行不名浮。聿生 大理，令問其休。德在難進，官常屈讎。尉於宋都，吏服民悦。掾於軍衛，俾政無缺。少府糾財，大農參烈。聞之淮海，首薦忠潔。朱紱繡衣，駸駸騑驖。出宰王畿，惠澤熙熙。辭滿歸第，寇戎不時。衡門守節，朝論攸推。丞相甥也，循墻益卑。就官散秩，君子所疑。丕弊平允，無曾顧私。 公之長女，四德咸舉。忝備東牀，嬪爲内主。芳年夭絶，泣涕如雨。 大理之仁，曷勝斯苦。孝乎無病，命子牀前。方終變禮，不克遐年。堯舜皆去，黔婁比賢。青烏得地，丹旐當遷。嗣子擗摽，夫人吉蠲。北邙之上，松柏相望。痛矣 府君，終於此葬。輀車脱載，薤露停唱。風送悲聲，雲呈慘狀。前事之不可追兮，塋開之新巍巍兮，萬古之同悲兮。

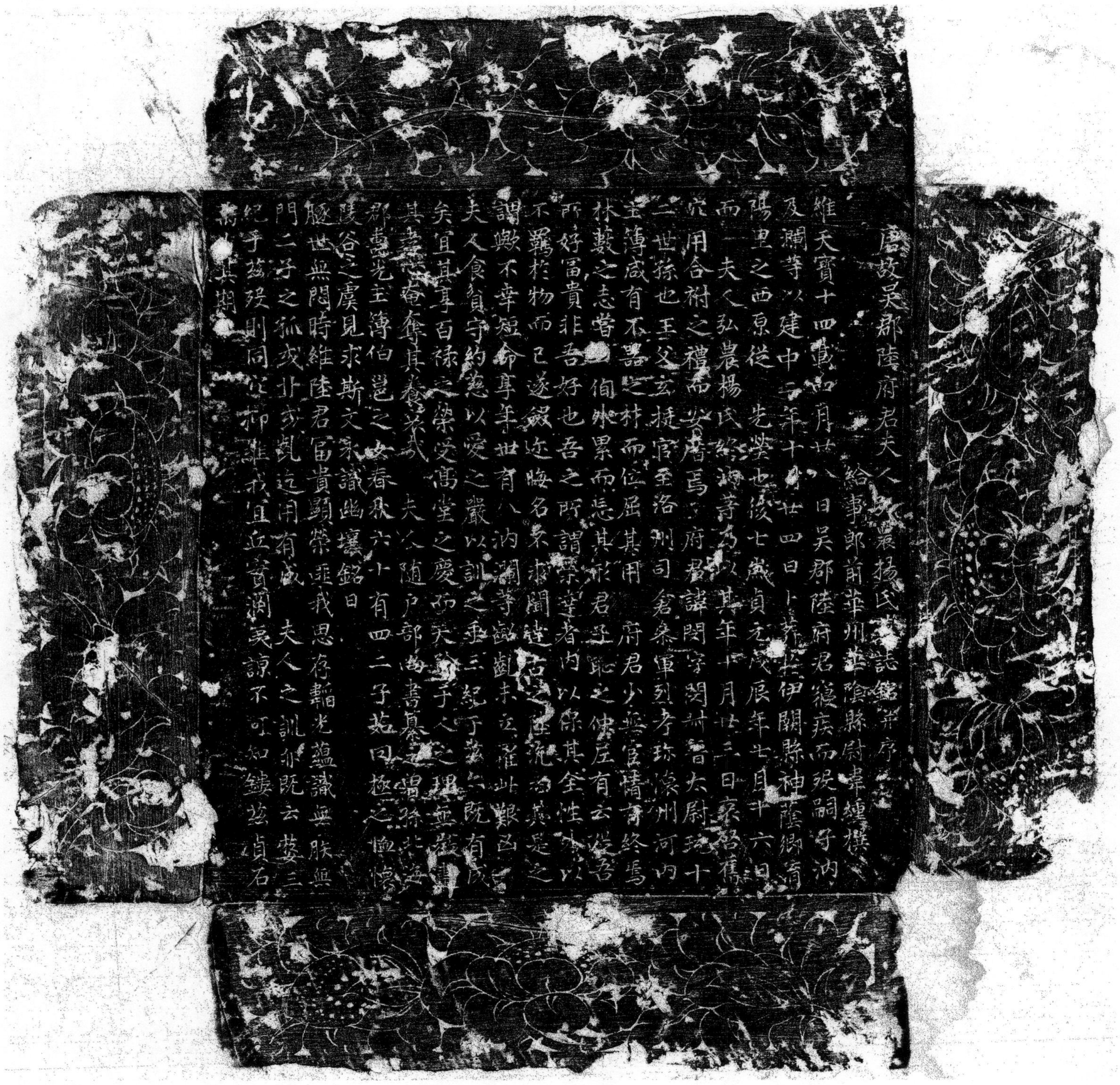

二二五　唐故吴郡陸府君（閔）夫人弘農楊氏墓誌銘

貞元四年（七八八）十月二十三日合葬。

誌文二十二行，滿行二十三字。正書。誌高三十六厘米，寬三十五厘米。

韋纁撰。

誌蓋篆書：唐陸府君夫人楊氏誌

唐故吳郡陸府君夫人弘農楊氏墓誌銘并序

給事郎前華州華陰縣尉韋纁撰

維天寶十四載四月廿八日，吳郡陸府君寢疾而歿，嗣子汭及瀾等以建中二年十月廿四日卜葬於伊闕縣神蔭鄉育陽里之西原，從　先塋也。後七歲，貞元戊辰年七月十六日，而　夫人弘農楊氏終，汭等乃以其年十月廿三日哀啓舊穴，用合祔之禮而安厝焉。　府君諱閔，字閔叔，晉太尉玩十二世孫也。王父玄挺，官至洛州司倉參軍。烈考珍，懷州河內主簿。咸有不器之材，而位屈其用。　府君少無宦情，有終焉林藪之志。嘗曰：『侚外累而忘其形，君子恥之。仲尼有云：從吾所好，富貴非吾好也。吾之所謂榮達者，內以保其全性，外以不羈於物而已。』遂斂迹晦名，不求聞達。古之陸沉者，其是之謂歟？不幸短命，享年卌有八。汭、瀾等齠齔未立，罹此艱凶。　夫人食貧守約，慈以愛之，嚴以訓之，垂三紀於茲，亦既有成矣。宜其享百祿之榮，受高堂之慶，而天□於人之理無徵，違其孝心，奄奪其養，哀哉！夫人隋户部尚書纂之曾孫，北海郡壽光主簿伯邕之女，春秋六十有四。二子茹罔極之恤，懷陵谷之虞，見求斯文，永識幽壤。銘曰：

遯世無悶，時維陸君。富貴顯榮，匪我思存。韜光蘊識，無朕無門。二子之孤，或丱或齔。迄用有成，夫人之訓。亦既云嫠，三紀於茲。歿則同穴，抑維我宜。丘賁淵夷，諒不可知。鏤茲貞石，萬固其期。

二一六　唐故檢校倉部員外郎趙郡李府君（昂）墓誌銘

貞元五年（七八九）十一月十一日葬。

誌文三十一行，滿行三十二字。正書。誌長五十八厘米，寬五十七厘米。

趙驊撰，韋翻書。

誌蓋篆書：大唐故李府君墓誌銘

誌蓋左側正書文字爲遷葬時補刻

唐故檢校倉部員外郎趙郡李府君墓誌銘并叙

朝議郎守倉部郎中趙驊撰

維唐大曆十三年秋七月己巳，吾友李公歿，享齡七十有三。以明年秋八月甲寅安神於闕塞之西原，祔於先塋，從兆順也。嘗聞諸夫子曰：君子必得其位，必得其禄，必得其名，必得其壽。嗚呼！李公位不過尚書郎，禄不過下大夫，有令名而無遐壽，聖人之言蒙竊惑焉，洛中賢士傷者多矣。公諱昂，字季江，趙郡贊皇人。族冠北州，系分東卷，重軒纍冕，百代可知。曾祖思諒，　皇朝倉部郎中。祖敬忠，許王府參軍。烈考暕，都水使者。傳序及公，世有純德。公少好學，無常師，十四經明昇第，廿文顯當時。其述作有大雅之風格，本於簡要，不尚浮華。前達文宗，有若太子詹事齊公澣、北海太守李公邕深所賞异。起家補青州北海主簿，歷汴州尉氏、河南府温縣尉。陳留太守韋公[一]鎮撫百城也，命爲支使；御史中丞盧公[二]準繩東臺也，請爲判官。素難其人，皆不失舉。兼雲南之占募，都内之出納，悉以委焉。天寶中執憲者多由此進。公峻節端操，群公每虚位以待之。屬邊將構逆，兵入洛陽，乃與族父收携手逃難，竄伏山谷，尋逢賊騎，竟陷虜庭。　皇運中興，貶虔州南康尉。於時　天子欲行富國之術，且聽用人之計，有薦公者，所在徵還，復於河陰，專領邦賦。　元帥、太尉李公[三]之專征也，士馬數萬，屯於孟津。資三軍之饋糧，在一夕之漕運。駢艫接軸，趨漲淩濤，亂宵征以趣程，濟晨炊之絶食，剋期而至，實賴於公。公尚憂寇難，不樂吏職，遂解印綬，南適勾吴。浙江西觀察使表公爲蘇州司馬，以疾辭，轉徙甌越。浙江東觀察使又表公爲越州司馬，謝病如初，歸還故里。遷秘書丞，轉著作郎。公曰：『蘭臺石渠是吾志也。』河南尹兼御史大夫張公[四]保釐成周，引爲賓佐，拜檢校倉部員外郎。不以職事煩公，期於坐鎮雅俗。後罷職屏居，卜於城隅，引流植菓，□于舍下。常以經籍自娱，名教爲樂，行和之暇，逍遥於門，非同志不相往來，見同聲不隔前後。行危體正，懷道居貞，於名利澹如也。　朝廷公卿以公舊望，宜在華省，屢薦於三事，時宰亦深納之。然卒不見招。所謂戢鴛鸞使不飛，却騏驥使不御，此馮唐、賈誼之所嘆息。文集殆卅餘卷，永惟鋭思研精，含毫吮墨，未嘗暫廢，以至於終。有子二人：長曰胄，河南府司録。幼曰伸，和州録事參軍。并文擅甲科，孝極至性，其有後乎。嗚呼李公！爲不亡矣。其銘曰：

雍雍鳴鳳，宜巢阿閣，以瑞　吾君，曷栖林麓。鬱鬱喬松，宜構雲臺，見遺匠石，頓於巖隈。於惟我公，文實斯在，上凌九霄，横絶四海。道喪賢隱，退居園廬，劉楨卧病，揚雄著書。適來時也，適去順也，非子之悲，誰當悲者。闕塞中斷，伊川北流，埋魂此地，萬古行楸。

子婿宣義郎前行河南府永寧縣主簿韋翻書

員外嗣子胄，服闋，授檢校工部員外郎兼殿中侍御史，纍遷户部員外、膳部郎中。次子伸，服闋，敕攝河南府陸渾縣尉，又遷試大理評事。越以貞元五年歲次己巳十一月己亥朔十一日己酉，嗣子胄等奉員外之櫬遷於龍門西山中梁原，以夫人京兆韋氏祔焉，禮也。餘具前誌，以時日之故，不獲重刊。

外孫〼[五]

[一] 陳留太守韋公即韋陟，任職時間約爲天寶五載（七四六）。

[二] 御史中丞盧公即盧奕，天寶末爲東都留臺御史中丞。

[三] 元帥、太尉李公即李光弼，參《舊唐書》卷一一〇《李光弼傳》。

[四] 河南尹兼御史大夫張公即張延賞，其治洛事參《舊唐書》卷一二九《張延賞傳》。

[五] 此段文字爲遷葬時補刻。

二一七　唐故倉部員外郎趙郡李公（昂）夫人京兆韋氏墓誌銘

貞元五年（七八九）十一月十一日葬。

誌文二十六行，滿行二十六字。正書。誌長、寬均六十厘米。王顏撰，盧從書。

誌蓋篆書：大唐故李氏夫人韋氏墓誌銘

唐故倉部員外郎趙郡李公夫人京兆韋氏墓誌銘并序

守洛陽縣令王顔撰

夫人京兆韋氏。　烈祖德敏，　皇考功郎中、太府少卿。　烈考玢，皇給事中、尚書左丞，贈揚州　都督。
夫人　左君之季女。　皇御史大夫、揚州長史、淮南節度觀察等使、贈户部尚書元甫，　夫人仲兄也。功德詳乎國史，
富貴耀於家諜，代稱關内甲族焉。　夫人年十有七，執巾箒於趙郡李氏。而　公諱昂，尚書倉部郎中思諒之曾孫，許
王府參軍敬忠之孫，正議大夫都水使者暕之子。　先妣清源縣君王氏，　唐元臣侍中珪之曾孫。　公全德之後，盛族
莫先，外顯中榮，金輝玉映，一代清門也。官至尚書倉部員外郎，倅東都居鎮之務。時宗有執憲者，與　公名同，彼
則詩聞，我則筆著。當代不呼姓於臺省，盛辯名於詩筆。知名爲才出，望由德白。名既過人，位不充量，亦猶物不兩
大耶。以大曆十二年七月廿六日厭家，享齡七十三。時　夫人春秋五十有九，年當煞禮，哀守未亡。歸誠佛乘，邀
福天道。貴而能儉，滿不忘勤。故以孝事姑則誠，以敬事夫則順，誠順不失，以教其下，正閫穆親，用此道也。二男
賓王爲才子，五女適人爲令婦。錫胤九子，早世六人。胄承訓登尚書省膳部郎，伸承訓拜廷尉府評事。膳豐子禄，抱
富童孫。歡慶方集於高堂，榮養見奪於中路。貞元四年季冬遇疾，明年己巳春正月甲辰朔十三日丙辰厭家於河南縣陶
化里，享年七十二。卜是歲十一月己亥朔十一日己酉祔葬於河南縣龍門西山之南中梁原，經也。而膳部等齋咨餘息，
崩迫長號，涕狀德範，泣謀刊勒。膳部以顔愚也直，見托直書。愚以　夫人柔而明，第舉明德，姑務垂訓，是無愧詞。
士族既稱爲婦師，女史當列於賢表。銘曰：

長山天造，迴崗月抱。　神也歸止，元龜是吉。氣之所鍾，物有其容。靈也康止，元蓍是朋。導伊湯湯，流慶與
長。維嵩崇崇，顯德與終。

河南府司録參軍盧從書

二一八　唐故給事中張公（埱）夫人隴西郡君李氏墓誌銘

貞元六年（七九〇）閏四月十三日葬。

誌文二十六行，滿行二十六字。正書。誌長、寬均五十五厘米。

盧頊撰，張鎔書。

唐故給事中張公夫人隴西郡君李氏墓誌銘并序

郡君姓李氏，隴西成紀人也。厥初　玄元，龍翔西州。漢魏已降，仁賢繼軌。維凉紹服，世有哲王。洎　帝室敦叙，蟬聯耿耀，數十百祀，爲士族先，何其盛歟！曾祖世基，太子舍人。祖亶，給事中。父成裕，秘書監，贈兵部尚書。兄揆，左僕射，贈司空。仍世令德，重光簡諜。苟陳未侔於慶族，卿長寧慚乎昔人。郡君禀粹含和，端莊淑明。發乎天真，資乎訓成。遥源長山，來自遠也。年十四適范陽張埱[一]，中書令、燕文貞公説之季子。文學冠於時，德禮宗於家。姻連二族，榮重百氏。閫婦儀於貴室，執祀事於臺庭。實播徽音，克光女士。不幸而府君早世。哭踴有節，軌度是閑。敬姜之知微，叔姬之慎德，無以加也。有子三人：長曰岺，前岳州華容縣令。次曰崼，前河南府參軍。次曰屺，前郢州長壽縣主簿。有女一人，適眉州刺史李自昌。岺等夙罹憫凶，不及嚴訓。切導誘之念，深顧復之慈，聿脩君子之儒，不墜賢人之業，繄郡君教也。頃以崼作尉江都，遷居淮甸，聯綿佐幕，垂廿年。及崼授職洛陽，言歸故里。浮舟泝流，至於楚郊，遘疾而殁，春秋六十有八，時貞元五年十月十一日也。嗚呼！年尚幼而身已孤，子有成而禄不及。道備惟斯人，德孤惟彼蒼，謂之何哉？從古興嘆。以六年閏四月十三日合祔於萬安山之南原之舊塋。時日卜筮，皆叶從也。崼以清白之俸，仁者之助。其附棺也誠信，其設奠也吉蠲。禮具病殷，孝敬之心盡矣。是於頊也，叙則孔懷，戚惟自出，實詳舅氏之載，匪直屬詞之流。思遠感深以哀肅，俾識陵谷，覈而無文。銘曰：

婉如之人兮令族令儀，舅秉國成兮天倫繼之。禀教德門兮虔恭淑慎，有行宜家兮嬪則母訓。惠慈蘭馥，徽問玉振。主蘋饗以静嘉，佐良人之信順。將榮象服，乃設素帷。何德行之無祐，去江湖而不歸。孤旐來旋，萬安丘隴。精魂宛以同穴，松柏茂而盈拱。閟貞姿兮不開，傷孝嗣兮哀摧。

外生范陽盧頊撰

侄孫鎔書

[一]《張埱墓誌》見《洛陽流散唐代墓誌彙編續集》一九〇《唐故給事中宜春郡司馬廣陽子張府君（埱）墓誌銘》。

二一九　唐故朝散大夫守同州長史賜魚袋京兆韋公（徵）墓誌銘

貞元六年（七九〇）七月十八日葬。

誌文三十三行，滿行三十六字。正書。誌長、寬均六十二厘米。

崔位撰，王造書，馬瞻刻字。

唐故朝散大夫守同州長史賜魚袋京兆韋公墓誌銘并序

河南水陸運判官前長安縣尉崔位撰
前左衛兵曹參軍王造書

皇唐同州長史韋公諱微，字宣，京兆人也。貫河南府河南縣來遠鄉尚義里。故貝州清河令珣之曾孫。揚州長史、御史中丞、淮南按察使銑之孫。朝散大夫、著作郎鑒之第三子也。著作以官不稱德， 慶集於嗣， 公之美秀，天所命也。天寶中以才貌地望，悉膺妙選，補千牛備身。俯侍旒扆，瑩如冰玉。纔及三歲，時方阻艱。乾元初，凶渠固鄴，避地於衛。乃爲諸侯所得，表 公假衛州司户參軍事。郡務攸歸，二千石坐嘯而已。旋授河中府户曹參軍，再踐詞曹，益彰政事。是以有試秘省秘書郎，兼絳州正平之拜。其年秋七月，以本官改兼南鄭長。罷秩歸洛，遂丁 先府君著作之喪。泣血未周，而 趙郡太夫人捐館舍。毁慕逾制，殆將滅性。昔高柴三年，未嘗見齒。君子以爲難，而 公實過之。服闋，除太子舍人兼浚儀令，歷河清縣。大夫在浚之郊，宰 王之畿，愷悌興頌，人皆去思。久之，方以常調丞於詹事府，有以知時之未乂也。 公之冢子曰宥，賢實惟肖，繼 公懿躅。建中初，亦署擬千牛。 今上以則哲之叡，每目之曰：『平叔之容，元凱之識，兼之者，宥也。』將降愛女唐安公主，特遷駙馬都尉。繇是 公以親賢際會，渥澤殊倫，召拜華州司馬，寵以章服。無何，大憝竊發， 翠華西巡。關河晝昏，官失其守。 公慨然嘆曰：『職實司武，節皆在危。』遂董率黎人，矢謀驍帥。保全左輔，功績居多。洎 乘輿反正，大議爵賞。首加朝散之階， 詔書勞問不絶。嗟乎！天道杳眇，理無固必。竟乃唐安早凋，禁臠適越。 公志不苟進，秩方辭滿。將卧嵩雲，歸閑洛汭。貞元五年冬十月，尚書駕部郎皇甫澈舉 公之賢，且以報 國，爰有同州之命。既乖養素，寔病未能，深爲所親勉諭，遂肩輿之郡。其明年春三月十九日疾篤終於馮翊之官舍，春秋六十一。嗚呼！以 公之文行貞固，温恭慈惠。宜其位登令僕，壽享期頤。而乃官止佐蕃，年方耳順。壞此梁木，隨乎逝川！斯志士之大痛也！至如出處以道，夷險如一。族爲冠冕之首，行處人倫之最。仕無黜削，歿啓手足。四科奄其太半，五福遺其一二，斯亦先賢之極致也。 夫人贈河東郡夫人裴氏[一]，今河南尹諝之長女。 裴公先夫人范陽盧氏[二]，德配高賢。故河東之令儀内範，誠有所稟。天實不吊，先 公十九歲而遘德宫之艱，自廬江歸葬於洛陽清風鄉，從 先塋也。有子三人：長即前駙馬都尉宥，歷銀青光禄大夫、檢校秘書監、潤越二州别駕。次曰寧，陽翟主簿。淳孝俱至，水漿不入，號慟無節。季曰孟五，幼未名之，蓋有孺慕之性。女五人：長適兵部侍郎吳郡陸贄。聰哲 近密，當時無以爲比。次適河東永樂尉瑯琊王并。次適故中書舍人河南于肅子曰敦，莫匪佳士也。二女甫於髫年，哀未及禮。始河東夫人之殁也，墳樹拱矣。公乃娶樂安縣君夫人孫氏，是以一男二女，則樂安之出。夫人婦德母儀，中外所仰。撫存 追往，殆越常制。以其年秋七月十八日與 河東夫人合祔於 先塋之東，禮也。盛烈不泯，歸於史氏。山河或移，誌此貞石。敢爲銘曰：

商封豕韋，四牡龍旂。公實裔焉，源長德垂。發身之初，言侍 丹墀。宰邑佐郡，人歌咏之。今則已矣，令終善始。代固繁昌，家惟丕祉。床坦貴婿，庭趨賢子。命也奈何，遠途中止。清洛茫茫，清風之鄉。潘妻早瘞，闕峙楸行。不卜不塋，祔於玄堂。刊兹貞石，永識遺芳。

扶風馬瞻刻字

[一] 裴氏即裴真，墓誌見本書二〇〇《唐朝請郎前秘書郎兼絳州正平縣令韋微故夫人河東裴氏（真）墓誌銘》。
[二] 盧氏即盧華，墓誌見本書二〇二《范陽縣君盧夫人（華）誌銘》。

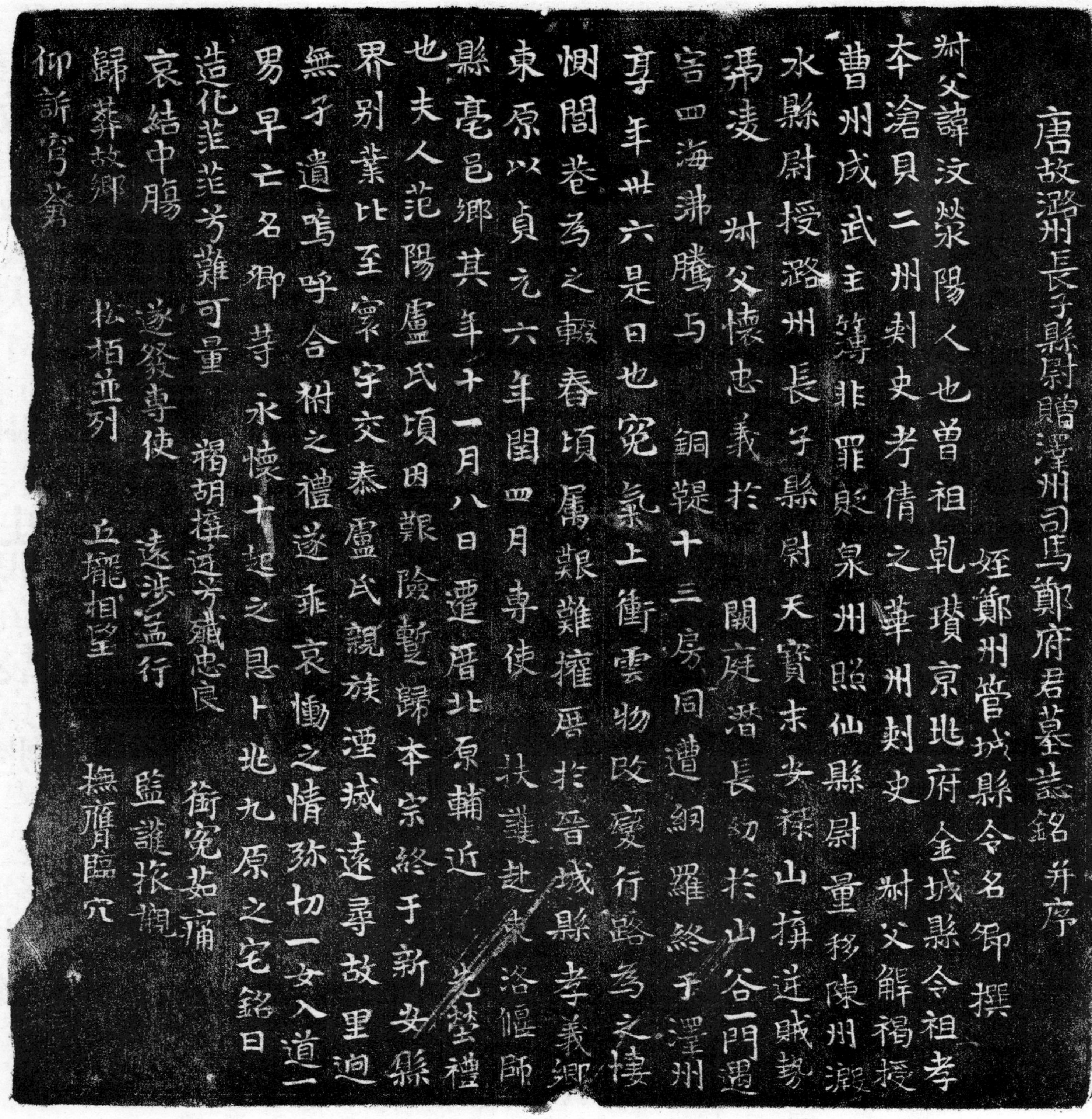

唐故潞州長子縣尉贈澤州司馬鄭府君墓誌銘并序
姪鄭州管城縣令名卿撰
府君諱汶滎陽人也曾祖乹瓚京兆府金城縣令祖考
本滄貝二州刺史考倩之華州刺史 府父解褐授
曹州成武主簿非罪貶泉州照仙縣尉量移陳州溵
水縣尉授潞州長子縣尉天寶末安祿山擁逆賊勢
漸逶 府父懷忠義於 闕庭潛長幼於山谷一門遇
害四海沸騰乃 銅鞮十三房同遭網羅終于澤州
享年卌六是日也寃氣上衝雲物改變行路為之悽
惻閭巷為之輟舂頃屬艱難權厝於晉城縣孝義鄉
東原以貞元六年閏四月專使 扶護赴東洛偃師
縣亳邑鄉其年十一月八日遷厝北原輔近 先塋禮
也夫人范陽盧氏頃因艱險暫歸本宗終于新安縣
界别業比至寧穸交泰盧氏親族湮滅遠尋故里迴
無孑遺嗚呼合祔之禮遂乖哀慟之情弥切一女入道一
男早亡名御荨 永懷十起之恩卜兆九原之宅銘曰
造化茫茫兮難可量 褐胡擁逆兮殲忠良 銜寃茹痛
哀結中腸 遂發專使 遠涉盖行 監護旅櫬
歸葬故鄉 松栢並列 丘壠相望 撫膺臨穴
仰訴穹蒼

二二一〇 唐故潞州長子縣尉贈澤州司馬鄭府君（汶）墓誌銘

貞元六年（七九〇）十一月八日葬。

誌文二十行，滿行字數不等。正書。誌高三十九厘米，寬三十八厘米。

鄭名卿撰。

唐故潞州長子縣尉贈澤州司馬鄭府君墓誌銘并序

侄鄭州管城縣令名卿撰

叔父諱汶，滎陽人也。曾祖乾瓚，京兆府金城縣令。祖孝本，滄、貝二州刺史。考倩之，華州刺史。叔父解褐授曹州成武主簿，非罪貶泉州照仙縣尉，量移陳州溵水縣尉，授潞州長子縣尉。天寶末，安禄山構逆，賊勢憑淩。 叔父懷忠義於 闕庭，潛長幼於山谷。一門遇害，四海沸騰。與 銅鞮十三房同遭網羅，終於澤州，享年卅六。是日也，冤氣上衝，雲物改變。行路爲之悽惻，閭巷爲之輟春。頃屬艱難，權厝於晋城縣孝義鄉東原。以貞元六年閏四月專使 扶護，赴東洛偃師縣亳邑鄉。其年十一月八日還厝北原，輔近 先塋，禮也。夫人范陽盧氏，頃因艱險，暫歸本宗，終於新安縣界別業。比至寰宇交泰，盧氏親族湮滅。遠尋故里，迴無孑遺。嗚呼！合祔之禮遂乖，哀慟之情彌切。一女入道，一男早亡。名卿等永懷十起之恩，卜兆九原之宅。銘曰：

造化茫茫兮難可量，羯胡構逆兮殲忠良。銜冤茹痛，哀結中腸。遂發專使，遠涉孟行。監護旅櫬，歸葬故鄉。松柏并列，丘壠相望。撫膺臨穴，仰訴穹蒼。

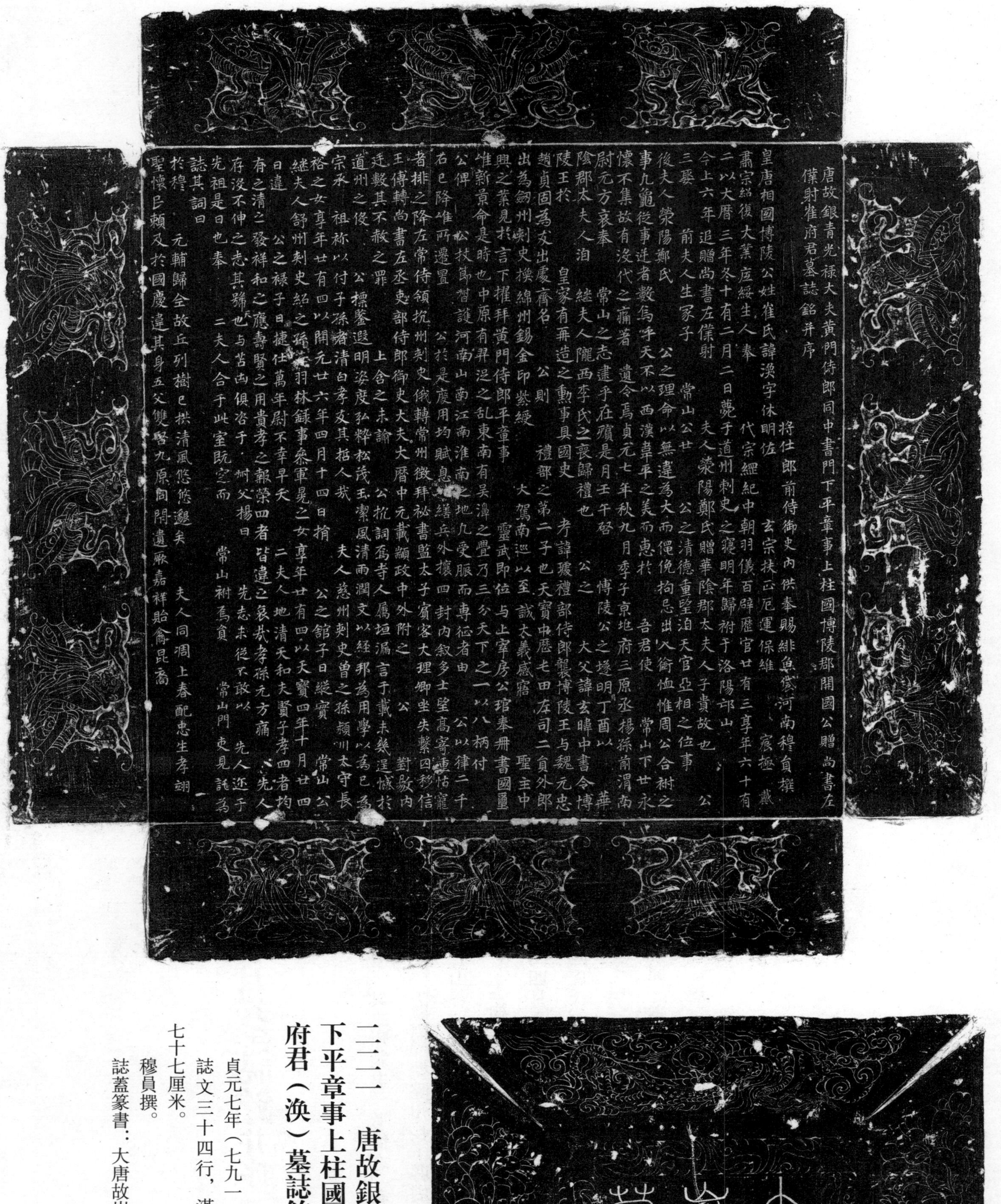

二二一　唐故銀青光祿大夫黃門侍郎同中書門下平章事上柱國博陵郡開國公贈尚書左僕射崔府君（渙）墓誌銘

貞元七年（七九一）十月十日葬。

誌文三十四行，滿行三十四字。正書。誌長八十厘米，寬七十七厘米。

穆員撰。

誌蓋篆書：大唐故崔府君墓誌銘

唐故銀青光祿大夫黃門侍郎同中書門下平章事上柱國博陵郡開國公贈尚書左僕射崔府君墓誌銘并序

將仕郎前侍御史内供奉賜緋魚袋河南穆員撰

皇唐相國博陵公姓崔氏，諱渙，字休明。佐　玄宗扶正厄運，保維　宸極。　戴肅宗紹復大業，底綏生人。奉　代宗綱紀中朝，羽儀百辟。歷官廿有三，享年六十有二。以大曆三年冬十有二月二日薨於道州刺史之寢。明年歸祔於洛陽邙山。　今上六年，追贈尚書左僕射。　夫人滎陽鄭氏，贈華陰郡太夫人，子貴故也。　公三娶，　前夫人生冢子　常山公，世　公之清德重望洎天官亞相之位事。　後夫人滎陽鄭氏。　公之理命，以無違爲大。而僶俛拘忌，出入銜恤。惟周公合祔之事，凡龜從事逆者數。烏呼！天不以西漢韋平之美而惠於　吾君。使　常山下世，永懷不集。故有没代之痛，著　遺令焉。貞元七年秋九月，季子京兆府三原丞揚，孫前渭南尉元方哀奉　常山之志，逮乎在殯。是月壬午，啓　博陵公之隧，明月丁酉以　華陰郡太夫人洎　繼夫人隴西李氏之喪歸禮也。　公之　大父諱玄暐，中書令、博陵王，於　皇家有再造之勛，事具國史。考諱璩，禮部侍郎，襲博陵王。與魏元忠、趙貞固爲友，出處齊名。　公則　禮部之第二子也。天寶中歷屯田、左司二員外郎，出爲劍州刺史，换綿州，錫金印紫綬。　大駕南巡，以至誠大義，感寤　聖主。中興之業，見於言下。擢拜黃門侍郎平章事。　靈武即位，與上宰房公琯奉册書國璽，唯新景命。是時也，中原有羿浞之亂，東南有吴濞之釁。乃三分天下之一，以八柄付　公，俾　公杖節督護河南、山南、江南、淮南之地。凡受脤而專征者，由　公以律。二千石以降，唯所遷置。　公於是度用均賦，息人繕兵。外攘四封，内叙多士。望高寄重，怙寵者排之。降左常侍，領杭州刺史。俄轉常州，徵拜秘書監、太子賓客、大理卿。坐失繫囚，移信王傅，轉尚書左丞、吏部侍郎、御史大夫。大曆中，元載顓政，中外附之。公　對敭内廷，數其不赦之罪。　上含之未諭，　公抗詞焉。寺人屬垣漏言於載。未幾，逞憾於道州之役。　公標鑒遐明，姿度弘粹。松茂玉潔，風清雨潤。文以經邦爲用，學以爲己爲宗。承　祖禰以付子孫者，清白孝友，其哲人哉！　夫人慈州刺史曾之孫，潁川太守長裕之女。享年廿有四，以開元廿六年四月十四日捐　公之館。子曰縱，實　常山公。繼夫人舒州刺史紹之孫，因羽林録事參軍晃之女。享年廿有四，以天寶四年十月廿四日違　公之禄。子曰捷，仕萬年尉，不幸早夭。　二夫人地清天和，夫賢子孝，四者均有之。清之發祥，和之應壽，賢之用貴，孝之報榮，四者皆違之，哀哉！孝孫元方痛　先人存没不伸之志，其號天也與苦塊俱。咨於　叔父揚曰：『先志未從，不敢以　先人邇於先祖。』是日也，奉　二夫人合於此室。既窆而　常山祔焉。員，　常山門吏，見托爲誌。其詞曰：

於穆　元輔，歸全故丘。列樹已拱，清風悠悠。邈矣　夫人，同凋上春，配忠生孝，翊　聖懷民。賴及於國，慶違其身。五父雙啓，九原同閉。遺厥嘉祥，貽爾昆裔。

故利州刺史李公墓誌銘并序
子壻前鄉貢進士清河崔絢撰
唐貞元九年龍集癸酉秋七月丁丑朔十八日甲午朝散大夫使持節利
州諸軍事守利州刺史隴西李公諱僓字季休薨于官舍嗚呼哀哉享
年六十一歷官十一政長松百尺秋江千里蘊蓄才藝播揚聲芳歿有
遺誡且俾薄葬其孤儉等泣護　靈轝以其年十二月丙午朔十五日歸祔于
河南縣伊汭鄉鄗都里之　先塋禮也曾祖嶷萬州司馬祖綰贈秘
書少監考朝獬左庶子地望門風嗣續前哲朱軒華袞焜燿當時公以
門子補崇文館生明經登第解褐太子典膳丞于後累宰大邑克扇仁
風歷河南府倉曹參軍同僚推能列佐惟允亦既歲滿亦既星言無何
山南節使端揆嚴公震聆其休聲遽加禮請奏授殿中侍御史仍換章
服充本道營田判官旋屬　皇上南巡事倚公辦心洞月鏡手揮
霜鋒應卒如神供億靡闕及　大駕還宮特除鳳州刺史兼侍
御史賜紫金魚袋充本州鎮遏使旌厥功也河池臨塞羌戎是虞訓卒
務農人安俗阜五載遷利州刺史如河池之政先是邦也遭寇焚蕩城
池尚毀公乃乘時之隙從人之欲薦雉揆莽闢開郊衢百堵雲矗千室
碁布儉以節用悅以使工曰舊謀新日將月就向非通才孰能臻此不
躋大位奄謝明時知與不知無不出涕所謂古之遺愛也彼荊人羅市
亦莫之過嗚呼哀哉有子七人時方三歲元子曰儉潞府參軍鋒太樂
丞鏻明經登第曰鏦曰鉞曰鑾曰鐏攀號罔及匍匐送之公之長女我
之宜室顧慙國士是荷嘉姻竊忝文徒敢為銘曰
峩峩李公瓌材偉度如蘭斯薰如松斯茂三宰大邑一揚神州兩遊憲
府再為諸侯政惟簡易德備剛柔來則歌暮去必借留謂天福善謂神
與直方振海鱗遠墜雲翼親賓哀悽遺孤匍匐伊水之右闕塞之前祔
于先塋松栢万年

二三二　故利州刺史李公（僓）墓誌銘

貞元九年（七九三）十二月十五日葬。

誌文二十五行，滿行二十七字。正書。誌長、寬均四十九厘米。

崔絢撰。

故利州刺史李公墓誌銘并序

子婿前鄉貢進士清河崔絢撰

唐貞元九年龍集癸酉秋七月丁丑朔十八日甲午，朝散大夫、使持節、利州諸軍事、守利州刺史隴西李公諱儧，字季休，薨於官舍。嗚呼哀哉，享年六十一，歷官十一政。長松百尺，秋江千里。藴蓄才藝，播揚聲芳。歿有遺誡，且俾薄葬。其孤儉等，泣護 靈轝，以其年十二月丙午朔十五日歸祔於河南縣伊汭鄉郜都里之 先塋，禮也。曾祖嶷，萬州司馬。祖綰，贈秘書少監。考朝弼，左庶子。地望門風，嗣續前哲。朱軒華衮，焜耀當時。公以門子補崇文館生。明經登第，解褐太子典膳丞。於後累宰大邑，克扇仁風。歷河南府倉曹參軍，司廪推能，列佐惟允。亦既歲滿，亦既星言。無何，山南節使端揆嚴公震聆其休聲，遽加禮請，奏授殿中侍御史，仍換章服，充本道營田判官。旋屬 皇上南巡，事倚公辦。心洞月鏡，手揮霜鋒。應卒如神，供億靡闕。及 大駕還宮，特除鳳州刺史，兼侍御史，賜紫金魚袋，充本州鎮遏使，旌厥功也。河池臨塞，羌戎是虞。訓卒務農，人安俗阜。五載，遷利州刺史，如河池之政。先是邦也，遭寇焚爇，城池尚毀。公乃乘時之隙，從人之欲。剪薙榛莽，闢開郊衢。百堵雲矗，千室棋布。儉以節用，悦以使工。因舊謀新，日將月就。向非通才，孰能臻此。不躋大位，奄謝明時。知與不知，無不出涕。所謂古之遺愛也，彼荆人罷市，亦莫之過。嗚呼哀哉。有子七人，時方三虎。元子曰儉，潞府參軍。鋒，太樂丞。鍈，明經登第。曰鏦、曰釴、曰鋋、曰錞，攀號罔及，匍匐送之。公之長女，我之宜室。顧慚國士，是荷嘉姻。竊忝文徒，敢爲銘曰：

峨峨李公，瓌材偉度。如蘭斯薰，如松斯茂。三宰大邑，一掾神州。兩遊憲府，再爲諸侯。政惟簡易，德備剛柔。來則歌暮，去必借留。謂天福善，謂神與直。方振海鱗，遽墜雲翼。親賓哀悽，遺孤匍匐。伊水之右，闕塞之前。祔於 先塋，松柏萬年。

唐故銀青光祿大夫河南尹充河南水陸運使上柱國聞喜縣開國男裴公墓誌銘并序
正議大夫行河南少尹上柱國高平郡開國公苗丕撰并書

唐故河南尹贈禮部尚書裴府君墓誌銘

二一三　唐故銀青光禄大夫河南尹充河南水陸運使上柱國聞喜縣開國男裴公（諝）墓誌銘

貞元十年（七九四）二月葬。

誌文三十三行，滿行字數不等。正書。誌長、寬均七十六厘米。

苗丕撰并書。

誌蓋正書：唐故河南尹贈禮部尚書裴府君墓誌銘

唐故銀青光禄大夫河南尹充河南水陸運使上柱國聞喜縣開國男裴公墓誌銘并序

正議大夫行河南少尹上柱國高平郡開國公苗丕撰并書

貞元九年冬十一月壬寅，河南尹裴公薨於位。粤翌日聞於　上，　天子震悼，群公慟惜。十二月壬子，　詔贈禮部尚書。未浹旬而　制書降第，亦曰加等也。公諱諝，字士明[一]，河東人。其先食邑於裴，因而命氏。自遠祖漢侍中茂至曾祖皇邢州長史繹，祖皇袁州刺史無悔，蟬聯純懿，簪組焕焉。考府君諱寬，皇禮部尚書、御史大夫、范陽節度使。文武盛德，萬邦爲憲。望優臺鼎，道隘權回。公即范陽之嗣子也。資粹靈以挺質，含元精而稟氣。碩量弘通，英姿逸异。至若文行忠信，宣慈惠和。總孔氏之典訓，爲士人之軌範。玉立鸞步，如山如河。洋洋焉，浩浩焉，其不可涯矣。年弱冠以門蔭授河南府參軍。勤恪在公，智效唯穆。纍遷京兆府倉曹、太子司議郎。乾元初，以令問休嘉，遷侍御史。又以官次留司洛陽。明年，丁内憂，因而陷賊。史思明，范陽之吏卒。知公雅望，大加搜訪，脅授御史中丞。公以爲虚死不如立節，逃身不如報國。乃僞就印綬，與賊相周贊同謀誅賊。事雖不果，義頗彰焉。賊平，拜太子中允，尋遷考功郎中。　代宗皇帝知公才識，每於延英殿召對，問以時政。公上稽圖籍，下考人事。不將迎而有隱，必罄竭而資忠。敷陳治道，甚有弘益，　上深器异之。繇是爲權臣所忌。大曆初，出爲虔州刺史。居郡五年，獷俗懷安。遷饒、廬、亳三州刺史。皆治行殊异，史臣書焉。建中元年，徵拜左金吾衛將軍，且司警衛。有尹京者，素苞嫌釁，以事誣之，貶閬州司馬。不遐而復遷太子右庶子，又遷左千牛衛大將軍，重硎刃也。貞元二年，擢拜吏部侍郎兼御史大夫，充入蕃使。於時使罷，乃守職焉。三年，改太子賓客。五年，换兵部侍郎。其綜覈流品，儀刑望莵，較試材官，莫不根損益之端倪，洞精微之藻鑒，而代有終焉。其年遷河南尹，政以仁成，俗由禮變。齋心敬事，罔惓於勤。弘大體以奉公，不務細而彰己。令興行而簡易，人康樂而欣欣。宜其超登近密，獻替可否。天命難忱，享年七十有五，嗚呼哀哉！矧乎臨終上疏，不忘其忠。俾祔先塋，不忘其孝。顧恤諸幼，不忘其仁。制節凶儀，不忘其禮。於是内外親屬，以二月辛卯奉公之喪，葬於小宋原，遵治命也。夫人范陽盧氏[二]，先　公而逝。有子曰弘，弘早世。有子曰載。後夫人京兆韋氏[三]，有子曰儀、曰戩。夫人稽周公之制，遷范陽祔之。惟嫡孫之重，俾二子下之。德禮合於常經，閨門以爲楷則，又盡善也。嗚呼！公　先君墓銘，丕先君太保文貞公所撰[四]。今　公幽礎，俾丕述焉。語事感深，興言情塞。垂泣叙德，斯文益荒。播芳烈於無窮，有豐碑之不朽。其銘曰：

峨峨條山，屬河赴海，地理攸長。降粹育德，生我王國，代有賢良。猗歟裴公，續彼前人，其心直方。爰自筮仕，中年往復，晚歲超驤。及理三川，政平務簡，人悦無疆。如何不淑，未登臺鉉，奄去周行。　皇帝念功，詔贈常伯，嘉兹寵章。嗚呼聞喜，以禮終始，人誰不亡。葬於先塋，悼送萬餘，恩深者傷。高墳永固，緱山之下，松柏蒼蒼。

[一] 此處文字有改刻，兩字原刻似爲『文房』，後改『士明』。按兩《唐書·裴諝傳》，裴諝字『士明』。

[二] 盧氏即盧華，墓誌見本書二〇二《范陽縣君盧夫人（華）誌銘》。

[三] 韋氏即韋婉，墓誌見本書二二九《唐故河南尹贈禮部尚書裴公（諝）華陰郡君韋夫人（婉）墓誌銘》。

[四] 文貞公即苗晋卿，謚文貞。

二二四　唐故彭州唐昌縣令李府君（聳）墓誌銘

貞元十一年（七九五）十一月二十七日葬。

誌文二十六行，滿行二十五字。正書。誌長四十五厘米，寬四十四厘米。

李艮撰并書。

唐故彭州唐昌縣令李府君墓誌銘并序

嗣子奉義郎前行太常寺太樂令良言并書

我府君諱聳，字某，隴西人也。六代祖諱虎，輔周封唐，濟世匡國。肇開　皇業，鍾慶子孫。高祖諱孝恭，唐左僕射、河間王，圖　形麟閣，配享　清廟，功贊皇極，德章青史。曾祖諱崇義，左僕射、宗正卿。出征遼塞，入拜掖垣。端右百揆，協和九族。祖諱尚道，皇太子舍人。久陪晝室，每從龍樓。椒掖臨朝，枝屬失位。皇考諱汪，絳州翼城縣令，宗室之英，銅墨之職。降年不永，盛德斯淪。夫蘊顯懿之業，不躋榮耀之位，積善之報，必貽於後。故　我府君性包道德，行合仁義。素尚玄理，尤敦釋教。解褐授汲郡參軍，又轉常州司户。屬燕陲弄兵，　皇輿避狄，華夏震蕩，士人駭散。乃就金華縣丞，不得已而授署。連擒大奸，纍有殊績。蜀郡守聞其能，遥補唐昌令。　公曰：『吾素窺玄象，頗曉人道，天命不遂，智力奚爲？』爰設黄籙齋，授紫府法，頤悦情素，優遊歲序。享年五十二，大曆二年二月十四日薨於盩厔縣之旅館。是歲寧　神於邙山，祔　先塋也。太夫人范陽盧氏，克脩婦道，作範母儀。自遭家艱廿七載，口誦詩禮，手辦紃組，提撫幼稚，教導成立。何期　皇天重降　凶罰，享春秋七十五，貞元十年七月四日薨於長安光福里。再周之歲十有一月廿七日開拭　舊塋，聿遵　先志。長子去泰，鄢陵尉。次子良，太樂令。幼子鼎，延陵丞。咸蒙　庭誨，祗奉堂構。號天擗地，泣血椎心。空懷欒棘之哀，寧報　劬勞之德。銘曰：

赫赫我祖兮天之昌，肅肅河間兮邦之良。猗歟　先君，道德之□。嗚呼　皇妣，禮法所履。含弘晦迹，優遊下位。造化難量，盛□□常。痛芳馥兮永歇，慘金玉兮無光。白日暮兮浮雲翔，玄宫閉□□路長。嗣子號兮訴穹蒼，　容衛儼兮之北邙。追　□極兮將何力，樹松檟兮山之陽。

二二五　故宋州司倉唐府君（岑）夫人鄭氏墓誌銘

貞元十二年（七九六）八月十四日葬。
誌文二十行，滿行二十三字。正書。誌長、寬均四十五厘米。
韓雲撰。

故宋州司倉唐府君夫人鄭氏墓誌銘并序

太原府郊城縣丞韓雲撰

夫人鄭氏，滎陽人也。故正議大夫、魯王府長史弘述之孫，故左領軍衛倉曹諫之女，宋州司倉唐岑之妻。幼而惠和，長而明敏。父母賢之，爲擇良婿。故歸於唐氏府君，即右僕射、莒國公儉之後嗣。衣纓承襲，閥閲清顯。以大夫門子起家右千牛。例轉汴州雍丘尉，調補宋州司倉。志氣才用，皆可負荷。天□罰善，享年卅二，暴疾終於官舍，權殯州城西北樓村百步，從宜也。夫人笄年有行，廿七而霜。既以節行聞，又以孝義著。有息男一，已息女五人，皆在童稚襁褓。聰惠秀惠，盡如縈黃香之儔。有愛弟損，宰邑於潞。迎以　歸養，舉家隨焉。三女適人，二女入道。男尚幼稚，名位未登。愛弟復佐戎於建興郡。以貞元十一年春二月丁太夫人憂。夫人志性孝慈，酌飲不入口數日。哀毀過禮，宿疾大發，幾至滅性。乃尋醫於洛陽，厥疾不瘳，其年九月十九日終於臨闤里之私第。即以明年八月壬申葬於龍門西原。夫人之理命也。嗚呼！嗣子武常以龜筮叶卜，歲月吉期，匍匐如宋，　啓引歸洛。屬時事有故，淹遲空旋。痛志願之□從，徒號泣於長路。哀□銘曰：

哀哀父母，同歸終□。□□有故，不克合祔。□封馬鬣，永對龍門。陵谷匪遷，鄭氏之墳。

二二六　唐故大理司直兼監察御史河東裴府君（曼）墓誌銘

貞元十二年（七九六）十月二十七日葬。

誌文三十七行，滿行四十字。正書。誌長、寬均七十八厘米。

穆質撰。

墓誌原石藏山東桓臺拿雲美術博物館。

唐故大理司直兼監察御史河東裴府君墓誌銘并序

文林郎前守泗州司馬穆質撰

府君河東聞喜人，諱曼，字曼，姓裴氏，　皇宗自出也。衛州新鄉尉杲之子，唐州毗陽令遜之孫，游擊將軍、紀王府典軍文立之曾孫，泗州刺史、贈鄭州刺史孟犨之外孫也。中外合慶，祖曾重光。生而和慧，長而茂實。精於吏事，敢於與人。其任職勤力，有方略，廉平不苛，以利愛爲行。不爲爲人之學，其知之者蓋寡；必求會心之友，故知之者則深。居常恂恂，如不能言，如不勝衣。至若片義所激，雖萬夫不能奪其勇；一言而信，雖千金不能買其諾。其趨人之急如不及，顧其義不顧其力，繫於事不繫於人。行發乎邇而見於遠，道存乎晦而積於顯。由是以義聞於邦族，故當時賢士大夫，寖以嚮風者，由此道也。君之有生而未丱也，而先府君、先夫人繼酷。既孤始幼，終窶且貧，因依外族，流落遐裔。及壯克家，不階常調。僶俛從事，優游使司，出入四府，夷險一德。歷官太子通事舍人、大理司直、監察御史。以先府君、先夫人异殯，未合真宅。明發不寐，有懷二人。日責於心，歲課其力。冬不求温，夏不求清。夜以繼日，凡卌年。哀勞積中，風露生疾。以貞元十一年固謝所職，考塋兆於偃師首陽原。問於元龜，元龜告之吉；咨於友人，友人與之成。其趨時也，如寇盜之至，亦既畢事，且曰：『不幸我不得天地陰陽之和者，四時矣。嘗聞君子居易委順，何壽何夭。我將歸安於斯，歸全於斯。生不及養，歿而有歸，知我者知我無恨矣。』齋心待變者五月，明年正月廿二日終於東都仁和里，享年五十有四。始於立身，終於報親，孝也；生能知命，死不忘本，仁也。唯仁唯孝，與君始終。以其年十月廿七日遷窆於河南縣伊洛鄉萬安山之北阯。不祔於先人之兆，不列於兄弟之次，時不克也。不克者何？前志稱陰陽家流，失在拘者，牽於禁忌，泥於小數，豈不謂兹歟！然則知君者，宜知君之心，願言不果。嗚呼惜哉！前後歷職俸禄，常自程出入，且三分之：其一奉塋廟葬祭哀嚴之報，其一成孤甥孤侄婚嫁之仁，其一備宗姻仁人屯困之急。視妻子之私，食其奇餘而已。割我口體，積彼歲時。既而孝道克終於窀穸，祀事克嚴於蒸嘗。諸孤由其立，群賢獲其助。孔子曰：如有所譽，其有所試。此其已試而效者也。誠哉二三高識君子嘗評君曰：『今之爲賢者，時賢也。至如裴生，乃古賢也。』初，君再娶無子。外室有子男一人，其生十年矣。今夫人京兆韋氏，痛深悼往，恩加字孤。期所以立，思所以至，不啻於如己之自出也。夫人望族懿範，玉振蘭芬。自鳴佩有歸，於兹八歲。及茹荼無告，方在華年。恨積未亡，誓乖偕老。歡合之期苦促，哀惸之日始長。始以高明克婦道，終以温二成母德。母慈子孝，家乃其昌。九泉有知，君其無嫌於此矣。始吾與君相友而至也，非有要束締約之效，不知所從來而得。言前而信，色授而樂。心動則應，氣使必從。將有爲也，問我而後爲；將有行也，問我而後行。分形共架，异爨同禀。一彼一此，孰疵孰瑕。愛以之生，惡以之死。百年旦暮，萬里咫尺。夫如是，可以爲忘形之友；未然，則喪予之戚，非夫人而何！彼朱門華轂，金章貂珥。相望九霄之上，相走一時之利。自謂如日如月，不愆不崩者，復何有於我哉！我所以爲慟也則深，發言也則至。褒德議行，我得春秋。悠悠世途，孰知其是非。備閱德實之美，重以孀孤之請。詞有不迨，强而爲銘。寘諸泉扃，副在家藏。去聲。用虞陵谷之變，且傳子孫之好。於戲！家其家，子其子，既得之於平昔，又一之乎存亡。徵之前言，庶無後愧。哀余不天，艱棘方纏。禮有所不及，情有所不申。我所以匍匐一臨者，其哭也，非吊也；鐫刊不朽者，其識也，非文也。銘曰：

定之方中，作爲壽宫。列樹松檟，蒼山之下。萬古野田，暫成新阡。葬我裴君，天地億年。我思裴君，氣和行真。孝友温良，嗚呼淑人。交道所全，中古而還。損己濟物，世人最難。自我心期，舉代何知。君則既逝，吾誰與私。匪壽匪貴，中年下位。成行爲全，歸全爲美。世既寡緒，家仍一子。存歿艱難，顧予爲寄。有懷其期，唯力是視。敬諸一言，敢有貳事。哀哀首原，先宅所安。歸骨有次，實承曩言。孝思不遂，治命不致。於嗟裴君，遺形在此。南北一望，風烟百里。豈精靈之云遠，限封壟而以异。寒野綿綿，寒水潺潺。木落草枯，孤墳巋然。雖龜言之不臧，亦人謀之不至。由小説而得專，非正詞以及議。載懷托付之勤，永負平生之意。懼神明之不我知，敢書顯乎斯誌。

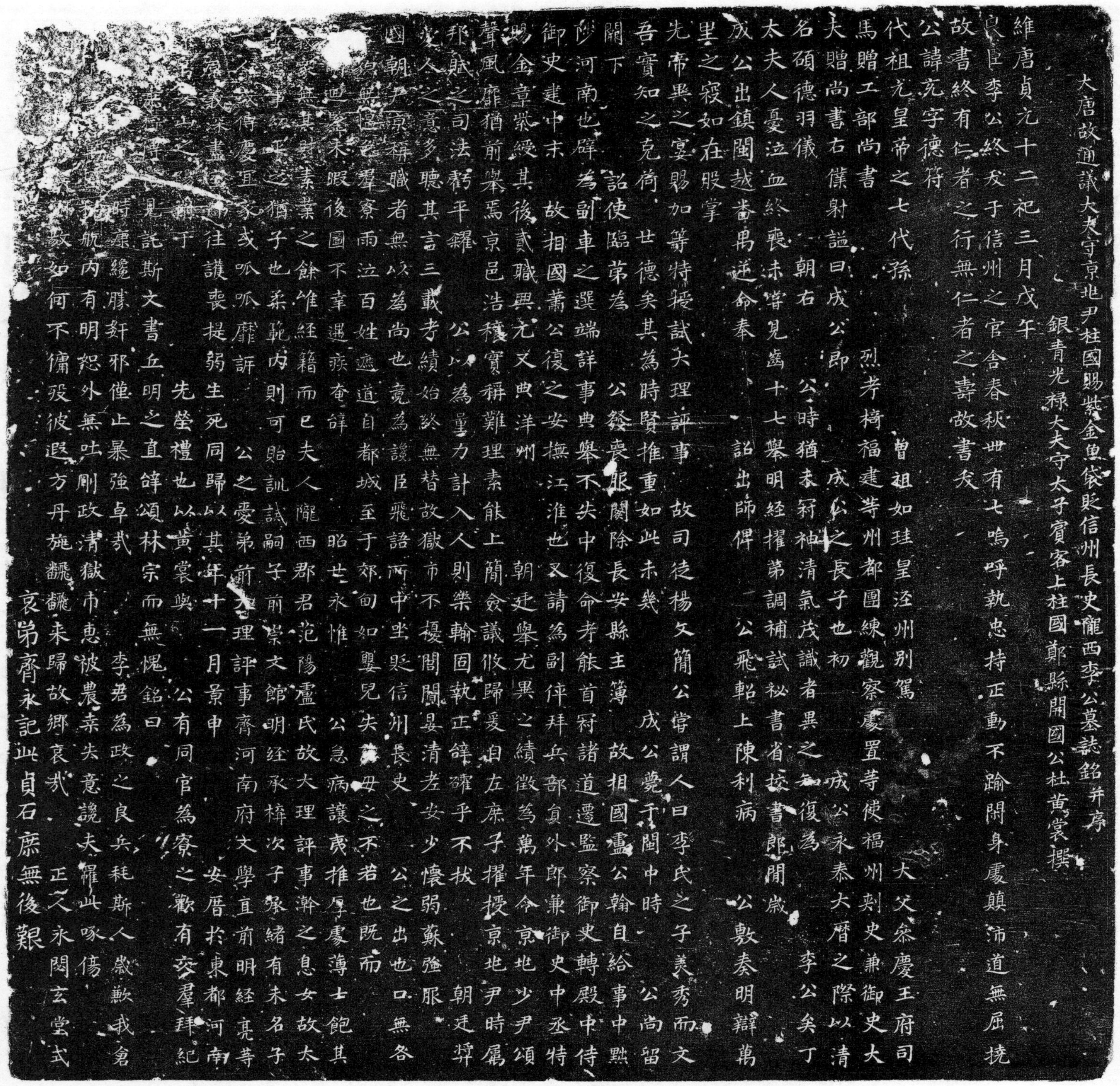

二二七　大唐故通議大夫守京兆尹柱國賜紫金魚袋貶信州長史隴西李公（充）墓誌銘

貞元十二年（七九六）十一月九日葬。

誌文三十五行，滿行三十五字。正書。誌長、寬均六十五厘米。

杜黃裳撰。

大唐故通議大夫守京兆尹柱國賜紫金魚袋貶信州長史隴西李公墓誌銘并序

銀青光禄大夫守太子賓客上柱國鄭縣開國公杜黃裳撰

維唐貞元十二祀三月戊午， 良臣李公終夭於信州之官舍，春秋卌有七。嗚呼！執忠持正，動不逾閑。身處顛沛，道無屈撓。故書終有仁者之行，無仁者之壽，故書夭。 公諱充，字德符。 代祖元皇帝之七代孫。 曾祖如珪，皇涇州別駕。 大父參，慶王府司馬，贈工部尚書。 烈考椅，福建等州都團練觀察處置等使、福州刺史兼御史大夫、贈尚書右僕射，謚曰成。公即 成公之長子也。初 成公永泰、大曆之際，以清名碩德，羽儀朝右。 公時猶未冠，神清氣茂，識者异之，囫復爲 李公矣。丁太夫人憂，泣血終喪，未嘗見齒。十七舉明經擢第，調補試秘書省校書郎。間歲，成公出鎮閩越。番禺逆命，奉 詔出師。俾 公飛軺，上陳利病。 公敷奏明辯，萬里之寇，如在股掌。 先帝异之，宴賜加等，特授試大理評事。故司徒楊文簡公[一]嘗謂人曰：『李氏之子，美秀而文，吾實知之克荷 世德矣。』其爲時賢推重如此。未幾， 成公薨於閩中。時 公尚留闕下。詔使臨第，爲 公發喪。服闋，除長安縣主簿。 故相國盧公翰自給事中黜陟河南也，辟爲副車之選。端詳事典，舉不失中。復命考能，首冠諸道。遷監察御史，轉殿中侍御史。建中末， 故相國蕭公復之安撫江淮也，又請爲副倅，拜兵部員外郎兼御史中丞，特賜金章紫綬。其後貳職興元，又典洋州。 朝廷舉尤异之績，徵爲萬年令、京兆少尹。頌聲風靡，猶前舉焉。京邑浩穰，實稱難理。素能上簡，僉議攸歸。爰自左庶子擢授京兆尹。時屬邦賦之司，法虧平糴。 公以爲量力計入，人則樂輸。固執正辭，確乎不拔。 朝廷獎愛人之意，多聽其言。三載考績，始終無替。故獄市不擾，閭閻晏清。老安少懷，弱蘇强服。 國朝尹京稱職者，無以爲尚也。竟爲讒臣[二]飛語所中，坐貶信州長史。 公之出也，口無咎言，貌無愠色。群寮雨泣，百姓遮道，自都城至於郊甸，如嬰兒失慈母之不若也。既而 □明迴鑒，未遐後圖。不幸遇疾，奄辭 昭世。永惟 公急病讓夷，推厚處薄。士飽其義，家無其財。素業之餘，唯經籍而已。夫人隴西郡君范陽盧氏，故大理評事澣之息女，故太子詹事幼平之猶子也。柔範内則，可貽訓誡。嗣子前崇文館明經承構，次子承緒，有未名子一人。或傳慶宜家，或呱呱靡訴。 公之愛弟前大理評事齊、河南府文學直、前明經亮等。鴒原義深，盡室而往。護喪提弱，生死同歸。以其年十一月景申 安厝於東都河南縣萬安山之陽，祔於 先塋，禮也。以黃裳與 公有同官爲寮之歡，有交群拜紀之□。庶將傳□，見托斯文。書丘明之直辭，頌林宗而無愧。銘曰：

□□□□，邅邐時康。纔勝奸邪，僅止暴强。卓哉 李君，爲政之良。兵耗斯人，歲歉我倉。□□□□，萬國梯航。内有明恕，外無吐剛。政清獄市，惠被農桑。失意讒夫，罹此啄傷。□□□□，□□明敭。如何不傭，歿彼遐方。丹旐翻翻，來歸故鄉。哀哉 正人，永閟玄堂。式□。

哀弟齊永記此貞石，庶無後艱。

[一] 司徒楊文簡公即楊綰，謚文簡。

[二] 讒臣即裴延齡，裴延齡貞元十一年（七九五）構陷李充、陸贄事參兩《唐書·裴延齡傳》。

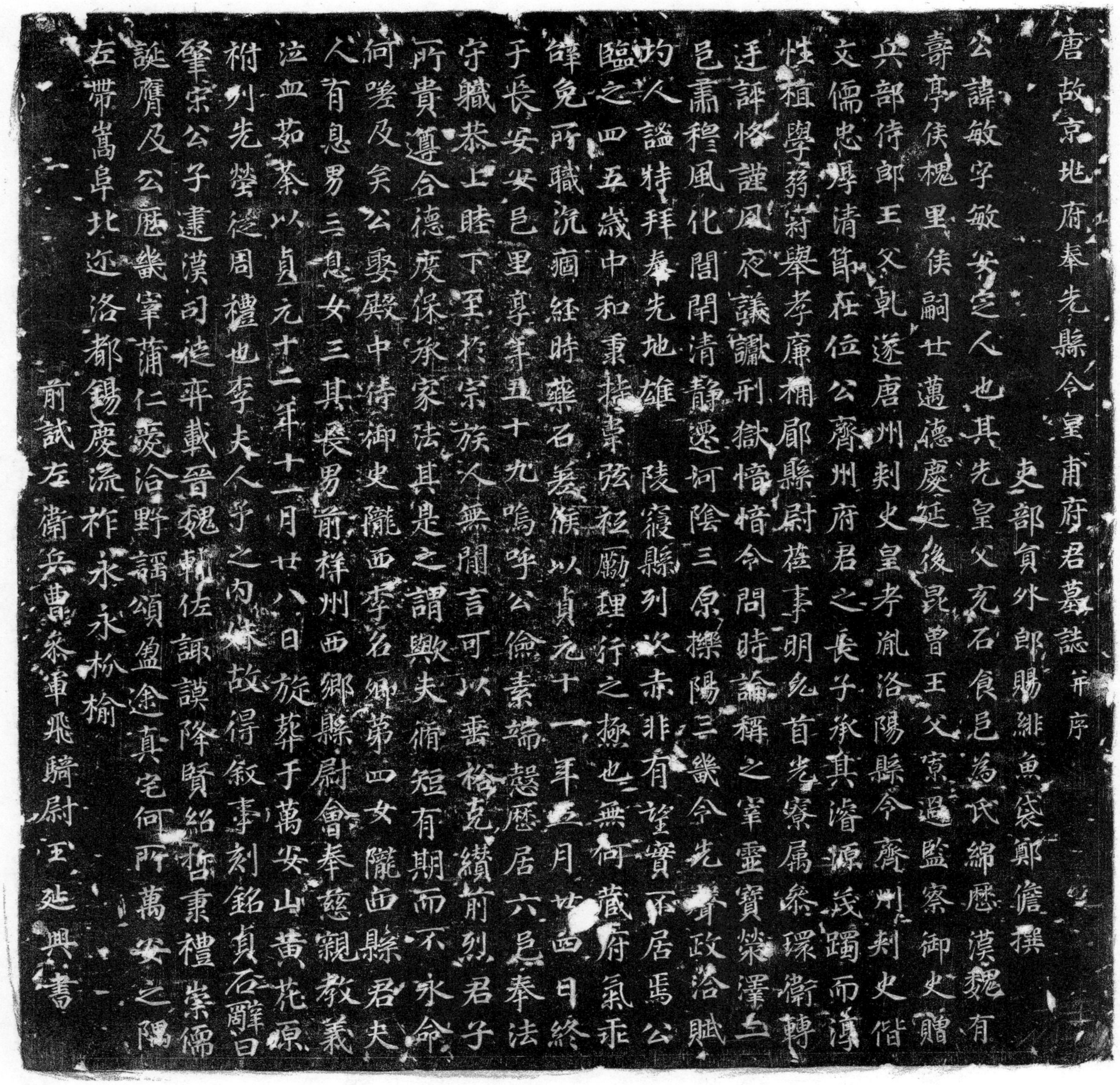
唐故京兆府奉先縣令皇甫府君墓誌并序
吏部員外郎賜緋魚袋鄭儋撰
公諱敏字敏安定人也其先皇父充石食邑為氏綿歷漢魏有
壽亭侯槐里侯嗣廿邁德慶延後昆曾王父寔遇監察御史贈
兵部侍郎王父乹遂唐州刺史皇考胤洛陽縣令齊州刺史偕
文儒忠烈清節在位公齊州府君之長子承其濬源茂躅而淳
性植學務蒞舉孝廉補鄜縣尉莅事明允首光僚屬參環衛轉
廷評恪謹夙夜議讞刑獄愔愔令問時論稱之宰靈寶榮澤二
邑肅穆風化閭閻清靜遷河陰三原櫟陽三畿令先聲政洛賦
均人謚特拜奉先地雄陵寢縣列次赤非有望實不居焉公
臨之四五歲中和秉持韋弦祗勵理行之極也無何藏府氣乖
肆免所職沉痼經時藥石羞效以貞元十一年五月廿四日終
于長安安邑里享年五十九嗚呼公儉素端慤歷居六邑奉法
守職恭上睦下至於宗族人無閒言可以垂裕克纘前烈君子
所貴遵合德度保承家法其是之謂歟夫脩短有期而不永命
何嗟及矣公娶殿中侍御史隴西李名娍第四女隴西縣君夫
人育息男三息女三其長男前梓州西鄉縣尉會奉慈親教義
泣血茹荼以貞元十二年十一月廿八日旋葬于萬安山黃花原
祔列先塋從周禮也李夫人子之內休故得叙事刻銘貞石辭曰
肇宗公子遠漢司徒弈載晉魏輔佐諏謨降賢紹哲秉禮崇儒
誕膺及公歷登宰蒲仁慶洽野謠頌盈途真宅何所萬安之陽
左帶嵩阜北迩洛都錫慶流祚永永枌榆
前試左衛兵曹參軍飛騎尉王延興書

二二一八　唐故京兆府奉先縣令皇甫府君（敏）墓誌

貞元十二年（七九六）十一月二十八日葬。
誌文二十三行，滿行二十四字。正書。誌長、寬均五十二厘米。
鄭儋撰，王延興書。
誌蓋篆書：唐故皇甫府君墓誌銘

唐故京兆府奉先縣令皇甫府君墓誌并序

吏部員外郎賜緋魚袋鄭儋撰

公諱敏，字敏，安定人也。其先皇父充石，食邑爲氏。綿歷漢魏，有壽亭侯、槐里侯，嗣世邁德，慶延後昆。曾王父寡過，監察御史，贈兵部侍郎。王父乾遂，唐州刺史。皇考胤，洛陽縣令、齊州刺史。偕文儒忠厚，清節在位。公齊州府君之長子，承其濬源茂躅，而淳性植學。弱冠舉孝廉，補鄜縣尉。莅事明允，首光寮屬。參環衛，轉廷評。恪謹夙夜，議讞刑獄，愔愔令問，時論稱之。宰靈寶、滎澤二邑，肅穆風化，閒閑清静。遷河陰、三原、櫟陽三畿令，先聲政洽，賦均人謐。特拜奉先，地雄陵寢，縣列次赤，非有望實不居焉。公臨之四五歲，中和秉持，韋弦祇勵，理行之極也。無何，藏府氣乖，辭免所職。沉痼經時，藥石差候。以貞元十一年五月廿四日終於長安安邑里，享年五十九。嗚呼！公儉素端慤，歷居六邑，奉法守職，恭上睦下。至於宗族，人無間言。可以垂裕，克纘前烈。君子所貴，遵合德度，保承家法，其是之謂歟！夫脩短有期，而不永命，何嗟及矣。公娶殿中侍御史隴西李名卿第四女。隴西縣君夫人有息男三、息女三。其長男前祥[一]州西鄉縣尉會，奉慈親教義，泣血茹荼。以貞元十二年十一月廿八日旋葬於萬安山黄花原，祔列先塋，從周禮也。李夫人，予之内妹。故得叙事，刻銘貞石。辭曰：

肇宋公子，逮漢司徒。弈載晉魏，輔佐諏謨。降賢紹哲，秉禮崇儒。誕膺及公，歷畿宰蒲。仁愛洽野，謡頌盈途。真宅何所，萬安之隅。左帶嵩阜，北邇洛都。錫慶流祚，永永枌榆。

前試左衛兵曹參軍飛騎尉王延興書

[一]『祥』應爲『洋』之誤。

二一二九　唐故河南尹贈禮部尚書裴公（諝）華陰郡君韋夫人（婉）墓誌銘

貞元十四年（七九八）十月二十六日葬。

誌文二十七行，滿行字數不等。正書。誌長、寬均七十厘米。

盧士瑛撰。

唐故河南尹贈禮部尚書裴公華陰郡君韋夫人墓誌銘并序

夫人字婉，京兆城南人也。其先歷代昭著，世爲名族。我曾祖唐右臺中丞、潤州刺史、江南道按察使諱銑，莅官統政，督以忠孝。我肅祖右贊善大夫、潁王府司馬諱鑾，拔拯孤滯，不狎非類。我烈考左清道率府胄曹參軍諱撙，有不群之志，遺身之操，故不協於時，位卑早世。　夫人外曾祖房涣，開元中踐歷班行，分憂典郡，終銀青光禄大夫、鄧州刺史。外祖烈，成都府兵曹參軍掾，策名清時，義高人表。從事之際，主公坐嘯。禮樂規訓，可得而稱。　夫人即胄曹府君之長女也。纔逾數歲，遭家不造。鞠育於外祖母。雖孩稚幼小，不爲弄遊。豐姿朗茂，玉立斯瑩，所謂天質自然。夫人親姑即陳王妃也[一]，天寶中名聞　帝室，得非貴籍乎於是。我尚書裴公[二]聆夫人之德聲，仰　夫人之儀麗，君子好合，如鼓琴瑟。未及初笄之年，已享諸侯之禄，出入中外卅餘載。嗚呼！先尚書名重當時，衆思入輔，爲秉權者所忌。自天官少冢宰出爲河南尹，綿歷五稔，流庸再蘇。時與道銷，竟孤人望，以丁酉歲薨於位。　天子軫念，贈禮部尚書。時　夫人護喪主辦，豐煞有節，時議稱之。　迹　夫人平生之事，和衆以仁，睦親以義。執禮以自檢，明信以臨下。敦重佛事，退崇孝愛。所宜享壽，胡爲不長。嗟乎！　夫人未造天年，時不我與。以貞元戊寅歲秋七月廿日終於洛陽嘉慶里，春秋卌七。有子曰儀、曰戡。儀歷官京兆府參軍、鄠縣尉。娶滎陽鄭駟女，婚宦俱美，不幸短命。戡，崇文館明經。時因調選，高揖而退，風情可知。長女適陝州安邑縣令李朝陽，當代華族。次女適監察御史韋錫，公才胤胄，談者以爲榮。皆茹哀泣血，奉喪卜宅。以其年十月廿六日歸葬於緱山之北原，　先尚書之塋左，禮也。以余門廬舊友，見托銘誌。鄙於叙述，有愧斯文。銘曰：

於穆　夫人，淑儀氤氲。承規統家，譽重宗鄰。皓潔其志，貞端其身。曾不遐年，奄終兹辰。茫茫大幽，逝若川流。潛然不返，邈矣千秋。塗車既陳，虞祭聿脩。哀哀孝情，以永斯周。

前守懷州録事參軍范陽盧士瑛撰

[一] 據《舊唐書》卷一〇七《玄宗諸子傳》，此陳王應爲玄宗子陳王李珪。

[二] 此裴公即裴諝。墓誌見本書二二三《唐故銀青光禄大夫河南尹充河南水陸運使上柱國聞喜縣開國男裴公（諝）墓誌銘》。

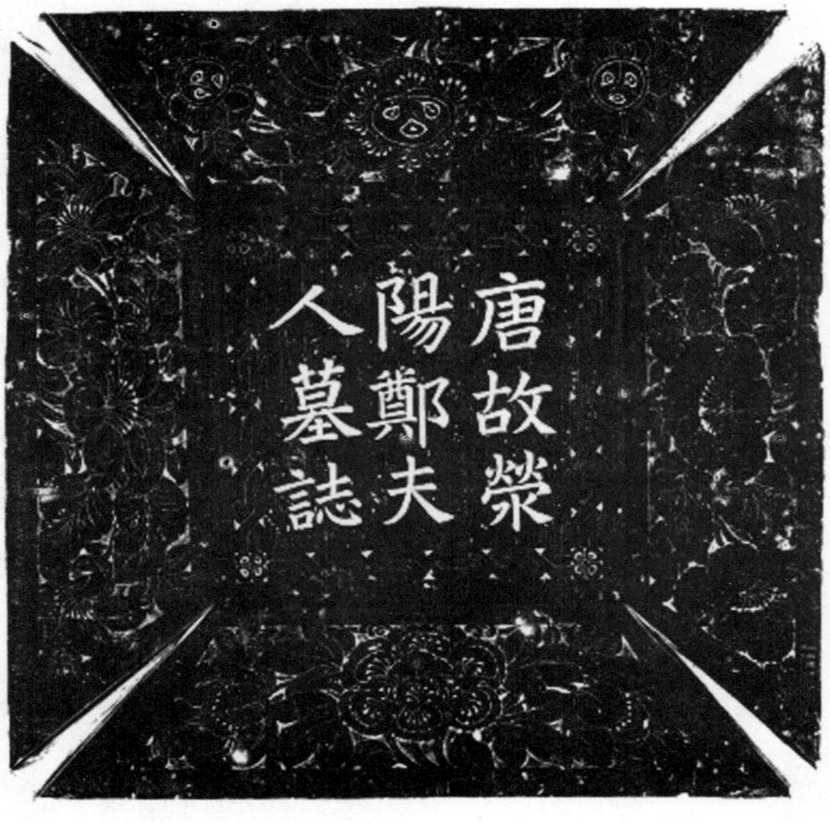

二三〇　唐故使持節渠州諸軍事渠州刺史充本州團練守捉使崔府君（異）夫人滎陽鄭氏（恒）墓誌銘

貞元十四年（七九八）十月二十六日葬。

誌文二十九行，滿行二十九字。正書。誌長、寬均六十二厘米。鄭餘慶撰。

誌蓋正書：唐故滎陽鄭夫人墓誌

唐故使持節渠州諸軍事渠州刺史充本州團練守捉使崔府君[一]夫人滎陽鄭氏墓誌銘并序

表甥朝議郎守尚書工部侍郎知吏部選事輕車都尉賜緋魚袋鄭餘慶撰

夫人諱恒，字同婉，滎陽開封人也。濬源盛烈，國史家諜詳矣，故不書。烈祖杲，皇朝歷刑户兵吏侍郎、尚書右丞，贈禮部尚書。大父放，皇朝金吾將軍、東都副留守。考鯍，　皇秘書郎。炳然華胄，式是冠族，宜哉。　夫人天授淑姿，凜然端肅，玉潔而加潤，霜明而益清。洞以表微，識以知遠。既笄有行，歸於崔氏，婦道全睦，女儀盡閑。惟　夫人之門華而茂，惟崔氏之族文而盛，惟　夫人外族清而著。高朗繁縟，光華懿美，薰灼於百氏，焜煌於四海。有子七人：曰照、達、勵、能、從、摠、憲。照，前試大理司直，兼監察御史。達，前閬州録事參軍。勵，前郢州司馬。能，前侍御史内供奉。從，前試大理評事。摠，前洋州興道縣主簿。憲，前慶州華池縣令。　夫人撫訓諸子，其勤夙夜。聚以文學，紹於家聲。吏才兼優，公府交辟。乘使軒居憲職者，猶是舉集其門矣。有女五人：長適范陽盧舒，次適盧嵩，次適廣平劉從一，次適南陽張獻甫，次適天水趙需。凡厥命婿，斯爲得人。劉從一，户部尚書和臺鼎；張獻甫，左僕射掌旄鉞；趙需以文學至兵部郎中。和之至也，故有繁衍之報焉；義莫重也，故有福禄之厚焉。每中外具來，尊幼咸叙，鋪筵席，陳罇俎。膳雖小而必精，器無微而不稱，皆由　夫人鑒裁，端一而然也。子孫欣和而知類，親戚仰止而宗極，可不謂之爲盛歟！　夫人以貞元十四年正月三十日寢疾終於崇賢里之第，享年七十四。即以其年十月二十六日合祔，從周禮也。當　府君歸全於渠州，群盗盡起。　夫人諸子時在閬中，崎嶇逼側，哀以堅決。乃命第三子勵，間道歷險，護帷裳歸於洛師。以大曆七年祔於萬安山之南原，禮也。感通神明，義貫今昔，此又人之難能也。崔氏官閥，備詳前志，群從左補闕巨之文也。　夫人以婦順宜家，以母儀訓子，仁愛廣博，親疏敬慕。小子忝奉中外，猥以銘石見托，悲以從命，庶無愧辭。銘曰：

浼浼滎水，洋洋清河，我族我歸，如琢如磨。鬱然軒裳，焕乎文章，人物焜煌，斯焉允臧。恭惟　夫人，天授淑姿，皓曜明潔，雪霜以之。儀訓具高，周旋皆適，動致澄澈，居爲表的。慶保繁衍，厚居福禄，姻婭將相，階庭蘭玉。有子七人，半惟朱紱，乘軒冠豸，藻秀風骨。榮貫未已，驚飆不留，奄忽無狀，悠然若休。衆子泣血，帷裳東訣，萬安之南，以啓同穴。

[一] 崔府君即崔巽，墓誌見本書一九九《唐故朝議郎使持節渠州諸軍事守渠州刺史仍知本州團練守捉使賜緋魚袋崔君（巽）墓誌銘》。

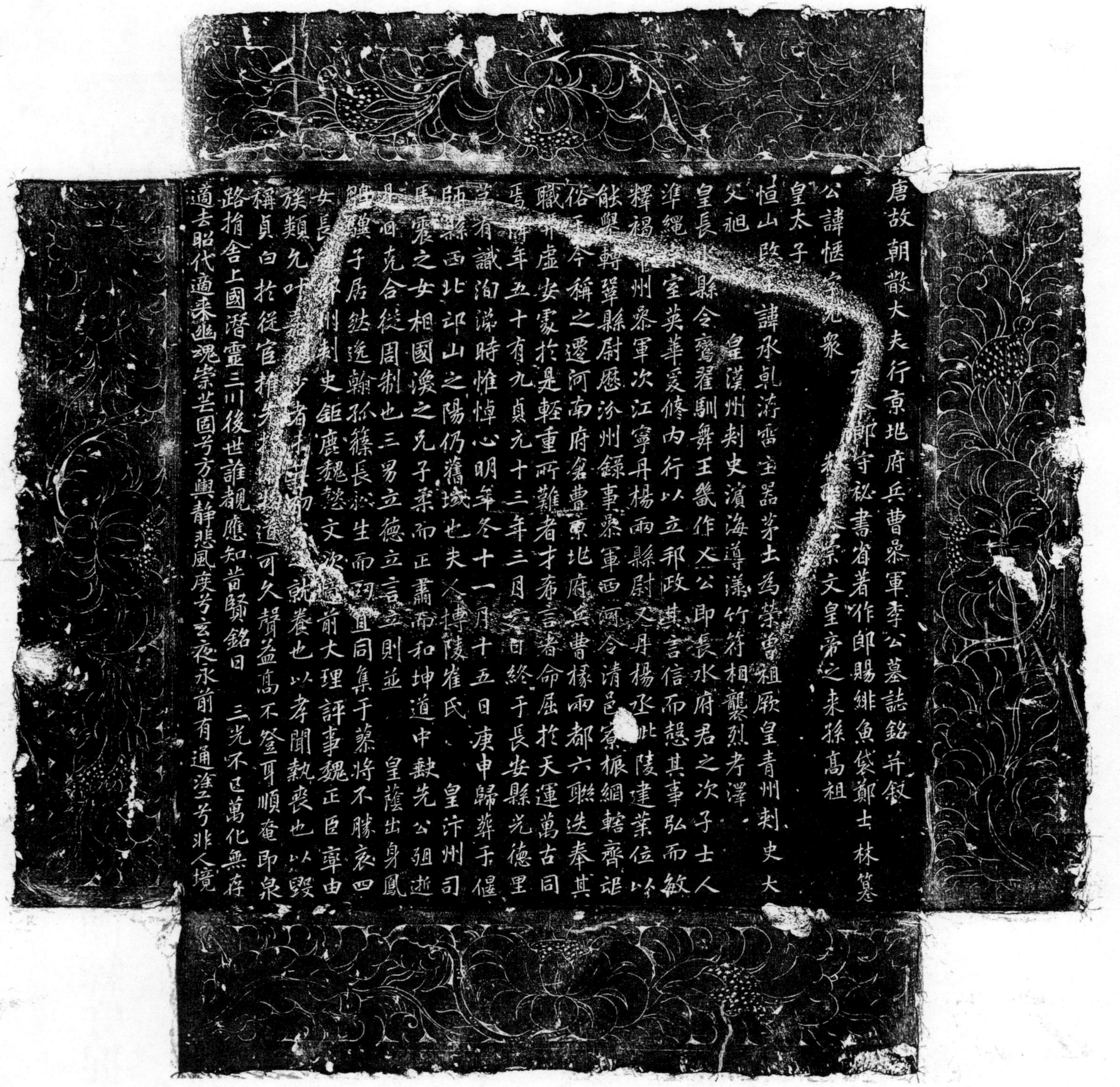

二三三一　唐故朝散大夫行京兆府兵曹參軍李公（愜）墓誌銘

貞元十四年（七九八）十一月十五日葬。

誌文二十三行，滿行二十四字。正書兼行意。誌長、寬均四十七厘米。

鄭士林撰。

唐故朝散大夫行京兆府兵曹參軍李公墓誌銘并叙

承奉郎守秘書省著作郎賜緋魚袋鄭士林纂

公諱愜，字允衆。　先聖太宗文皇帝之來孫。高祖　皇太子　恒山愍王諱承乾，洊雷主器，茅土爲榮。曾祖厥，皇青州刺史。大父昶，　皇漢州刺史，濱海導漾，竹符相襲。烈考澤，　皇長水縣令。鸞翟馴舞，王畿作乂。公即長水府君之次子。士人準繩，宗室英華。爰修内行，以立邦政。其言信而慤，其事弘而敏。釋褐常州參軍。次江寧、丹楊兩縣尉，又丹楊丞。毗陵建業，位以能舉。轉鞏縣尉，歷汾州録事參軍。西河令清，邑寮振綱，轄齊氓俗，於今稱之。遷河南府倉曹、京兆府兵曹掾。兩都六聯，迭奉其職。憑虛安處，於是輕重。所難者才，希言者命，屈於天運，萬古同焉。降年五十有九，貞元十三年三月六日終於長安縣光德里第。有識洵涕，時惟悼心。明年冬十一月十五日庚申歸葬於偃師縣西北邙山之陽，仍舊域也。夫人博陵崔氏，　皇汴州司馬震之女，相國涣之兄子。柔而正，肅而和。坤道中缺，先公殂逝。是日克合，從周制也。三男立德、立言、立則，并　皇蔭出身，鳳雛驥子，居然逸翰，孤篠長松，生而勁直。同集于蓼，將不勝哀。四女，長適邵州刺史鉅鹿魏懿文，次適前大理評事魏正臣。率由族類，允叶嘉偶。少者未笄。初公之就養也以孝聞，執喪也以毁稱。貞白於從宦，推先囦濟物。道可久，聲益高。不登耳順，奄即泉路。捐舍上國，潛靈三川。後世誰睹，應知昔賢。銘曰：

三光不已，萬化無存。適去昭代，適來幽魂。崇芒固兮方輿静，悲風度兮玄夜永，前有通塗兮非人境。

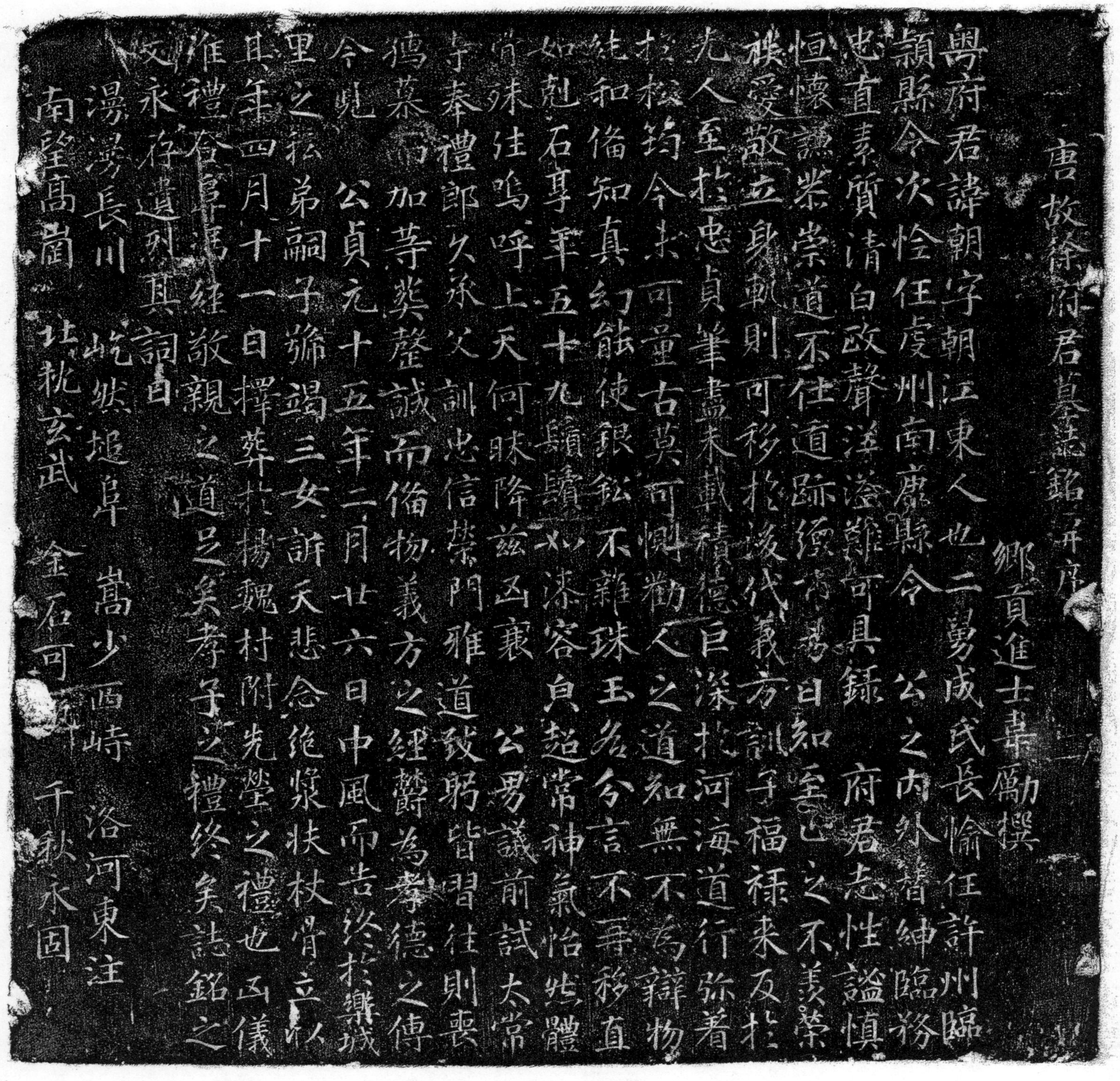

二三三二　唐故徐府君（朝）墓誌銘

貞元十五年（七九九）四月十一日葬。

誌文二十一行，滿行二十一字。正書。誌長四十厘米，寬三十九厘米。

韋勵撰。

唐故徐府君墓誌銘并序

鄉貢進士韋勵撰

粵府君諱朝，字朝，江東人也。二舅成氏，長愉，任許州臨潁縣令。次恮，任虔州南康縣令。公之内外簪紳，臨務忠直。素質清白，政聲洋溢，難可具録。府君志性謐慎，恒懷謙恭。崇道不仕，遁迹纏[一]市。易曰：知至止之，不羡榮秩。愛敬立身，軌則可移於後代；義方訓子，福禄來及於先人。至於忠貞，筆盡未載。積德巨深於河海，道行彌著於松筠。今未可量，古莫可惻。勸人之道，知無不爲，辯物純和，備知真幻。能使銀鉛不雜，珠玉各分。言不再移，直如剋石。享年五十九，鬒鬢如漆，容貌超常，神氣怡然，體骨殊往。嗚呼！上天何昧，降茲凶衰。公男議，前試太常寺奉禮郎。久承父訓，忠信榮門。雅道致躬，皆習往則。喪孺慕而加等，葬罄誠而備物。義方之經鬱爲，孝德之傳今見。公貞元十五年二月廿六日中風而告終於欒城里之私第。嗣子號竭，三女訴天，悲念絶漿，扶杖骨立。以其年四月十一日擇葬於楊魏村，附先塋之禮也。凶儀准禮，合阜憑經。敬親之道足矣，孝子之禮終矣。誌銘之文，永存遺烈。其詞曰：

漫漫長川，屹然塠阜。嵩少西峙，洛河東注。南望高崗，北枕玄武。金石可□，千秋永固。

[一]『纏』應爲『廛』之訛誤。

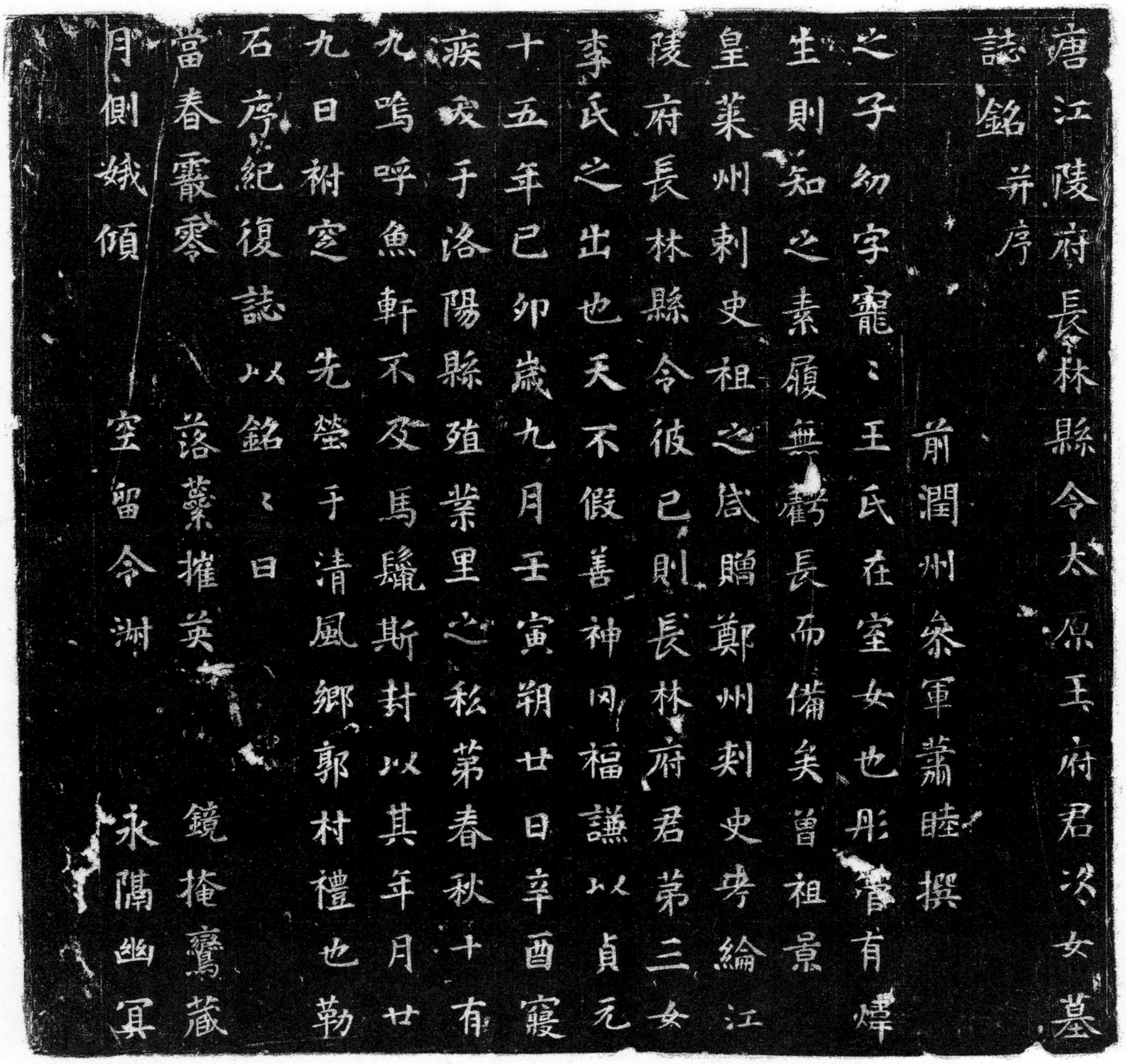

唐江陵府長林縣令太原王府君次女墓
誌銘并序
前潤州參軍蕭睦撰
之子幼字寵〻王氏在室女也彤管有煒
生則知之素履無虧長而備矣曾祖景
皇萊州刺史祖之咸贈鄭州刺史考綸江
陵府長林縣令彼已則長林府君第三女
李氏之出也天不假善神罔福謙以貞元
十五年己卯歲九月壬寅朔廿日辛酉寢
疾殁于洛陽縣殖業里之私第春秋十有
九嗚呼魚軒不及馬鬣斯封以其年月廿
九日祔窆先塋于清風鄉郭村禮也勒
石序紀復誌以銘〻曰
當春霰零　落蘂摧英　鏡掩鸞藏
月側娥傾　空留令淑　永隔幽冥

二三三三　唐江陵府長林縣令太原王府君（綸）次女（寵寵）墓誌銘

貞元十五年（七九九）九月二十九日葬。

誌文十五行，滿行十六字。正書。誌長三十八厘米，寬三十六點五厘米。

蕭睦撰。

誌蓋正書：太原王氏次女墓誌銘

唐江陵府長林縣令太原王府君次女墓誌銘并序

前潤州參軍蕭睦撰

之子幼字寵寵，王氏在室女也。彤管有煒，生則知之；素履無虧，長而備矣。曾祖景，　皇萊州刺史。祖之咸，贈鄭州刺史。考綸，江陵府長林縣令。彼己則長林府君第三女，李氏之出也。天不假善，神罔福謙。以貞元十五年己卯歲九月壬寅朔廿日辛酉寢疾夭於洛陽縣殖業里之私第，春秋十有九。嗚呼！魚軒不及，馬鬣斯封。以其年月廿九日祔窆　先塋於清風鄉郭村，禮也。勒石序紀，復誌以銘。銘曰：

當春霰零，落蕊摧英。鏡掩鸞藏，月側娥傾。空留令淑，永隔幽冥。

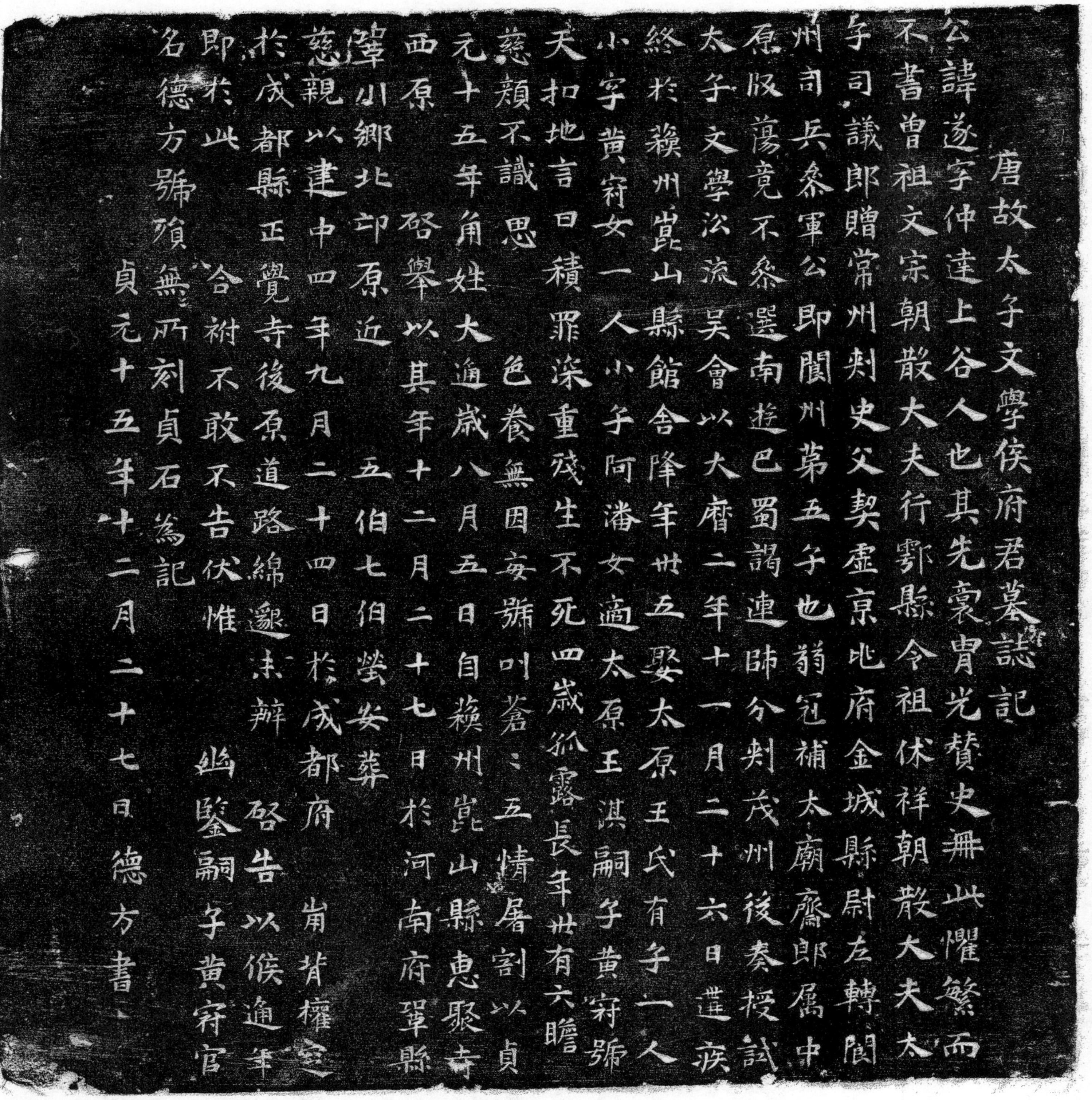

唐故太子文學侯府君墓誌記
公諱遂字仲達上谷人也其先裒胄光贊史冊此懼繁而
不書曾祖文宗朝散大夫行鄠縣令祖休祥朝散大夫太
子司議郎贈常州刺史父契虛京兆府金城縣尉左轉閬
州司兵參軍公即閬州第五子也弱冠補太廟齋郎屬中
原版蕩竟不參選南遊巴蜀謁連帥分判茂州後奏授試
太子文學沿流吳會以大曆二年十一月二十六日遘疾
終於蘇州崑山縣館舍降年卅五娶太原王氏有子一人
小字黃府女一人小子阿潘女適太原王淇嗣子黃府號
天扣地言曰積罪深重殘生不死四歲孤露長年卅有六瞻
慈顏不識思　色養無因安號叫蒼々五情屠割以貞
元十五年角姓大通歲八月五日自蘇州崑山縣惠聚寺
西原　啓舉以其年十二月二十七日於河南府鞏縣
[illegible]小鄉北邙原近　五伯七伯塋安葬
慈親以建中四年九月二十四日於成都府　肯背權窆
於成都縣正覺寺後原道路綿邈未辯　啓告以侯適年
即於此　合祔不敢不告伏惟　幽鑒嗣子黃府官
名德方號殞無所刻貞石為記
貞元十五年十二月二十七日德方書

二三四　唐故太子文學侯府君（遂）墓誌記

貞元十五年（七九九）十二月二十七日葬。
誌文十九行，滿行二十二字。正書。誌長、寬均四十二厘米。
侯德方撰并書。
誌蓋正書：大唐故侯府君墓誌銘

大唐故侯府君墓誌銘

唐故太子文學侯府君墓誌記

公諱遂，字仲達，上谷人也。其先裔胄，光贊史册，此懼繁而不書。曾祖文宗，朝散大夫、行鄠縣令。祖休祥，朝散大夫、太子司議郎，贈常州刺史。父契虚，京兆府金城縣尉，左轉閬州司兵參軍。公即閬州第五子也。弱冠補太廟齋郎，屬中原版蕩，竟不參選。南遊巴蜀，謁連帥分刺茂州，後奏授試太子文學，沿流吴會。以大曆二年十一月二十六日遘疾終於蘇州崑山縣館舍，降年卌五。娶太原王氏，有子一人，小字黄冠。女一人，小子阿潘。女適太原王淇嗣子。黄冠號天扣地，言曰：積罪深重，殘生不死。四歲孤露，長年卌有六。瞻慈顔不識，思　色養無因，每號叫蒼蒼，五情屠割。以貞元十五年角姓大通歲八月五日自蘇州崑山縣惠聚寺西原　啓舉，以其年十二月二十七日於河南府鞏縣鞏川鄉北邙原近　五伯、七伯塋安葬。　慈親以建中四年九月二十四日於成都府　崩背，權窆於成都縣正覺寺後原。道路綿邈，未辦　啓告，以候通年，即於此　合祔，不敢不告，伏惟　幽鑒。嗣子黄冠，官名德方，號殞無所，刻貞石爲記。

貞元十五年十二月二十七日德方書

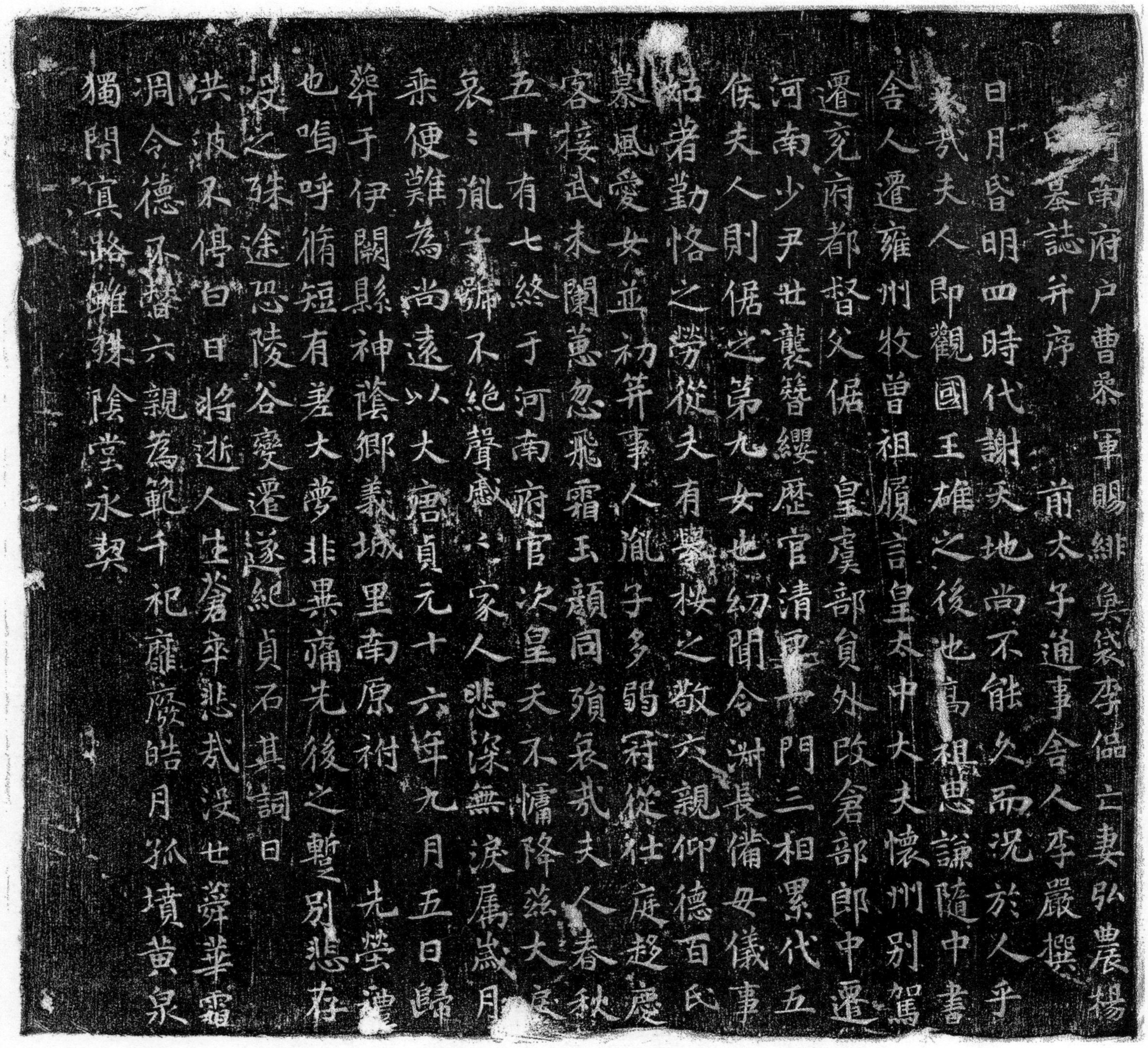

二三三五　河南府户曹參軍賜緋魚袋李偘亡妻弘農楊氏墓誌

貞元十六年（八〇〇）九月五日葬。
誌文二十行，滿行十九字。正書。誌長、寬均四十二厘米。
李嚴撰。
誌蓋正書：大唐故楊夫人墓誌

河南府户曹參軍賜緋魚袋李偘[一]亡妻弘農楊氏墓誌并序

前太子通事舍人李嚴撰

日月昏明，四時代謝，天地尚不能久，而況於人乎。哀哉！夫人即觀國王雄之後也。高祖思謙，隋中書舍人，遷雍州牧。曾祖履言，皇太中大夫、懷州別駕，遷兖府都督。父倨，皇虞部員外，改倉部郎中，遷河南少尹。世襲簪纓，歷官清要。一門三相，纍代五侯。夫人則倨之第九女也。幼聞令淑，長備母儀。事姑著勤恪之勞，從夫有舉案之敬。六親仰德，百氏慕風。愛女并初笄事人，胤子多弱冠從仕。庭趨慶客，接武未闌。蕙忽飛霜，玉顔同殞。哀哉！夫人春秋五十有七，終於河南府官次。皇天不慵，降兹大戾。哀哀胤子，號不絶聲；感感家人，悲深無泪。屬歲月乘便，難爲尚遠。以大唐貞元十六年九月五日歸葬於伊闕縣神蔭鄉義城里南原，祔　先塋，禮也。嗚呼！脩短有差，大夢非异。痛先後之暫別，悲存没之殊途。恐陵谷變遷，遂紀貞石。其詞曰：

洪波不停，白日將逝。人生蒼卒，悲載没世。蕣華霜凋，令德不替。六親爲範，千祀靡廢。皓月孤墳，黄泉獨閉。冥路雖殊，陰堂永契。

[一]《李偘墓誌》見《洛陽流散唐代墓誌彙編續集》二六七《唐故河南府伊闕縣令李府君（偘）墓誌銘》。

二三三六　唐故扈從明威將軍太常卿賜紫金魚袋范府君（祐）彭城縣君劉夫人合祔墓誌銘

貞元十九年（八〇三）正月十五日葬。

誌文二十二行，滿行二十三字。正書。誌高三十五厘米，寬三十二厘米。

成公硃撰并書。

誌蓋篆書：唐故范公夫人劉氏銘

唐故扈從明威將軍太常卿賜紫金魚袋范府君彭城縣君劉夫人合祔墓誌銘并序

試太子中允成公硃撰書

公諱祐，字小冲，高平人也。祖諱悅，公即悅祖之第三子也。公自幼孤，聳幹千仞。纔逾弱冠，擲筆從戎。至廣德元年，左羽林軍宿衛穆公進朝奏請宿衛，特 詔授左金吾衛翊府中郎將，賜紫金魚袋，左羽林軍宿衛游擊將軍，守右鐃[一]衛大將軍、上柱國。至上元首正，神策崔公温奏授會州黄石府左果毅都尉，兼左領軍衛太原府竹馬府折衝都尉。至永泰初，時屬西戎犯境，屢越疆埸，同華節度高公庭玉奏請剪伐。至永泰二年， 詔授明威、忠武二將軍，守左金吾衛大將軍兼試太僕卿，兼續轉扈從遊擊將軍兼試鴻臚卿，又授明威將軍兼試太常卿。君竭誠奉公，忠貞從事，過此以往，推而可知。去貞元九年三月七日即世於東都河南縣私第，春秋七十有二。其月十九日吉期安窆，禮也。兒女七人：長曰元適，度支驅使官。元幹，栽接驅使官。元盛、元曜，御史臺驅使官。元岑、元雄，女一人，夭喪。夫人彭城劉氏。夫人從夫之貴，厥有彝典，其年授彭城縣君。承鼎貴之遐緒，挺柔貞之懿質。嗚呼！積善盈門，再鍾斯苦，相去未紀，逝水同流，以貞元十八年十二月十四日終於前里之私第，春秋六十有二。至明年正月十五日，啓賢夫之幽宅，廿日吉期還合，禮也。硃晚詣華館，遺風未殄，敢此序述，銘曰：

天道何昧，神理微茫。殪良玉於玆地，空松柏兮瀟湘。縱陵谷兮將變，斯銘礎兮未亡。

[一]『鐃』當爲『驍』之訛誤。

二三七　唐故宣州廣德縣尉河東薛府君（弁）墓誌銘

貞元二十年（八〇四）五月二十三日葬。

誌文十六行，滿行字數不等。正書。誌長、寬均四十厘米。

楊鎮撰。

誌蓋篆書：唐河東薛府君墓誌銘

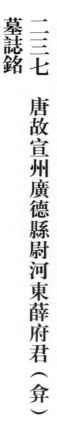

唐故宣州廣德縣尉河東薛府君墓誌銘并序

前試右衛兵曹參軍楊鎮撰

府君諱弇，字弇，其先河東人也。系自軒轅，至於仲虺居薛，世以爲侯，因而命氏。曾祖寶胤，皇光禄卿。祖絢，皇京兆府好時縣令。父如瑀，皇均州長史。世有賢德。府君弱不好弄，長而懷道。解褐試秘書省校書郎，調補宣州廣德縣尉。滿歲高蹈江漢，以貞元十八年七月廿三日遇疾而卒，享年五十五。嗚呼！德行至矣，而天命短折，哀哉！夫人西平源氏，號痛未亡。支子一人曰應方，次子二人方稚，女一人方孩。扁舟孤櫬，歸於卜洛，以廿年五月廿三日權厝於河南府偃師縣亳邑鄉之南原。茫茫荒壟，封之四尺。銘曰：

德既植兮才自通，綏方結兮薪已窮，悲促路之既盡，嘆厚夜其何終云爾。

二三八　故妻東平田氏（程秀妻）墓誌銘

貞元二十年（八〇四）七月三十日葬。

誌文二十六行，滿行字數不等。正書兼行意。誌長四十二厘米，寬三十九點五厘米。

程秀撰。

誌蓋正書：唐廣平程公故夫人東平田氏墓誌之銘

故妻東平田氏墓誌銘并序

夫朝請郎行池州司田參軍程秀述

夫婚姻著萬代之嗣，秦晉合二姓之歡，所以重別男女之交，厚敬親親之義，其來尚矣，遠矣！先王以爲必得其壽，必得其禄。何人事神理之相奪，吉凶影響而更變者，其惟夫人乎！　夫人田氏，東平人也。大王父諱真，　王父諱玠。烈考諱暹，　皇御史大夫、汴宋節度都知兵馬使。　夫人即公之季女也。代爲茂族，系胄勛庸，國史備書，不可詳已。皇尚書左僕射、汴宋節度神功之侄女。始自貴門，歸於我室，食貧而樂，執禮逾恭，故有行於兹八年矣。余從事京輦，歷侍　鼎臣。其在貞元十三年，即宣武節度、　故相國董公[一]專節制之符，蒙拔擢之遇。内無佐理，授寵若驚。是求繼偶，實獲賴焉。至若居室柔閑，履順貞吉。儉薄自處，幽密自怡。勵己恤人，畏威懷德。宗黨欽其愛友，姻族沐其仁人。四德之源，百行之本。則《詩》所謂能循法度，奉守母儀。琴瑟既諧，律吕成韻。豈予之不幸，天與于毒，德伸壽屈，追悼芳年。昔爲偕老之歡，故有今日之痛。以貞元廿年六月三日寢疾於東都履信之私第，享年卌二。有子二人：長曰全義，次曰全素。全義年甫志學，量可成人，號毁如斬，殆至滅性之憂。全素纔及齠年，智性自若，呱呱而泣，撫不絶聲。視諸子以銜悲，俾嬰兒之失母。痛哉斯人也，而有是夫。嗚呼！生也有涯，殁焉如息。天富其命，人懼其終。不然者，寧使予之子、予之心若手足骨肉之離割於身矣。日月云邁，親姻會同。以煞以豐，必誠必信。家貧子幼，未獲祔於大塋；享薦歲時，冀克伸於小奠。卜宅惟吉，卜日有孚。以其年七月卅日權窆於河南縣萬安里之原，禮也。尚恐丘隴變遷，松柏多故。是虞陵谷，敢托貞珉。備兹實録，庶無曠詞。乃作銘曰：

良室來兮，宜家之禎。禍鍾喪兮，孤號之聲。壽奪德兮神所殃，殁有胤兮蘭餘馨，嗟乎！　夫人弃白日，茫茫天地間予情。

[一] 董公即董晉，貞元十二年至十五年（七九六至七九九）爲宣武軍節度使。

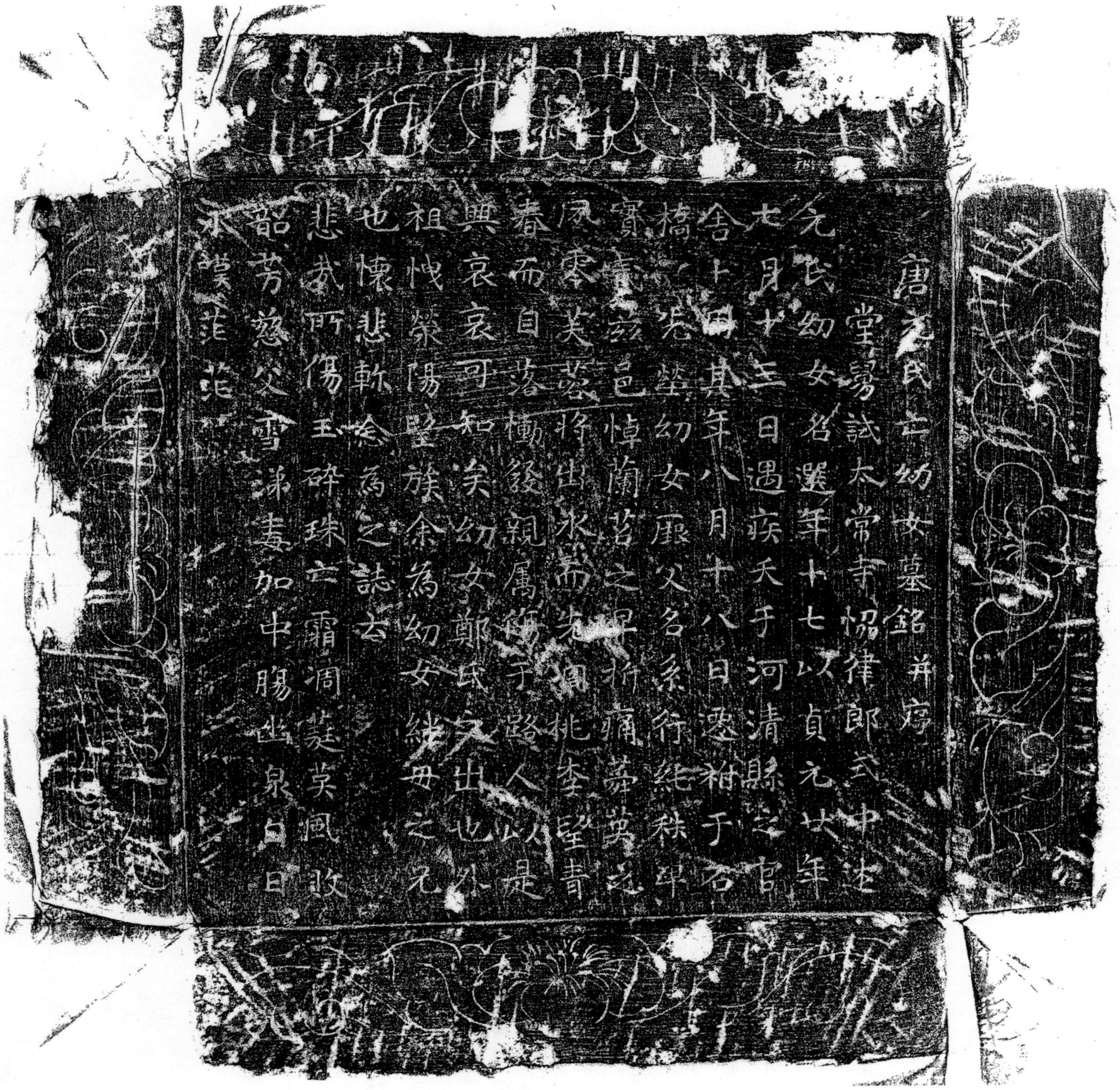
唐元氏亡幼女墓銘并序
堂甥試太常寺協律郎式中述
元氏幼女名選年十七以貞元廿年
七月廿三日遇疾夭于河清縣之官
舍十四日其年八月十八日遷袝于石
橋先塋幼女厥父名系行純秩卑
資處兹邑悼蘭茁之早折痛蕣英之
風零美蕊將出水而先凋桃李望青
春而自落慟發親屬傷于路人以是
興哀哀可知矣幼女鄭氏之出也外
祖恌滎陽望族余為幼女繼母之元
也懷悲歎念為之誌云
悲哉所傷玉碎珠亡霜凋蕙萎風敗
韶芳慈父雪涕毒加中腸幽泉白日
永[illegible]

二三三九　唐元氏亡幼女（選）墓銘

貞元二十年（八〇四）八月十八日葬。

誌文十五行，滿行十四字。正書。誌長、寬均三十二厘米。

鄭式中撰。

誌蓋正書：大唐元氏亡幼女墓誌

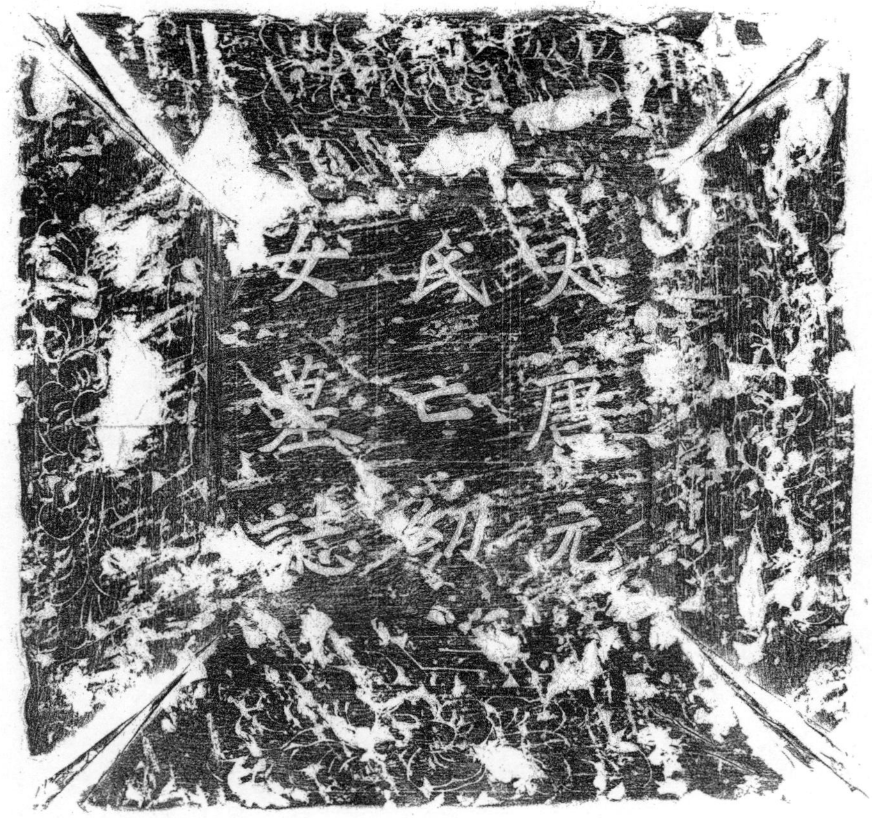
大唐元
氏亡幼
女墓誌

唐元氏亡幼女墓銘并序

堂舅試太常寺協律郎式中述

元氏幼女名選，年十七，以貞元廿年七月十三日遇疾夭於河清縣之官舍，卜用其年八月十八日遷祔於石橋之先塋。幼女厥父名系，行純秩卑，實貳兹邑。悼蘭茗之早折，痛蕣英之夙零。芙蓉將出水而先凋，桃李望青春而自落。慟發親屬，傷於路人。以是興哀，哀可知矣。幼女，鄭氏之出也，外祖愯，滎陽望族。余爲幼女繼母之兄也。懷悲軫念，爲之誌云：

悲哉所傷，玉碎珠亡。霜凋蕣英，風敗韶芳。慈父雪涕，毒加中腸。幽泉白日，永嘆茫茫。

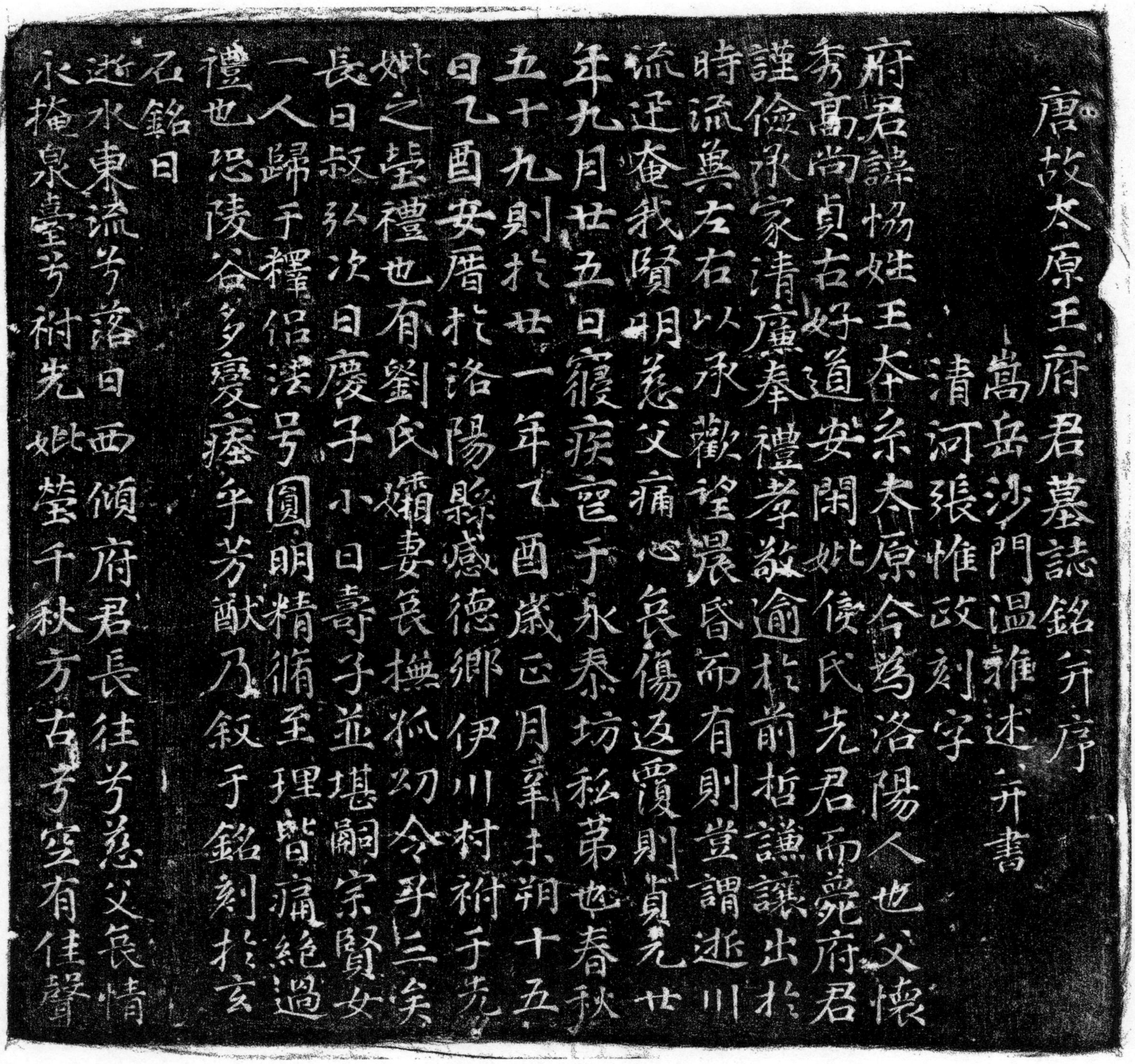

唐故太原王府君墓誌銘并序
嵩岳沙門温雅述并書
清河張惟政刻字
府君諱協姓王本系太原今爲洛陽人也父懷
秀高尚貞古好道安閑妣侯氏先君而殁府君
謹儉承家清廉奉禮孝敬逾於前哲謙讓出於
時流異左右以承歡望晨昏而有則豈謂逝川
流迅奄我賢明慈父痛心哀傷返覆則貞元廿
年九月廿五日寢疾終于永泰坊私第也春秋
五十九則於廿一年乙酉歲正月辛未朔十五
日乙酉安厝於洛陽縣感德鄉伊川村祔于先
妣之塋禮也有劉氏孀妻哀撫孤幼令子三矣
長曰叔弘次曰慶子小曰壽子並堪嗣宗賢女
一人歸于釋侶法號圓明精循至理哲痛絶過
禮也恐陵谷多變瘞乎芳猷乃叙于銘刻於玄
石銘曰
逝水東流兮落日西傾府君長往兮慈父哀情
永掩泉臺兮祔先妣塋千秋方古兮空有佳聲

二四〇　唐故太原王府君（協）墓誌銘

貞元二十一年（八〇五）正月十五日葬。
誌文十八行，滿行十八字。正書。誌長、寬均四十一厘米。
温雅撰并書，張惟政鐫。
誌蓋正書：大唐故王府君墓誌銘

唐故太原王府君墓誌銘并序

嵩岳沙門温雅述并書

清河張惟政刻字

府君諱協，姓王，本系太原，今爲洛陽人也。父懷秀，高尚貞古，好道安閑。妣侯氏，先君而薨。府君謹儉承家，清廉奉禮，孝敬逾於前哲，謙讓出於時流。冀左右以承歡，望晨昏而有則。豈謂逝川流迅，奄我賢明。慈父痛心，哀傷返覆。則貞元廿年九月廿五日寢疾喪於永泰坊私第也，春秋五十九。則於廿一年乙酉歲正月辛未朔十五日乙酉安厝於洛陽縣感德鄉伊川村，祔於先妣之塋，禮也。有劉氏孀妻，哀撫孤幼。令子三矣，長曰叔弘，次曰慶子，小曰壽子，并堪嗣宗。賢女一人，歸於釋侶，法號圓明，精脩至理。皆痛絶過禮也。恐陵谷多變，瘞乎芳猷。乃叙於銘，刻於玄石。銘曰：

逝水東流兮落日西傾，府君長往兮慈父哀情，永掩泉臺兮祔先妣塋，千秋萬古兮空有佳聲。

二四一　故利州刺史李公（儥）合祔墓誌銘

貞元二十一年（八〇五）四月二十二日葬。

誌文二十四行，滿行二十五字。正書。誌長、寬均四十三厘米。

崔絢撰。

故利州刺史李公合祔墓誌銘并序

攝義武節度推官前鄭州中牟縣尉崔絢撰

唐貞元九年龍集癸酉秋七月十八日朝散大夫、使持節、利州諸軍事、守利州刺史隴西李公諱僨，字休揚，薨於官舍，嗚呼哀哉，享年六十一。歷官十一政，長松百尺，秋江千里。蘊蓄才藝，播揚聲芳。殁有遺誡，且俾薄葬。其孤儉等，泣護 靈轝，以其年十月八日歸祔於河南縣伊汭鄉部都里之 先塋，禮也。曾祖嶷，萬州司馬。祖綰，贈秘書少監。考朝弼，左庶子。地望門風，嗣續前哲。朱軒華衮，焜耀當時。公以門子補崇文館生，明經登第，解褐太子典膳丞。于後累宰大邑，克扇仁風。歷河南府倉曹參軍，司廩推能，列佐惟允。山南節使嚴公震聆其休聲，遽加禮請，奏授殿中侍御史，仍換章服，充本道營田判官。旋屬 皇上南巡，事倚公辦。心洞月鏡，手揮霜鋒。應卒如神，供億靡闕。及 大駕還宮，特制除鳳州刺史，兼侍御史，賜紫金魚袋。遷利州刺史。二郡之政，何謝古之龔黄。而不躋大位，奄謝明時。知與不知，無不出涕，所謂古之遺愛也。公夫人滎陽縣君鄭氏，貞元廿年三月十六日殁於東都敦行里，享年六十，嗚呼哀哉。曾祖珍，祖兢。考舉，滎澤縣丞。衣冠弈葉，禮樂傳家。誕膺盛美，作嬪高族。克備四德，能精七篇。實爲人表，亦爲世則。不享豐福，奄隨逝波。嗚呼哀哉！以明年四月廿二日合祔於府君之舊塋，禮也。有子六人：曰儉、曰鋒、曰鍨、曰錞、曰釪、曰鐇，負荷素業，克揚清風。攀慕莫及，哀號以送。嗚呼哀哉！絢忝爲子婿餘卅春，顧宜室而含悲，瞻 繐帷而增慟。冀展徽素，敢申直詞。其詞曰：

夫人邦媛，我公時杰。千秋萬歲，同歸子穴。遺塵轉芳，盛德不滅。子子孫孫，永代無絶。

唐故京兆府興平縣令鄭府君墓誌銘并序
朝散大夫使持節洛州諸軍事守洛州刺史賜紫金魚袋
盧頊撰
公諱鋒字公穎其先滎陽人也遠君三世移籍洛陽昔莊公夾輔
周室代為公侯綿綿千載軒冕逾盛至今官婚時稱上族曾祖琰
皇朝齊州歷陽縣令贈齊鄭二州刺史祖巖　皇朝銀青光祿大
夫少府監父汲　皇朝朝散大夫河南府洛陽縣令蘊琮璧之姿
為士林之秀君淳粹積中英華發外釋巾授試太子家令寺主簿
轉汝州司戶參軍次授絳州司功參軍大曆六年有　詔舉賢
良名對策登科授同州司戶參軍秩滿以常調襄州襄陽縣令次
授大理寺丞罷秩俄為京兆尹韓皋奏授京兆府倉曹參軍轉
議郎興平縣令僅逾月韓皋謫官累貶汀州司田參軍
今上初臨渥澤遐被追復本秩以彰非辜君器韻孤秀深於
至道雖身服簪紱而心叩玄關享年六十三終于謫官夫人范陽
盧氏故歙州刺史陵之女也稟穠華之秀彰閨閫之範先君而歿
有女一人適太原王文仲不幸早世一子居業遠奉褒帷來歸洛
陽以永貞元年十二月廿五日合祔于萬安山之南原禮也君之
於余猶王凝之之與謝安余之於君若孔稚珪之於張率揚確大
致以雲陵谷其銘曰
元化氤氳誕生斯人蘊粹不耀因時屈伸遐情眇然迥拔躡塵天
有寒暑我無緇磷屈賈之恨積于前古君以令德歿於裔土鑠鑠
胤子茹毒靡依號侍轜車萬里來歸青烏發地玄闥永閉爰誌幽
石以旌來裔
孤子居業書

二四二　唐故京兆府興平縣令鄭府君（鋒）墓誌銘

永貞元年（八〇五）十二月二十五日葬。

誌文二十四行，滿行二十五字。正書。誌長、寬均五十四厘米。

盧頊撰，鄭居業書。

唐故京兆府興平縣令鄭府君墓誌銘并序

朝散大夫使持節洺州諸軍事守洺州刺史賜紫金魚袋盧頊撰

公諱鋒，字公穎，其先滎陽人也。逮君三世，移籍洛陽。昔莊公夾輔周室，代爲公侯，綿綿千載，軒冕逾盛，至今官婚時稱上族。曾祖琰，皇朝齊州歷陽縣令，贈齊、鄭二州刺史。祖巖，皇朝銀青光禄大夫、少府監。父汲，皇朝朝散大夫、河南府洛陽縣令。蘊琮璧之姿，爲士林之秀。君淳粹積中，英華發外。釋巾授試太子家令寺主簿，轉汝州司户參軍，次授虢州司功參軍。大曆六年，有詔舉賢良。君對策登科，授同州司户參軍。秩滿，以常調襄州襄陽縣令，次授大理寺丞。罷秩，俄爲京兆尹韓皋奏授京兆府倉曹參軍，轉朝議郎、興平縣令。僅逾月，韓皋謫官，累貶汀州司田參軍。今上初臨，渥澤遐被。追復本秩，以彰非辜。君器韻孤秀，深於至道。雖身服簪紱，而心叩玄關。享年六十三，終於謫宦。夫人范陽盧氏，故歙州刺史瑗之女也。禀穠華之秀，彰閨闈之範。先君而殁。有女一人，適太原王文仲，不幸早世。一子居業，遠奉裳帷，來歸洛陽。以永貞元年十二月廿五日合祔於萬安山之南原，禮也。君之於余，猶王凝之之與謝安；余之於君，若孔稚珪之於張率。揚確大致，以虞陵谷。其銘曰：

元化氤氲，誕生斯人。蘊粹不耀，因時屈伸。遐情眇然，迥拔囂塵。天有寒暑，我無緇磷。屈賈之恨，積於前古。君以令德，殁於裔土。欒欒胤子，茹毒靡依。號侍輴車，萬里來歸。青烏發兆，玄闥永閉。爰誌幽石，以旌來裔。

孤子居業書

二四三　唐故福府鹽鐵留後監察御史李公（可）墓誌銘

元和元年（八〇六）二月三日葬。

誌文二十八行，滿行二十八字。正書。誌長、寬均四十五厘米。

某錯撰。

誌蓋篆書：大唐故李府君墓誌銘

唐故福府鹽鐵留後監察御史李公墓誌銘并序

叔舅前太常寺奉禮郎鍇述

惟唐永貞元年八月廿六日，監察御史李公遘疾終於睦州旅次，春秋卅八。以元和元年二月三日權窆於東都河南縣龍門鄉原，禮也。公諱可，字無替，趙郡人也。世爲北州上姓，望爲中朝盛族。或居將相之權軸，或擅文華之宗主。輝赫踵武，著在史策。公即 皇朝蜀州司户巖之曾孫， 皇侍御史、隴右行軍司馬、贈散騎常侍、澤州刺史齊物之孫， 皇河陽軍節度使、右僕射、開陽郡王、贈太子太保艽之第二子。必復之慶，公膺是生。四科之美，蔚然天授。立志惟孝，飾行以文。 德宗嗣位， 開陽寵錫，特 恩拜鳳翔府參軍。時尚齠年，折旋俯仰，動合儀則，識者稱嘆，冀以大成。後 開陽勛德日隆，中外傾矚。公撝謙自牧，文武飲惠。洎破魏凱旋，賞延於嗣，改鞏縣尉。歷告成，遷評事，轉御史，纍佐福府、浙江東西三道，皆清風流譽，雅韻騰芳。轉鹽鐵判官，務綰天下之井稅，權 海隅之口賦。雖心計默識者，猶或失之。公見盡俄頃，神無滯用，事有餘裕，吏無隱欺。其公材利器，皆此類也。遂領福府、鄂州兩道留院，清標獨立，仁德自歸，紀綱不擾，郡邑祇肅。而退公之暇，優游文圃，春日夕月，未嘗不吟咏追賞，酌酒賦詩。故江東士子趨慕響集，其清才儁茂，皆此類也。宜其贊 皇王之大業，紹 開陽之茅土。盛志未展，壯心已摧。哲人其萎，吾將安仰。江左失其庥陰，儒流喪其楷模。道路吁嗟，輟春廢肆。 開陽王捐館舍之日，是公壽終之晨。可謂全而歸之，不虧其體，孝也。居瘴癘之地，當毒暑之時。度嶺赴 朝，不憚勞役，忠也。忠與孝，而公兼之，而不得其壽，豈生靈不受其福歟！而公享此促齡歟！何夭枉若斯之甚也。夫人河東裴氏，令範作配，淑慎宜家。痛雄劍之先飛，指柏舟而自誓。栖遑萬里，扶護來歸。古或有儔，今則亡矣。一子小字越奴，未名，稚也。孺慕之性，哀哀感人。公之季曰句，怨手足之將斷，急難奚依，悼孀撫孤，千里奔訃。公，余之出也，備詳積行，無愧直書。陵谷有遷，芳徽不滅。銘曰：

至理難測兮大道茫茫，桂枝摧折兮哲人其亡。孝友立性兮仁智汪汪，學識潤身兮焕乎文章。沉明珠於瘴海，埋美玉於高崗。於戲李氏兮殁而彌芳。

二四四　有唐故河陽節度討擊副使朝議大夫試宋州長史安定胡公（友璘）及夫人馬氏墓誌銘

元和二年（八〇七）五月十五日葬。

誌文二十二行，滿行字數不等。正書。誌長、寬均四十一點五厘米。

誌蓋篆書：大唐故胡府君墓誌銘

有唐故河陽軍節度討擊副使朝議大夫試宋州長史安定胡公及夫人馬氏墓誌銘并序

公豆盧氏之出也，諱友璘，字友璘，其先陳州太康縣人。遠祖威，漢朝盛族，有問禮推纁之美，　公則其後也。高、曾、祖、父各振才望，爲世所重。　公總角之歲，心貞性奇，談過出衆之理，尤得總持之要。權門上列，皆慕而敬之。憧憧車騎，展挹不暇，榮俸顯職卌年間。厭塵俗而思真，想無生而假疾。洎元和二年正月廿九日告終於潘陽坊之私第，享年六十有一。　夫人扶風馬氏，瓌姿玉潤，出自閥閱。脩四德以咸備，爲六姻之楷模。居身廉貞，事　父惟孝。忽虧秦晋之匹，痛割鴛鸞之苦。寢食興嘆，拊膺閨帷。花顔宛如，伏枕而去。以　夫亡之歲四月廿六日奄從長，享年卌有二。有二兒女，幼稚哀號天。鄰居行路，無不痛惜。　夫人　嚴父驥，前任德州平昌縣丞。重義愛仁，厭榮敦道，精持梵行，白首希夷。男興子，年纔十歲，居喪之禮備焉。絶漿泣血，有越高柴之行。子婿秦會良，亦良家之子也，忠信孝友，善輔懿戚。次子婿　節度衙前討擊副使馬超群，才藝衆推，英姿可尚。理其喪事，情甚愛子。六姻雍睦，議事惟和。以其年夏五月壬寅日卜葬於河陽縣城西北十五里太平鄉樹樓村北平原之禮也。其詞曰：

鸞鳳于飛，和鳴之美。陣雲既滅，鷢星亦墜。芳桂林花，同歸逝水。其一。卜葬平原，薤歌悽咽。親賓灑泪，愛子泣血。鸞鏡沉埋，寶刀斯折。其二。井田莓莓，墳壠峩峩。捧棺臨穴，傷如之何？幽魂永隔，空歸薤歌。其三。合浦珠沉，西峰月落。平生伉儷，奄至冥寞。共勒貞石，紀於泉壑。

二四五　唐故淮南觀察判官監察御史裏行賜緋魚袋量移池州司馬鄭府君（遂誠）墓誌銘

元和三年（八〇八）七月二十九日葬。

誌文三十五行，滿行三十六字。正書。誌長、寬均七十九厘米。

于臯謩撰，鄭遵誠書，韓璥鎸。

唐故淮南觀察判官監察御史裏行賜緋魚袋量移池州司馬鄭府君墓誌銘并序

揚子留後朝議郎檢校尚書户部郎中兼侍御史真定縣開國男賜緋魚袋于皋謩撰

嵩嶽鬱盤，滎波遠澍。濬源勝氣，無代無人。在昔桓公，實封於鄭。因國命氏，層慶德門。　府君諱遂誠，字元均。　七代祖先護，雍豫二州刺史兼尚書右僕射。　六代祖偉，侍中、驃騎大將軍、開府儀同三司、華州刺史，初封武陽伯，進爵襄城郡公，謚曰肅。　五代祖信，隋秘書郎。　高祖乾瓚，荆州司馬。

大王父敬愛，潤州曲阿令。　王父峻之，宋州下邑令。　烈考洮，亳州鹿邑丞。公即 鹿邑第二子也，總角而孤。天寶末年，中原俶擾。衣冠人物，奔竄無所。與義興 長兄，避地江表。飄寓轉側，備嘗艱難。　公於此時承 顔侍膳之外，仰 仁兄以敬，撫幼弟以怡。如臨嚴師，用躬率之化。强學功倍，發憤忘食。故能剖判儒墨，揭厲典墳。樂之和，禮之節，易之變，詩之風，思索微言，揣摩大義。尋繹端緒，物無遁情。先達積疑，後來未領。皆發於根本，暢於枝條。馳鶩天人，罔不該綜。探賾餘力，博我以文。色養 高堂，急於禄仕。遂應進士舉，俄中甲科。并命交辟，釋褐校書郎，爲江西從事，轉右衛倉曹參軍事。府除，丁 太夫人艱。欒棘在心，縗麻稱貌。自葬祭至於服常，士林識之，以爲得禮。時淮南節制廉問風俗，欽其家法，可移於官。延咏休風，實咨幕畫。　公志行剛潔，不容非類。分操峭直，孤持於時。心之靡同，咫尺千里；氣之所合，然諾一言。爲群黨排，貶宦荒裔。及 聖君統極，再蠲宿忌。移池州司馬。到職逾歲，發疾而終。春秋陸拾。噫！以義興之淵源，以池州之墻仞。宜其棣蕚輝映，發爲國華。而郁烈未攄，芳英早落。皆位不躋九列，年不過耳順。明分之通塞，不繫於賢愚矣。於戲！懷才者不必盡貴，積善者不必皆壽。在乎所履，得天正性。入禮義之閫，行聖賢之道。爲仁由己，一日斯可，况中壽乎！樂天知命，所造必適。况冠後惠文冠，爲相府從事乎！三進一黜，而無喜愠。是以身雖没而志顯，迹逾遠而風可懷也。夫如是，則莫價無繼之珍，委於深遠，使瑰异之姿永謝。是釁鞏瑶圖之不足，固爲玩目賞心之所惜也。韞濟世之才，抱致君之略。藏器下寮而不吾用，是搢紳人倫之不幸，將有通識鑑裁之所嘆也。而 滎陽府君泰然處順，得失自是。此天之所以能屈其卑位短曆，而弗能屈吾道也。

夫人博陵崔氏，從所天罹譴，憂苦生疾。丹徼偕往，蕣華先零。有女三人，齒長無嗣，命猶子客兒爲繼。至乎啓手足之日，　夫人在殯，　先塋在洛。發引合祔，哀同顧復，孺慕號訣，有若己生。則 公之宗祊，其有主也。皋謩 先少保[一]，貳春官，爲小宗伯。與文章主盟，權度俊造。天下作者，以爲 宗師。　公之拔乎其萃，得昇聞人，已試之效者也。小子常辟司徒府，同在門館。并轡造膝，出入數年。既敦通舊，又申姻好，以其 兄之子歸我。結褵展禮，　公實爲主。閨門雍睦，祀事豐潔。家道不替，實内友之助也。每一省吊，輒懷平昔。今則已矣，痛可既乎。公之季弟，前明州司倉參軍事遵誠。自宛陵迎 柩，以元和叁年柒月貳拾玖日歸葬有洛潁陽縣潁源鄉高董村之原，祔 先塋，禮也。以皋謩密親，備諳行實，見托論撰，敢揚茂美。銘曰：

高丘峨峨，沉水湯湯。鬱彼佳氣，散爲休祥。慶鍾德門，纍葉有光。生此 端士，實爲珪璋。幼有令聞，播其馨香。談經學市，掞藻文場。吐納鮮潤，剖析毫鋩。高標屹立，心正氣强。獨持風裁，負道抑揚。時方不容，罹譴南荒。湛恩再洽，歸路猶長。戴履不仁，剥喪惟良。萬安纍纍，松檟蒼蒼。所從合祔，永窆玄堂。茂實既存，謂 公不亡。

公以元和貳年玖月拾柒日寢疾終於宣州宣城縣官舍。叙文有遺編紀云。

行事人吕元潁

季弟遵誠書

鎸工韓璥

[一] 先少保即于皋謩父于邵，曾任禮部侍郎，故曰貳春官，爲小宗伯。參《舊唐書》卷一三七《于邵傳》。

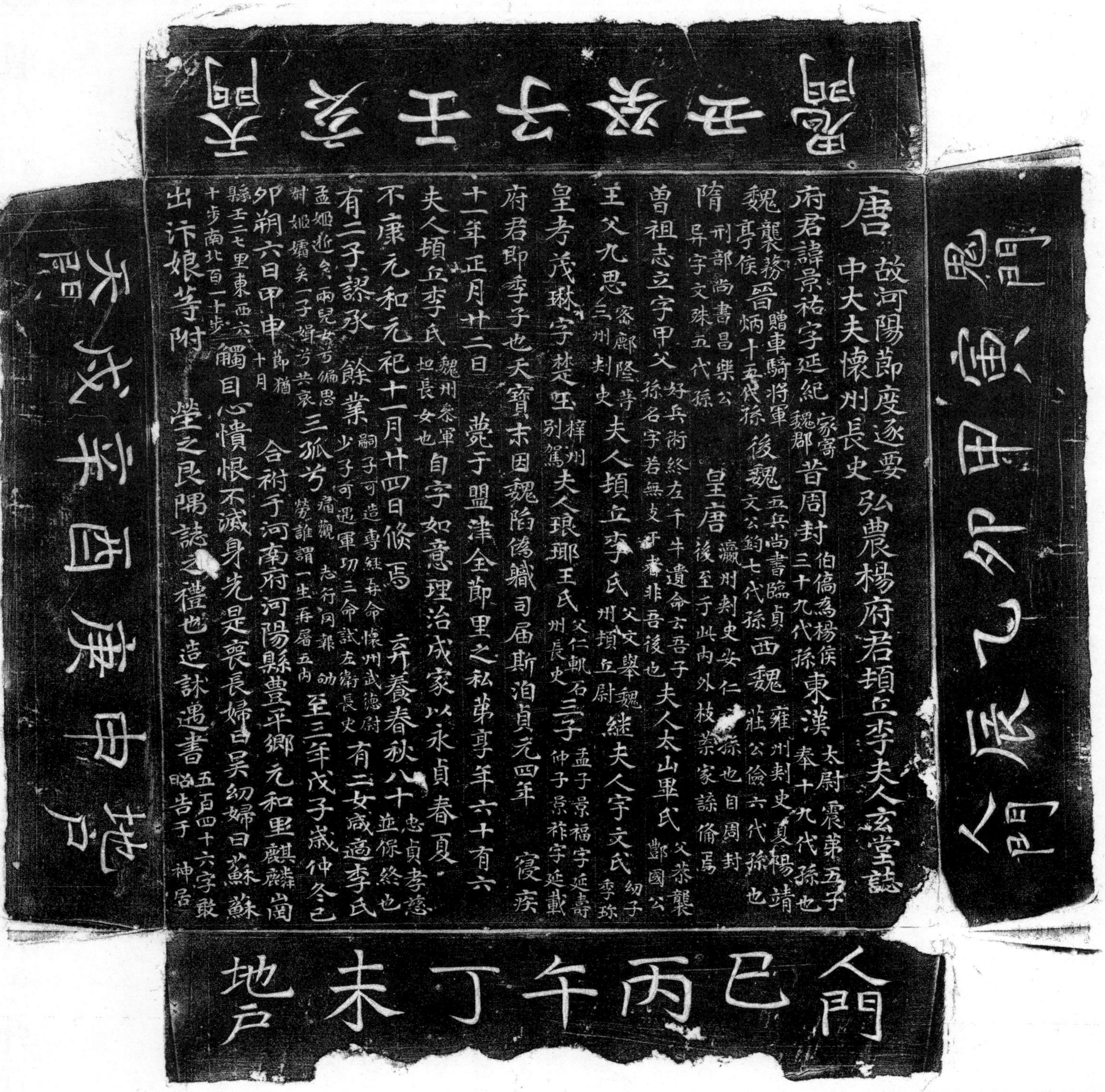

二四六　唐故河陽節度逐要中大夫懷州長史弘農楊府君（景祐）頓丘李夫人玄堂誌

元和三年（八〇八）十一月六日葬。

誌文十六行，滿行字數不等。正書。誌長、寬均四十二厘米。墓誌四側分别刻干支及天門、地户、鬼門、人門文字。

楊可造撰，楊可遇書。

誌蓋正書：唐故弘農楊府君墓誌。周邊刻畫八卦字樣，外圈文字爲太乙十六神。

誌蓋底部文字：中書『幽明契』，周邊外圈文字爲二十八宿。内圈文字爲『合明天帝日，玄契地幽室。楊李廣陰蹊，枝條代榮實』。

唐故河陽節度逐要中大夫懷州長史弘農楊府君頓丘李夫人玄堂誌

府君諱景祐，字延紀，家寄魏郡。昔周封伯僑爲楊侯，三十九代孫。東漢太尉震第五子奉，十九代孫也。魏襲蓩亭侯，晉贈車騎將軍炳，十五代孫。後魏五兵尚書、臨貞文公鈞七代孫。西魏雍州刺史、夏陽靖莊公儉六代孫也。隋刑部尚書、昌樂公昪，字文殊，五代孫。　皇唐瀛州刺史安仁☒孫也。自周封後，至於此。内外枝葉，家諜備焉。曾祖志立，字甲父。好兵術，終左千牛。遺命云：『吾子孫名字，若無支干者，非吾後也。』夫人太山畢氏，父恭，襲鄮國公。王父九思，密、鄜、隆等三州刺史。夫人頓丘李氏，父文舉，魏州頓丘尉。繼夫人宇文氏，幼子季珍。皇考茂琳，字楚玉，梓州別駕。夫人瑯琊王氏，父仁軌，石州長史。三子：孟子景福，字延壽。仲子景祚，字延載。府君即季子也。天寶末，因魏陷僞，職司屆斯。洎貞元四年　寢疾，十一年正月廿二日　薨於盟津全節里之私第，享年六十有六。　夫人頓丘李氏，魏州參軍坦長女也。自字如意，理治成家。以永貞春夏　不康，元和元祀十一月廿四日倏焉　弃養，春秋八十。忠貞孝慈，并保終也。有二子謬承　餘業，嗣子可造，專經，再命懷州武德尉。少子可遇，軍功三命試左衛長史。有二女咸適李氏。孟姬逝矣，兩兒女兮偏思；叔姬孀矣，一子婿兮共哀。三孤兮痛觀　志行，罔報　劬勞。誰謂一生，再屠五内。至三年戊子歲仲冬己卯朔六日甲申節猶十月，　合祔於河南府河陽縣豐平鄉元和里麒麟崗，縣壬二七里，東西六十步，南北百一十步。觸目心憒，恨不滅身。先是喪長婦曰吳，幼婦曰蘇蘇，出汴娘等附塋之艮隅，誌之，禮也。造訹[一]，遇書，五百四十六字，敢昭告於　神居。

[一]『訹』應爲『述』之訛字。

二四七　唐故蘇州吳縣令房府君（宙）墓誌銘

元和三年（八〇八）十一月二十四日葬。
誌文二十四行，滿行二十三字。正書。誌高六十厘米，寬五十九厘米。
路隋撰，房寔書。
誌蓋篆書：唐清河房府君墓誌銘

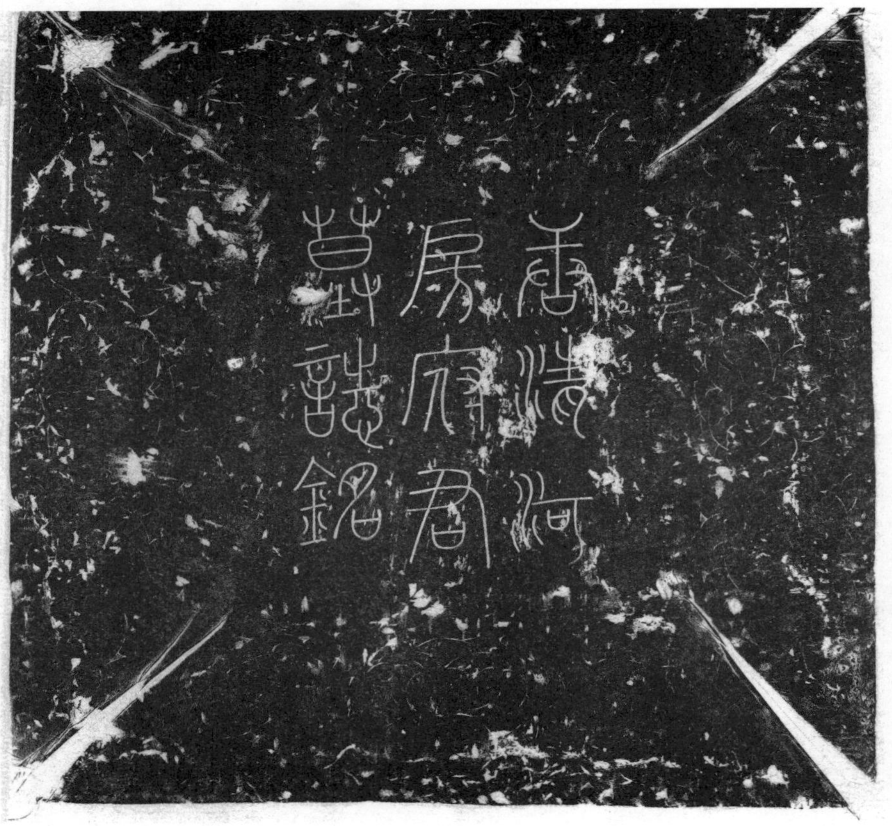

唐故蘇州吴縣令房府君墓誌銘并叙

表甥登仕郎前試太常寺協律郎路隋撰

元和三年九月壬午前蘇州吴縣令清河　房君卒，冬十有一月壬寅葬於緱氏縣小宋原，歸祔　先塋，禮也。

君諱宙，字弘景，　皇唐揚、洛二州長史、兵部尚書忠公諱仁裕之玄孫，右庶子府君諱先敏之曾孫，宋州長史府君諱珍之孫，鄭州滎澤縣主簿府君諱恩之子。始以門蔭授左千牛備身，調補河南府參軍、壽安洛陽二尉、吴縣令。秩滿間數歲，將復參調，寓家於洛陽，而南遊吴鄣。亦既旋歸，遘疾歿於永城之逆旅，享年六十有一。

君幼而孤，　叔父中牟令府君諱愿實保育之，逮於成人。　君嚴祇教誨，克紹堂構。孝恭睦友，慈愛貞慎。竭猶子之誠，承順左右，存極敬養，歿致哀戚。尉洛陽也，位卑禄寡，貧約多累。以　祖父洎　先府君與叔父皆未祔葬，御銜悲懷疚，貶食省用，畢力營集，願言斯果。奉養叔母，怡聲愉色，勤匱無違逾卅年。與季弟寅篤天倫之好，家人子姓，率由於禮，宗族朋友推其行己焉。莅官清直勤恪，寬而有制。處難理劇，考績連最。嗚呼！謂積善福慶，臻乎貴壽，如何不吊，其命也夫。哀哉！前娶京兆王氏，生一子而先歿。後娶高陽許氏。許夫人與嗣子修己等晝哭孺慕，終天莫追。　君弟前汜水尉寅栖遑主辦，哀慟摧剥，以陵谷之虞，不可不識也。爰命銘云：

猗嗟　府君！淑慎其身。幼孤克家，終窶且貧。克孝克友，率禮依仁。績著莅官，行光閨門。宜登貴仕，宜錫永年。如何卑促，歸此夜泉。嗚呼哀哉！

堂弟寔書

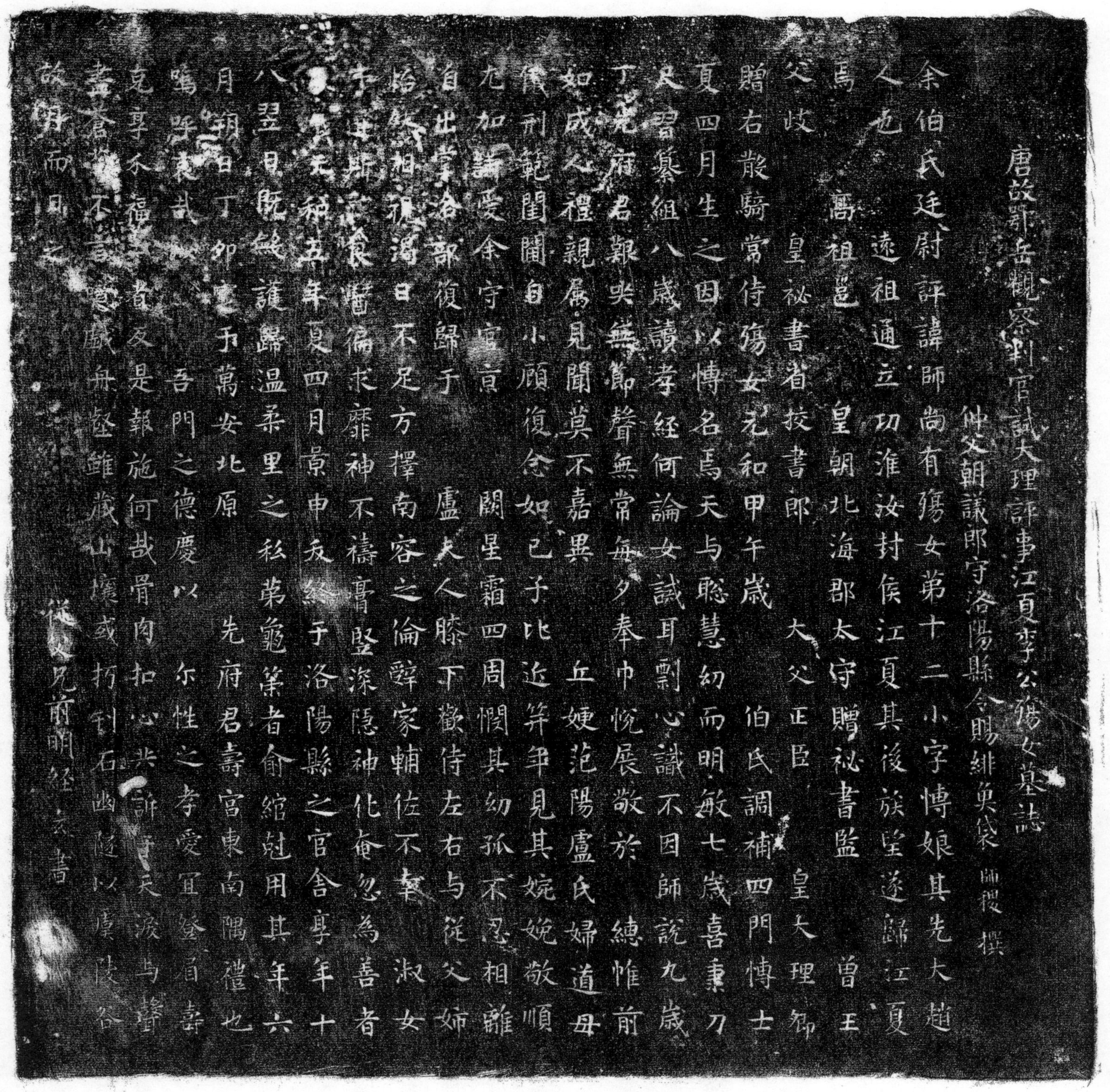
唐故鄂岳觀察判官試大理評事江夏李公殤女墓誌

江夏李公殤女墓誌

二四八　唐故鄂岳觀察判官試大理評事江夏李公（師尚）殤女（博娘）墓誌

元和五年（八一〇）六月一日葬。

誌文二十三行，滿行二十三字。正書。誌長、寬均四十二厘米。

李師稷撰，李玄書。

誌蓋正書：江夏李公殤女墓誌

唐故鄂岳觀察判官試大理評事江夏李公殤女墓誌

仲父朝議郎守洛陽縣令賜緋魚袋師稷撰

余伯氏廷尉評諱師尚有殤女第十二，小字博娘，其先大趙人也。 遠祖通，立功淮汝，封侯江夏，其後族望遂歸江夏焉。 高祖邕， 皇朝北海郡太守，贈秘書監。 曾王父歧， 皇秘書省校書郎。 大父正臣， 皇大理卿，贈右散騎常侍。殤女元和甲午歲 伯氏調補四門博士，夏四月生之，因以『博』名焉。天與聰慧，幼而明敏。七歲喜秉刀尺，習纂組。八歲讀《孝經》《何論》《女誡》。耳剽心識，不因師說。九歲丁先府君艱，哭無節，聲無常。每夕奉巾帨，展敬於 繐帷前，如成人禮。親屬見聞，莫不嘉异。 丘嫂范陽盧氏，婦道母儀，刑範閨閫。自小顧復，念如己子。比近笄年，見其婉娩敬順，尤加□愛。余守官京 闕，星霜四周，憫其幼孤，不忍相離。自出掌洛部，復歸於 盧夫人膝下，歡侍左右，與從父姊怡然相視，渴日不足。方擇南容之倫，辭家輔佐。不幸 淑女圇遘斯疾，食醫偏求，靡神不禱。膏豎深隱，神化奄忽，爲善者□□。元和五年夏四月景申夭終於洛陽縣之官舍，享年十八。翌日既斂，護歸温柔里之私第。龜策者俞縮尅用其年六月朔日丁卯窆於萬安北原 先府君壽宮東南隅，禮也。嗚呼哀哉！以 吾門之德慶，以 爾性之孝愛，宜登眉壽，克享介福。□者反是，報施何哉！骨肉扣心，共訴於天，泪與聲盡，蒼罔不言。噫戲！舟壑雖藏，山壤或朽。刊石幽隧，以虞陵谷。故月而日之。

從父兄前明經玄書

二四九　朝散郎前守舒王府兵曹參軍崔公（寵）故夫人嚴氏墓銘

元和五年（八一〇）十月十八日葬。

誌文二十五行，滿行二十五字。正書。誌長、寬均三十九點五厘米。

崔寵撰。

誌蓋正書：唐故夫人嚴氏墓誌銘

朝散郎前守舒王府兵曹參軍崔公故夫人嚴氏墓銘并序

惟唐元和五祀庚寅秋九月癸丑夫人終於洛東觀德之里，享年二十有六。夫人德幸淳茂，若蘭若芳，行者聞斯，莫不興嘆而殞涕焉。夫人即馮翊臨晋人也。故黄門侍郎、贈左僕射諱挺之，其曾祖也。皇吏部尚書、贈左僕射諱武，其大父也。夫人即朝散大夫、檢校秘書省著作佐郎兼殿中侍御諱鄭卿之長女也。夫人幼離慈愛。有義姑安國寺臨壇大德清悟，立性高邁，潔志貞堅。歸佛證無生之門，處仁懷眷屬之愛。撫視提育，至笄之年。訓之以儀，教之以則。令淑斯備，將聘行焉。貞元廿一年□歸於清河崔公。公名寵，即皇銀青光禄大夫、檢校太僕少卿兼侍御史諱損之次子也。夫人體貌柔實，天之姿也；氣和神清，人之表也。忿怒無點，言笑有璋，此夫人家之儒訓也。進退禮樂，從容可規，此夫人家之風教也。寵性本廉愚，財不苟利。無一畝之地，一室之宫。夫人無歸乎此，心其痛乎。今將何述乎！夫人不怨不怠，不咨不嗟，知寵之未遇，知寵之未時，嗚呼！天其何昧，有積德若彼，而罹禍若此。故士者能樂其道而安其命歟！乃冬十月乙酉日反葬於龍門西原。歸女氏之黨，成其古禮也。有出家堂妹安國寺尼文亮，皇右補闕諱楚卿之次女也。即故臨壇大德清悟親侄女，仍上足之弟子也。素蘊道節，素懷忠貞。言念愛親，動而合禮。今則喪制而□獲焉。事也精麁，一一躬宰，難矣哉！此乃真良兄也，夫人能悌□也。亦夫人之餘慶也。前崇文館擢第弘亮，夫人之元季也。性儒且和，哀毁逾禮，其孝仁也。虞陵谷遷變。命寵圖録以紀年代。辭之難已，遂掩袂抑涕，强而銘焉。其文曰：

淑淑夫人，乃德乃清。熙熙雅質，維素維貞。動契儀典，言合禮經。中和碩性，爲華爲英。天奚不惠，妙年而傾。徘徊霜月，落涕松銘。嗚呼嗚呼。祈神之精，無冉冉於幽壤，願昭昭兮自寧。

二五〇　唐故朝議郎都督夔州諸軍事守夔州刺史賜緋魚袋滎陽鄭公（叔度）夫人昌黎韓氏合祔墓誌銘

元和六年（八一一）正月十四日葬。

誌文二十九行，滿行二十八字。正書。誌長、寬均六十三厘米。

崔郱撰。

墓誌原石藏山東桓臺拿雲美術博物館。

唐故朝議郎都督夔州諸軍事守夔州刺史賜緋魚袋滎陽鄭公夫人昌黎韓氏合祔墓誌銘并序

外甥博陵崔邧撰

公諱叔度，字嘉量，滎陽開封人也。　曾祖弘勣，隋秘書郎。　祖融，皇閬州奉國縣令。　父老彭，皇濮州鄄城縣尉，贈濠州刺史。軒冕胄緒，派分於周。婚姻閥閱，而譜諜詳矣，故存其略焉。公少以才識俊茂，器宇宏達，起家從事浙東使府。釋褐授太常寺奉禮郎。精博儒術，尤工五言。雅量風標，迥冠群粹。歷鄖縣、壽安縣尉，拜監察御史、汴宋觀察判官。時副元帥、太傅劉公[一]勛亞蕭曹，權侔衛霍。副倅寮屬，寔資賢能。自膺辟命，雅見親重。俄轉殿中，遷侍御史，充都統判官。公抗論籌謀，聽辭折獄。道洽群帥，義孚豺狼。河朔謐清，氛祲不作，實繄公之略也。

德宗御寓，旁求俊杰，翊贊　儲貳。乃授公太子司議郎。參詳著撰，克諧故實。出拜慈州刺史。公性禀清凈，不親於畋遊，無惑於沉湎。褰帷問俗，政必有經。下車五年，化洽戎羯。罷郡之日，謡咏盈衢。爰授太子右諭德，轉衛尉少卿。公修德立名，雅稱攸著。及登亞列，朝望所歸。無何，出拜夔州刺史。先是州乏長人，吏乖憲典，澆風浸潤，俗紊常經。自公聽理，大展奇政。誅鋤杰黠，抑挫豪右。寒者衣之，飢者食之。曾未浹辰，斯人獲乂。暨乎歲抄校以課績，質於有司，量其理平，我獨居最。公敦睦之道，孝愛生知。而懿親戚屬，或先公没世，遠自吴、楚，近兼梁、宋，乃命其子弟，給以舟車，丹旐旋歸，返葬故里。蓋以十數，公之力也。噫！天之不仁，神昧厥理。福善餘慶，何其謬焉。以元和五年八月廿日寢疾薨於夔州州官舍，享年六十四。嗚呼哀哉！夫人昌黎韓氏，中書侍郎休之孫，大理司直渾之女。懿德淑範，被於閨門。公之初履霜臺，即夫人没世。長女適大理司直韓傑。次女幼稚，年甫四齡。嗣子素，宣州涇縣主簿。次子徽、次系、次繄，哀奉裳帷。以明年正月十四日合祔於萬安山之南原，從　先塋，禮也。邧即公之甥也。幼蒙善誘，長獲提携。荷舊感思，迸涕交集。不揆庸淺，銜哀屬詞。直而匪文，敢誌其實。銘曰：

凝神合莫，體道知常。進必思止，暗然而彰。温温碩德，彌久逾芳。公弓既招，埸苗斯縶。學古求仁，安時獨立。令問日新，好爵爰及。寄重專城，德崇朝彦。勤恤有孚，惠訓不倦。彼邦伊何，遽遘斯變。悠揚丹旐，牢落玄天。哀哀令嗣，返葬三川。萬安南址，永固重泉。

[一] 太傅劉公即劉玄佐，時任宣武軍節度使，貞元八年（七九二）卒，贈太傅。參《舊唐書》卷一四五《劉玄佐傳》。

唐賈氏故　韋夫人墓誌銘
鄉貢進士賈密撰
夫人京兆韋氏其父父曰復故相東宮事又攝令荊縣
令縣令為父嚴夫人能以其孝愈嚴夫人侍縣令縣令
為之眉鬚艷喜不能為其性母病醫侍母不愈夫人侍
母愈夫人由是於家為最鮮明至親戚鄉黨有欲大舉
人家女孝來者來者皆得如夫人云嫁賈宿事宿
父母孝稱夫人父母其禮甚於父母凡賈之親戚鄉黨
視夫人如韋宗凡賈之童隸僕侍戴夫人如韋人夫人
愈謹嘗曰已出身為人家婦不可與家同當謹於禮
母奉天性人不疑舅姑一不稱重謗可得每言訖言訖
愈謹加以讀女史禮書及他訓戒詩賦合於雅者其感
儀動止為語一稱其書是宜使長命富貴稱以為王公
夫人佐示天有公道不忘褒於如此人者何其夫年未
世有道將大不使夫人及之以元和六年七月六日卒
有二子皆稚子卜人趙遵曰今年九月廿八日葬善遂
祔于　先姑其胥弟密謹為墓銘銘曰
惟北邙山其山之岨韋氏夫人茲惟其居夫人明令無
其徒皇天闇發惡鬼毒痛身已道明可足恨乎所痛二
稺稍點尋呼靈不介應昏曉嗚嗚

二五一　唐賈氏（宿）故韋夫人墓誌銘

元和六年（八一一）九月二十八日葬。

誌文二十行，滿行二十一字。正書。誌長三十七點五厘米，寬三十六點五厘米。

賈密撰。

墓誌原石藏山東桓臺拿雲美術博物館。

唐賈氏故　韋夫人墓誌銘

鄉貢進士賈密撰

夫人京兆韋氏，其父父曰復，故相東宮事。父羣，今荆縣令。縣令爲父嚴，夫人能以其孝愈嚴。夫人侍縣令，縣令爲之眉髮艷喜，不能爲其性。母病，醫侍母不愈，夫人侍母愈。夫人由是於家爲最鮮明。至親戚鄉黨有欲大譽人家女孝來者，來者曰：得如夫人云。嫁賈宿，事宿　父母孝稱，夫人父母其禮甚於父母。凡賈之親戚鄉黨視夫人如韋宗，凡賈之童隸僕侍戴夫人如韋人。夫人愈謹，嘗曰：『已出身爲人家婦，不可與家同，當謹於禮。父母本天性，人不疑。舅姑一不稱，重謗可得。』每言訖，言訖愈謹。加以讀女史禮書及他訓戒詩賦合於雅者，其威儀動止爲語，一稱其書。是宜使長命富貴稱，以爲王公大人佐，示天有公道，不忘褒於如此人者。何其夫年未卅，有道將大，不使夫人及之。以元和六年七月六日卒。有二子，皆稚子。卜人趙遵曰：『今年九月廿八日葬，善。』遂祔於　先姑。其婿弟密，謹爲墓銘。銘曰：

惟北邙山，其山之岨。韋氏夫人，玆惟其居。夫人明，今無其徒。皇天闇，發惡鬼毒。痛身已道，明可足恨乎！所痛二稚，指點尋呼。靈不爾應，昏曉嗚嗚。

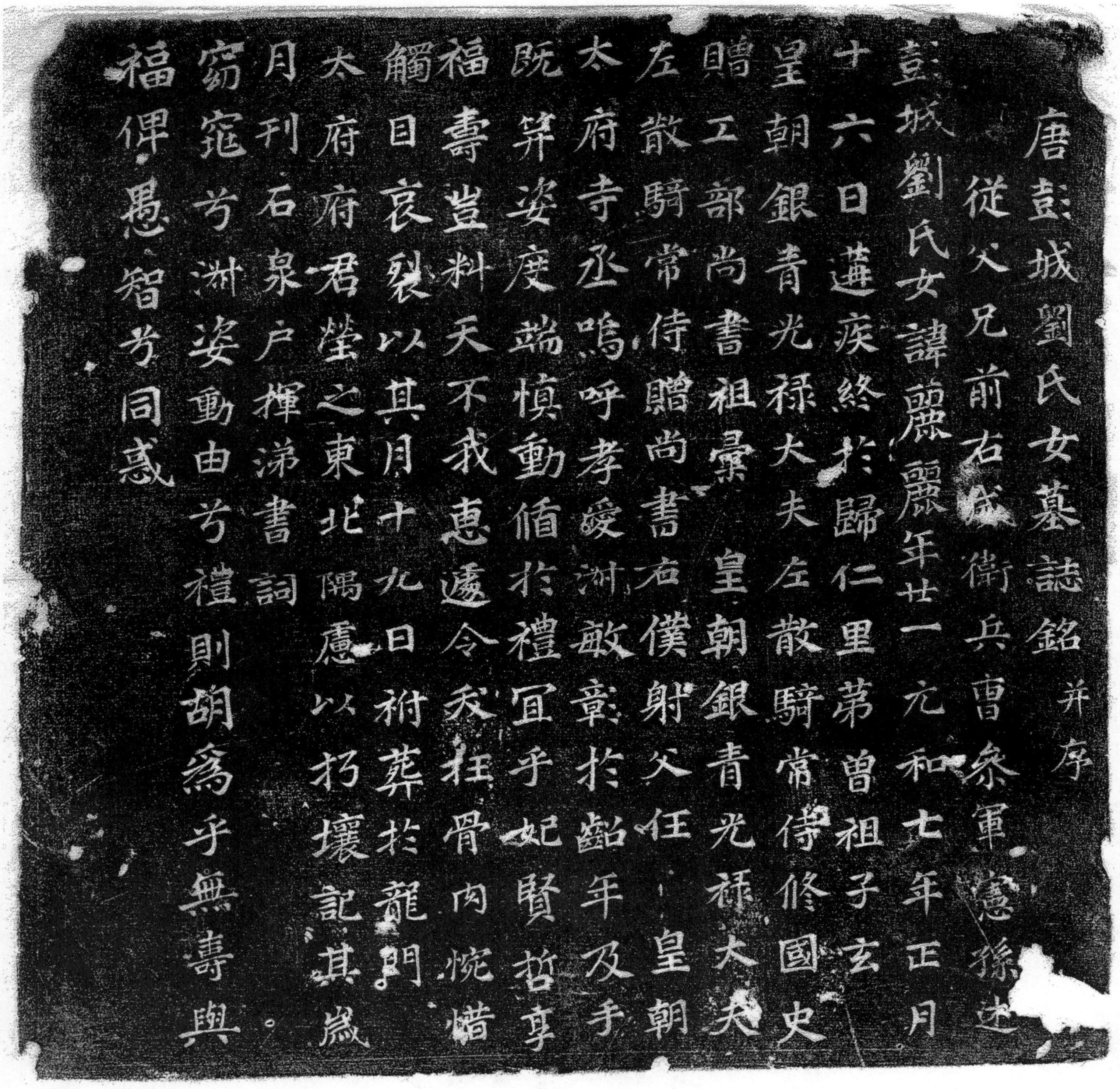
唐彭城劉氏女墓誌銘并序
從父兄前右武衛兵曹參軍憲孫述
彭城劉氏女諱麗麗年廿一元和七年正月
十六日遘疾終於歸仁里第曾祖玄
皇朝銀青光祿大夫左散騎常侍修國史
贈工部尚書祖彙　皇朝銀青光祿大夫
左散騎常侍贈尚書右僕射父任　皇朝
太府寺丞嗚呼孝愛淵敏章於齠年及手
既笄姿度端慎動循於禮宜乎妃賢哲享
福壽豈料天不我惠遽令夭枉骨肉惋惜
觸目哀裂以其月十九日祔葬於龍門
太府府君塋之東北隅憲以朽壞記其歲
月刊石泉戶揮涕書詞。
窈窕兮淵姿動由兮禮則胡爲乎無壽與
福俾愚智兮同惑

二五二　唐彭城劉氏女（麗麗）墓誌銘

元和七年（八一二）正月十九日葬。
誌文十五行，滿行十六字。正書。誌長、寬均二十五厘米。
劉憲孫撰。

唐彭城劉氏女墓誌銘并序

從父兄前右威衛兵曹參軍憲孫述

彭城劉氏女，諱麗麗。年廿一，元和七年正月十六日遘疾終於歸仁里第。曾祖子玄，　皇朝銀青光禄大夫、左散騎常侍、修國史，贈工部尚書。祖彙，　皇朝銀青光禄大夫、左散騎常侍，贈尚書右僕射。父任，　皇朝太府寺丞。嗚呼！孝愛淑敏，彰於齠年。及乎既笄，姿度端慎。動循於禮，宜乎妃賢哲，享福壽。豈料天不我惠，遽令夭枉。骨肉惋惜，觸目哀裂。以其月十九日祔葬於龍門　太府府君塋之東北隅。慮以朽壤，記其歲月。刊石泉户，揮涕書詞。

窈窕兮淑姿，動由兮禮則。胡爲乎無壽與福，俾愚智兮同惑。

二五三　唐故奉天定難功臣英武六軍都虞候左羽林軍兵馬使開府儀同三司檢校太子賓客兼御史中丞上柱國欝林郡王太原王府君（太昇）夫人馮氏墓誌銘

元和九年（八一四）十月六日葬。

誌文二十二行，滿行二十三字。正書。誌長、寬均三十九點五厘米。

郭璠撰，王抗書。

誌蓋篆書：大唐故馮夫人墓誌銘

唐故奉天定難功臣英武六軍都虞候左羽林軍兵馬使開府儀同三司檢校太子賓客兼御史中丞上柱國欝林郡王太原王府君夫人馮氏墓誌銘并序

太原郭璠撰

孤子抗書

夫人姓馮，其先扶風人也。夫人天姿淑麗，四德咸稱。纂組之宜，承家之美，禀於內訓，非自師模。及笄之年，即適於　中丞公諱太昇。因夫之貴，加郡夫人。和鳴發譽，得類鏘鏘。柔順利貞，不假詩人之説；言容成則，慶膺熊夢之辰。於戲！如賓未幾，天喪良人。曁乎一劍沉波，遭移天之酷，抱孀鞠幼，勤儉理家。規矩不逾，廿餘祀。將謂松心不朽，筠節常堅，滋蘭漸芳，高堂展慶。有嗣子留守都知兼通引官抗，承襲從宦，不墜弓裘。色養崇榮，承順事貌。英才奇□，爲時所推。奈何不天，奄弃侍奉。以元和八年二月八日遘疾殁於思順里之甲第，享年六十二。嗚呼！　中丞府君權總羽林，官兼儲貳。功業報國，□廣著名。脩短有涯，早年即世。時惟因事，權厝山陽郡。風樹不留，祀紀多矣。令子抗居職清貧，未任舉啓。泣血成泪，茹毒言論，親戚所哀。力奉□殯，以元和九年甲午十月六日窆於河南縣龍門鄉南王里元獻寺東南隅之原，禮也。以璠同事，受托爲銘。不揆寡詞，敢述盛烈。其銘曰：

柔明淑德，儀範無忒。婉聽承家，有容有則。欝林因號，天胡不造。令問空存，形神悄悄。載備芻靈，叶吉蓍兆。薤露增傷，品禮楊楊。伊川之右，鑿龍之崗。泉扃一閉，永保其昌。

二五四　唐故京兆尹李府君（充）夫人隴西郡君范陽盧夫人墓誌銘

元和十年（八一五）十一月二十九日葬。

誌文二十二行，滿行二十二字。正書。誌長、寬均四十六厘米。

張賈撰。

唐故京兆尹李府君夫人隴西郡君范陽盧夫人
墓誌銘并序
朝散大夫守給事中集賢殿學士張賈撰
夫人范陽盧氏　故京兆尹李府君諱充之夫人　皇朝
六代祖思道北齊黃門侍郎入隋為武陽太守
散大夫邠王友贈太子少保諱暄其先父也　皇大理
評事諱澣其先考也　夫人承纓冕之華冑合詩禮之明
範既笄而歸于德門從　夫而貴累封隴西郡君夫事
親在乎孝愛婦德在乎婉柔　夫之族在乎敬恭鞠育之
幼在乎慈惠而　夫人皆率性而安不勞而能順理而
言順則而動周旋終始綽綽有裕故中外之姻上下之親
舉盡其歡心詩云投我以木李報之以瓊玖言推之明誠
必重其報禮斯之謂矣不幸嬰沈痼之疾以元和十年九
月六日終於西京長興里第春秋五十三長子承擇大理
評事次曰承緒左龍武軍錄事參軍因心殞慕喪過乎哀
幼子承矩太子典膳局丞出繼諸房皆　夫人柔和之
德也詢于蓍龜既協其吉以其年十一月二十九日歸葬
于河南府河南縣伊汭鄉萬安山祔于　甫兆之先宅
從周之制禮也以賈嘗忝舊姻備詳德善見託銘述以示
後人乃為銘曰
齊之姜兮祉之繁坤之順兮德之原封君之貴兮世祿宏
門終華代謝兮休範存存

唐故京兆尹李府君夫人隴西郡君范陽盧夫人墓誌銘并序

朝散大夫守給事中集賢殿學士張賈撰

夫人范陽盧氏， 故京兆尹李府君諱充之夫人。 六代祖思道，北齊黄門侍郎，入隋爲武陽太守。皇朝散大夫、邠王友、贈太子少保諱暄，其大父也。 皇大理評事諱澣，其先考也。 夫人承纓冕之華胄，合詩禮之明範。既笄而歸於德門，從 夫而貴，纍封隴西郡君。夫事親在乎孝愛，婦德在乎婉柔。 夫之族在乎敬恭，鞠育之幼在乎慈惠。而 夫人皆率性而安，不勞而能。順理而言，順則而動。周旋終始，綽綽有裕。故中外之姻，上下之親，舉盡其歡心。《詩》云：投我以木李，報之以瓊玖。言推之明誠，必重其報禮，斯之謂矣。不幸嬰沉痼之疾，以元和十年九月六日終於西京長興里第，春秋五十三。長子承構，大理評事。次曰承緒，左龍武軍録事參軍。因心孺慕，喪過乎哀。幼子承矩，太子典膳局丞，出繼諸房。皆 夫人柔和之德也。詢於蓍龜，既協其吉。以其年十一月二十九日歸葬於河南府河南縣伊汭鄉萬安山，祔於 京兆之先穴，從周之制，禮也。以賈嘗忝舊姻，備詳德善。見托銘述，以示後人。乃爲銘曰：

齊之姜兮祉之繁，坤之順兮德之原。封君之貴兮世禄之門，紛華代謝兮休範存存。

二五五　唐故宣州廣德縣尉河東薛府君（弇）及夫人西平源氏合祔舊墓新誌銘

元和十一年（八一六）八月二十七日葬。
誌文二十行，滿行二十字。正書。誌長、寬均三十六厘米。
楊鍠撰。
誌蓋篆書：唐故河東薛府君及夫人河南源氏墓誌

唐故宣州廣德縣尉河東薛府君及夫人西平源氏合祔舊墓新誌銘并序

前國子監大學博士弘農楊鍠撰

府君姓薛諱弁，河東人也。夫人姓源，西平人也。异長第一，幼無怙，少無恃，育於伯父府君潞府左司馬諱咸悌。令質淑德，華而如顔。及笄歸薛，而合二姓，禮也。結褵和鳴，如賓相敬。有子五人、女一人。男曰直方，次曰茂方，次曰允方，次曰公範，次曰公則，宗支以异，夫人鞠之，養均如一。聞學詩義，則之而深。母儀慈仁，婦道貞懿。孀獨之節，感於宗親。上天降禍，以元和十年三月十六日遇疾終於河南縣脩善里之私第，春秋五十二。以元和十一年八月二十七日啓府君先兆，葬夫人合祔，禮也。哀哀五子，滅身無贖，何以爲禮，必求仁人，從宜稱家，式叶喪紀。府君氏族名宦，已陳舊誌。夫人楊出，我之女弟也。昔歸於西平源君諱密，官至汝州梁縣令。吾維私也，夫人即吾生也。誌而言之，不改周公之制，豈云非古之道？嗚呼哀哉！銘曰：

卜人筮曰，府君叶吉。疇年既葬，甫窆玄室。夫人後終，故穴攸同。舊木新棺，前後其中。一女五子，痛無怙恃。求文以誌，號告於此。大葬從宜，式遵喪紀。終天極地，孝無終始。原田之美，松柏茂矣。

唐故清河崔夫人墓誌銘并序
夫朝議郎行尚書吏部員外郎盧士玫撰
余之亡夫人崔氏其先貫於清河世爲鼎族肇自虞夏迄于隨唐世有
仁賢其禮樂官婚標暎圖史搢紳之徒知士大夫之氏族者以其首出
庶姓辯其宗系端如貫珠資爲談端皆心藏一譜矣故不備書曾祖行
温皇朝秘書監祖参 皇朝大理評事父包前壽州安豐縣令皆符
冕道德彌履仁義山東之閥唯余之家與安豐實鼎諸姓安豐又余之
族舅也其夫人又余之族姊也潘楊舊好秦晉良疋其來尚矣故夫人
以貞元十一年冬来歸于我姻不失親也其明年余筮仕爲東宮掾蒙
蜀師故太尉韋公辟爲從事自楚之蜀提挈萬里以金石固其意瑟琴
交其心其相敬也如鳳凰和鳴頡頏雲路未始終夕涉於反目之譏則
夫人之柔德婉容貞量懿範求諸中表其徒實稀鳴呼天奪良偶神昧
與善以元和十一年歲次景申五月廿五日寢疾終于昇平里之私第
鳴呼余非皷盆之達觀者仰視遺掛得無慟乎以其七月十八日發旐
啓路翩其東指卜用九月癸亥朔十日壬申於洛陽之萬安山南祔
先塋禮也有子四人長子曰式方前涇原支度巡官試左司禦率府兵
曹參軍嗣子曰夔訥次子曰從範幼子曰從矩自訥至矩非童則孩於
余目前傷慟何極有女一人適 今相國河東裴公之男曰詡鳴呼男
女號慕僕使揮涕洎外姻内姻孤者孀者来館於我而依夫人卒皆瞻
其縗帷無不流慟非仁德周物孰能使其感之如此之深乎稽夫誌其
事而銘其地虞陵谷之變也得不爲之誌焉姑務實録豈敢假手於人
乎哉余泣石而銘之故其詞也質而已矣其銘曰
思夫人歸于我時夭桃一枝春景鏤艷光風纚姿今也往矣永無見期
思夫人理家之政本於清净或順其心或革其性由身及物靡不率正
思夫人睦親藹然如春親親来依不患家之貧患字之不均均以字人
人懷其仁墳於何處萬安之下將歸尔靈永閟吾土松聲曉愴月色宵
苦從茲一訣邈矣終古

二五五六　唐故清河崔夫人（盧士玫妻）墓誌銘

元和十一年（八一六）九月十日葬。
誌文二十七行，滿行二十七字。正書。誌長、寬均五十七厘米。
盧士玫撰。
誌蓋篆書：唐吏部員外郎盧公故夫人崔氏墓誌銘

唐故清河崔夫人墓誌銘并序

夫朝議郎行尚書吏部員外郎盧士玫撰

余之亡夫人崔氏，其先貫於清河，世爲鼎族。肇自虞夏，迄於隋唐，世有仁賢。其禮樂官婚，標映圖史。搢紳之徒，知士大夫之氏族者，以其首出庶姓，辨其宗系，端如貫珠，資爲談端，皆心藏一譜矣，故不備書。曾祖行温，　皇朝秘書監。祖参，　皇朝大理評事。父包，前壽州安豐縣令。皆冠冕道德，簪履仁義。山東之閥，唯余之家與安豐，實覇諸姓。安豐又余之族舅也，其夫人又余之族姊也。潘楊舊好，秦晋良匹，其來尚矣。故夫人以貞元十一年冬來歸於我，姻不失親也。其明年，余筮仕爲東宫掾，蒙蜀帥故太尉韋公[一]辟爲從事。自楚之蜀，提挈萬里，以金石固其意，瑟琴友其心。其相敬也，如鳳凰和鳴，頡頏雲路，未始終夕，涉於反目之譏。則夫人之柔德婉容，貞量懿範，求諸中表，其徒實稀。嗚呼！天奪良偶，神昧與善，以元和十一年歲次景申五月廿五日寢疾終於昇平里之私第。嗚呼！余非鼓盆之達觀者，仰視遺挂，得無慟乎？以其七月十八日丹旐啓路，翩其東指，卜用九月癸亥朔十日壬申於洛陽之萬安山南祔　先塋，禮也。有子四人：長子曰式方，前涇原支度巡官、試左司禦率府兵曹參軍。嗣子曰處訥，次子曰從範，幼子曰從矩。自訥至矩，非童則孩，於余目前，傷慟何極！有女一人，適　今相國河東裴公[二]之男曰諗。嗚呼！男女號慕，僕使揮涕。洎外姻内姻、孤者嫠者來館於我而依夫人，率皆瞻其繐帷，無不流慟。非仁德周物，孰能使其感之如此之深乎？稽夫誌其事而銘其地，虞陵谷之變也，得不爲之誌焉？姑務實録，豈敢假手於人乎哉？余泣石而銘之，故其詞也質而已矣。其銘曰：

思夫人歸於我時，夭桃一枝，春景鏤艷，光風繡姿，今也往矣，永無見期。思夫人理家之政，本於清净，或順其心，或革其性，由身及物，靡不率正。思夫人睦親，藹然如春，親親來依，不患家之貧，患字之不均，均以字人，人懷其仁。墳於何處，萬安之下，將歸爾靈，永閟吾土。松聲曉愴，月色宵苦，從玆一訣，邈矣終古。

［一］太尉韋公即韋臯。

［二］相國河東裴公即裴度。裴諗之名不見於《舊唐書》卷一二〇《裴度傳》，然見《新唐書》卷七一上《宰相世系表一上》，另見《東觀奏記》卷下及尚書省郎官石柱題名。

二五七　大唐故開府石府君（磨咄）墓誌銘

元和十二年（八一七）四月二十日葬。

誌文二十七行，滿行字數不等。正書。誌長四十七厘米，寬四十六厘米。

王峴撰。

大唐故開府石府君墓誌銘并序

宣義郎前行安州安陸縣主簿王峴撰

雲中石府君諱磨咄，昔漢西戎質子，部伍都帥勒之裔胄也。其間因北狄憑淩，屢侵邊境，輸忠衛國，封賞勛庸，代守枌榆，遂爲范陽人也。曾恒裕，皇朝左衛中郎、麗州都督。祖希昂，皇朝銀青光禄大夫、上柱國兼朔方節度副使。父奉超，皇朝游擊將軍兼試殿中監。并弓劍榮勛，珪璋襲寵。英聲宇宙，勁節風霜。出玉塞而卿月高懸，入寰衛而將星委耀。垂俗流慶，發祥於兹。公代襲弓裘，長於沙漠。比者方隅多事，攻戰有聞。因授雲麾將軍、守左金吾衛大將軍員外置同正員、上柱國。頃以四郊習武，中原小疵。公韜略洞庭，忠貞奉國。是以官昇武位，職著轅門。改授輔國大將軍員外置同正員、試太常卿、上柱國、神烏縣開國男、食邑二千户。公英幹不群，孤標獨立。摧鋒破敵，斬將搴旗。位已崇高，難分茅土。遂 恩渥所及，必大功成。轉授開府儀同三司、檢校太子賓客、武威郡王兼大理卿，公出身百戰，繼迹四朝。明命所臨，仍兼重職河陽節度副兵馬使、檢校太子詹事。所以歷職班崇，望重戎伍。門羅貔豹鴻漸之資。奈何神其假靈，天不俾壽。時享年八十有一，歲以元和十一年十二月廿四日終於河陽軍之私第。　故夫人清河張氏，柔明表德，貞順居心。令淑在詩，節操過禮。春秋五十有四，以貞元九年正月廿七日終於河陽軍之私第。逾月殯於河陽縣北十里崗之原，禮也。　故夫人太原王氏，柔德克茂，高行肅著。片玉無瑕，清風尚舉。時行年五十，以元和元年三月十五日終於河陽軍之私第，逾月殯於河陽縣北十里崗之原，禮也。今歲以元和十二年四月廿日俱合祔葬於是所。長子光俊，嚴恭色養，純孝於家。武藝之稱，中年玉折。次子忠烈，一心奉國，深入凶狂。勇不顧生，身没王事。第三子重倩，家傳武略，弓劍不墜於神蹤；泣血苦前，白鳩爲之降翊。　夫人太原王氏，禮承襲明，節以志固。哀毁崩絶，孰不改容，皇天若何，不吊及此。將恐還塋之日，墳樹殘蕪。刻石邀文，以紀盛德。其詞曰：

襲弓劍兮難可儔，斬妖孽兮志未收。何命塞兮遽川流，對孤月兮依荒丘。其一。隱金湯兮若凝神，安枕席兮籌虜塵。思百中兮未千鈞，雖衛霍兮非爲鄰。其二。氣雄逸兮事疆埸，秉義勇兮静邊方。積功勛兮耀金章，促遠步兮誰不傷。其三。矜驍勇兮聲彌雄，鋭沙漠兮懾虜戎。能剋敵兮爲輸忠，名不朽兮身無終。其四。

二五八　大唐故朝議郎行河中府户曹參軍樂安蔣府☐（銛）銘

元和十二年（八一七）九月十六日葬。

誌文二十二行，滿行二十二字。正書。誌長、寬均三十七厘米。

李牧撰。

大唐故朝議郎行河中府户曹參軍樂安蔣府〼銘并序

通直郎行同州馮翊縣尉李牧譔

元和十二年歲次丁酉六月廿五日，府君没河中府〼寺之精舍，享年六十三。君諱銛，字[一]。其先周公之穆胤□於蔣，以國受氏，《春秋》詳焉。曾祖繪，鄭州司兵，以明經進。大父挺，延州都督，以秀才擢。烈考深，河南府伊陽縣令，以文行出。府君即伊陽之嗣子也。繼體得本，金玉饒精，氣融而剛，心直而平。少習儒，補弘文館明經。歷官八任，始左清道率府參軍，次安邑縣丞，次澄城縣丞，次涇陽縣丞。兩任同掾，一宰夏陽。八官此銜，理必自根，性無花葉。聲問雖遠，品秩且下。管公明有才，位不能大；長沙傅無壽，人爲之悲。君娶隴西李氏，齊眉有年，叶和如一。有子四人：曰珙、曰瑾、曰琱、曰琢，俱受多訓，年未成人。奉禮酷形，哀毁沉己。一女殊小，兩男方孩。悲號感人，天曷無目。夫人撫孤哭魂，以令其子：『汝父既没，吾躬亦枯，及吾眼明，葬汝亡考。』息哭視室，室無寸金，求人貨裳，令子東去。以九月十六日葬於偃師縣玄武山亳原伊陽府君之墓側。嗣子珙爲愚曰：『我母，君姑，願誌先人。』重鼎鎮脛，倏然無骨。聊紀日月，敢不祗承。語松柏林，慚多未就。没而誌石，愚亦不讓。詞曰：

崇崇之崗，化爲埃塵。滔滔之川，忽成乾津。梁木無根，青龍死身。一日不見，終古無鄰。封金閉原，骨寒思貧。雲物雖老，安知其春。悠悠蒼穹，罔尋至真。悲慟而止，莫知其陳。

[一] 此處空一格未刻字。

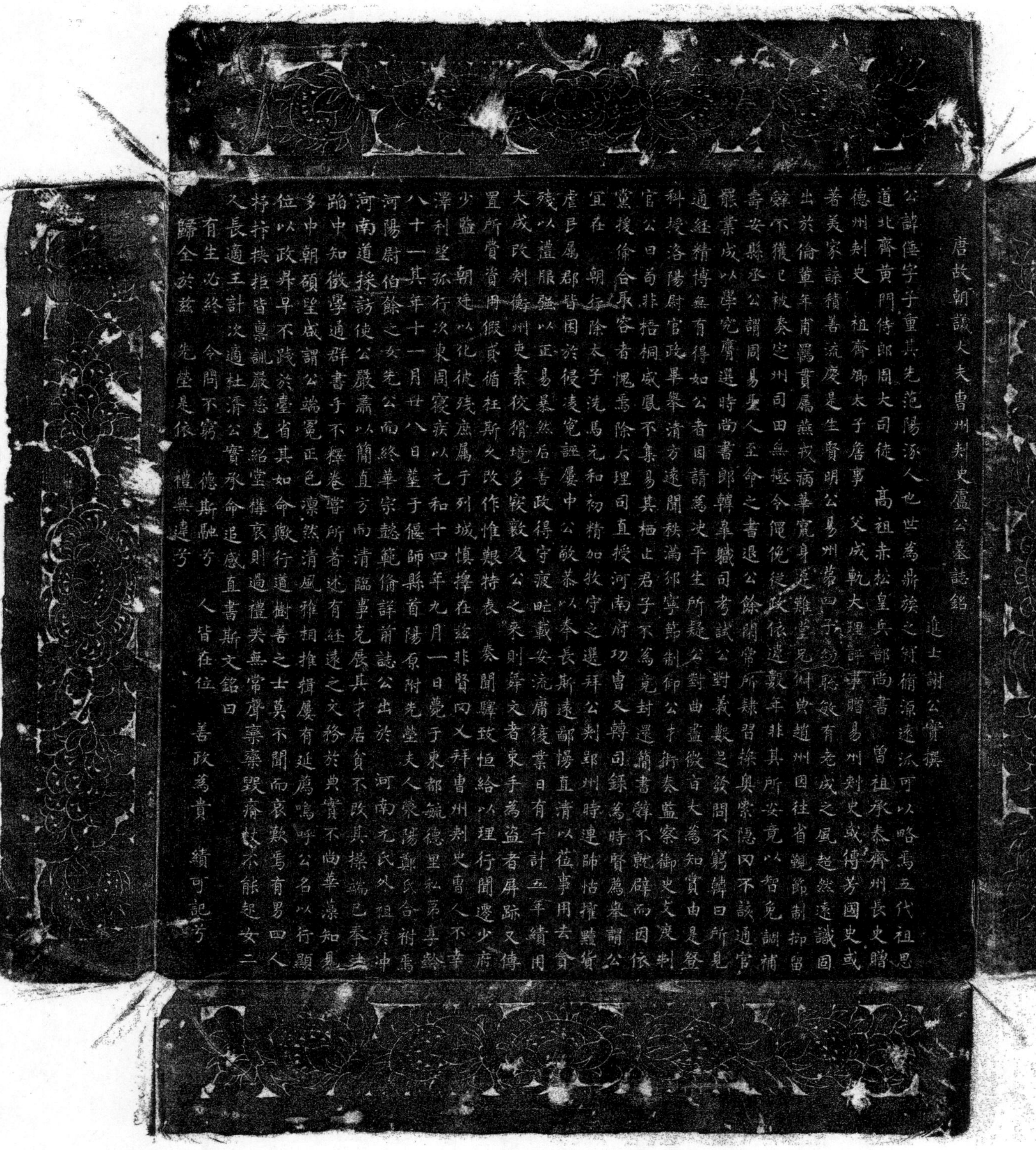

二五九　唐故朝議大夫曹州刺史盧公（倕）墓誌銘

元和十四年（八一九）十一月二十八日葬。

誌文三十一行，滿行三十一字。正書。誌長、寬均六十厘米。謝公實撰。

誌蓋正書：唐故曹州刺史盧府君墓誌銘

唐故朝議大夫曹州刺史盧公墓誌銘

進士謝公實撰

公諱倕，字子重，其先范陽涿人也，世爲鼎族之冠，脩源遠派，可以略焉。五代祖思道，北齊黄門侍郎，周大司徒。　高祖赤松，皇兵部尚書。　曾祖承泰，齊州長史，贈德州刺史。　祖齊卿，太子詹事。　父成軌，大理評事，贈易州刺史。或傳芳國史，或著美家諜，積善流慶，是生賢明。公易州第四子。幼聰敏，有老成之風，超然遠識，固出於倫輩。年甫羈貫，屬燕戎病華，竄身違難。堂兄俶典趙州，因往省覲，節制抑留。辭不獲已，被奏定州司田、無極令。僶俛從政，依違數年，非其所安，竟以智免。調補壽安縣丞。公謂《周易》聖人至命之書，退公餘閑，常所肄習。探奥索隱，罔不該通。官罷業成，以學究膺選。時尚書郎韓臯，職司考試，公對義數足，發問不窮。韓曰：『所見通經精博，無有得如公者。』因請爲決平生所疑，公對曲盡微旨，大爲知賞。由是登科，授洛陽尉，官政畢舉，清方遠聞。秩滿，邠寧節制仰公才術，奏監察御史、支度判官。公曰：『苟非梧桐，威鳳不集，易其栖止，君子不爲。』竟封還簡書，辭不就辟，而因依黨援偷合取容者愧焉。除大理司直，授河南府功曹，又轉司録。爲時賢薦舉，謂公宜在　朝行，除太子洗馬。元和初，精加牧守之選，拜公刺郢州。時連帥[一]怙權，黷貨虐民。屬郡皆困於侵凌，冤誣屢中。公敬恭以奉長，斯遠鄙慢；直清以莅事，用去貪殘。以禮服强，以正易暴，然後善政得守，疲甿載安，流庸復業，日有千計。五年績用大成，改刺衡州。吏素狡猾，境多寇攘。及公之來，則舞文者束手，爲盗者屏迹。又傳置所費，資用假貸，循枉斯久，改作惟艱，特表　奏聞，驛致恒給。以理行聞，遷少府少監。　朝廷以化彼殘庶，屬於列城，慎擇在兹，非賢罔乂，拜曹州刺史。曹人不幸，澤利望孤。行次東周寢疾，以元和十四年九月一日薨於東都毓德里私第，享齡八十一。其年十一月廿八日葬於偃師縣首陽原，附先塋。夫人滎陽鄭氏，合祔焉。河陽尉伯餘之女，先公而終，華宗懿範，備詳前誌。公出於　河南元氏，外祖彦冲，河南道採訪使。公嚴肅以簡，直方而清。臨事克展其才，居貧不改其操。端己奉法，蹈中知微。學通群書，手不釋卷。嘗所著述，有經遠之文，務於典實，不尚華藻。知見多中朝碩望，咸謂公端冕正色，凛然清風，雅相推揖，屢有延薦。嗚呼！公名以行顯，位以政昇，早不踐於臺省，其如命歟！行道樹善之士，莫不聞而哀嘆焉。有男四人：抒、抃、挾、拒，皆禀訓嚴慈，克紹堂構。哀則過禮，哭無常聲，欒欒毁瘠，杖不能起。女二人，長適王計，次適杜湑。公實承命追感，直書斯文。銘曰：

有生必終，令問不窮，德斯融兮。人皆在位，善政爲貴，績可記兮。歸全於兹，先塋是依，禮無違兮。

[一] 連帥即于頔，貞元中至元和初爲山南東道節度使，其事參兩《唐書·于頔傳》。

二六〇　劉氏在室第二女墓銘

元和十五年（八二〇）十月一日葬。
誌文二十三行，滿行字數不等。正書。誌長、寬均三十三厘米。
劉璫撰。
誌蓋篆書：劉氏在室第二女墓銘

劉氏在室第二女墓銘并序

兄楚州參軍瑺撰

女姓劉氏，濟陰人。曾祖贈太師諱知晦。祖左僕射、贈司徒諱晏。父吏部郎中諱執經。唐貞元癸酉歲生，生八年，遭家不造，上失　所怙。會兄弟皆在幼稚，未有所知。　慈親憫憐，提攜歸於舊業，鞠養過篤，由是得遂生活。洎成人，性甚仁孝。沉静有守，寬和有識度。汪汪然，不可以女子議也。常感早孤，太夫人恩厚，侍奉左右十五餘年。承接顏色，無一日違忤。時兄弟名卑無禄，家業空虚，甘食軟服，多不時得　供養。女居於閨閫之内，辭色温然。身暖枕席，手調滋味。藏蓄豐美，鬻巧市新。晡寒進退，時節無失。歲月逾久，起敬起孝。故　太夫[人]體氣常和平，志意常歡喜。寠貧日愈，不以爲苦。念兄弟□忘守業，無苟進禄利心。非有　賢妹内助，其能此耶。嗚呼！吾□以爲德充者不可使無應，志高者不可令不適夫。女子出[嫁]以從人爲先，苟所從非其人，則一生失志，抱恨無窮矣。故士有慕我族，來者雖門地位宦偕明白，而所至無古人操，輒辭謝不許其問名。禮而求之益切，終未得其人。嗚呼！吾　先祖父德業，光洽於人。女生自有懿德，而身不逢　家榮。幼抱　荼蓼，至長困窮無所展。年廿八夭殁於家，命哉！命哉！元和十五年十月一日祔　先塋封窆。母兄瑺爲文識之。銘曰：

氣智振振，壽命之純。柔淑娟娟，女德之全。壽不在人，德不在天。我　妹之賢，夭折不年。福既無期，禍固自來。皇天茫茫，復何言哉。邙山南原，洛水北涯。崗阜隱賑，　先塋是依。卜兆昔從，　昭穆今宜。　神靈保安，禮亦無違。嗚咽哀哉！

二六一　唐故揚州高郵縣尉元府君（玄休）墓誌銘

元和十五年（八二〇）十一月六日葬。
誌文二十行，滿行二十字。正書。誌長、寬均三十三厘米。
張磻撰，元途書。

唐故揚州高郵縣尉元府君墓誌銘并序

鄉貢進士張磻撰

唐元和庚子歲秋四十三日，揚州高郵縣尉元君生三十八年卒。　君諱玄休，字霞美。其先河南人。系氏大魏，世挺英茂。　大王父洺州曲周縣令曾，生　王父王屋縣令、贈給事中銛。給事生　皇考府君公瑾，府君大器不屈仕。　君即府君第二子。生十五年，服　皇考府君艱，孝訖喪紀，敬事　諸父。信交朋友，和御家人。　君　叔父右司郎中[一]甚德君。又二十年，俾由門子試莅事於高郵，果有能。以　皇考府君權　厝濟陽之沙溝。在□雖衣食不敢自足。既訖秩，裹所俸將覲　右司公，以承　教次洛。天厄善而落倉卒之禍。訃至，　右司公拊膺而慟曰：『今遺志，吾素志也。』哭泣命長子途奉薦奠車旐，於沙溝　啓護。以　君之柩從。以其年冬四旬又六日歸祔於龍門　先窆。嗚呼！　高郵之孝節全矣。　君未娶，有女子名點點，而　右司公子之。磻承　高郵之懿友，又被　右司公指。泣書墓石。

洛京南，龍門北。高郵君，安魂魄。平生志，没而得。

堂弟鄉貢進士途書

[一] 按《白居易集》卷四三《冷泉亭記序》有右司郎中元藇元和末刺杭州造亭之記載，則此前尚書省右司郎中有元藇，右司公當即此人。另參《唐尚書省右司郎官考》卷一。

二六二　唐太子通事舍人李公（景詢）故夫人鉅鹿魏夫人墓誌銘

長慶二年（八二二）十一月二十六日葬。

誌文二十四行，滿行二十五字。正書。誌長、寬均四十五厘米。袁師服撰。

誌蓋正書：唐故鉅鹿魏夫人誌銘

唐太子通事舍人李公故夫人鉅鹿魏夫人墓誌銘并序

重表兄試太常寺協律郎袁師服撰

李公充延州防禦判官，故室以長慶二年九月十六日疾歿於官舍。 李公以余是 故室 中外姻戚，謂知官氏之所從來，命余誌述之所云。哀子聿等奉其 裳帷，以其年十一月廿六日歸兆於河南府河南縣龍門之北趾，云附先塋，禮也。 夫人 曾祖諱某， 皇朝某官。 烈祖諱某， 皇朝某官。 顯考諱懿文，歷官御史府、尚書郎，訖於邵州牧。 顯妣隴西李氏，天京掾諱愜之女。 夫人即邵州第七女也。 邵州其出北海唐氏， 國朝詞宗禮部郎中諱昭明爲其外祖，有文卅卷，秘於延閣。 皇朝尚書左丞京兆韋公諱濟，爲其 外外祖。蟬聯公族，冠冒士林。 邵州有深至之行，敏達之識，大約根於孝慈，睦於血屬。故子生而才，女出而賢。其令嗣中庸進士登第，少及時彥。 夫人年十有七，歸於 舍人。舍人名景詢， 玄宗朝左相兼兵部尚書諱適之之孫， 皇朝許州長社縣令諱鼎之第二子。又 夫人季舅今户部員外郎立則三從弟。釋去在旁之禮，懷來偕老之歡。生子四人，多於男者三焉。長纔丱服，餘皆在抱。顒顒相過，見者傷惻。若以人事準平，則賢令之姿合隮壽考，閨黨之裕宜享榮耀，而二理相戾， 復何言哉！况得之於 舍人曰：『某之室，性質自天，生而知禮。幼而仁孝，六親謂之賢女；出嫁明淑，八族推之令婦。未終數夕前，幼孺之間，家私之故，無不處其當者。及以伉儷之辭請之，則曰：「女子安能斷丈夫事。」言畢數夕而歿。』悲夫！姑以爲賁育之勇，聞之尚可揮涕，則舍人之情何忍耶！銘曰：

婉彼夫人，綽有令名。作配君子，宜永扶成。何淑問之空在，而夭促之云并。邈靈脩以難告，閟良玉於泉扃。

唐故京兆府華原縣丞盧府君墓誌銘并序
堂弟前朗州龍陽縣令授撰
公六代祖思道北齊黄門侍郎周大司徒曾大父齊卿
皇太子詹事大父成軌皇大理評事父倕皇曹州刺史
皆德馨洋溢倫載史諜公即曹州之子諱抒字子封幼
而端挺不資華薄樊於學而力若不足貞元初以伯父
治統邦憲
帝有事於南郊爲大禮使之貳卒事無敗　詔賜一
子官由官而嗣司憲釋褐授鄭州滎陽尉絜廉自勵越
直不可尉滿調授右武衛倉曹參軍暨曹州徽懸之際
衬不釋帶不解燋勞傷神不知其晚昏卒丁艱祟毁留
生示不敢不至不敢過也既外除家室多事選補華原
丞從事始旬沉痾暴發以長慶三年四月廿一日終於
官舍享年五十有三娶鉅鹿魏氏有子三人長日次復
次日譓幼日徇郎一女年未及笄自華原護喪歸于
東洛哀號天地行路傷心其年七月廿一日襄事於偃
師縣土婁村之北部原從　先塋禮也噫長天蒼蒼厚
地茫茫何神不畀善而享年不長天爵不光痛毒我腸
藏石紀氏亦虞變陵谷銘曰
北部隆隆兮悲風秋歸然一墳兮泉路幽千古萬古兮
同已矣太夜不曉兮人事休慘松檟兮已列天長地久
兮復悠悠

二六三　唐故京兆府華原縣丞盧府君（抒）墓誌銘

長慶三年（八二三）七月二十一日葬。

誌文二十二行，滿行二十一字。正書。誌長、寬均三十九點五厘米。盧授撰。

唐故京兆府華原縣丞盧府君墓誌銘并序

堂弟前朗州龍陽縣令授撰

公六代祖思道，北齊黄門侍郎、周大司徒。曾大父齊卿，皇太子詹事。大父成軌，皇大理評事。父倕，皇曹州刺史。皆德馨洋溢，備載史諜。公即曹州元子，諱抒，字子封。幼而端挺，不資華薄，幾於學而力若不足。貞元初，以伯父佋統邦憲，　帝有事於　南郊，爲大禮使之貳，卒事無敗，詔賜一子官。由官而嗣司憲，釋褐授鄭州滎陽尉，潔廉自勵，慤直不回。尉滿調授右武衛倉曹參軍。暨曹州徹懸之際，冠不釋，帶不解，燋勞傷神，不知其曉昏。卒丁艱，柴毁留性，示不敢不至，不敢過也。既外除，家室多事，選補華原丞。莅事始旬，沉痼暴發，以長慶三年四月廿一日終於官舍，享年五十有三。嫂鉅鹿魏氏，有子三人：長曰次復，次曰譚，幼曰珣郎。一女，年未及笄。自華原　護喪歸於東洛，哀號天地，行路傷心。其年七月廿一日襄事於偃師縣土婁村之北邙原，從　先塋，禮也。噫！長天蒼蒼，厚地茫茫。何神不卑善，而享年不長。天爵不光，痛毒我腸。藏石紀氏，亦虞變陵谷。銘曰：

　北邙隆隆兮悲風秋，巋然一墳兮泉路幽。千古萬古兮同已矣，大夜不曉兮人事休。慘松櫝兮已列，天長地久兮復悠悠。

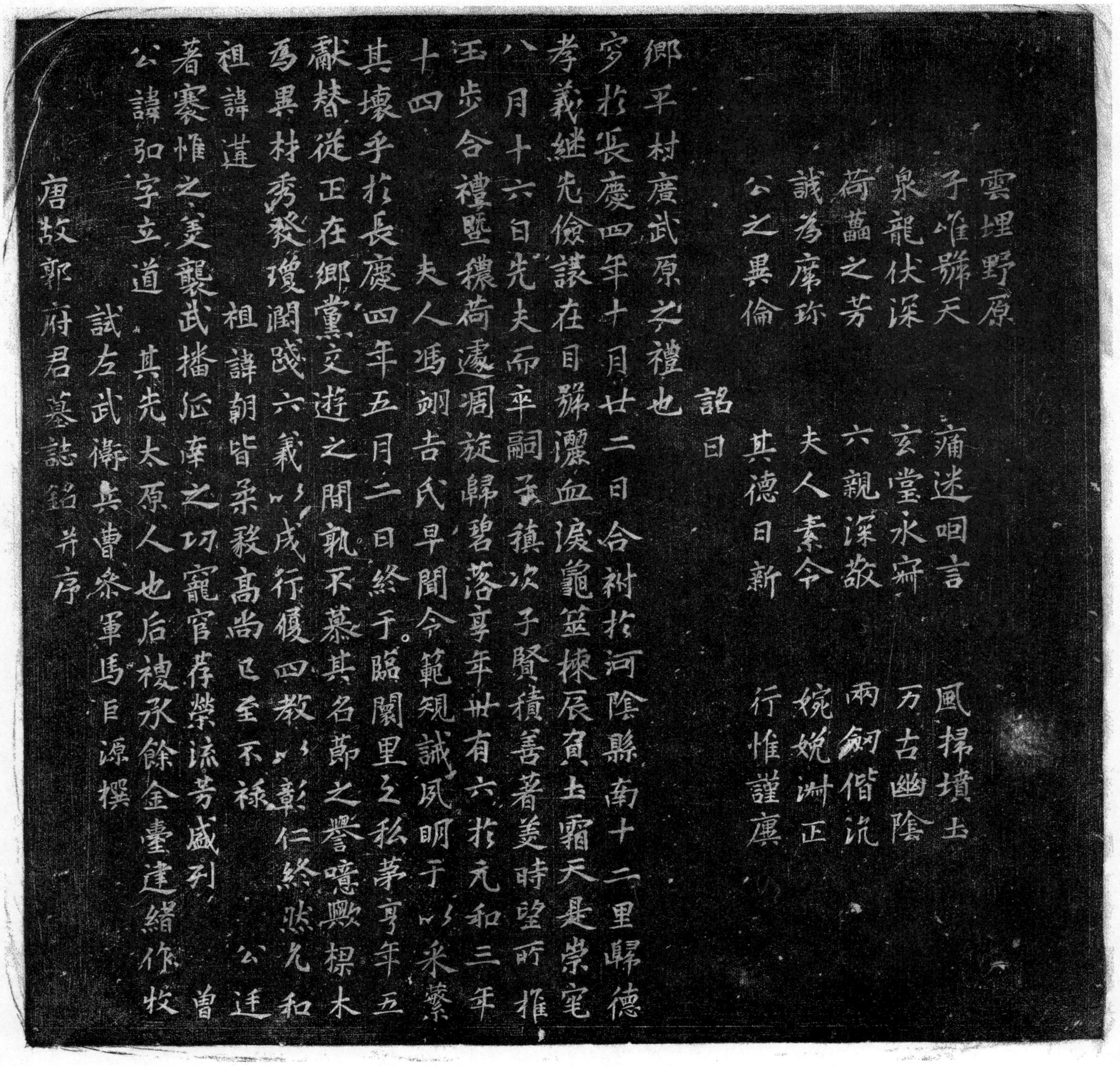

二六四　唐故郭府君（弘）墓誌銘

長慶四年（八二四）十月二十二日葬。

誌文二十一行，滿行二十三字。誌文左行。正書。誌長四十六點五厘米，寬四十六厘米。

馬巨源撰。

唐故郭府君墓誌銘并序

試左武衛兵曹參軍馬巨源撰

公諱弘，字立道，其先太原人也。后稷承餘，金臺建緒。作牧著褰帷之美，襲武播征南之功。寵宦荐榮，流芳盛列。曾祖諱遘，祖諱朝，皆柔毅高尚，已至不禄。公廷爲异材，秀發瓊潤，踐六義以成行，履四教以彰仁。終然允和，獻替從正。在鄉黨交遊之間，孰不慕其名節之譽？噫歟！樑木其壞乎。於長慶四年五月二日終於臨闤里之私第，享年五十四。夫人馮翊吉氏，早聞令範，規誡夙明，于以采蘩，玉步合禮。暨穠荷遽凋，旋歸碧落。享年卅有六，於元和三年八月十六日先夫而卒。嗣子稹，次子賢，積善著美，時望所推，孝義繼先，儉讓在目。號灑血泪，龜筮揀辰，負土霜天，是崇窀穸。於長慶四年十月廿二日合祔於河陰縣南十二里歸德鄉平村廣武原之禮也。銘曰：

公之异倫，其德日新。行惟謹廉，誠爲席珍。夫人素令，婉娩淑正。荷菡之芳，六親深敬。兩劍偕沉，泉龍伏深。玄堂永寂，萬古幽陰。子唯號天，痛迷咽言。風掃墳土，雲埋野原。

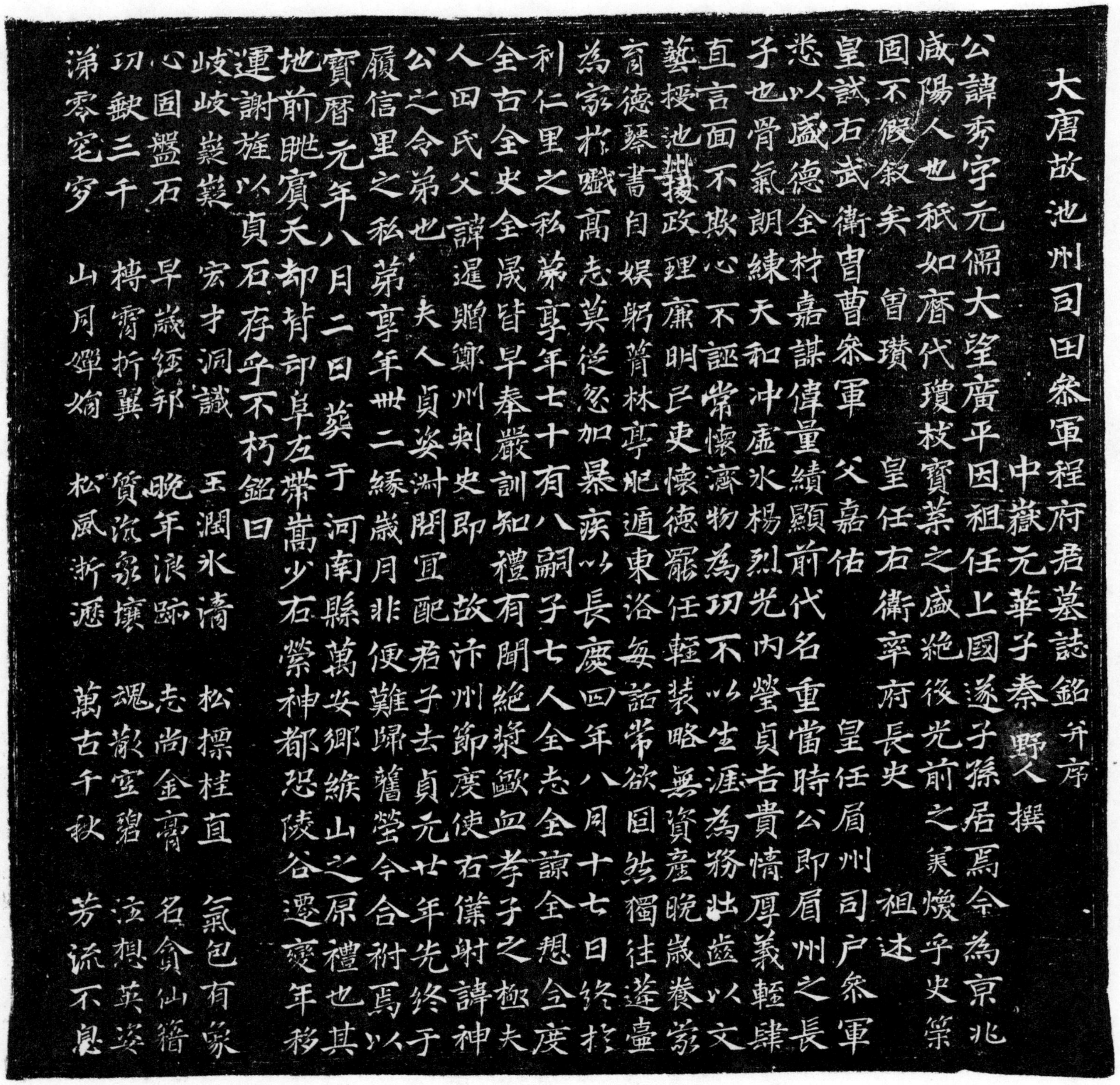
大唐故池州司田參軍程府君墓誌銘并序
中嶽元華子秦野人撰
公諱秀字元儒大望廣平因祖任上國遂子孫居焉今為京兆
咸陽人也祇如曆代瓚杖寶紫之盛絕後光前之美懷乎史策
固不假叙矣曾 皇任右衛率府長史 祖述
皇試右武衛曹曹參軍 父嘉佑 皇任眉州司戶參軍
悉以盛德全材嘉謀偉量績顯前代名重當時公即眉州之長
子也骨氣朗練天和沖虛氷楊烈光內瑩貞吉貴情厚義輕肆
直言面不欺心不誣常懷濟物為功不以生涯為務壯歲以文
藝擢池州攝政理廉明戶吏懷德罷任輕裝略無資產晚歲養蒙
育德琴書自娛躬膺林亭肥遁東洛每話常欲回然獨往蓬壺
為家於巘高志莫從忽加暴疾以長慶四年八月十七日終於
利仁里之私第享年七十有八嗣子七人全志全諒全想全度
全古全史全晟皆早奉嚴訓知禮有聞絕漿歐血孝子之極夫
人田氏父諱暹贈鄭州刺史即故汴州節度使右僕射諱神
公之令弟也 夫人貞姿淑問宜配君子去貞元廿年先終于
履信里之私第享年卌二緣歲月非便難歸舊塋今合祔焉以
寶曆元年八月二日葬于河南縣萬安鄉緱山之原禮也其
地前眺賓天却背邙阜左帶嵩少右縈神都恐陵谷遷變年移
運謝旌以貞石存乎不朽銘曰
岐岐嶷嶷 宏才洞識 玉潤氷清 松摽桂直 氣包有象
心固盤石 早歲經邦 晚年退跡 志尚金膏 名貪仙籍
功缺三千 椅霄折翼 質流泉壤 魂散空碧 泣想英姿
涕零窀穸 山月彈焇 松風嘶遞 萬古千秋 芳流不息

二六五 大唐故池州司田參軍程府君（秀）墓誌銘

寶曆元年（八二五）八月二日葬。

誌文二十四行，滿行二十四字。正書。誌長、寬均四十六厘米。元華撰。

誌蓋篆書：大唐故程府君墓誌銘

大唐故池州司田參軍程府君墓誌銘并序

中嶽元華子秦野人撰

公諱秀，字元儒，大望廣平。因祖任上國，遂子孫居焉，今爲京兆咸陽人也。秖如曆代，瓊枝寶葉之盛，絶後光前之美，焕乎史策，固不假叙矣。曾瓚， 皇任右衛率府長史。祖述， 皇試右武衛胄曹參軍，父嘉佑， 皇任眉州司户參軍。悉以盛德全材，嘉謀偉量，績顯前代，名重當時。公即眉州之長子也。骨氣朗練，天和冲虚。冰揚烈光，内瑩貞吉。貴情厚義，輕肆直言，面不欺，心不誣。常懷濟物爲功，不以生涯爲務。壯齒以文藝授池州掾。政理廉明，民吏懷德。罷任輕裝，略無資産。晚歲養蒙育德，琴書自娱。躬葺林亭，肥遁東洛。每話常欲囧然獨往，蓬壺爲家。於戲！高志莫從，忽加暴疾。以長慶四年八月十七日終於利仁里之私第，享年七十有八。嗣子七人：全志、全諒、全愬、全度、全古、全史、全晟。皆早奉嚴訓，知禮有聞。絶漿嘔血，孝子之極。夫人田氏。父諱暹，贈鄭州刺史。即 故汴州節度使、右僕射諱神公[一]之令弟也。 夫人貞姿淑問，宜配君子。去貞元廿年先終於履信里之私第，享年卌二。緣歲月非便，難歸舊塋。今合祔焉。以寶曆元年八月二日葬於河南縣萬安鄉緱山之原，禮也。其地前眺賓天，却背邙阜。左帶嵩少，右縈神都。恐陵谷遷變，年移運謝。旌以貞石，存乎不朽。銘曰：

岐岐嶷嶷，宏才洞識。玉潤冰清，松標桂直。氣包有象，心固磐石。早歲經邦，晚年浪迹。志尚金膏，名貪仙籍。功缺三千，搏霄折翼。質沉泉壤，魂散空碧。注想英姿，涕零窀穸。山月嬋娟，松風淅瀝。萬古千秋，芳流不息。

[一] 神公即田神功，誌文訛誤。

二六六　唐故淮南節度衙前散將試廬州合肥縣丞上護軍南陽韓武陵墓記

寶曆元年（八二五）八月八日葬。

誌文十三行，滿行十六字。正書。誌長、寬均三十厘米。

韓元度撰。

唐故淮南節度衙前散將試廬州合肥縣丞上護軍南陽韓武陵墓記

唐長慶三年，武陵自本道奉使上都，行次浚郊，忽染時疾。屬公程迫促，不敢停留。扶病西行，將息不暇。既乏醫藥，又無親信。家僮以四月廿日到東都，終於旅舍，享年廿九。其月廿三日權窆洛城東北原。以今年八月八日遷厝於伊闕縣神䕃鄉薛村之北原，祔　大塋，禮也。嗚呼！人皆有死，汝死最苦。從事生不在家，因使終於他室。行路之人尚嗟汝，况吾闔家悲慟耶？

寶曆元年八月八日父武寧軍節度左衙兵馬使兼押衙檢校太子賓客兼監察御史元度記

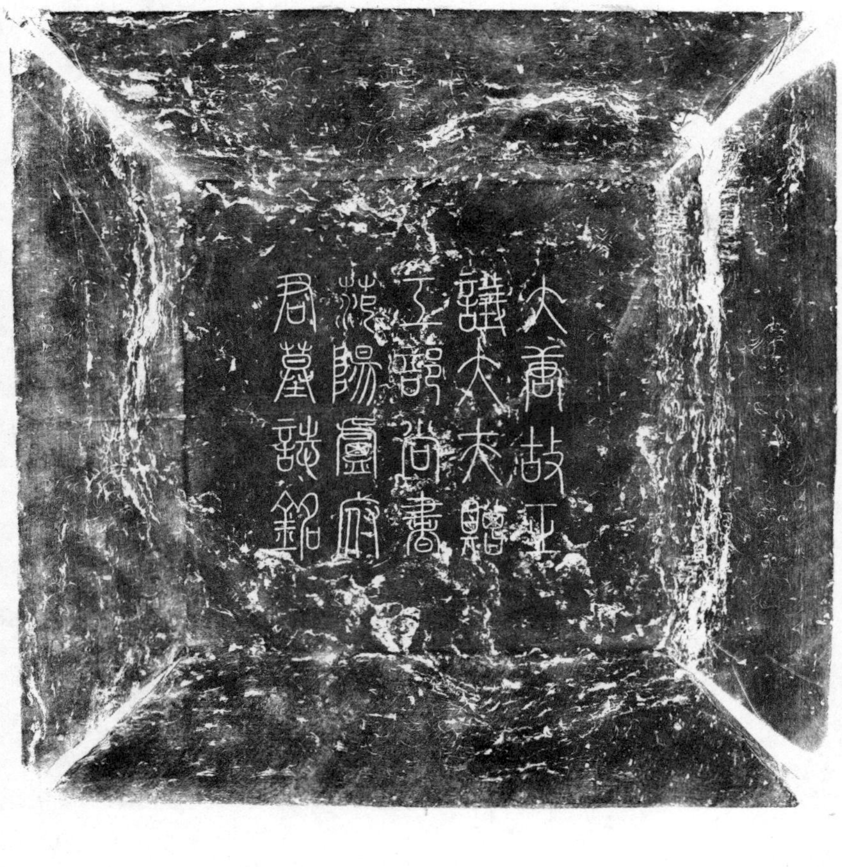

二六七　唐故正議大夫守太子賓客上柱國賜紫金魚袋贈工部尚書范陽盧府君（士玫）墓誌銘

寶曆元年（八二五）十一月十五日葬。

誌文三十九行，滿行四十二字。正書。誌長、寬均七十七厘米。

鄭涵撰，盧遵方書。

誌蓋篆書：大唐故正議大夫贈工部尚書范陽盧府君墓誌銘

唐故正議大夫守太子賓客上柱國賜紫金魚袋贈工部尚書范陽盧府君墓誌銘并序

表任朝議大夫守中書舍人上柱國滎陽鄭涵撰

太公佐武王伐殷，去獨夫，蘇天下之民。開闢已來，輔相之賢，其功爲大。姬有八方，實封於齊，冑胤紛綸，派別寖遠。襄桓之際，因而命氏，晋魏而還，賢杰熾昌。

公諱士玫，字子珣，范陽人也。曾祖諱正言，左監門衛將軍，贈兗州都督。　大父諱朓，深州司馬。　烈考諱瀜，檢校尚書祠部郎中，贈太子少保。材度文業，孝友德善，儲祉鍾美，而生　府君。易簡莊明，内健外順，行必弘道，居無流心。貞元初，擢進士科。其後以博學宏詞考試超等，名薦公府。命屈選中，歸養洛師。一年而丁太夫人憂，柴毁過禮。殷奠未徹，復鍾　少保府君之艱。泣血三年，如始執喪者，君子難之。逮衣裳既除，遂韜匿聲耀，味道自放，以爲軒冕外物，曷足汩吾靈龜。不得已，方從調補左司禦率府倉曹參軍。既滿秩，蜀帥太尉皋熟　公才行，表授左金吾衛兵曹參軍，以節度推官從事，轉大理評事兼監察御史。府之疑務，目無全牛；明誠盡言，形於事任。太尉公之薨落，介吏劉闢劫兵作逆，乘險自固。　公挺然獨立，屢抗直詞，猜憚頗深，幾爲傷害。　天討有罪，闢就誅夷。　詔以井絡之奥，授上將高崇文，高以　公履道居方，顯然有節，願留於府。　公意不處，逡巡辭讓，請監支郡。會相國武公[一]推轂守藩，雅聞其名，表授殿中侍御史，改觀察支使。温密直清，咨謀多適，又薦授侍御史。凡兩知蜀川事，聲績茂著，溢於聞聽。由是徵拜起居舍人，執筆記言，必先規諷。歷司勛、吏部員外郎，疇勛庸，覈流品，時論多之。而遷正郎，恪居官業，考課尤异。洎孽臣授首，齊魯砥屬，俾佐户貳卿楊公於陵撫其殘人。僉以　公歷服職官，皆振宏躅，况兹東土，風俗未和。擇於畯良，第宜爲倅，皇華之選，推重一時。錫以腰章，使於新國。迴奏稱　旨，拜京兆少尹。　憲宗弃天下，　園陵肇建，神州之任，尤難其人。咸謂　公宜，遂加知府，召對褒美，　面賜金組。及　穆宗嗣統，有事　上帝，禮資嚴備，務劇百司，無以易　公，真拜京兆尹。肅清浩穰，慴息豪貴。西漢稱趙張三王爲良内史，不是過也。　朝庭姑務撫安四海，全用德刑，封豕長蛇，未齒鋌刃。而范陽帥劉總願畫疆土，分授節旄，纍表上陳，請　公在選。因可其奏，拜右散騎常侍兼御史中丞，充瀛莫等州觀察處置等使。至則克杖皇威，訓其逆順，提整師律，釐改章程。小人之腹□迴，大道之和就飲。　廷論稱美，拜左散騎常侍兼御史大夫，加瀛莫節度使，公未之知也。俄而幽鎮偕亂，凶黨結連。遂能潛索事機，默與心計，連表乞師而未報，孤堞召寇而已危。感動偏裨，精移象緯，長紛挐而不因己力，視傾覆而徒忿人謀，乃喟然曰：『以義立名，則生不如死；以功雪耻，則詘以求伸。』遂因賊帥之請而適范陽。　詔迴途中，拜太子賓客，分司東都。明年，　天子念河朔之艱，傳瑞號略，而美疹暴感，求醫　帝京。　公内揣筋力，切於休退，懇誠上達，　優詔曲遂。重拜太子賓客，分司東都。未追四皓之遊，遽有兩楹之夢。以寶曆元祀七月廿二日捐館於河南府河南縣龍門鄉之别業，享年六十四。居守以聞，　皇上罷朝，公卿廢事，親友相吊，齋咨涕洟。贈工部尚書，示　恩禮也。　夫人清河崔氏，大理評事參之孫，安豐令包之女。姬嬴合德，琴瑟有儀。代播芳塵，時高鼎族。蘋蘩雖耀，松檟已行。而　公粹其文以發身，深於學以從政。端己慎獨，夙炳令聞，筮仕揚名，推爲時杰。宜乎會合休運，參綜化權，奮兹器實，膺厥柄用。昊天不吊，殲我哲人。有子四人：長曰式方，朝散郎、行太原府太原縣主簿。嗣曰弘方，前鄉貢明經。次曰遵方，文林郎、守亳州參軍。幼曰友方，左千牛備身。慤實信順，漸積訓義，咨禮襄事，捧龜而號。以其年十一月十五日窆於河南府河南縣萬安山之南，秉周禮，蓋祔也。以涵學於春秋，知代系之序；參於懿密，敦話言之契。書德泉壤，謂無愧詞。其銘曰：

尚書之生，含和挺英。襲德承家，孝友光明。伊昔弱冠，儒素是敦。觀藝春闈，作賓蜀門。鵬摶扶摇，河出崑崙。奮翼周行，騰芳清密。中臺右史，握蘭載筆。雅勵貞規，光揚茂實。星文正天，輶軒騁馹。便殿召問，敷奏不一。　帝曰使乎，誠爲間出。式當尹正，倚爲匡弼。南山有臺，北鎮推賢。廉平按節，鏘金珥蟬。逆竪欺天，提兵亂燕。窮城窘若，撻鼓填然。觥飯壺餐，聞於古人。恬安迫辱，姑息紛綸。謂吾不信，惇史匪磷。　詔還途中，職當調護。分務剖符，東周虢土。老氏知止，疏廣請歸。都門羡慕，别墅光輝。奔烏不駐，零露俄晞。勒銘貞珉，永永音徽。

男文林郎守亳州參軍遵方書

[一] 相國武公即武元衡。

二六八　唐故左威衛兵曹參軍韋公（元膺）墓誌銘

大和二年（八二八）四月二十九日葬。

誌文二十四行，滿行二十四字。正書。誌長、寬均六十八厘米。

裴援撰，薛涵書，王鈢鐫。

誌蓋正書：唐故京兆韋府君合祔墓誌銘

唐故左威衛兵曹參軍韋公墓誌銘并叙

宣德郎前行左龍武軍胄曹參軍裴援撰

京兆　韋公，諱元膺，字[一]。世爲關右冠族。其先七世　祖父封龍門公。自龍門公後，碩德貴位，纘系不絶。四世至　曾祖父，由萬年令爲太原少尹，　諱伯陽，贈秘書監。　大王父以都官郎中，爲嶺南軍司馬，諱迢，贈同州刺史。　王考萬年尉，諱周卿，初貶尉温之横陽，後移官池州爲司馬以卒。　公，　司馬之嗣子，固已鍾其家之仁義之祥。服佩經訓，所履必踐儀法。貞元末，參左威衛軍兵曹事。元和元年，年卌七以八月一日殁於常州，遂權墓其郭。　夫人河東薛氏女，其　大父同，湖州長史，贈刑部尚書。　父戎以御史中丞觀察浙東，贈左散騎常侍。　夫人有恭孝柔惠之德，祗事　先舅，羞黍稷，助祭祀，未始違禮。不幸嫁二年而　舅與其夫相繼皆殞。洎　夫人　先常侍自湖刺常，且以其婿未返葬。因爲　夫人買室屋、立田業。至於今大和元年三月二十二日竟於此以疾終。問其年，二百有四十甲子矣。嗚呼！　公志業未施於用，而天不假之壽。哀哉！有子曰安節，行甚謹飭，護　二喪以明年四月廿九日葬於洛陽　王父墓側。安節哭且言曰：『古有銘，請辭於石，庶乎　先父母之景耀不泯。』銘曰：

郁郁龍門，繼有顯人，慶隆鬱兮。温温君子，鍾是碩美，懿文質兮。宜其淑貞，族茂行榮，來予匹兮。執笄贊棘，克婦厥道，契琴瑟兮。曷不熾昌，二祀而孀，哀詎畢兮。山趨其澤，光走其隙，嗟又殁兮。猴年馬月，龜食筮説，辰叶吉兮。附嵩瀕維，神此是托，安壽室兮。

緣祔塋無地，今改卜於郾師縣亳邑鄉土樓南管，合祔權厝。候　大塋移改，即更遷祔[二]。

河東薛涵書

瑯琊王銶鎸

[一] 此處空二格未刻字。

[二] 此行爲小字，刻於正文末尾。

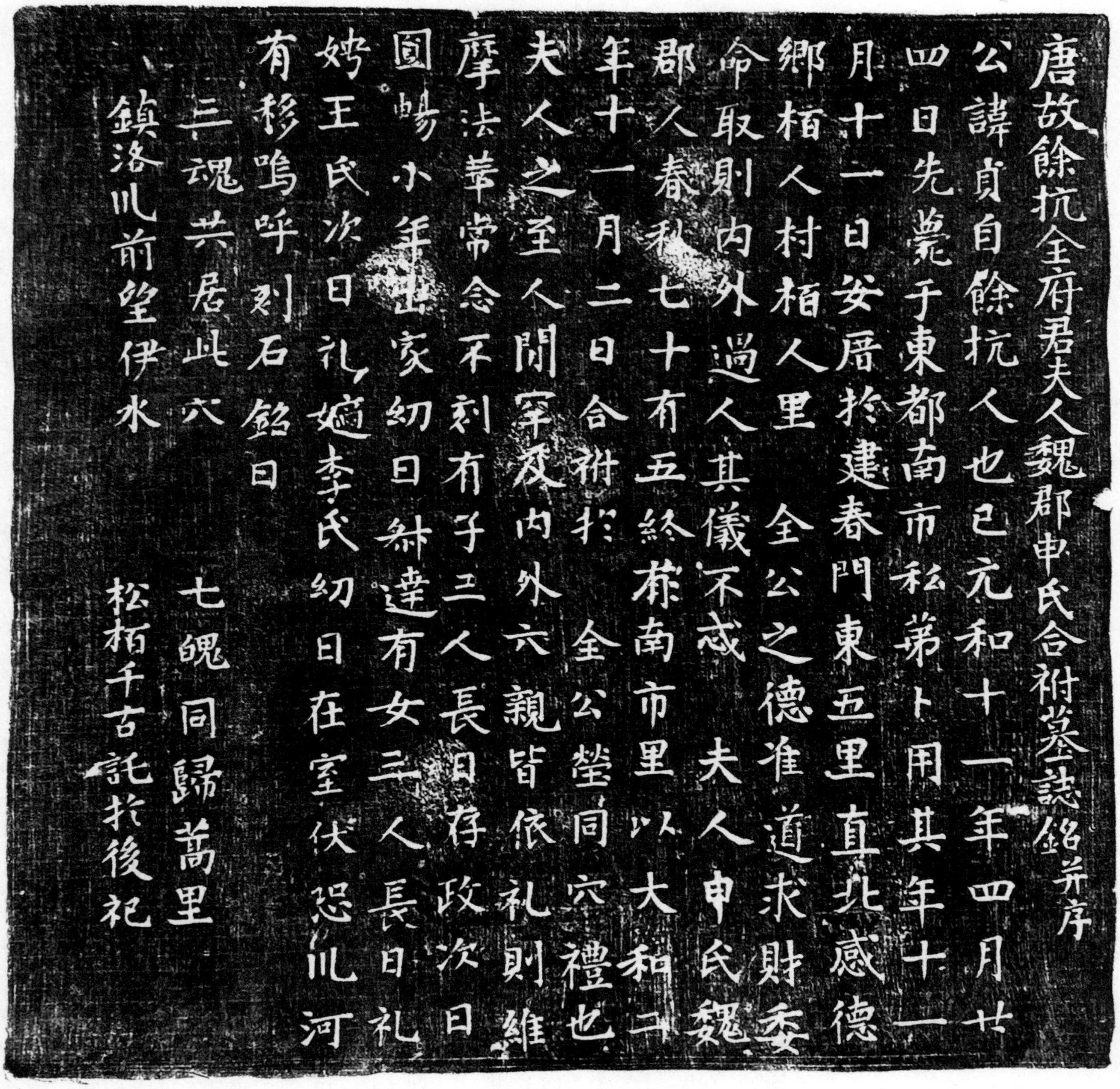

唐故餘杭全府君夫人魏郡申氏合祔墓誌銘并序
公諱貞自餘杭人也已元和十一年四月廿
四日先薨于東都南市私第卜用其年十一
月十一日安厝於建春門東五里直北感德
鄉栢人村栢人里　全公之德准道求財委
命取則內外過人其儀不忒　夫人申氏魏
郡人春秋七十有五終於南市里以大和二
年十一月二日合祔於　全公塋同穴禮也
夫人之至人間罕及內外六親皆依礼則維
摩法華常念不剎有子三人長日存政次日
圓暢小年出家幼日紩達有女三人長日礼
娉王氏次日礼嫡李氏幼日在室伏恐川河
有移嗚呼刻石銘曰
三魂共居此穴　七魄同歸萬里
鎮洛川前望伊水　松栢千古託於後祀

二六九　唐故餘杭全府君（貞自）夫人魏郡申氏合祔墓誌銘

大和二年（八二八）十一月二日葬。
誌文十五行，滿行十七字。正書。誌長、寬均三十四點五厘米。

唐故餘杭全府君夫人魏郡申氏合祔墓誌銘并序

公諱貞自，餘杭人也，已元和十一年四月廿四日先薨於東都南市私第，卜用其年十一月十一日安厝於建春門東五里直北感德鄉柏人村柏人里。全公之德，准道求財，委命取則，内外過人，其儀不忒。夫人申氏，魏郡人，春秋七十有五，終於南市里，以大和二年十一月二日合祔於全公塋同穴，禮也。夫人之至，人間罕及。内外六親，皆依禮則。維摩法華，常念不刻。有子三人：長曰存政，次曰圓暢，小年出家。幼曰叔達。有女三人：長曰，禮娉王氏。次曰，禮嫡李氏。幼曰，在室。伏恐川河有移，嗚呼刻石銘曰：

三魂共居此穴，七魄同歸蒿里，鎮洛川前望伊水，松柏千古托於後祀。

二七〇　先府君皇侍御史内供奉贈尚書刑部侍郎李公（徵）墓誌銘

大和二年（八二八）十一月十四日葬。

誌文三十三行，滿行字數不等。正書。誌長、寬均五十九厘米。李顧行撰。

誌蓋正書：唐故侍御史贈刑部侍郎李府君墓誌銘

先府君　皇侍御史内供奉贈尚書刑部侍郎　李公墓誌銘并序

嗣子朝議郎行尚書金部員外郎充弘文館直學士上騎都尉顧行謹撰

府君諱徵，字〔一〕，隴西成紀人。　太祖景皇帝之七葉孫。　高祖淮安靖王諱神通。雲雷屯以勞，佐經綸之業；天地泰以功，受錫土之封。　曾祖孝鋭，　皇朝散大夫、鹽州刺史。施之利澤，布以和風。　祖諱琇，皇益州大都督府長史、劍南道防禦處置使、宗正卿，業就舞像之年，政成既冠之日。　考諱曄，年十八，舉進士登第，歷官至刑部侍郎、宗正卿，贈工部尚書。植操以仁，傳家以儉。清風穆於當代，善政留爲故事。　府君即尚書元子也。體中庸之德，含元精之和。志學夙成，早通文史。年十四，值羯胡亂華，　皇祖自弘農郡太守　扈從南奔。　府君親執羈勒，手足瘃瘃。是行著《南征賦》，文成數千言。初以　皇蔭補太常寺奉禮郎，後丁祖憂，自灃上奪喪，徒跣至南陽。見星而行，量米而食，有少連之善□，□獻子之加等。免喪後數年，調授河南府參軍。　府主嚴公郢深所咨异，每畿内有滯獄□贓，必籍　府君平反督責，哀矜以聽，務自無冤，貧富蓋均，人實有賴。是以龍泉去匣，在割能知；驥騄出群，騁途方識。建中初，換司農寺主簿。當署有上林良田數十頃，時居守兼河陽三城使路尚書嗣恭屢移牒欲隸有之。　府君堅執，報曰：『閫外之事，誠取制於將軍；上林之田，須奉召於　天子。』剛亦不吐，政實有經。在邦必聞，聲動群聽。秩滿之後，閑居纍年。澹然卷懷，在困無悶。藏器不屑，家人忘貧。屬宗司推擇，制授河南府功曹參軍。舉由三語，官首六聯。墜典必甄，舊章咸舉。貞元中，桂管觀察使王公拱辟　府君爲從事，除殿中侍御史、都防禦判官。　府君知軒冕之儻來，念匏瓠之有繫。逌爾而往，視險若夷。故得禄奉散於宗親，仁惠孚於夷落。十五年，以　違裕辭免，至衡陽大漸。以其年六月　弃背於私第，顧行等崩心團訴，泣血無容。時屬世故未寧，奉帷裳權厝於江陵竹林寺東阜。以今年八月啓先君殯歸洛陽，十一月十四日與　先夫人贈扶風郡太君京兆韋氏合祔於偃師縣之土婁，禮也！

夫人　皇太原少尹、北都副留守諱伯陽之孫，都官郎中迢之女。柔嘉婉順，中饋聿修。壼則禮儀，外姻咸仰。勤勞蘋藻，閑習詩書。聖善早傾，　顧復何恃。嗣子金部員外郎弘文館直學士顧行，次子　皇監察御史顧言，次子　皇金州漢陰縣令顧章，次浙西都團練推官、試太常寺協律郎顧玄，次河陽縣主簿祥，次皇左春坊内局丞紳，次虢州盧氏縣主簿顧乂，次鄉貢進士顧方，次鄉貢明經顧道，咸夙奉庭闈之訓，以至成立之年。痛風樹之不留，　感寒泉而永　慕。慮日月代謝，陵谷或移。遂略書梗概，銜涕論撰，其詳則紀於別傳。銘曰：

謂天聰明，　府君有才而不達。謂神正直，　府君有德而不壽。天之報施何如哉？即降鑒下人福謙禍盈，其勸誡耶？嗚呼！

唐大和二年十一月十四日

〔一〕此處空二格未刻字。

二七一　唐故河陽軍衙前將試殿中監上柱國劉府君（榮）墓誌銘

大和三年（八二九）十月二十六日葬。

誌文二十三行，滿行字數不等。正書。誌高三十六點五厘米，寬三十六厘米。

唐故河陽軍衙前將試殿中監上柱國劉府君墓誌銘并序

公諱㘣，字國遷，彭城沛人也。其先𧀼子𡆵㘣，厥生劉累，□甚好龍，爲御龍氏。入夏稱豕韋，佐周曰唐杜，仕晋食□，遠秦爲劉。不數百囸而漢氏興焉。子王孫侯，百有餘國。劉氏之族，由兹大焉。典册備詳，此言貴略。祖業，汾州司馬。父廣濟，河陽都虞候兼右厢兵馬使、開府儀同三司、試太常卿。公材爲□基，智作謀主。口不道非法，足不履險途。利義并行，安危等沮。□□之□壤，慕三俊之雄才。投筆於去病軍，署職於亞夫營。内始以父世子□□衙前將，復以軍蔭叙，再轉爲殿中監。守職不回，將貞廉而輔德；居家彌潔，每勤儉以脩身。禀稍是司，出納惟允。榷沽攸莅，叔察逾明。晏平仲之善交，唯加敬侍；吴季子之存信，不默平生。莫逆之心，善惡俱納；無違之義，忠孝雙全。以己利之人，失未爲失；以漁漁我，□知若不知。郡國一其仁，道路千其口。所謂天管上德，壽載中身。如何禄未三遷，恩非八命。大和元年三月九日終於河陽第，年七十。夫人弘農楊氏，閨門淑令族良妻。藝既先人，身能後己。結□姻之歡愛，脩五服之威儀。命世不諧，壽運俄促。以二年十月十八日終於家□，以三年十月廿六日合葬於偃師香谷南原，祔大塋，禮也。□□左金吾衛兵曹參軍，禀義方之教，是象賢明；標仁□□□，名動□□。則子欲養而不待，屺岵何依？泪既盡而血來，哀號靡及。□□□，地轉暗，換封□。故刻石紀能，用誌松隧。乃爲銘曰：

天傳圞精，唐堯克生。降階吐萱，卅其莖。天地既平，日月□□，爰有胤子，□之與京。兩漢之際，廿四帝，英英來裔，王侯繼世。至於公侯音不替，赳赳武夫，是究是圖。三城佐職，再命不渝。倉禀有□，津□□□。□連不□，高名奄謝。風猷永存，劍履長掛。松檟蕭疏，千秋□□。

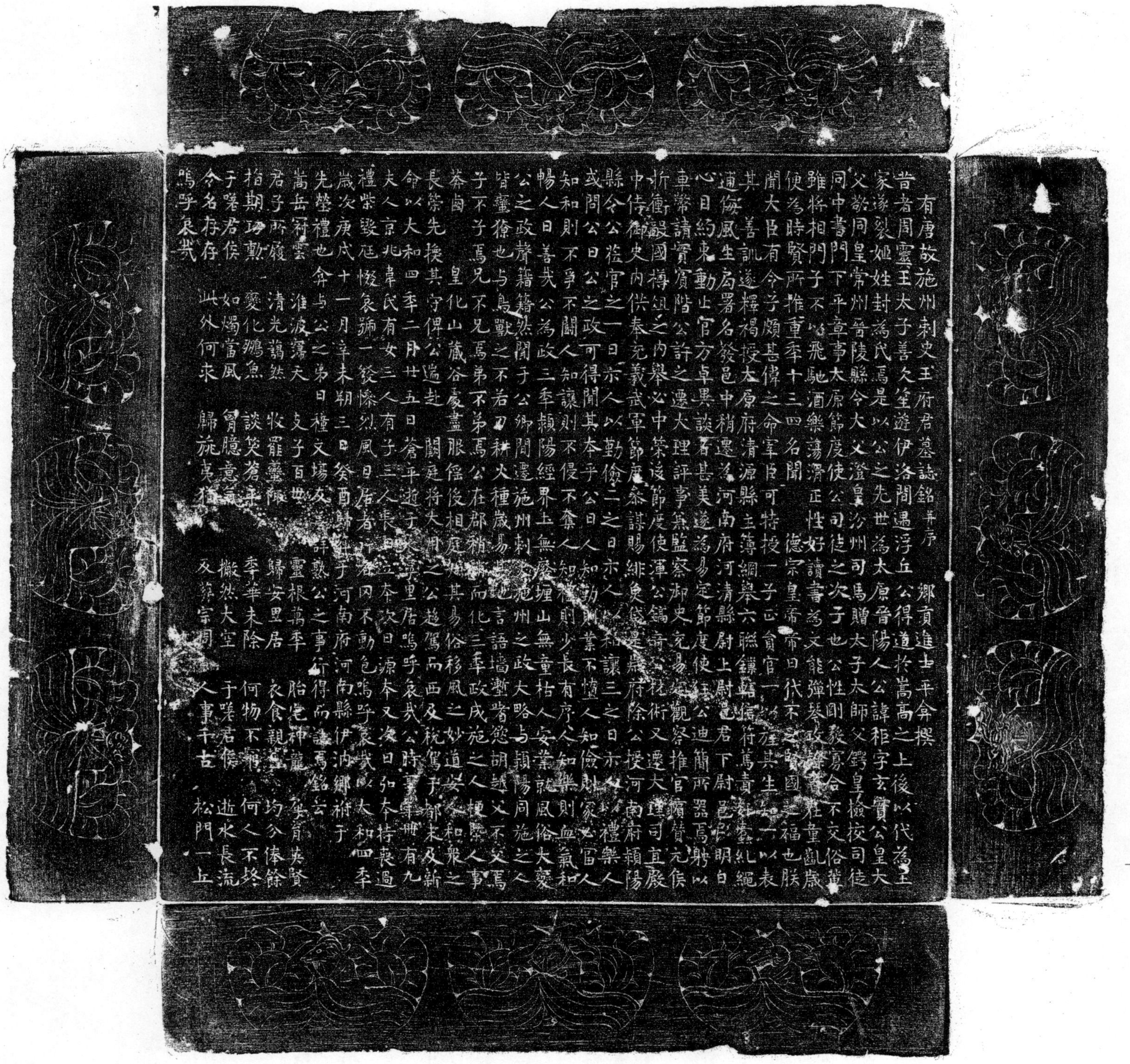

二七二　有唐故施州刺史王府君（秬）墓誌銘

大和四年（八三〇）十一月三日葬。

誌文三十四行，滿行三十字。正書。誌長五十五點五厘米，寬五十三厘米。

平弁撰。

誌蓋篆書：唐故施州刺史王府君墓誌銘

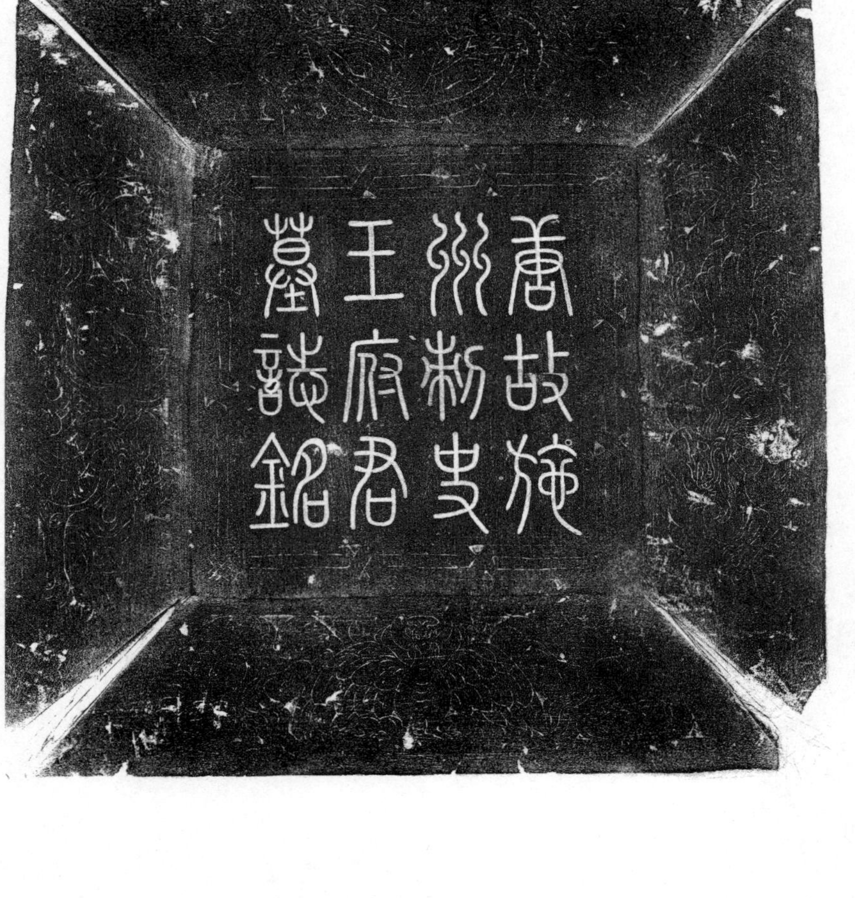

有唐故施州刺史王府君墓誌銘并序

鄉貢進士平弇撰

昔者周靈王太子善吹笙，遊伊洛間，遇浮丘公，得道於嵩高之上。後以代爲王家，遂裂姬姓，封爲氏焉。是以公之先世，爲太原晋陽人。公諱秬，字玄實。公皇大父敬同，皇常州晋陵縣令。大父澄，皇汾州司馬，贈太子太師。父鍔，皇檢校司徒、同中書門下平章事、太原節度使。公司徒之次子也。公性剛毅寡合，不交俗輩。雖將相門子，不以飛馳酒樂蕩滑正性。好讀書爲文，能彈琴攻隸書。在童齔歲，便爲時賢所推重。年十三四，名聞　德宗皇帝。帝曰：『代不乏賢，國之福也。朕聞大臣有令子，頗甚偉之。命宰臣可特授一子正員官，一以旌其生知，一以表其　善訓。』遂釋褐授太原府清源縣主簿。綱舉六聯，鎖轄信符。篤責奸蠹，糾繩逋侮。風生局署，名發邑中。稍遷爲河南府河清縣尉。上尉邑君，下尉邑民。明白心目，約束動止。官方卓异，談者甚美。遂爲易定節度使任公迪簡所器焉。聘以車幣，請實賓階。公許之，遷大理評事兼監察御史，充易定觀察推官。擯贊元侯，折衝敵國。樽俎之内，舉必中策。後節度使渾公鎬奇公材術，又遷大理司直、殿中侍御史内供奉，充義武軍節度參謀，賜緋魚袋。是歲府除，公授河南府潁陽縣令。公莅官之一日，示人以勤儉；二之日，示人以和讓；三之日，示人以禮樂。人或問公曰：『公之政，可得聞其本乎？』公曰：『人知勤則業不墮，人知儉則家必富，人知和則不争不鬥，人知讓則不侵不奪，人知禮則少長有序，人知樂則血氣和暢。』人曰：『善哉！』公爲政三年，潁陽經界，土無廢廛，山無童枯。人安業就，風俗大變。公之政聲，籍籍然聞於公卿間，遷施州刺史。施州之政大略與潁陽同。施之人皆蠻獠也，與鳥獸之不若。刀耕火種，歲易囲地。言語墻塹，嗜欲胡越。父不父焉，子不子焉，兄不兄焉，弟不弟焉。公在郡稍稍而化，三年政成。施之人梗概人事，莽鹵　皇化。山藏谷處，盡服徭役。相庭知其易俗移風之妙道，安人和衆之長策。先换其守，俾公遄赴　闕庭，將大用之。公趨駕而西，及税駕於都。未及新命，以大和四年二月廿五日蒼卒逝於永寧里居。嗚呼哀哉！公時享年卌有九。夫人京兆韋氏，有女三人。有子三人：長曰立本，次曰源本，又次曰弘本。持喪過禮，柴毁尫惙。哀號一發，慘烈風日。居者行者，罔不動色。嗚呼哀哉！以大和四年歲次庚戌十一月辛未朔三日癸酉歸葬於河南府河南縣伊汭鄉祔於　先塋，禮也。弇與公之弟曰穜，文場友善。詳熟公之事行，得而誌焉。銘云：

嵩岳冠雲，淮波寖天。支子百世，靈根萬年。胎宅神龍，孕育英賢。君子所履，清光藹然。牧罷蠻陬，歸安里居。衣食親舊，均分俸餘。指期功勛，變化鵬魚。談笑蒼卒，年華未除。何物不窮，何人不終。於嗟君侯，如燭當風。胸臆意氣，撇然大空。於嗟君侯，逝水長流。令名存存，此外何求。歸旐夷猶，反葬宗周。人事千古，松門一丘。嗚呼哀哉！

二七三　唐故銀青光祿大夫吏部尚書致仕萬泉縣開國□□□□□□□□□□□河東裴公（向）墓誌銘

大和四年（八三〇）十一月二十日葬。

誌文三十九行，滿行四十二字。正書。誌長、寬均七十八厘米。路羣撰，崔黯書。

誌蓋篆書：唐吏部尚書贈太子少傅河東裴公墓銘

唐故銀青光祿大夫吏部尚書致仕萬泉縣開國□□□□□□□□□□□河東裴公墓誌銘

故吏守諫議大夫充翰林學士□□□□金魚袋路羣撰

子婿鳳翔節度推官試弘文館校書崔黯書

大和四年九月廿五日吏部尚書致仕裴公薨於西京新昌里第，享年八十。　天子念其才，悼其殁，輟視朝一日，贈太子少傅，舉哀典而旌善人也。公諱向，字儫仁，河東聞喜人也。漢魏已降，軒冕榮於時，人物著其族。曄以大將軍顯才用之迹，楷以中書令擅清通之名。代生哲人，門表積善。曾祖玄武丞、贈中書舍人義弘，生給事中、贈司空惓。惓生丞相遵慶。丞相志業深厚，機鑒敏達。以大理丞致績，以吏部員外得名。上元中，拜黃門侍郎、平章事，終右僕射，贈太子太傅。事業茂著，宜生賢人。公即丞相第二子。神閑骨清，體正氣秀。行己以一，待人□□。□□以公，奉法以謹。少以學行精敏聞於代，壯以才業優裕振其名，長以仁風利澤稱於時，終以據經行□□□□。爲善不伐，出言有常。春陽之和，冬日之愛，莫不睹儀形而得矣。早以地蔭纍授太子司議，未顯其用。□□□□同州刺史李公紓默識其才，奏授殿中侍御史，賜緋魚袋，充長春宮判官。時李懷光歸守蒲關，反□□□□將將兵完葺同壘。紓則避其鋒，而公承其務。挺身喻理，智力畢勝。止將斬之尉，駐方會之人。而驍將□其迷，即歸於順。一言出口，七縣有依。則談笑却軍，彼何多也。既而授西府户曹，乃展剖析之才。轉櫟陽令，致殊尤之課。自京師收復，里閭稱功臣者比屋而居，逃徭緩賦，邑長無以施其術。公喻以致理根本，導以從善利害。感以誠信，威以纍紲。故不旬朔而弊革，不周月而政成。邑無事焉，人用勸焉。及宰渭南，如櫟陽教。遊刃理道，洋溢　朝聽。風積方起，皋鳴必聞。遷户部員外郎，而邦畿之間，翕然有思齊之志。及人之澤，因廣千里。　德宗方厭兵革，務安藩垣。或缺帥臣，多拔用上介。故副貳之選，當時尤難。况興王故都，控扼雄鎮。嚴北門之扃鐍，靖南牧之烟塵。則以尹正事殷，輟外郎而亞理；旋以留都寄重，仍少尹而副守。榮兼石□，□以金章。竟以節制全師，謀猷是賴。轉授行軍司馬，歷居右職，纍沐殊澤。　上意有屬，中權有歸。會　憲宗御宇，慎擇牧守，乃拜汾州刺史。元和初，陟明勞效，遷守鄭州。時議公久居貳職，士心戴悦。復授太原少尹兼御史中丞，充河東節度副使。奉職未幾，值李愬守平陽歲久，弊政達　聽。詔公代理，承　命人安。又遷虢州刺史，剋己立績，風聲洽聞。入拜京兆少尹，才實顯揚，問望益茂。故興元節度李公絳方居相位。即渭南邑僚，以嘗奉政術，深心器仰。時左輔擇守，　上前舉公能事，且以得人爲賀，遂拜同州刺史充防禦長春宮使。郡有瀕河二邑，以水患地狹，以賦重人逃。積年弊加，吏不能察。公即日條奏，請權蠲貸。然後稽一州税額，均七縣户征。上奉　旨條，闔境用泰。今相國牛公[一]，時以御史按屬邑事。復奏之日，　上迎問裴某之政何如？牛公奏曰：『一歷其境，莫辨其績。據勘裴某守郡五年，出入錢穀之簿，唯差數石菽粟之數。以此即爲清廉之政。』　上大悦，他日言於相臣曰：『廷尉之職，人命是繫，非公清廉平之才不可以付。』乃命爲大理卿，一其忠正之心，無愧高門之旨。又以廉問近俗，委寄難能，遂除陝虢觀察使。受任愈重，理化愈廣。時事東討，馹騎鮮濟。及陝之境，則有乘肥之嘆。　上告宰臣曰：『通王命者，唯裴某也。』觀風察俗，事布人謠。任舊選能，復司廷尉。异時召愛婿中書舍人李肇曰：『年制已侵，今將請老。敢借健筆，寫予深衷。』竟上表堅辭以疾。宰臣知不可奪，且激貪冒。遂崇寵清秩，以許致政。既三年，因微恙未間，告子弟曰：『吾領二邑，典五郡。陪省闥，列賓筵。守卿曹，奉廉問。歷官廿五，結課六十二。階列銀青，門施棨戟。幸獲致政，名崇家卿。門内九十餘人，子孫曾玄之屬，男榮班序，女配賢才。衣冠之族，少吾比也。數及大病，吾何恨焉。』各勉守素風，遂瞑目長往。行道之士，莫不望門而雪涕。夫人范陽盧徹女，賢明輔佐，中外表則。有子七人：曰寰、曰寧、曰騫、曰寅、曰寘、曰邃、曰宬。克類荀陳之家，咸多詩禮之訓。寰以能官致位，任太府少卿。寅以進士出身，試校書郎。餘皆有官，宜繼清德。女四人，并承内子之教，以歸良士之室。兄會，弟奭，皆有時名，先公以没。青烏叶吉，丹旐言歸。以十一月廿日葬於東都河南縣萬安山，從先塋，禮也。嗟乎！生必有終，人之常也。如公在公之美，在家之業，幾何人哉。群筮仕之初，列公賓席。慟歸全之盛德，感置醴之深恩。令嗣銜哀，托誌貞石。銘曰：

唐裴尚書，　帝許懸車。秩冠八座，迹侔二疏。郡邑政教，藩垣謀度。輸寫明誠，滌除人瘼。刊詳刑典，流布利澤。作士觀風，咎繇邵伯。年制是守，古道斯盛。左右之歡，□繩之咏。青門里第，素滻郊居。好日遨遊，往來車輿。和容如春，盛德誰鄰。今則已矣，哭行道人。從先府君，葬伊水側。太傅少傅，垂千萬億。

[一] 相國牛公即牛僧孺。

二七四　唐故樂安郡孫府君（子琳）墓誌銘

大和六年（八三二）正月二十五日葬。
誌文二十二行，滿行二十二字。正書。誌長、寬均二十七厘米。
殷仲宣撰。

唐故樂安郡孫府君墓誌銘并序

外甥儒林郎守左武衛兵曹參軍殷仲宣撰

唐大和六祀星次困敦太簇月三日丁酉府君厭蒙於周壤。府君祖代隴西人也，洎天寶載寄家於鎬。公諱子琳，高卧丘園，弃榮不仕，方曠取適，樂道自怡。歸誠佛乘，邀福天道。大和五年十二月十五日興歌夢奠，疾遘兩楹。以大和六年囸月三日啓手足於河南縣脩善里之私第，享齡六十八。嗚呼！木落歸本，其斯謂歟！夫人康氏，苦節清儉，志不忘勤。蘭桂芬芳，竹柏烟黯。有男三人，有女五人。長女事河陽康君，二女娉圉城劉氏，三女適弘農楊公。嗚呼！苗而不秀，三女已亡。遐始不終，奄歸泉路。四女嫁張氏，五女在室。皆泣血柴毁，追攀松□。長男國誠，仲曰國閏，季曰國寧，皆忠孝清慎，迷謬絶漿。府君季弟諱晏，鴒原欝茂，棣萼光輝。吐納順兄，義囫稱最。弟新婦任氏，侄女滿娘、胡子、小胡及國誠新婦張氏并孫三胡等，□下號泣，悲深九原。以□年正月廿五日窆卜於感德鄉伊川村原，禮也。仲宣謬圂宅相，情深渭陽。在生蒙恩，昊天罔極。猥授嚴命，愧而成文。多慚淺才，詞不稱德。恐田原革易，陵谷攸遷。故刊貞石，遂爲銘曰：

聖代延祥，楚臣垂裔。文武挺生，賢哲相繼。猗歟我公，承家孝悌。有孝有忠，德邁先世。享年不永，奄然長逝。嗣子號天，纏哀泣涕。白日徒臨，黄泉永閉。

二七五　唐故吏部尚書贈少保裴府君（向）夫人范陽郡夫人盧氏墓誌銘

大和六年（八三二）十月二十六日葬。

誌文二十四行，滿行二十四字。正書。誌長、寬均五十二厘米。

盧弘業撰。

誌蓋篆書：唐故范陽盧夫人誌銘

唐故吏部尚書贈少保裴府君夫人范陽郡夫人盧氏墓誌銘并序

猶子鄉貢進士弘業撰

夫人姓盧氏，范陽人也。巴州刺史諱子思之曾孫。亳州城父縣丞諱序之孫。吉州刺史諱徹之女。　夫人年十二來嬪　少保[一]。廟見而　明神享德，佐餕而　舅姑交賀。夫氏之門雖媼御媵侍莫不坐起祗敬，其　長上則可知矣。少保公三刺劇郡，廉問陝郊。禄俸皆給與羈孤，不積餘財。　夫人母其家殆四十年，惸鰥屬累同居者，不啻五六十人。食糲衣麤未曾有歉色，視育之心均也。啓　手足日，縑箱無全帛，聞之者莫不服其清，欽其德。爲婦爲　母之道，雖他人楷模，終日盡其心，不能法則。所謂學而知果，不若生而知也，明矣。大和四年，　少保薨後二年八月八日，　夫人遘疾捐館，享年六十有二。六年十月乙酉廿六日祔於　少保之封。族屬姻戚，皆爲行哭失聲。弘業，猶子也，追感　恩慈，痛深肝肺。

夫人有六男三女。長曰寰，太府少卿。次曰謙，金鄉縣丞。次曰寅，河東節度巡官、試弘文館校書郎。次曰寘，舉進士。次曰邃，四門助校。次曰宬，京兆府昭應縣尉。一女適中書舍人李肇，一女適京兆府美原縣尉楊穀，一女適青州節度推官、試協律郎崔黯。少卿等恨風樹不停，追昊天難報。哭動泉壤，幽陰莫達。以弘業夙飽　令德，俾識其文。握管含酸，謹銘　懿範。銘曰：

賢哉　夫人，母婦法式。爲下以謙，爲上以德。敬養維何，承順顏色。敬饗維何，潔齋酒食。滿目惸鰥，視我如歸。未絶柔脆，服無兼衣。子子孫孫，其樂愉怡。和以煦寒，□以飽飢。室雖屢罄，家人莫知。龍門之前，丹旐翩翩。　我姑輴駕於　少保墳，玉貞蘭莫掩。□有時泐，德終古存。

[一] 少保即裴向，墓誌見本書二七三《唐故銀青光禄大夫吏部尚書致仕萬泉縣開國□□□□□□□□河東裴公（向）墓誌銘》。

二七六　唐故懷州脩武縣尉吳興姚君（韞）墓銘

大和七年（八三三）五月十六日葬。

誌文二十九行，滿行二十九字。正書。誌長、寬均四十六厘米。

姚勗撰。

誌蓋正書：唐故懷州脩武縣尉姚君墓銘

唐故懷州脩武縣尉吴興姚君墓銘并序

從祖父前武寧軍節度判官徵事郎試大理評事勗撰

唐懷州脩武縣尉姚子卒官。生於元和庚寅，歿於大和癸丑，凡廿四歲。惟子仁義孝愛，内發天性，温和敬讓，不自外得。而生止二紀，位終一尉，豈命矣夫。噫！行肖顔子，壽不及者五年，信夭壽貴賤不根於善惡明矣。大和七年三月十五日壬寅至於大病，歿大梁官舍。舉族哀慟，慘惻里巷。惟　慈父痛悼纏綿，莫克禁抑。既逾月，始議歸葬河南府河南縣伊汭鄉萬年里萬安山南，祔　皇妣之兆。蓍龜得日，其從祖父前試大理評事勗爲文，紀其　世勛舊德識於墓，而且銘云：

子諱韞，字待價，開元　中書令、梁國文貞公諱崇五代孫。高王父諱彝，光禄少卿。　曾王父諱闢，河南丞。當天寶燕寇陷洛都，立明勛，歿　王事，贈太常少卿。　王父諱偕，監察御史裹行。　父長孺，今以祠部郎兼侍御史賜緋魚袋，爲宣武軍行軍司馬。　外王父平凉員公諱結，登進士第，嘗正字秘省中。子，　郎中冢子也。幼敏惠，有因心之孝。行止動静，惟仁是守。成童搜六籍，獵百氏子史，校古人行，以酌世之宜。得一善則拳拳服膺而不失之。寡言沉厚，無戲弄，喜怒不變貌。未弱冠而成人之德完備，炯若珪璧，儼若清廟器。學五字詩，往往峭絶，有作者風。子昔生五年，失　所恃。時　郎中佐郡西河，因權窆汾城西。大和二年，　郎中倅戎盟津，子得改列　松檟於萬安，祔　王父母兆。孺慕哀瘁，如始喪然。在　定省下，亦能曲抑至性，不敢過制，真達禮君子。　上詔搜　勛賢後以禄之，子得尉脩武。乞假專他務，獲侍　晨昏，來夷門。又樂以文章取禄仕，方攻書千軸，習賦八韻，大合程度，俟秋以趨宗伯試。曉夕不遊息，神勞力乏，俄遘疾不幸。嗚呼！是年五月十六日壬寅日及坤而堋。未娶無子，哲人不後，以是冤痛不泯。噫！爾讀詩禮，實吾所授。吾於爾，從祖父也，爾奉吾克盡孝敬，若季父然，故吾得視爾猶子也。吾生卌九年，未有息子，縱及中壽，其生幾何。病妻稚女，惟爾是托。今反使吾銘爾之墓，其何冤哉！故吾驚痛憤塞，凋魂喪氣，旻穹遥邈，卒不知其所訴。悲填聲絶，涕泗交臆，秉筆心斷，其忍文爲：

九仞爲山兮，未成一簣，千里既極兮，跂步而躓。纍仁積行兮，冀成大器，公侯之資兮，止於一尉。天絶哲士兮，殄斯清懿，百物春榮兮，吾宗獨瘁。萬安南原兮，祖宗舊地，深閟泉扃兮，幽魂可寐。嘻！咎之來兮，吾不知其奚自。

二七七　唐故贊皇縣君李夫人（趙全亮妻）玄堂誌銘

大和七年（八三三）十月二十四日葬。

誌文二十五行，滿行二十五字。正書。誌長、寬均五十六厘米。

趙全亮撰。

唐故贊皇縣君李夫人玄堂誌銘并序

夫朝請大夫前使持節申州諸軍事守申州刺史上柱國趙全亮撰

夫人姓李氏， 唐高祖、太宗之後。天派長遠，皇族華茂，崇山峻趾， 帝系王孫。 始祖封於鄭。 曾祖察言， 皇朝鴻臚卿。 祖字昌， 皇朝眉州刺史。 父夷節，見任殿中侍御史、劍南東川節度參謀。 夫人即殿中之次女，聰明秀美，自天而受。年十有六，歸於 我家。以誠敬奉 蒸嘗，以孝慈睦姻族。貞順成德，柔謙保和。辭家初歸，夫已結綬登畿矣。後任萬年尉、長安丞、京兆功曹、桂府侍御史、左贊善大夫。皆同其禄，官卑俸薄，甘食貧以自安。及出守申州，家事方泰，因夫命秩， 身受榮封。一至山郡，三易寒暑。心有所欲，舉志無違。如 夫人神清氣深，心平思遠。宜其享大福、臻眉壽。夫行不至，禍鍾於家。以大和七年六月十五日遘疾，先朝露於州之官舍，享年三十三。越其年歲次癸丑十月癸未朔廿四日景午歸葬於河南府緱氏縣景山鄉萬安里之平原，近於 先塋，禮也。寃苦痛哉！自爲琴瑟，十有八年，心合意同，始終一貫。忽辭人代，隻影空留。煢煢鰥夫，泪盡繼血。 夫人有一十二子，命之奇薄，太半彫零，見存唯兩男兩女而已。女阿婁、惠珠，男阿復、盧兒，皆在孩提，未有知識。長纔十二，幼者五齡，呱呱之聲，撫視何忍？沉寃積苦，不如無生。銜哀叙述，以紀泉壤。銘曰：

玉葉金枝兮帝王族，令儀懿行兮閨門睦。年華方盛兮期戬穀，石火驚飆兮何太速。少室陰兮緱山西，佳城鬱兮草萋萋。寒雲愁兮哀思迷，銘旌摇兮白日低。痛毒寃煩兮無以比，本期老病兮身先死。不憚殘年兮隨逝水，忍苦且留兮緣稚子。地有水兮天有星，清泚熒煌兮照有情。有情一慟兮摧心靈，不如相隨兮歸無形。臨窆撫棺兮申永訣，雙眸泪盡兮流寃血。千哀萬恨兮何可言，天長地久兮期同穴。

唐故河南府壽安縣令齊府君墓誌銘并序
堂季弟鄉貢進士孝曾述　孤子洎書。
公諱孝均字睦夫高陽縣人其先炎黃之祚胤也太嶽佐堯始崇呂
侯太公匡周寔表齊國保姓受氏代有勳名　曾祖諱敬餘皇
朝滄州清池縣令贈舒州刺史　大父諱珽皇朝工部郎中贈太子
太保　烈考諱映皇朝中書舍人平章事江西觀察使入贊
皇王方邦作憲出鎮江右八州緝寧明德丕庸昊詳青史　公即
尚書府君第二子也性稟天姿道協前喆弱歲舉孝廉解褐調補
揚府參軍旋授右羽林軍倉曹參軍先是　憲宗皇帝欲以
寺人權總六軍　相國王公縱止未決會　公獻議得正其謀由
是　國典不紊禁兵保寧　公之任也罷秩累月轉京兆
府奉先縣主簿屬　穆宗山陵官當司路長僎通道曾無險虞
優授陝郡硤石令行慎四知化成三異地當京口人不告勞擢拜河南府壽安
令涖職未久延悅遠安豺豪畏威親男是恃嗚呼昊天降戾不鑒善人
名既重而壽不登量雖大而位不至以大和八年二月十四日遇疾終於縣之官舍春
秋五十二明年二月廿七日權窆于縣之北崗從宜也　公之歷位二十餘載淥
身奉上無以家為令之喪事託在親知未即　先塋良有以也夫人高陽許氏
唐故宋州刺史遠之曾孫唐州刺史現之女也居家執禮訓下有方婦德
夙彰母儀可範生子二人曰洎曰渾皆強學力行遠大有期泣血處廬僅
將毀性請誌　言行垂文貞石　孝曾早承
愛知敢揚　休命銘曰
丞相立德　仲兄是則進諫乃忠安人守直六軍歸正三縣懷恩
賢哲皆盡萬古名存孀妻令子血淚銜冤車迎旌引權窆北原

二七八　唐故河南府壽安縣令齊府君（孝均）墓誌銘

大和九年（八三五）二月二十七日葬。

誌文二十三行，滿行字數不等。正書。誌長、寬均四十九厘米。

齊孝曾撰，齊洎書。

誌蓋篆書：大唐故齊府君墓誌銘

唐故河南府壽安縣令齊府君墓誌銘并序

堂季弟鄉貢進士孝曾述

孤子洎書

公諱孝均，字睦夫，高陽縣人。其先炎黃之祚胤也。太嶽佐堯，始崇吕侯；太公匡周，實表齊國。保姓受氏，代有勛名。　曾祖諱敬餘，皇朝滄州清池縣令，贈舒州刺史。　大父諱玘，皇朝工部郎中，贈太子太保。　烈考諱映，皇朝中書舍人、平章事、江西觀察使。入贊　皇王，萬邦作憲；出鎮江右，八州緝寧。明德丕庸，具詳青史。公即尚書府君第二子也。性禀天姿，道協前喆。弱歲舉孝廉，解褐調補揚府參軍。旋授右羽林軍倉曹參軍。先是，憲宗皇帝欲以寺人權總六軍。　相國王公[一]縱止未決。會　公獻議，得正其謀。由是　國典不紊，禁兵保寧，繄　公之任也。罷秩纍月，轉京兆府奉先縣主簿。屬　穆宗山陵官當司路，長衢通道，曾無險虞，優授陝郡硤石令。行慎四知，化成三异。地當京口，人不告勞。擢拜河南府壽安令。莅職未久，近悦遠安。奸豪畏威，親朋是恃。嗚呼！昊天降戾，不鑒善人。名既重而壽不登，量雖大而位不至。以大和八年二月十四日遇疾終於縣之官舍，春秋五十二。明年二月廿七日權窆於縣之北崗，從宜也。　公之歷位二十餘載。澡身奉上，無以家爲。今之喪事，托在親知。未即　先塋，良有以也。夫人高陽許氏，唐故宋州刺史遠之曾孫，唐州刺史現之女也。居家執禮，訓下有方。婦德夙彰，母儀可範。生子二人：曰洎、曰渾。皆强學力行，遠大有期。泣血處蘆，僅將毁性。請誌　言行，垂文貞石。孝曾早承　愛知，敢揚休命。銘曰：

丞相立德，　仲兄是則。進諫乃忠，安人守直。六軍歸正，二縣懷恩。賢哲皆盡，萬古名存。孀妻令子，血泪銜冤。車迎旐引，權葬北原。

[一] 相國王公應爲王涯。

二七九　唐故鹽鐵嶺南院巡官試左千牛衛長史王公（正言）墓誌銘

大和九年（八三五）三月二十八日葬。

誌文二十行，滿行二十字。正書。誌長、寬均五十四厘米。

李寬中撰。

唐故鹽鐵嶺南院巡官試左千牛衛長史王公墓誌銘并序

山南東道觀察支使朝義[一]郎試大理評事李寬中撰

太原王氏世爲著族，冠五姓百氏之首，爲禮樂婚姻之最。群宗慕羡，故稱於積代焉。　公諱正言，太原晉人也。幼勤家訓，長有令問。縻職羈俸，在苒數記。竟以道直自守，名宦不達，歷官纔至試左千牛衛長史而已。哀哉！　大王父諱仙期，進士及第。以才高傲當時，不肯爲羈屑吏，故終身不復仕。王父諱令伯，任曹州宛句令。　父諱臧，爲租庸使判官，位至大理評事。當　天子注意於疲人，均一於農税。故別立使號，率是須稱，凡推擇寮吏者，實難其人。評事當膺拜，是　命分荆州湖湘之地，佐調賦重輕之，故時乂咸謂得選矣。　公即評事之長子。享年六十四，以元和十三年九月十日終於廣州之官舍。以元和十四年二月十四日權窆於永州湘源縣之北原。　公之令子本立泣血茹痛，嘗以不歸葬爲恨。洎服除從調，積禄勤己以俟通歲。粤以大和九年三月廿八日啓兆歸於河南府河清縣河陰鄉平莊村南原，從先塋，禮也。銘曰：

德門清胤兮啓手其終，高原之墳兮祖先其中。令公其歸兮魂寧無從，卒令子之志兮森森囿風。

[一]『義』應爲『議』之訛誤。

唐故河陽軍散兵馬使兼左廂馬步廂虞候張君墓誌銘并序
鄉貢進士宋大圭述
汝南衡招書
君諱勳字頂兒其先清河人也　皇祖俊不仕　皇考
潛潤學蘊武德強明在躬道深公情從事軍旅出入于此也凡
四十年矣終水軍兵馬使兼節度押衙銀青光祿大夫檢校太
子賓客上柱國南陽縣開國伯　皇妣弘農楊氏德行自從
慶閨御黨克循義正流戒後姻君習美棘門性多機便少而入
事光乃衆推於其日用貞勤要當軍利累高職任動顯才
能前後轉受自茲始焉洎三十年矣至散兵馬使兼左廂
馬步廂虞候銀青光祿大夫檢校太子賓客上柱國南陽縣開
國子時年五十二大和九年乙卯歲二月七日寢疾終于河陽
縣懷信里焉夫人天水趙氏哀行貫積彰于內外存無自任
道乃失專君之子二人長曰弘舉次曰弘綬擗叩泣血毀傷
是容以其年四月十日葬卜于河陽城門之西北十五里太
平鄉樹樓村高原禮也既葬之廣平宋大圭述以誌之銘其
辭曰
君之生也不隧于世道　君之殁也不至于壽老　俾乎命柳兮霜摧好草
傷乎器用兮劒折風檣　於軍之切　於莅之事　強而有斷
簡而無二　既循既績　有終有始　化著風規
德深孝理　於運兮何速　悲嘆兮已矣　紹繼乎子孫
卒傷乎從此

二八〇　唐故河陽軍散兵馬使兼左廂馬步廂虞候張君（勳）墓誌銘

大和九年（八三五）四月十日葬。

誌文二十二行，滿行二十四字。正書。誌高五十三厘米，寬五十一厘米。

宋大圭撰，衡招書。

唐故河陽軍散兵馬使兼左廂馬步廂虞候張君墓誌銘并序

鄉貢進士宋大圭述

汝南衡招書

君諱勲，字頂兒，其先清河人也。　皇祖俊不仕。　皇考瀝潤，學藴武德，强明在躬，道深公情，從事軍旅，出入於此也，凡四十年矣，終水軍兵馬使兼節度押衙、銀青光禄大夫、檢校太子賓客、上柱國、南陽縣開國伯。皇妣弘農楊氏，德行自從，慶聞鄉黨，克脩義正，流戒後姻。君習美轅門，性多機便，少而入事，光乃衆推。於其日用貞勤，要當軍利，纍高職任，動顯才能，前後轉受，自兹始焉，洎三十年矣。至散兵馬使兼左廂馬步廂虞候、銀青光禄大夫、檢校太子賓客、上柱國、南陽縣開國子。時年五十二，大和九年乙卯歲二月七日寢疾終於河陽縣懷信里焉。夫人天水趙氏，哀行貫積，彰於內外，存無自任，道乃失專。君之子二人：長曰弘舉，次曰弘綬，號叩泣血，毁傷是容。以其年四月十日葬卜於河陽城門之西北十五里太平鄉樹樓村高原，禮也。既葬之，廣平宋大圭述以誌之銘。其辭曰：

君之生也，不墜於世道；君之殁也，不至於壽老。俾乎命抑兮，霜摧好草；傷乎器用兮，劍折風掃。於軍之功，於莅之事，强而有斷，簡而無二。既脩既績，有終有始，化著風規，德深才理。於運兮何速，悲嘆兮已矣，紹繼乎子孫，卒傷乎從此。

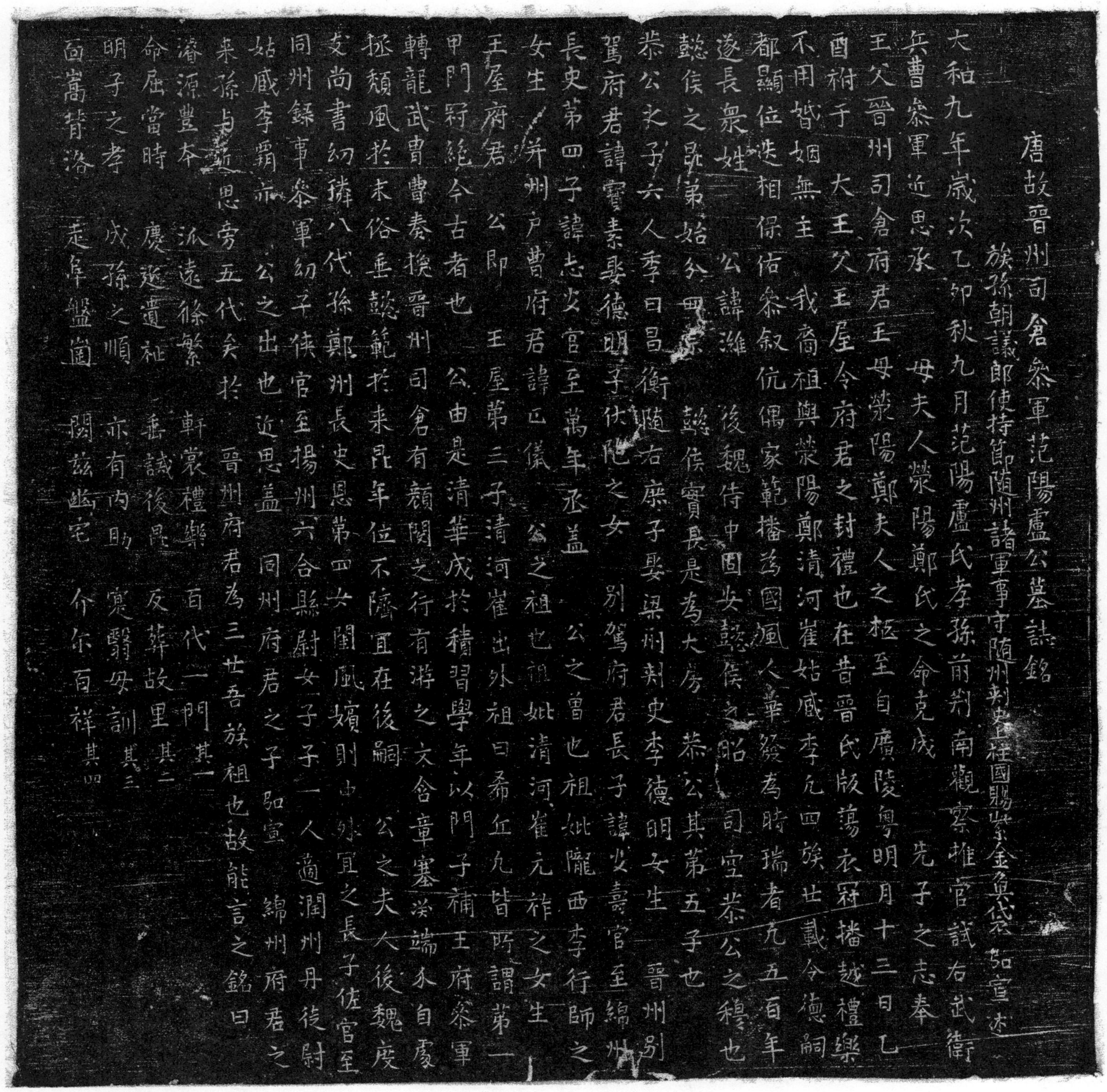

二八一　唐故晉州司倉參軍范陽盧公（濰）墓誌銘

大和九年（八三五）十月十三日葬。

誌文二十六行，滿行二十八字。正書。誌長、寬均五十五厘米。

盧弘宣撰。

誌蓋正書：范陽盧公墓銘

唐故晉州司倉參軍范陽盧公墓誌銘

族孫朝議郎使持節隨州諸軍事守隨州刺史上柱國賜紫金魚袋弘宣述

大和九年歲次乙卯秋九月，范陽盧氏孝孫前荊南觀察推官、試右武衛兵曹參軍近思，承　母夫人滎陽鄭氏之命，克成　先子之志，奉王父晉州司倉府君、王母滎陽鄭夫人之柩，至自廣陵。粤明月十三日乙酉祔於　大王父王屋令府君之封，禮也。在昔晉氏版蕩，衣冠播越。禮樂不用，婚姻無主。　我裔祖與滎陽鄭、清河崔、姑臧李凡四族，世載令德，嗣都顯位。迭相保佑，參叙伉偶。家範播爲國風，人華發爲時瑞者凡五百年，遂長衆姓。

公諱灘，　後魏侍中、固安懿侯之昭，　司空、恭公之穆也。懿侯之昆弟始分四宗，　懿侯實長，是爲大房。

恭公其第五子也。　恭公之子六人，季曰昌衡，隋右庶子。娶梁州刺史李德明女。生　晉州別駕府君諱寶素，娶德明子伏陁之女。　別駕府君長子諱安壽，官至綿州長史。第四子諱志安，官至萬年丞，蓋　公之曾也。祖妣隴西李行師之女，生　并州户曹府君諱正儀，　公之祖也。祖妣清河崔元祚之女，生　王屋府君。　公即　王屋第三子。清河崔出，外祖曰希丘。凡皆所謂第一甲門，冠絶今古者也。　公由是清華成於積習，學年以門子補王府參軍，轉龍武冑曹，奏换晉州司倉。有顔閔之行，有游之文。含章塞淵，端介自處。拯頽風於末俗，垂懿範於來昆。年位不隮，宜在後嗣。　公之夫人，後魏度支尚書幼璘八代孫，鄭州長史恩第四女。閨風嬪則，中外宜之。長子佐，官至同州録事參軍。幼子俠，官至揚州六合縣尉。女子子一人，適潤州丹徒尉姑臧李霸，亦　公之出也。近思蓋　同州府君之子。弘宣，　綿州府君之來孫，與近思旁五代矣。於　晉州府君爲三世，吾族祖也，故能言之。銘曰：

濬源豐本，派遠條繁。軒裳禮樂，百代一門。其一。命屈當時，慶延遺祉。垂誡後昆，反葬故里。其二。明子之孝，成孫之順。亦有内助，寔翳母訓。其三。面嵩背洛，走阜盤崗。閟兹幽宅，介爾百祥。其四。

故彭城劉夫人墓誌
鰥夫登仕郎守河南府鞏縣主簿馬從易悲述
劉氏之興其來遠矣自隨會去秦居其後者為劉累
國而命氏焉前史載之詳矣洎周秦已降軒冕愈盛
公卿將相代有其人光於史冊者不可紀錄　曾王
父崇運　皇朝贈兵部尚書　曾王母太谷侯氏封
魏國夫人　列祖玄佐宣武軍節度使汴宋亳潁等
州觀察處置使兼司徒平章事贈太傅　祖妣河東
裴氏封紀國夫人　先考士寧右衛上將軍　先妣
滎陽鄭氏　夫人幼丁偏罰在家以孝聞年始笄而
歸于我躬儉節用樂道安貧接物以謙馭下以敬至
於溫貞淑慎惠敏孝慈皆出於天機不待師訓而至
有子二人長曰合兒纔年九歲幼曰慶孫方在乳育
以大和九年十二月廿七日寢疾終於鞏縣之官舍
享年卌有四嗚呼仁而不福德而不壽是天不惠于
我世予少遭　凶憫長而孤貧形影相託者唯夫人
而已所期與我偕老獲遂懽娛如何青春未衰先我
而逝銜哀茹恨痛惜何言嗚呼哀哉以明年二月三
日歸葬於偃師　大塋之西南二百卌步懼陵谷遷
變令德不昭于後故刊于貞石以備朽壞

二八二　故彭城劉夫人墓誌

開成元年（八三六）二月三日葬。

誌文二十行，滿行二十字。正書。誌長四十三厘米，寬四十二點五厘米。

馬從易撰。

故彭城　劉夫人墓誌

鰥夫登仕郎守河南府鞏縣主簿馬從易悲述

劉氏之興，其來遠矣。自隨會去秦，居其後者爲劉累，因而命氏焉，前史載之詳矣。洎周秦已降，軒冕愈盛，公卿將相，代有其人，光於史册者不可紀録。曾王父崇運，皇朝贈兵部尚書。曾王母太谷侯氏，封魏國夫人。列祖玄佐，宣武軍節度使、汴宋亳潁等州觀察處置使兼司徒、平章事，贈太傅。祖妣河東裴氏，封紀國夫人。先考士寧，右衛上將軍。先妣滎陽鄭氏。夫人幼丁偏罰，在家以孝聞。年始笄而歸於我，躬儉節用，樂道安貧。接物以謙，馭下以敬。至於温貞淑慎，惠敏孝慈，皆出於天機，不待師訓而至。有子二人：長曰合兒，纔年九歲。幼曰慶孫，方在乳育。以大和九年十二月廿七日寢疾終於鞏縣之官舍，享年卌有四。嗚呼！仁而不福，德而不壽，是天不惠於我也。予少遭　凶憫，長而孤貧，形影相托者唯夫人而已。所期與我偕老，獲遂懽娱。如何青春未衰，先我而逝。銜哀茹恨，痛惜何言。嗚呼哀哉！以明年二月三日歸葬於偃師　大塋之西南二百卌步。懼陵谷遷變，令德不貽於後。故刊於貞石，以備朽壤。

二八三　唐故河中府户曹參軍蔣府君（銛）夫人隴西李氏墓誌銘

開成元年（八三六）五月二十二日葬。

誌文二十一行，滿行二十一字。正書。誌長、寬均三十七厘米。

裴處權撰，穆翺書。

誌蓋正書：唐故隴西李氏墓誌銘

唐故河中府户曹參軍蔣府君夫人隴西李氏墓誌銘并序

前鄉貢進士裴處權撰

蔣姬姓也，因封受氏，析珪垂休，本枝之慶，延於百世，故世有賢哲。李，皋陶之胤也，龍飛在天，
高祖受命，金枝玉葉，萎蕤叠祉，故代生令淑。合二姓之好，斯爲名家。府君諱銛，字銛，樂安人也。
先夫人而殁，系緒德業，焕於舊誌，故不書。夫人之大王父務禎，皇遂州刺史。王父翹，皇慶
王府司馬。皇考友于，皇汾州介休令。皆脩德勵行，鬱爲家聲。故夫人稟訓閨闈，積成柔順，既歸
府君而聿修婦道，既字諸孤而式叶母儀。謂天不欺，永祚淑德。不幸遘疾，以開成元年閏五月十一日終
於東都道化里之私第。享年六十八。嗚呼哀哉！粤以五月廿二日葬於偃師縣亳邑鄉玄武原，祔府君之塋，
禮也。有子四人：曰珙、曰陵、曰輳、曰球。珙早卒，有女一人，笄未許嫁。陵等孝思罔極，泣血籲天。
日月有時，既卜宅兆，懼陵谷遷變，徽猷莫傳。托愚爲銘，所不敢讓。銘曰：

介休之女，雍王之孫。天祚餘慶，歸於德門。惟府君清貞，惟夫人柔明。宜貴於位，宜延厥齡。神不可問，
同歸杳冥。河水湯湯，前嵩後邙。天長地厚，永閟玄堂。

河南穆翱書

二八四　大唐故太子家令寺丞攝淄州長史程府君（屺）墓誌銘

開成二年（八三七）四月十六日葬。

誌文二十行，滿行二十二字。正書。誌長、寬均四十三厘米。

程岵撰。

大唐故太子家令寺丞攝淄州長史程府君墓誌銘并序

堂弟朝散大夫行河南府鞏縣令上柱國岵撰

府君諱屺[一]，字孝岳，河南人也，貫緱氏縣。曾祖藥王，皇任贊善大夫，贈國子祭酒。祖楚瓊，皇任揚州高郵縣令，贈太子家令。考綱，皇任豐陵令。府君仁孝自天，事父母有竭力之譽；假名從事，授指使著清幹之名。陳蔡十年，淄青六□。更領大邑上佐，凡六七任矣。儻非勤恪立事，孰能致也。開成元年七月七日遘疾薨於淄州官舍，享壽七十四。不意年逾從心，歿於遠地。前婚隴西李氏　皇族，壽短早卒。次娶馮翊嚴氏，故工部侍郎向之孫，故魯山縣□之季女。有子二人：長曰弘嗣，次曰弘孺。開成元年六月廿二日，夫人先於府君一十六日而卒長子弘祚。於戲！天高難窮，神昧難詰。積善無慶，禍釁斯至。親戚在遠，匍匐者少，財無尺布，糧乏斗粟。地數千里，敢望歸歟？二子　護喪，不遠而至。開成二年四月十六日合祔歸葬於洛陽縣平陰鄉張村先塋之側，禮也。岵鮮於兄弟，形影相隨。手足既折，唇齒無依。□慕之中，輒自叙述。豈假文字，冀録年氏。銘曰：

北邙山前，東有平原。俯接都城，歸祔先塋。刻石紀石，封樹留□。

[一] 原石字迹不清，據《洛陽流散唐代墓誌彙編》二五六《故朝議郎守豐陵臺令程公（綱）墓誌》載，嗣子屺，當是此人。

二八五　唐朝散大夫前行門下省城門郎上柱國高君夫人彭城劉氏墓誌銘

開成二年（八三七）八月二十八日葬。

誌文二十四行，滿行二十九字。正書。誌長、寬均四十三厘米。

張毅夫撰。

唐朝散大夫前行門下省城門郎上柱國高君夫人彭城劉氏墓誌銘并序

攝楚州團練判官朝議郎前試大理評事張毅夫撰

夫人姓劉氏，彭城人也。胤自帝堯，昌於漢室。垂纓列爵，迄於　盛唐。曾祖居簡，位至太原尹、北京留守。大父液，仕止河清縣令。烈考汴，歷官亳州司户、蒙城令。皆遠古名流，國朝軒冕。進有顯位，退爲士規，蓋群族之華胄也。夫人即司户之愛女，夫人内明外順，聳善由禮。從容壼則，昭彰令門。始逾笄年，歸於　高君，自結縭珮玉廿有一年。　高君有子四人：長宗彝、次弘彝，皆承夫人教訓，婚宧已立。第三誕郎，成童未語。第四鸛兒，纔使三歲。皆殘疾幼稚，傷悼何言。有女一人，適王師仲，早亡。嗚呼。皆孝友自天，哀毁過禮。　高君，　申公[一]之後也。申公清望碩儒，存之史諜。　高君端和筮仕，得　申公之遺風。夫人助祭成家，見始終之道。夫人即故江陵尹庾公準之外孫也，先夫人不幸爲闢[二]之嫂。當群迷之際，獨秉清節。一言感激，貔武動心，脱身罟獲之中，可謂先覺之機也。古之烈婦，未能過焉。　先夫人雖殁，操尚甚著。夫人居喪之禮，至性有聞。不及遐齡，天理何昧。開成二年七月六日遘疾終於惠和里，享年卌四。嗚呼！酌禮考龜，始終之道。逾月而葬，獨昭古風。以今年丁巳歲八月壬辰廿八日己未窆於東都伊闕縣何晏鄉范村里，　歸祔　大塋，從古義也。夫人與高君，中外舊親，遂重結姻好。夫人婦道和諧，細事已來，無不經備。　高君今罄竭家産，悉用送終。考之今古，罕爲倫比。刻石銘誌，用表誠明。毅夫忝爲昇堂之賓，厠宴語之席。夫人之淑令，得不備聞哉！夫人之生，聚族熙熙；夫人之殁，群哀嗷嗷。苟非夫人之志行，曷能如是乎？毅夫承　命固辭，誠慚菲拙。指事直載，存義罕文。銘曰：

玉琴無聲兮絶朱弦。鸞鏡孤光兮偶夜泉。夫人形化兮德彌堅。封樹新列兮慘秋烟。噫歟傳芳兮千萬年。

［一］申公即高士廉，太宗宰相，封申國公。

［二］闢即劉闢，憲宗初年據蜀謀亂，旋被高崇文平定。

唐故孝廉薛府君墓誌銘并序
洛州秀才趙博齊撰
公諱周衡字周衡河東人也周室先封之國惟薛因
地命氏先闡于孟嘗洎邕以孝友顯道衡以文華著
由是行慶迨于我王父絢京兆府好畤縣令祖如璩
均州長史父弁宣州廣德縣尉皆才高位下有識嗟
歎公稟承道範不隊先志克己勵行強學待闕連
舉不第以開成元年二月一日卒于洛婦思恭里之
高第未嘗見也享年卅有八公源出也朝散大夫汝
州梁縣令之外孫娶孟氏光州殷城縣令元諒之
女婉娩淑慎中外所推既笄而孀良可悲也嗚呼以
開成二年十一月廿四日歸葬于偃師西原祔
先代之塋禮也仁兄公範哀纏斷鴈痛閱逝川爰命
謏才誌于貞石　詞曰
逝水翻波　踆烏矯翼　去無停景
來不假息　仁兄少婦　泣血霑臆
萬歲千秋　空餘令德
儒林郎試右衛兵曹參軍呂敬忠書

二八六　唐故孝廉薛府君（周衡）墓誌銘

開成二年（八三七）十一月二十四日葬。
誌文十八行，滿行二十字。正書。誌長、寬均三十六厘米。
趙博齊撰，呂敬忠書。
誌蓋正書：唐故薛府君墓誌銘

唐故孝廉薛府君墓誌銘并序

洛州秀才趙博齊撰

公諱周衡，字周衡，河東人也。周室先封之國，惟薛因地命氏。先闡於孟嘗，洎苞以孝友顯，道衡以文華著。由是衍慶，迨於我王父絢，京兆府好畤縣令。祖如瑀，均州長史。父弇，宣州廣德縣尉。皆才高位下，有識嗟嘆。公稟承遺範，不墜　先志，克己勵行，强學待問。連舉不第。以開成元年二月一日卒於哲婦思恭里之高第，未廟見也，享年卅有八。公源出也，朝散大夫、汝州梁縣令[一]之外孫。娶孟氏，光州殷城縣令元諒之次女，婉娩淑慎，中外所推。既笄而孀，良可悲也。嗚呼！以開成二年十一月廿四日歸葬於偃師西原，祔　先代之塋，禮也。仁兄公範哀纏斷雁，痛閔逝川。爰命謏才，誌於貞石。詞曰：

逝水翻波，踆烏矯翼。去無停影，來不假息。仁兄少婦，泣血霑臆。萬歲千秋，空餘令德。

儒林郎試右衛兵曹參軍呂敬忠書

[一] 汝州梁縣令即源密，見本書二五五《唐故宣州廣德縣尉河東薛府君（弇）及夫人西平源氏合祔舊墓新誌銘》。

唐故隰州隰川縣令趙郡李公墓誌銘
太原温公政撰
有唐良士趙郡李公諱璋，曾祖、祖尚書户部尚書、祖
教父條公以開成三年四月廿九日殁于隰川之廨，享年
六十三。公爲政多方，清恪所著，奉公有典，執法斯勤，郡守
猶化在理無違。公則宰邑之重，使法洪贍，邑吏黎民無
不咸[illegible]。公生稟孝穆，恭儉守身，親戚鄉曲，[illegible]之所仰。
歷居四任之榮，乃跋百里之寄。娶夫人博陵崔氏，有子季
孫執，哀泣血號天無時。公自赴任首尾二祀，曾縈疾疢，
非藥餌之不及，或聞佛理限窮，何積善之不永壽，何源深
而不流慶。孝秩不終，良可痛哉。以其年七月十八日窆于河
陽縣高端村太平里，禮也。是則年歲有飾，以謝塋域，
即恐陵谷遷徙，日月其將，乃刻貞石以爲不朽。詞曰：
偘偘我公，石播清風，蒞于半刺，善始令終。
旅櫬將還，蓍龜宅地，爰葬于斯，嗚呼哀哉。

二八七　唐故隰州隰川縣令趙郡李公（璋）墓誌銘

開成三年（八三八）七月十八日葬。
誌文十五行，滿行字數不等。正書。誌長、寬均四十三厘米。
温公政撰。

唐故隰州隰川縣令趙郡李公墓誌銘

太原温公政撰

有唐良士趙郡李公諱璋。曾祖尚隱，户部尚書。祖敖、父倏。公以開成三年四月廿九日殁於隰川之廨，享年六十三。公爲政多方，清恪所署。奉公有典，執法斯勤。郡守奬化，在理無違。　公則宰□之重，僚佐共瞻，邑吏黎民，無不咸暢。公性稟孝穆，恭儉守身，親戚嚮矚，友愛彌仰。歷居四任之榮，乃踐百里之寄。娶夫人博陵崔氏，有子季孫，執喪泣血，號天無時。　公自赴任，首尾二祀。嘗縈疾疹，非藥餌之不及。或聞佛理限窮，何積善之不永壽，何源深而不流廣。考秩不終，良可痛哉。以其年七月十八日窆於河陽縣高端村太平里，禮也。是則年歲有乖，以祔　塋域。即恐陵谷遷徙，日月其將。乃刻貞石，以爲不朽。詞曰：

侃侃我公，石播清風。莅於半刺，善始令終。旅櫬將還，蓍龜宅地。禹葬於斯，嗚呼哀哉！

二八八　唐故洪州高安縣主簿呂府君（淑）墓誌銘

開成三年（八三八）十一月七日葬。
誌文二十七行，滿行二十八字。正書。誌長、寬均四十五厘米。
皇甫鍔撰。

唐故洪州高安縣主簿吕府君墓誌銘并序

安定皇甫鍔撰

公諱淑，字子仁，其先東平人也。吕氏出自炎帝神農之後。姜姓十九代而生伯夷，堯知其明哲，舉之爲司徒。能弘敷五教，式和四方。厥有成績，堯善其功。建國封於吕，因其地而命氏焉。其後子孫，或崇勛立事，咸光載於歷代國史。曾祖希，朝議郎、衡州衡陽縣令。德以親賢，寬以恤衆。静訟不興，囹圄虚閉。乃有神雀乳於縣庭，群雉馴於桑下，斯政美之致也。祖陵，左金吾衛大將軍。昔天寶中，　國家多難。公授鉞統師，披堅執鋭。奮太叔之勇，出子房之謀。遂克寧禍亂，而授兹榮寵。故得名書竹帛，福流胤嗣。父澄，朝散大夫、韶州司馬。忠政輔於方牧，廉潔諭於良掾。遂俾庶民有蘇息之謡，胥尹絶貪詐之罪。公即司馬之元子也。禀温和之氣，懷特達之量。孝以事上，仁以待下。進退府仰，必由其禮，未常失節於人。至於强學之志，孜孜□倦。六經群史，靡不究索玄微，洞達私奧，非先哲無以儔也。晚歲以先將軍功業，一子出身，授洪州高安縣主簿，可謂鸞鳳栖於枳棘矣。公亦不自負其才略，嘗以謙巽之道，狎於僚友。其一縣之獄，小大必取决於公。是以刑無其冤，罰不有濫。夫子所稱子産古之遺愛，公實繼之者。既秩滿，將歸洛陽，旅次遘疾，開成二年六月三日終於楚州寶應縣客舍，享年六十。嗚呼！昊天不昭，喪我國器。公將終，有遺旨曰：『若我死，必葬我於洛北。』是歲，卜不襲吉，權殯於寶應里。夫人京兆韋氏，太子文學詳之次女也。以柔静之儀，雍穆之德，早適於公。有子三人：長曰師璟，將仕郎，郊社掌座。次曰師翊、實郎，皆業孝廉科。女一人，年未及笄。咸泣血匍匐，仰遵先命。至三年七月廿七日啓護公喪，丹旐素車，來於洛下。以其年戊午十一月七日辛酉葬於清風之原，禮也。虞崖谷有變，名氏湮滅。乃刊貞石，以謀不朽。命余而爲其銘。銘曰：

惟兹吕公兮命世之德，雅量温裕兮英韻岐嶷。喜怒愛惡兮不形於色，冠仁藴義兮節高道直。嗜學攻文兮博知强識，政光前古兮行爲今則。嗚呼！天俾公有才兮爲時所塞，不躡青雲兮歸於泉域，公乎播芳猷兮千載不息。

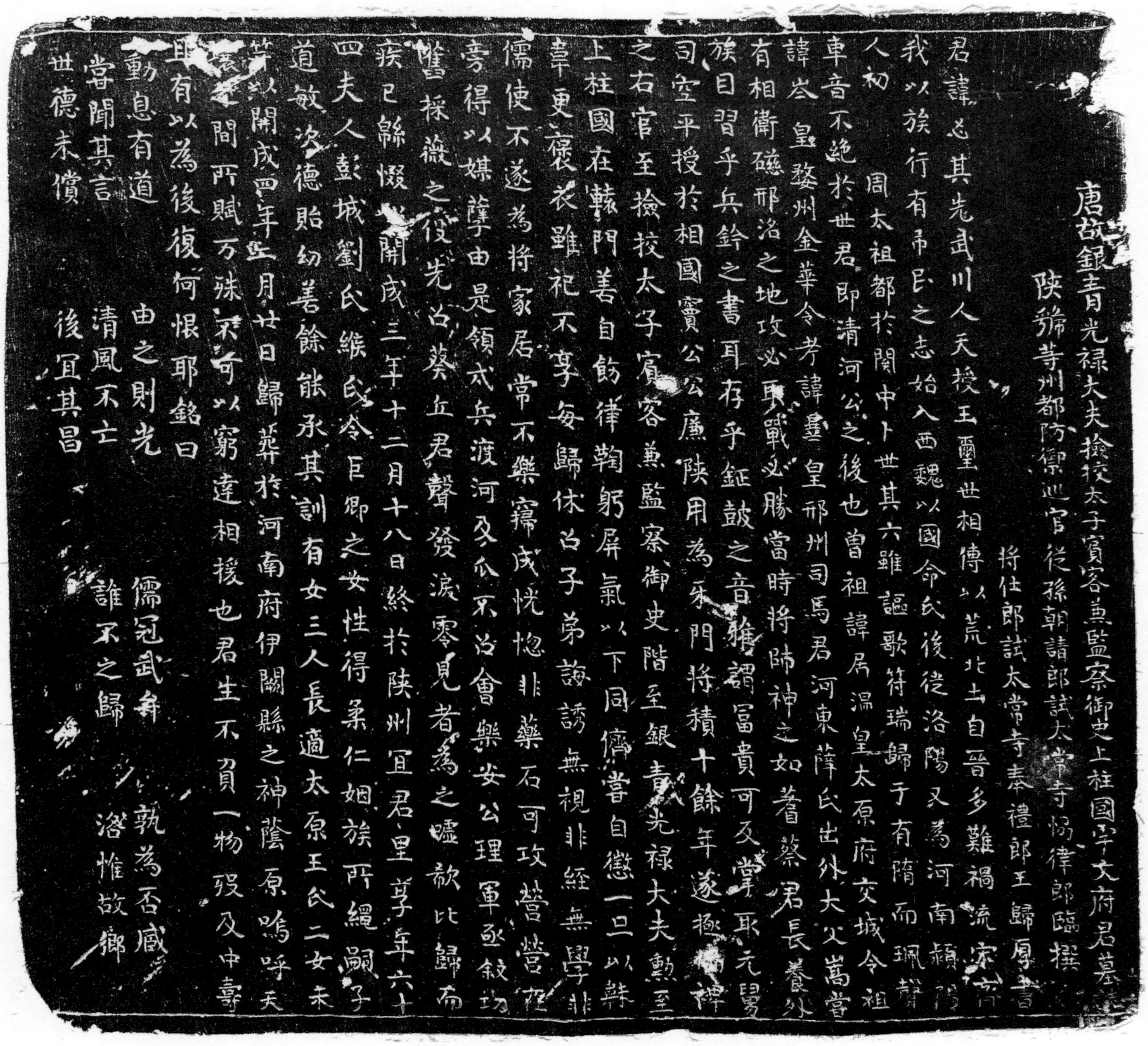
唐故銀青光祿大夫檢校太子賓客兼監察御史上柱國宇文府君墓誌
陝虢等州都防禦巡官從孫朝請郎試太常寺協律郎臨撰
將仕郎試太常寺奉禮郎王歸厚書
君諱忞其先武川人天授玉璽世相傳以荒北土自晉多難禍流宋齊
我以族行有帝王之志始入西魏以國命氏後從洛陽又為河南潁陽
人初　周太祖都於關中卜世其六雖謳歌符瑞歸于有隋而珮聲
車音不絕於世君即清河公之後也曾祖諱居温皇太原府交城令祖
諱岑皇婺州金華令考諱曇皇邢州司馬君河東薛氏出外大父嵩嘗
有相衛磁邢洺之地攻必取戰必勝當時將帥神之如蓍蔡君長養外
族目習乎兵鈐之書耳存乎鉦鼓之音雖謂富貴可及掌取元舅
司空平授於相國竇公公廉陝用為牙門將積十餘年遂擢裨
之右官至檢校太子賓客兼監察御史階至銀青光祿大夫勳至
上柱國在轅門善自飭律鞠躬屏氣以下同儕嘗自懲一旦以韎
韋更褒衣雖祀不享每歸休召子弟誨誘無視非經無學非
儒使不遂為將家居常不樂寤戌恍惚非藥石可攻嘗從
旁得以媒孽由是領戍兵渡河及瓜不召會樂安公理軍亟敘功
舊採撫之役先召葵丘君聲發淚零見者為之噓欷比歸而
疾已縣惙開成三年十二月十八日終於陝州宜君里享年六十
四夫人彭城劉氏繼氏令[illegible]御之女性得柔仁姻族所繩嗣子
道敏汝德貽幼善餘能承其訓有女三人長適太原王氏二女未
笄以開成四年正月廿日歸葬於河南府伊闕縣之神蔭原嗚呼天
[illegible]之間所賦万殊[illegible]可以窮達相援也君生不貿一物歿及中壽
且有以為後復何恨耶銘曰
動息有道　由之則光　儒冠武弁　孰為否臧
嘗聞其言　清風不亡　誰不之歸　洛惟故鄉
世德未償　後宜其昌

二八九　唐故銀青光祿大夫檢校太子賓客兼監察御史上柱國宇文府君（忞）墓誌

開成四年（八三九）二月二十日葬。

誌文二十六行，滿行字數不等。正書。誌長、寬均五十四厘米。

宇文臨撰，王歸厚書。

誌蓋篆書：唐故宇文府君墓誌銘

唐故銀青光禄大夫檢校太子賓客兼監察御史上柱國宇文府君墓誌

陝虢等州都防禦巡官從孫朝請郎試太常寺協律郎臨撰

將仕郎試太常寺奉禮郎王歸厚書

君諱忞，其先武川人。天授玉璽，世相傳以荒北土。自晋多難，禍流宋齊。我以族行，有吊民之志。始入西魏，以國命氏。後徙洛陽，又爲河南潁陽人。初　周太祖都於關中，卜世其六。雖謳歌符瑞，歸於有隋。而珮聲車音，不絶於世。君即清河公[一]之後也。曾祖諱居温，皇太原府交城令。祖諱岑，皇婺州金華令。考諱暈，皇邢州司馬。君河東薛氏出。外大父嵩，嘗有相、衛、磁、邢、洺之地，攻必取，戰必勝。當時將帥，神之如蓍蔡。君長養外族，目習乎兵鈐之書，耳存乎鉦鼓之音。雅謂富貴，可反掌取。元舅司空平授於相國竇公[二]，公廉陝用爲牙門將。積十餘年，遂極偏裨之右。官至檢校太子賓客，兼監察御史，階至銀青光禄大夫，勛至上柱國。在轅門善自飭律，鞠躬屏氣，以下同儕。嘗自懲一旦以韎韋更褒衣，雖祀不享。每歸休，召子弟誨誘，無視非經，無學非儒，使不遂爲將。家居常不樂，浸成恍惚，非藥石可攻。營營在旁，得以媒孽。由是領戎兵渡河，及瓜不召。會樂安公[三]理軍，亟叙功舊。采薇之役，先召葵丘。君聲發泪零，見者爲之嘘欷。比歸而疾已綿惙，以開成三年十二月十八日終於陝州宜君里，享年六十四。夫人彭城劉氏，緱氏令巨卿之女。性得柔仁，姻族所繩。嗣子道敏，次德貽，幼善餘，能承其訓。有女三人：長適太原王氏，二女未笄。以開成四年二月廿日歸葬於河南府伊闕縣之神蔭原。嗚呼！天壤之間，所賦萬殊，不可以窮達相援也。君生不負一物，殁及中壽。且有以爲後，復何恨耶？銘曰：

動息有道，由之則光。儒冠武弁，孰爲否臧。嘗聞其言，清風不亡。誰不之歸，洛惟故鄉。世德未償，後宜其昌。

[一] 清河公即宇文神舉，見《周書》卷四〇《宇文神舉傳》。

[二] 相國竇公即竇易直，元和後期爲陝虢觀察使。敬宗至文宗時爲宰相。參《唐方鎮年表》卷三《陝虢》。

[三] 樂安公即孫簡，開成三年至四年（八三八至八三九）爲陝虢觀察使。參《唐方鎮年表》卷三《陝虢》。

二九〇　唐故衢州須江縣令姚府君（倚）故夫人霍氏合祔墓誌

開成五年（八四〇）八月十一日葬。

誌文十七行，滿行十七字。正書。誌長、寬均四十厘米。

姚朂撰。

唐故衢州須江縣令姚府君故夫人霍氏合祔墓誌

堂侄男朝議郎守尚書水部郎中上柱國賜緋魚袋姚勗撰

府君諱倚，　曾王父中書令、梁國文貞公諱崇，　王父光禄少卿諱彝，　烈考鴻臚丞諱閬。府君積仁襲德，聲猷懿茂。自益參軍、華陽興平尉至須江令。公方吏事，首出流輩。貞元初，須江秩將罷，遘疾不幸。　府君娶萬年令霍公鷗女。生七子：冢曰揆，官三命，終歙糾。次在稚而夭。次曰振，宦微而殁。次曰捷、擇、搆、摸俱早世。　府君既殁，　夫人命子擇護喪來河南縣萬安山南原　文貞公松檟之北卅步爲殯室，權也。　夫人後八年而殁，權窆山陽，歷卌年竟不果具　塋兆。七子下世，群孫未仕。堂侄男勗遂因其殯地，祗奉　祔禮。其孫慶本因請率兄慶初、慶餘合財啓護夫人之喪於山陽，開成五年八月十一日甲寅合窆焉。勗銜哀紀事，鏤石以識於　玄室。

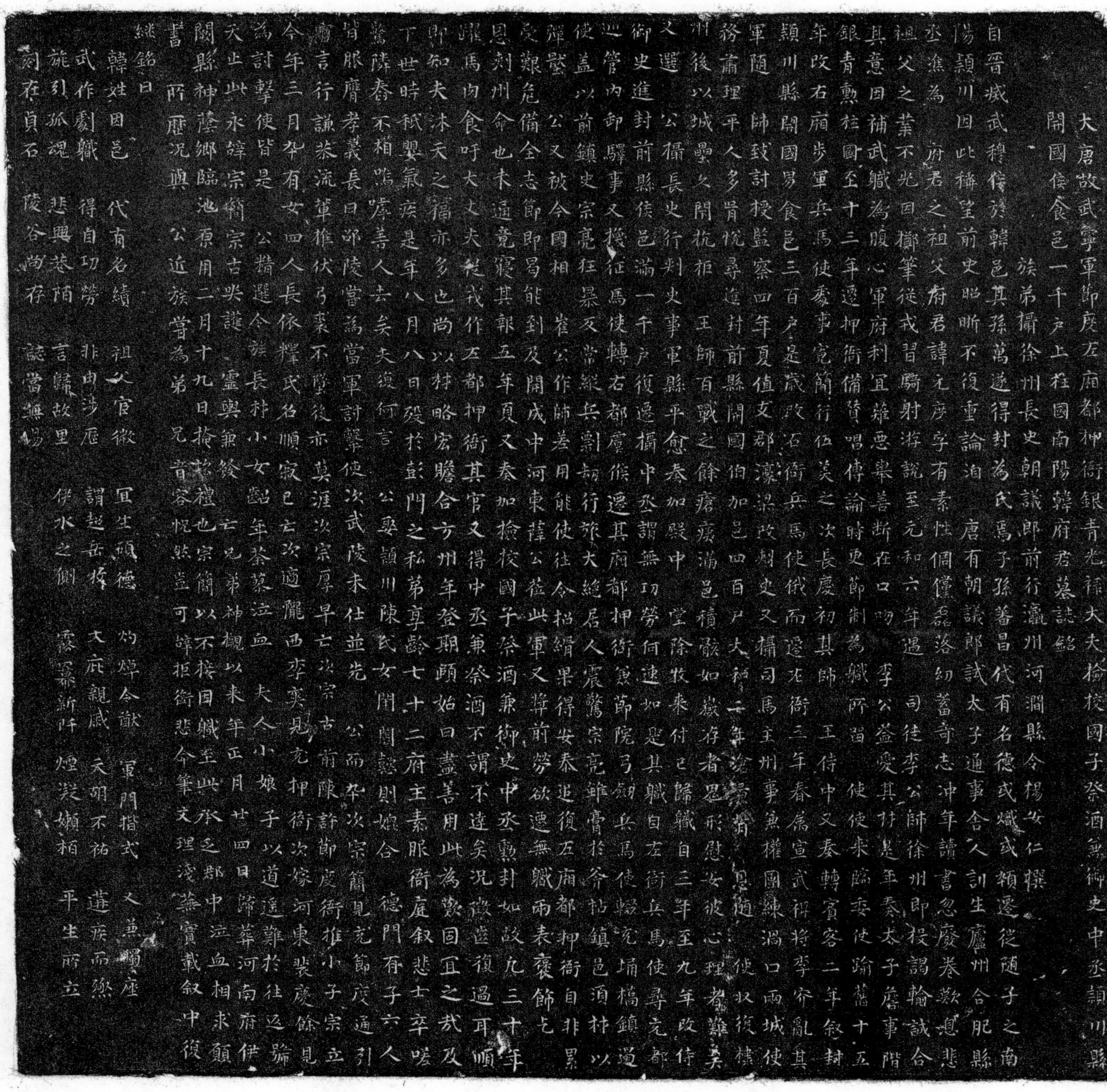

二九一　大唐故武寧軍節度左廂都押衙銀青光禄大夫檢校國子祭酒兼御史中丞潁川縣開國侯食邑一千户上柱國南陽韓府君（元度）墓誌銘

會昌元年（八四一）二月十九日葬。

誌文三十七行，滿行三十六字。正書。誌長、寬均七十五厘米。

楊安仁撰。

誌蓋篆書：唐故韓公合祔墓誌銘

大唐故武寧軍節度左厢都押衙銀青光禄大夫檢校國子祭酒兼御史中丞潁川縣開國侯食邑一千户上柱國南陽韓府君墓誌銘

族弟攝徐州長史朝議郎前行瀛洲河澗縣令楊安仁撰

自晉滅武穆侯於韓邑，其孫萬遂得封爲氏焉。子孫蕃昌，代有名德。或熾或頽，遷徙隨子之南陽潁川，因此稱望。前史昭晰，不復重論。洎　唐有朝議郎、試太子通事舍人訓，生廬州合肥縣丞漼，爲　府君之祖父。府君諱元度，字有素。性倜儻磊落，幼蓄奇志。冲年讀書，忽廢卷嘆息，悲祖父之業不光，因擲筆從戎，習騎射游説。至元和六年，遇　司徒李公[一]帥徐州，即投謁輸誠。合其意，因補武職，爲腹心。軍府利宜，薙惡舉善，斷在口吻。　李公益愛其材，是年奏太子詹事，階銀青，勛柱國。至十三年，遷押衙，備贊唱傳諭。時更節制，爲職所留。　使使來臨，委使逾舊。十五年改右厢步軍兵馬使。處事寬簡，行伍美之。次長慶初，其帥　王侍中[二]又奏轉賓客。二年，叙封潁川縣開國男，食邑三百户。是歲改右衙兵馬使，俄而遷左衙。三年春，屬宣武裨將李齐亂其軍，隨　帥致討，授監察。四年夏，值支郡濠梁改刺史，又攝司馬，主州事，兼權團練渦口兩城使，務肅理平，人多胥悦。尋進封前縣開國伯，加邑四百户。大和二年，滄景背　恩，隨　使收復棣州。後以城壘久閉，抗拒　王師，百戰之餘，瘡痍滿邑，積骸如嶽，存者鬼形，慰安彼心，理者難矣。又選　公攝長史、行刺史事。軍縣平愈，奏加殿中。　堂除牧來，付已歸職。自三年至九年，改侍御史，進封前縣侯，邑滿一千户，復還攝中丞。謂無功勞，何速如是。其職自左衙兵馬使尋充都巡管内郵驛事，又换征馬使，轉右都虞候，遷其厢都押衙兼節院弓劍兵馬使，輟充埇橋鎮遏使。蓋以前鎮史宗亮狂暴反常，縱兵剽劫，行旅大絶，居人震驚。宗亮雖膏於斧枯，鎮邑須材以彈壓。

公又被今國相　崔公[三]作帥差用能使，往令招緝，果得安泰，追復左厢都押衙。自非累受艱危，備全志節，即曷能到。及開成中，河東薛公[四]莅此軍，又奬前勞，欲遷無職，兩表褒飾，乞　恩刺州。命也未通，竟寢其報。五年夏，又奏加檢校國子祭酒兼御史中丞，勛封如故。凡三十年躍馬肉食，吁！大丈夫從戎，作左都押衙，其官又得中丞兼祭酒，不謂不達矣。况徵齒復過耳順，即知夫沐天之福亦多也。尚以材略宏贍，合方州，年登期頤，始曰盡善，用此爲嘆，固宜之哉。及下世時，秖嬰氣疾，是年八月八日歿於彭門之私第，享齡七十二。府主素服，衙庭叙悲，士卒嗟驚，鄰春不相。嗚呼！善人去矣，夫復何言。　公娶潁川陳氏女，閨闈懿則，媲合　德門。有子六人，皆服膺孝義。長曰邵陵，嘗爲當軍討擊使。次武陵，未仕并先　公而卒。次宗簡，見充節度通引官，言行謙恭，流輩推伏，弓裘不墜，後亦莫涯。次宗厚，早亡。次宗古，前陳許節度衙推。小子宗立，今年三月卒。有女四人：長依釋氏，名順寂，已亡。次適隴西李爽，見充押衙。次嫁河東裴慶餘，見爲討擊使。皆是　公精選令族長材。小女齠年，荼蓼泣血。　夫人、小娘子以道遥難於往返，號天止此永辭。宗簡、宗古哭護　靈輿，兼發　亡兄弟神櫬。以來年正月廿四日歸葬河南府伊闕縣神蔭鄉臨池原，用二月十九日掩坎，禮也。宗簡以不接因職至此，承乏郡中，泣血相求，願書　所歷。况與　公近族，嘗爲弟　兄，音容怳然，豈可辭拒。銜悲命筆，文理淺蕪。實載叙中，復繼銘曰：

韓氏因邑，代有名績。祖父官微，宜生碩德。灼焯令猷，軍門楷式。文兼獨座，武作劇職。得自功勞，非由涉歷。謂超岳牧，大庇親戚。天胡不祐，遘疾而殛。旐引孤魂，悲興巷陌。言歸故里，伊水之側。霧羃新阡，烟凝嫩柏。平生所立，刻在貞石。陵谷尚存，誌當無易。

[一] 司徒李公即李愿，元和六年（八一一）爲武寧軍節度使。參《唐方鎮年表》卷三《感化》。

[二] 侍中王公即王智興。參《唐方鎮年表》卷三《感化》。

[三] 國相崔公即崔珙。參《唐方鎮年表》卷三《感化》。

[四] 河東薛公即薛元賞。參《唐方鎮年表》卷三《感化》。

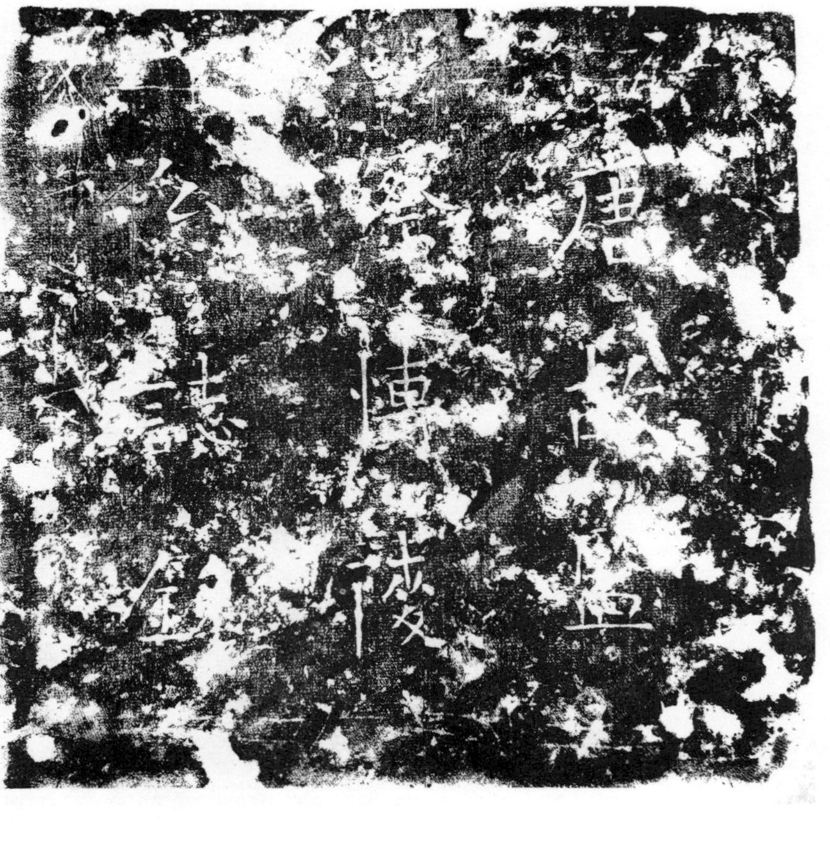

二九二　唐故湖南觀察判官監察御史裏行崔府君（璠）墓誌銘

會昌元年（八四一）八月五日葬。
誌文三十行，滿行三十字。正書。誌長、寬均四十三厘米。
崔鉉撰，李鎮書。
誌蓋正書：唐故監察博陵公誌銘

唐故湖南觀察判官監察御史裏行崔府君墓誌銘并序

府君諱璠，字國器，其先博陵安平人也。靈源浚長，胙土既光於賜履；華宗茂遠，命氏實冠於搢紳。由是軒冕蟬聯，榮耀今昔。代爲著姓，史諜存焉。曾祖無縱，皇朝洛州廣武縣令。祖温之，皇朝鄧州刺史。父傆，皇朝乾陵丞。弈世載德，不墜清風。 府君即 乾陵府君長子也。少孤，依於 從祖父尚書左丞昭公[一]。 府君幼好學，年十餘歲能屬文， 昭公器异之，親爲授經考藝。纔弱冠，名聲藉藉鄉里間，遂登上第。既而弓旌繼至，羔雁盈門。歷佐雄藩，纍參上介。問望逾積，朝論允推。憲署諫垣，虚位以俟。無何遘疾，以貞元十九年十二月廿四日終於湖南官舍，權窆於澧州澧陽縣昌平鄉梁漢村，享年卌三。親族朋交，失聲相吊。且以爲位不充量，福善之旨，天其謬歟！ 府君風神峻整，宇量宏茂。 昭公執友司業張公參一見深知，喜披雲霧，期以遠大。由之婚姻， 夫人禀訓 德門，夙標令範。母儀婦道，輝映宗親。有子三人：長曰冲，次曰浟。纔及中年，相次淪殁。季曰潔。皆幼奉義方，克脩士行。同閲經史，各藴詞華。然而命厄於時，不踐名位。有女一人，適故利州刺史李玄成。貴因從夫，封安平縣君。縣君懿淑賢明，天資繼孝。早失怙恃，家事湮淪。每懷風樹之悲，莫展劬勞之報。及作嬪他室，幸遇良人。縣君屢形於言，良人深感其意。由是節花鈿之飾，减服翫之珍。必信必誠，以日繼月。且□通便，以展孝思。不幸而利州李君捐館，縣君既痛深未亡，而彌切前志。□乃竭力營奉，罄家有無。啓旅櫬於兩鄉，會歸途之萬里。義感行路，事激時風。粤以會昌元年八月五日合祔於河南府河南縣萬安山南之大塋，禮也。情殷罔極，禮備無違。仍命從弟翰林學士、尚書司勛員外郎，賜緋魚袋鉉誌於貞石。鉉方掌文 內署，故不獲以菲薄辭。謹爲銘曰：

猗歟府君，孝友温文。儀形玉立，德義蘭芬。名擅詞場，績光幕畫。藹藹聲猷，翩翩書檄。矯翼曾霄，縱鱗巨壑。方觀遐舉，俄嘆中泊。才長運促，位屈道隆。人仰遺範，家傳素風。歲序徂遷，江湖悠遠。孤墳無依，故鄉未返。爰有孝女，天性純深。巨痛在己，積哀疚心。减膳節衣，捐珍去飾。以謀以營，不止不息。乃占宅兆，乃考蓍龜。通加歲月，吉叶日時。丹旐言旋，玄扉既啓。哀則有餘，儉而中禮。嗚呼！松檟參差，崗原邐迤。陵谷雖遷，斯文可紀。永傳孝女之名，播徽音於圖史。

外孫鄉貢進士李鎮書

[一] 尚書左丞昭公即崔儆。貞元年間官至尚書左丞，後謚曰昭。參《舊唐書》卷一六三《崔元略傳》、《文物》二〇〇五年第二期《唐崔元略夫婦合葬墓》。另《崔儆墓誌》見《洛陽流散唐代墓誌彙編續集》二三六。

唐竇氏遷葬墓誌銘并序
殿中侍御史内供奉曽絅篹
唐會昌元年歲次辛酉十月十日丙子扶風竇
師亮遷葬其　曽祖金紫光祿大夫蓬唐二州
刺史光祿卿贈工部尚書諱希瓛　祖銀青光祿
大夫渭州刺史諱銓　大父朝議郎右衛率
府倉曹參軍諱朝曰　先妣渤海高氏于河南
府鞏縣鞏川鄉橋西村嗚呼禮也惟孝之終北
域宜固　先塋在故洛陽城北原歲月既遷人
事既更阜陵將穨同或依仰故卜其勝將以保
呼終久苟非純其孝道孰克顯乎其休淋哉噫
在昔尚書与渭州倉曹之在治善充於德皆闡
當世於此不復載矣故令俾紀其年　月　日
時而已倉曹娶渤海高氏有子三人長曰允衆
早亡仲曰師本季曰師亮有女一人及笄嫁于
曽氏其銘曰
渾渾將澄　淋還辭分　惟君之先　阜有令聞
德不刊泯　蔓延後昆　惟丘墟之不固　豈萬古与千春

二九三　唐竇氏遷葬墓誌銘

會昌元年（八四一）十月十日葬。

誌文十八行，滿行字數不等。正書。誌長、寬均三十八厘米。曽絅撰。

唐竇氏遷葬墓誌銘并序

殿中侍御史内供奉曾絪纂

唐會昌元年歲次辛酉十月十日丙子，扶風竇師亮遷葬其　曾祖金紫光禄大夫、蓬唐二州刺史、光禄卿、贈工部尚書諱希瓛，　祖銀青光禄大夫、渭州刺史諱銓，　大父朝議郎、右衛率府倉曹參軍諱朝臣，　先妣渤海高氏於河南府鞏縣鞏川鄉橋西村。嗚呼！禮也。惟孝之終，兆域宜固。先塋在故洛陽城北原，歲月既遷，人事既更，阜陵將頽，罔或依仰。故卜其勝，將以保呼終久。苟非純其孝道，孰克顯乎其休淑哉！噫，在昔尚書與渭州、倉曹之在治，善充於德，皆聞當世，於此不復載矣。故令但紀其年[一]月[二]日時而已。倉曹娶渤海高氏，有子三人：長曰允衆，早亡。仲曰師本，季曰師亮。有女一人，及笄，嫁於曾氏。其銘曰：

渾渾將澄，淑慝繇分。惟君之先，卓有令聞。德不刊泯，蔓延後昆。惟丘墟之不固，亘萬古與千春。

[一] 此處空一格未刻字。

[二] 此處空一格未刻字。

二九四　唐吳興姚童子（珏）墓銘

會昌三年（八四三）五月二十六日葬。
誌文十八行，滿行十九字。正書。誌長、寬均三十四點五厘米。
姚勗撰，姚璟書。

唐吳興姚童子墓銘并序

從祖父朝議郎守尚書右司郎中上柱國賜紫金魚袋勗撰

唐會昌三年癸亥五月七日乙未，勗喪其　從父昆之小子曰珏於東都敦化里之私第。嗚呼！珏小字童兒，始教數之年，聰惠超越，群嬰稚莫得儔。及能就傅，淡然不好弄，有成人風。已業《古尚書》《左氏春秋》，静與之語，曉辨人事，無童子言。期其遠大，耀我宗門，如何在中殤而歿。噫！吾望絶矣。　曾王父闢，　皇河南丞，贈太常少卿。　王父偕，　皇監察御史裏行。　烈考長孺，　皇濠州刺史兼御史中丞，賜紫金魚袋。噫！爾享年始十四耳。以其月廿六日甲寅葬於河南縣伊汭鄉萬安山南原伯兄之東，祔　先塋也。吾官西省，聞喪弗克往。俾爾兄琡東走視窆，附斯文以鏤石，識爾幽室。苞結萬恨，腸肺酸澀，東望慟哭，聲聲如絶。銘曰：

有生有死，孰能獨止。嗟爾之生，纔餘一紀。一紀幾何，瞬息云爾，恨夭枉其何已。

仲兄璟自書

唐故河東安邑衛府君洎高陽耿夫人墓誌銘并序
將仕郎試太常寺奉禮郎楊之敏撰
府君諱憲字宗蒙其先命氏即河東安邑人也累世枝派流
芳不絶已具青史故略於斯文大父諱隱處士烈考諱光布
衣府君即元子也幼懷聰敏自天孝友合江海之量有權謀
之節輝習胤緒獨步當時承言曰官者濟其所欲退身者樂
道安親古有不事王侯高尚其仕是以不求名官獨趍洛邑
豈不為鴻逸乎爰有高陽耿公以令女擇君德行承掃為事
夫也貫鴻妻之德撫育也齊孟母之規懿範克彰閭里欽聞
何啚 府君脩短命兮不終 夫人之偕老以長慶二
年五月廿六日奄然終歿以其年十一月十六日權殯于長
水縣福田鄉大陽村之原禮也 夫人謙曾歸葬畢迄于今
載廿二祀矣奈何 夫人年幾從心氣疾纏綿有加無瘳
以會昌三年四月廿三日終于河南縣惠和里私第以其年
八月廿八日葬于是縣龍門鄉南王管張村相得吉原從周
公禮也以歲月便利兼於長水縣狀讓 府君以是月日
同窆幽宅有子四人長曰公巽官趍府廷娶杜氏次曰公冀
娶郭氏季曰公巽娶閻氏小曰公其未有伉儷有女三人長
適劉氏次適仇氏季氏張氏皆各茹荼號天哀毀逾禮憂慮
年代超忽陵谷變移是以孤子公巽泣血披誠來請敘述之
斂比因占地得適於公是以不固寡詞輒刻豊石以俟將來
其銘曰 近城之地 土阜之崗 雙魂一穴 孤子斷腸
會昌三年八月十五日書 檢校塋人王士端

二九五　唐故河東安邑衛府君（憲）洎高陽耿夫人墓誌銘

會昌三年（八四三）八月二十八日葬。

誌文二十三行，滿行二十三字。正書。誌長、寬均三十八厘米。

楊之敏撰，王士端檢校塋。

唐故河東安邑衛府君洎高陽耿夫人墓誌銘并序

將仕郎試太常寺奉禮郎楊之敏撰

府君諱憲，字宗裔。其先命氏，即河東安邑人也。纍世枝派，流芳不絶。已具青史，故略於斯文。大父諱隱，處士。烈考諱光，布衣。府君即元子也。幼懷聰敏，自天孝友。含江海之量，有權謀之節。輝習胤緒，獨步當時。承言曰：『官者，濟其所欲。退身者，樂道安親。』古有不事王侯，高尚其仕。是以不求名宦，獨趨洛邑，豈不爲鴻逸乎？爰有高陽耿公，以令女擇君德行承掃焉。事夫也，貫鴻妻之德；撫育也，齊孟母之規。懿範克彰，閭里欽聞。何圖　府君脩短，命兮不終　夫人之偕老。以長慶二年五月廿六日奄然終歿。以其年十一月十六日權殯於長水縣福田鄉大陽村之原，禮也。　夫人護喪歸葬畢，迄於今載廿二祀矣。奈何　夫人年纔從心，氣疾纏綿，有加無瘳。以會昌三年四月廿三日終於河南縣惠和里私第。以其年八月廿八日葬於是縣龍門鄉南王管張村相得古原，從周公禮也。以歲月便利，兼於長水縣扶護　府君，以是月日同窆幽宅。有子四人：長曰公冀，宦趨府庭，娶杜氏。次曰公翼，娶郭氏。季曰公巽，娶閻氏。小曰公其，未有伉儷。有女三人：長適劉氏，次適仇氏，季氏張氏。皆各茹荼號天，哀毁逾禮。憂慮年代超忽，陵谷變移。是以孤子公冀，泣血披誠，來請叙述。之敏比因占兆得適於公。是以不固寡詞，輙刻豐石，以俟將來。其銘曰：

近城之兆，土厚之崗。雙魂一穴，孤子斷腸。

會昌三年八月十五日書

檢校塋人王士端

唐故華州叅軍潁川陳府君墓誌銘并序
姪鄉貢進士鲐　撰
陳宣帝六代孫華州叅軍諱舜臣字安虞享年五十有二以
元和七年四月廿一日終于孟州溫縣別墅　曾祖鄭州
司馬諱伓亠　祖鄭州司法叅軍諱瑒　烈考左武衛兵曹
叅軍諱昇　府君志懷恭默味于恬淡非經典未嘗言非仁
義未嘗交顧軒冕之榮如布素也媿以常調志乎閑居清洛
南有世業濁河北有別墅故溫翠二邑爲遊息之所因擇
塵機杜人事非里中名士豪右不得而交往常与二三友生
必皆塵俗之外侶也或攜觴泛洛或命侶尋山苟取怡情性
縱嘯謌爲當代之逸人亦昔時之奇士嘗曰不患貧而患不
安今予安矣豈媿貧乎嗚戲積德累行戴仁抱義不享大名
大位退居窮處何代無之　府君在焉　夫人河東裴氏魏
州朝城縣丞書之季女　夫人溫柔淑質靜而寡言以仁惠撫
家人道義訓早幼配　君一十七年而孀以大和九年六月十六
日殁生子四人長曰懿文孝友于家次曰約文先　夫人二年
而夭次曰崇文次曰古文皆禀庭訓不墜餘風女二人長曰惠永
學浮圖氏了佛真性以大和九年七月四日遷化于孟州舍那寺
次曰永娘適范陽盧潛賓　懿文等以假葬歲久龜筮叶從　日
月有時禹靈未備告于　季父春闈小宗伯請錢遂備遷葬以會
昌五年歲次乙丑十一月甲辰朔五日戊申自溫縣裒奉　裳帷越十一月
二日歸祔于河南府偃師縣亳邑鄉北原　先塋禮也猶子鲐謹爲銘曰
□水湯湯兮澤流無疆克生胤嗣兮宜擁其堂福壽不永兮
□播餘芳懿德令範兮厥緒宜昌
濟蔭董躅書

二九六　唐故華州參軍潁川陳府君（舜臣）墓誌銘

會昌五年（八四五）十一月二日葬。

誌文二十四行，滿行二十三字。正書。誌長、寬均四十八厘米。

陳鲐撰，董躅書。

唐故華州參軍潁川陳府君墓誌銘并序

侄鄉貢進士鮐撰

陳宣帝六代孫華州參軍諱舜臣，字安虞，享年五十有二，以元和七年四月廿一日終於孟州温縣別墅。　曾祖虢州司馬諱休文。　祖鄭州司法參軍諱璬。　烈考左武衛兵曹參軍諱昇。　府君志懷恭默，味於恬淡，非經典未嘗言，非仁義未嘗友，顧軒冕之榮如布素也。愧以常調，志乎閑居。清洛南有　世業，濁河北有別墅，故温、鞏二邑爲游息之所。因釋塵機，杜人事，非里中名士豪右不得而交往。常與二三友生，必皆塵俗之外侣也。或携觴泛洛，或命侣尋山，苟取怡情性、縱嘯歌，爲當代之逸人，亦昔時之奇士。嘗曰：『不患貧而患不安。今予安矣，豈愧貧乎！』嗚戲！積德纍行，戴仁抱義，不享大名大位，退居窮處，何代無之，　府君在焉。　夫人河東裴氏，魏州朝城縣丞書之季女。　夫人温柔淑質，静而寡言。以仁惠撫家人，道義訓卑幼。配　君一十七年而孀，以大和九年六月十六日歿。生子四人：長曰懿文，孝友於家。次曰約文，先夫人二年而夭。次曰崇文，次曰古文，皆禀庭訓，不墜餘風。女二人：長曰惠永，學浮圖氏，了佛真性。以大和九年七月四日遷化於孟州舍那寺。次曰永娘，適范陽盧潜賓。懿文等以假葬歲久，龜筮叶從，　日月有時，芻靈未備。告於　季父春闈小宗伯[一]，請錢遂備遷葬。以會昌五年歲次乙丑十一月甲辰朔五日戊申，自温縣哀奉　裳帷，越十一月二日歸祔於河南府偃師縣亳邑鄉北原先塋，禮也。猶子鮐謹爲銘曰：

圜水湯湯兮，澤流無疆。克生胤嗣兮，宜構其堂。福壽不永兮，空播餘芳。懿德令範兮，厥緒宜昌。

濟蔭董躅書

[一] 春闈小宗伯即禮部侍郎之別稱，按此時禮部侍郎有陳商，應指此人。

高氏諱能謙元和初入余家
和柔謹幹祗事有勞家之
貴賤皆稱其處身無過余亦
尚之有子成立剋任重事遠
大是許族從爲榮會昌六年
七月四日終于東都延福里
享年六十其年十一月八日
葬河南縣龍門鄉午橋村原
陵遷谷移異歳堙昧故書石
誌之
有唐前光祿卿漢中郡公趙
真齡誌

二九七　高能謙（趙真齡妾）墓誌

會昌六年（八四六）十一月八日葬。

誌文十二行，滿行十一字。正書。誌長三十三厘米，寬三十二厘米。

趙真齡撰。

高氏號能謙，元和初入余家。和柔謹幹，祗事有勞。家之　貴賤，皆稱其處身無過，余亦尚之。有子成立，剋任重事，遠大是許，族從爲榮。會昌六年七月四日終於東都延福里，享年六十。其年十一月八日葬河南縣龍門鄉午橋村。慮陵遷谷移，异歲堙昧。故書石誌之。

有唐前光禄卿漢中郡公趙真齡誌

二九八　唐故陪戎副尉守右威衛河南府潁源府折衝都尉太原王府君（慶）墓誌銘

大中元年（八四七）二月七日葬。

誌文三十行，滿行字數不等。正書。誌長、寬均四十七厘米。

王珽撰并書。

誌蓋篆書：唐故潁源府折衝都尉太原王府君墓誌

唐故陪戎副尉守右威衛河南府潁源府折衝都尉太原王府君墓誌銘并序

侄男前汝州防禦隨軍登仕郎試左武衛兵曹參軍珽撰并書

府君諱慶，字子賀，厥　先絳州翼城縣人也。即晉司徒導之苗裔。曾祖玉，　王父庭金，　烈考寓，代襲鼎族，纍傳風範。不拘名利，高尚居閑。府君則其子也。秉直爲素，貞操是心，寔爲積善之家矣。頃而言曰：『吾文既不位，武必進身。』乃投筆事於武寧軍　王太尉[一]。始授節度同十將，後元戎三移鎮，府止於夷門。纍遷至衙前兵馬使。且當職主務，緡貨殷繁，屢有節級傭流，苟行盜竊。　府君獲之非一，悉乞生全。因而誓曰：『夫軍旅之事，不得已而爲之。苟或退閑，鴻齋捨債。』將知志誠感神，響應如一。以大和五年正月廿四日於聖善寺齋僧侶一萬餘衆，放債績三千貫文，焚券牘於報慈殿前，列僧徒於蓮宮廡下。於是官寮士庶駭嘆殊常，雖古之賢達，罕有斯心者也。　故白尚書[二]尹政河洛，判曰：『折券放債，古人所難。王居士能行，深可優獎。』又會昌初際，蟲蝗爲灾，衢路饑荒，斃者杜甚。府君視之蠹爾，乃諭知心，復於聖善寺廣致粥飯，以救尫羸。天副志誠，尅時大就。日逾萬衆，盡鼓腹而歸。老少行歌，皆荷　府君深德。自春及夏，獲麥方停。遂得饑民再蘇，洛邑復泰。當時川守，即今襄陽　盧尚書[三]也，興嗟奇异，感荷分憂。陰德既及於兆人，嘉聲尋達於　聖聽。以其年六月，特　敕授官。固讓不獲，從命而已。既終考秩，方遂宿心。　乃禮崇禪德，精考釋宗。了達五蘊之源，深曉三車之路。奈何素縈宿疾，綿歷星霜。藥餌無瘳，奄歸　大化。以會昌六年丙寅歲六月四日遺　理命，傾於嘉善里之私第也，春秋六十有七。嗚呼！隴西　牛氏夫人及再婚清河　張氏夫人并夙蘊言行，令淑素彰。奈何修短有期，早歸　泉室。俱以大中元年歲次丁卯二月丁卯朔七日癸酉吉晨同合祔葬於河南縣龍門鄉南王村，附　先代之塋，禮也。即　牛氏夫人之舊墓矣。有子一人曰師制。女二人：長十九娘，志慕釋宗，堅持齋戒。小廿娘，先許江夏黃氏爲姻。悲夫！上天何昧，不福善人。嗚呼！喪禮將備，　玄堂是歸。九姻摧裂，鄉黨咸悲。珽輩猶子，俱沐　恩憐，各宦殊鄉，闕於　供侍。攀號　筵櫬，痛貫心靈。師制議曰：『不願文飾，所賫直書。』珽素昧於文，匪閑於禮。抆涕述叙，萬豈言一。其銘曰：

偉哉達士，厥德孰肩。性含嶽瀆，諒隱山川。生民百萬，折券三千。逢灾悲救，值禍哀憐。明王獎善，宰輔推賢。捨榮問道，弃宦參禪。積仁不福，疴瘵縈綿。神兮何昧？俄歸九泉。二女號叩，一子哀纏。姻屬摧咽，鄰友潸然。附塋　先代，禮備偕埏。銘之於石，萬古千年。

[一] 王太尉即王智興，據《舊唐書》卷一五六《王智興傳》，長慶至大和中曾任武寧軍節度使。

[二] 白尚書即白居易，據《唐刺史考全編》卷五〇，大和四年至七年（八三〇至八三三）任河南尹。

[三] 襄陽盧尚書即盧簡辭，大中元年至二年（八四七至八四八）爲山東西道節度使、襄州刺史。墓誌載其會昌初爲河南尹，按《唐刺史考全編》卷五〇，會昌元年（八四一）河南尹有盧某，則即盧簡辭。

唐朝散大夫鄭州司馬范陽盧府君墓誌銘并序

子聟朝議郎前行河南府河南縣尉騎都尉

高邑縣開國男食邑三百戶趙郡李乾祐撰

司馬諱重慶字承勳范陽郡人也五代祖彥卿後魏起居舍

人侍御史高祖大道隨秘書少監曾祖元珪皇朝蒲州錄事

參軍祖澂太原府功曹參軍父巫大理評事攝組相承為代

冠族洎生碩德門望益光儉而中禮動不踰節為軒裳門令

望之先也幼假蔭第入仕馬釋褐授潞州參軍終于鄭州司

馬衣朱綬也歷官八政三佐郡符二為縣尹凡始仕至于秩

終未嘗形喜愠之色剏乎守人之官今之劇務来擭来暮之

謌去有去思之美為政之良斯盡善也娶榮陽鄭氏為夫人

子誠年未弱冠經明行修家齊心正女二人長適隴西李混

次女則乾祐之家室也　府君以會昌六年秋罷秩從居

洛邑以大中元年春二月三日寢疾歿于宣教里之私第春

秋八十有六為上壽也誠以年幼室空未卜營祔乾祐竭姻

親之分以倫歸葬之儀以其年夏四月十五日葬于河南府

緱氏縣景山鄉小宗里祔　先塋也乾祐既奉始終誠

欲直書德美是以不飾撝讓不懼俚詞銘曰

盛族之裔　生于我唐　仁行洽美　名位顯揚

德崇壽永　万代流芳　伊洛之川　嵩少之北

潺潺水聲　蒼蒼松色　桑海無易　陵谷無遷

貞石斯在　期万億年

鄉貢進士李范書

二九九　唐朝散大夫鄭州司馬范陽盧府君（重慶）墓誌銘

大中元年（八四七）四月十五日葬。

誌文二十三行，滿行二十三字。正書。誌長、寬均五十五厘米。

李乾祐撰，李范書。

誌蓋正書：范陽盧府君墓誌之銘

唐朝散大夫鄭州司馬范陽盧府君墓誌銘并序

子婿朝議郎前行河南府河南縣尉騎都尉高邑縣開國男食邑三百户趙郡李乾祐撰

司馬諱重慶，字承勳，范陽郡人也。五代祖彦卿，後魏起居舍人、侍御史。高祖大道，隋秘書少監。曾祖元珪，皇朝蒲州録事參軍。祖瀓，太原府功曹參軍。父嵒，大理評事。簪組相承，爲代冠族。洎生碩德，門望益光。儉而中禮，動不逾節，爲軒裳門令望之先也。幼假蔭第入仕焉，釋褐授潞州參軍，終於鄭州司馬，衣朱綬也。歷官八政，三佐郡符，二爲縣尹。凡始仕至於秩終，未嘗形喜愠之色。矧乎字人之官，今之劇務，來獲來暮之歌，去有去思之美，爲政之良，斯盡善也。娶滎陽鄭氏爲夫人。子誠，年未弱冠，經明行修，家齊心正。女二人，長適隴西李混，次女則乾祐之家室也。　府君以會昌六年秋罷秩，徙居洛邑。以大中元年春二月三日寢疾，歿於宣教里之私第，春秋八十有六，爲上壽也。誠以年幼室空，未卜營祔。乾祐竭姻親之分，以備歸葬之儀。以其年夏四月十五日葬於河南府緱氏縣景山鄉小宋里，祔　先塋也。乾祐既奉始終，誠欲直書德美，是以不飾撝讓，不懼俚詞。銘曰：

盛族之裔，生於我唐。仁行洽美，名位顯揚。德崇壽永，萬代流芳。伊洛之川，嵩少之北。潺潺水聲，蒼蒼松色。桑海無易，陵谷無遷。貞石斯在，期萬億年。

鄉貢進士李范書

三〇〇　唐故河陽軍節度押衙兼脩武鎮遏兵馬使馬軍都教練使金紫光禄大夫檢校太子賓客兼監察御史上谷張府君（亮）墓誌銘

大中元年（八四七）七月十九日葬。

誌文三十一行，滿行字數不等。正書。誌長、寬均五十二厘米。

上官蒙撰。

唐故河陽軍節度押衙兼脩武鎮遏兵馬使馬軍都教練使金紫光禄大夫檢校太子賓客兼監察御史上谷張府君墓誌銘并序

儒林郎前守棣州蒲臺縣令上官蒙撰

公諱亮，字[一]，其先上谷人也。曾祖[二]，以世亂不紀。皇祖庭光，易州刺史兼御史大夫，祖妣王氏，琅琊郡夫人。皇考英杰，義武軍節度押衙兼侍御史，妣潁川陳氏。并道貫仁風，徽猷早茂，名彰清懿，垂裕後昆。至於　寵秩封榮，終葬甲子，皆已備諸前誌，斯不重載。　公天授中和，聰明間世。卓犖孤秀，氣形風雲。節操冰霜，志堅金石。端恭處道，静謐居心。抱經濟之材，藴文武之略。奉上以忠孝，撫下以慈仁。加以識用知機，通方叶古。夙心武節，傾墓轅門。二紀於兹，躬勤軍伍，凡所更踐，其政必行。　公始於長慶新載入仕，纍赴昇遷，而能躬儉祗勤，端恭　綱紀，動由禮讓，人必知之。及授　公出領偏師，而能誓衆身先，建功殊效。或托以關河重鎮，地接雄藩，斯得於　公，奸邪不作。而又擢於爪牙之任，轅門之内，可謂風生。聘禮四方，誠謂不辱君命。及委之以訓練師旅，而能發號施令，決策奇方。動静知機，明於勝負。抑又軍府劇曹，權總司重，尤難其人。　公之所精，簡而能理，庭無宿訴，獄絶滯冤。既弘益於　藩垣，實歌咏而斯遠。　公之善理，足以匡輔　時政，宣洽風猷。方期奮翼雲霄，獲伸高步。無何，以景福不永，會寒暑遘疾，殆於綿輟。以大中元年閏三月十六日終於孟州河陽縣豐平里之私第也，享齡六十。公有三子：長曰鉥，次曰鍊，季曰壽，冠年弱質，皆以仁孝著名。抑又鉥、鍊等并就列旌軒，署衙前虞候之職。自公寢疾，躬執飲膳湯藥，昆季必先嘗之，面垢體羸，不飾冠帶。及　公奄息大謝，而發哀隕血，號扣天地，一哭三絶。俄而晦朔遄流，纔及終哭，皆迫禮起復之任也。公三女：長曰二十八娘，次曰三十娘，季曰三十一娘，并處子閨儀，哀毁居疚，哭無時也。　公夫人太原王氏，盛族仁流也。平生奉　公以巾櫛，及殁，居喪以終禮。撫孤號慟，髽髮毁容，追亡顧存，晝夜是哭也。公有長兄曰鳳翔節度馬軍都教練使兼御史中丞，以職係遠拜，臨喪不及也。日月云邁，龜筮叶吉，先遠告期，以其年七月十九日護櫬葬於孟州河陽縣豐平鄉趙村里之北原，禮也。慮他年陵谷之變，不以予之鄙，固命載筆。遂略述斯美，刊諸貞石，以紀其年祀焉。銘曰：

賢哉大夫，挺生忠烈。器貌孤標，風姿皎潔。其一。軒冕承家，公侯閥閲。金紫風流，問望清切。其二。才推經濟，德邁前哲。芳譽外彰，清輝内發。其三。洪勛早立，榮寵斯至。驊騮望逸，步於天衢。騏驥思千里而一致。其四。誰謂天地不仁，禍階將起。遘沉痾而莫瘳，竟大漸而云已。其五。流景不駐，逝波無返。悲大夜之何長，怨秋光而苦短。其六。臨危揮涕，興悲嗣子。痛昆友之猶睽，顧孀妻之嗚欷。其七。悠悠白雲，茫茫秋水。魄謝泉臺，魂歸蒿里。其八。龜筮叶吉，先遠届期。既啓玄浩，轜旐將還[三]。薤露哀湲，雲慘千里。風悲九原，萬古千秋。長波逝川，刻銘貞石，惟紀億年。其十。

[一] 此處空一格未刻字。
[二] 此處空一格未刻字。
[三] 此處應漏刻『其九』二字。

三〇一　唐故銀青光祿大夫守兵部尚書致仕上柱國渤海郡開國公食邑二千户贈尚書右僕射高府君（少逸）墓誌銘

大中元年（八四七）八月二十五日葬。

誌文四十二行，滿行四十六字。正書。誌長七十七厘米，寬七十六厘米。

高璩撰。

誌蓋篆書：大唐故兵部尚書致仕贈右僕射渤海高府君墓銘

唐故銀青光禄大夫守兵部尚書致仕上柱國渤海郡開國公食邑二千户贈尚書右僕射高府君墓誌銘并序

侄男翰林學士朝議郎守起居郎知 制誥柱國賜緋魚袋璩撰

上即位明年正月四日京兆上奏兵部尚書致仕薨於平康里， 上震悼，廢 朝一日。以贈右僕射 詔賜其第。其年八月廿五日權窆於河南府伊闕縣河晏鄉白沙村，祔先太尉塋，禮也。其孤厚以 公官勳屬同祖弟璩，曰：爾 先司空[一]樹名灑恩，瑩外謹中，危標飇高，規刻星漢。子□族姻，承稟驚愯，彍開資地。亢世立古，自得名至大冢宰，垂四十年。 諸父以宦游道里，巧會南北，若聚食者有數□□□。 先僕射與 司空爲散秩，時得不辭京洛。比升御史，班爲尚書郎。 内廷三署，分榮迭處。中間 僕射行房陵上饒， 司空蒞宣城峴首，爲生平間异纔十數年。以是 事脩業稔，日夜與 司空參較爾。嘗刻在□下，苟論撰失處，俾後生闕疑，則門爲不孝子矣。璩酸感不能自理，無從説讓，敢直録云：公諱少逸，字子遐，渤海蓨人也。得姓於齊大夫圂，□□有書；受家於漢郡守洪，後紀有傳。起周盡隋，引太公，次樂安王勱，正□十葉，侯卿公相，無世無有，〼。 太□□天下， 御閣藏 蒲州長史書。所謂 小史□□勳聖學，出没天地，今不敢以鎖索舉。

蒲州生 贈户部員外迥，户□生 贈右諫議大夫韪。諫議生 贈太尉集。 公即 太尉第四子也。出於 齊國太夫人盧氏。 太尉齊國太夫人皆早世。 公同氣五人，栖陽翟故居。涸迹窮經，往往日西未飯。非奥義玄文，約不聲口，遂用專易取科試。對語淵綿，争路帖息。以高等參河南府軍事，秩滿，補昭應縣主簿。歷大理寺丞。 孔戢大夫爲湖南觀察使，拜章乞廷，假侍御史。朱衣銀印，爲軍副貳。府罷，除房州刺史。褰帷布政，真良二千石。以真侍御史歸臺。李祐故以叛兵歸，倚勳恃 寵，不識 朝廷法度。一日以執金吾立 紫宸殿， 龍墀之上，折方趨揖，不中規矩。 公彈射稍緩，移右贊善大夫。未幾，拜尚書膳部員外郎，除信州刺史。剔弊調仁，無一餉去意。然暴人之非，懸己之能，如可死不可言。故尤美事，潛到疲瘵，而人不得知也。遷主客、比部、司勳正郎，兩爲經學考官，仲冬事後。

相國令狐文公[二]用左僕射行鹽鐵使事，奏 公爲判官。法制宜牽去者，悉以體裁，語一不散落，轉左司郎中。開成中， 司空自翰林 侍講學士拜御史中丞。

延英謝日， 文宗顧問誰可代卿爲 侍講者。 司空奏曰：『臣兄少逸，嗜學探奥，無可倫比。臣備位 講席，仰承 天問。或有不知者，臣兄問一知十。』文宗曰：『此真 侍講也。』翌日召入，充翰林 侍講學士。 文宗愛讀書，每命 侍講非碩德至藝不登此選。 少保叔祖、 司空公及 公相望登席，而 少保再與，去聲[三]。 文宗乘□謂 公曰：『聞族家以奇特相名，欲立識系緒高下。卿故爲小史，高當未如侍講高耳。』銜職轉諫議大夫， 章陵撰日得金紫歸官，换給事中。駮正紕繆，封還 詔書，職業甚舉。會昌中，紇扢斯入 朝， 武宗皇帝以爲諸蕃立國之本末，管部之遠近，將絶疑昧，要辯异同。因 詔 公與太子詹事韋宗卿、婺王傅林贊、秘書少監吕述就命婦院撰録，名爲《四夷立國記》，行於代。 上錫以縑綵銀器，儒者榮之。遷工部侍郎，出爲華州刺史。政潔道清，百姓以役息，自有永不聞官吏字。拜右常侍，改檢校工部尚書兼國子祭酒。復除檢校禮部尚書兼右常侍。 朝廷以 公累 朝元老，特示優獎。直揭美曹，盡飾峻秩。 公曰：『常侍正 龍墀三品官，鳴貂璫，立宰相後。諫議、給事、中書舍人纍纍在下，真禮尚書且卑常侍一等。况檢校者，以小浮大，是爲倒置。臣安敢取章上士君子，以爲掌起儀物。』詔用觀察陝虢，復禮尚書兼大夫，又移華州刺史。華民無少長，出關叫賀曰：是素使吾不聞官吏字者耶！皆跳躍迎去。入拜左常侍，上章請老，以兵部尚書致仕。 公平生唯禮義經史外，不染嗜好。凡居處游宴，皆不得已飄泛其中。雖奢侈百態，一不掛意。居常對案硯卷衮，若奉朋侣。行坐動作，不以寒暄改。故享年八十五，無風疹，無積憂，不服藥，不問卜。恬茂怡愉，如别有日月。先娶河東裴氏，河東郡太君。信州刺史注之女。繼娶博陵崔氏，安平郡太夫人。工部尚書致仕授之女。子三人：長曰厚，以明經累官入 朝班，朱紱赤縣，藁萃在手。士人指爲榮羨。次曰虔誨，以明經中專易科，卒奉禮郎。次曰弘諒，用千牛補右龍武軍胄曹，卒。女三人：長事浮屠法。次早卒。季適進士封挺卿。璩憶就外傅，即蒙 公形教詩題賦韻，苞搜斤削，人不得者得之。比頭角類人，實公之慈力。前五年，從 相國太原公[四]草奏荆蜀，延袤萬里。未嘗更月無手誨，每以操守儉苦爲誡。及登 諫署，入翰苑，自 内直歸。等閑 侍坐，慰撫講討，若聽韶護。今而銘文，宜何如痛毒。以故始事終義，不貴文出。銘曰：

烈山敷澤，營丘濟德。英風洋洋，八世享國。帝源侯枝，昌華萬馳。土甓殷周，爲唐手基。勳食廟斝，仍世位下。自我得天，欻飛殊價。弛張巨庸，賢哲追蹤。指引具職，高還古風。縣民有謠，史筆森梢。海桑桑海，聲猷孔昭。歲直庚辰，大中統紀。哭送元臣，闕塞南趾。

[一] 司空即高元裕，高少逸之弟。
[二] 相國令狐文公即令狐綯。
[三] 『去聲』爲小字。
[四] 相國太原公即白敏中。

三〇二　唐故宣德郎宋州穀孰縣令薛公（宗約）墓誌銘

大中元年（八四七）十月二十二日葬。

誌文二十三行，滿行二十五字。正書。誌長、寬均五十三厘米。張鳶撰，丘曈書。

唐故宣德郎宋州穀孰縣令薛公墓誌銘

鄉貢進士張鷹撰

維大中初紀，歲在丁卯，月惟孟夏，一日乙未朔，二十有四日戊午，宣德郎守宋州穀孰縣令薛公不禄於任之官舍，享年四十三。　公諱宗約，字厚禮，第四房之胤嗣也。　公曾祖諤，朝散大夫、石州别駕，贈太僕卿。　祖良道，朝散大夫、太子中允、徐州長史。　父瞻，朝議郎、陝州芮城縣尉。　公即芮城府君之長子也，少孤獨立，恪謹有稱，孝悌生知，藝學天授。以長慶四祀解褐珍王府參軍，次授滑臺酸棗縣丞。至於會昌紀，選授宋州穀孰縣令。清廉可尚，政術有方，蒼生歸蘇，一邑歌咏。公之立身，榮禄已矣。噫！天胡不傭，殲我良士。以其年十月二十二日葬於洛郊北洛陽縣平陰鄉吉村西，斯爲刊也。　公夫人河南丘氏，即故鄜坊丹延等州節度觀察處置等使兼御史大夫直方之愛女也。鸞對逾紀，俄爲未亡，節義動天，哀號莫及。撫其男女，幼稚六人，長子監郎十歲，次子董八兩歲，皆桂林之英，蘊凌雲之志。長女蕭□年十二，次女臺娘年□□，次女盛娘、次女□停，皆齠齔之年也。監郎等痛皆荼蓼，哀⧄。以鷹早承　懿屬，托述　芳猷，暫抑⧄。　薛氏之源流兮，其來渾渾，載福慶⧄，縣尹乃茝蘭兮，而斯是薰。　公乎莅⧄牛刀莫及。年纔茂盛，方資顯榮，逝川何速⧄有六。哀興荼毒，卜於斯地，瘞兹　金玉。

⧄前行澶王府功曹參軍上柱國河内縣開國男食□□□□□□户丘瞳書

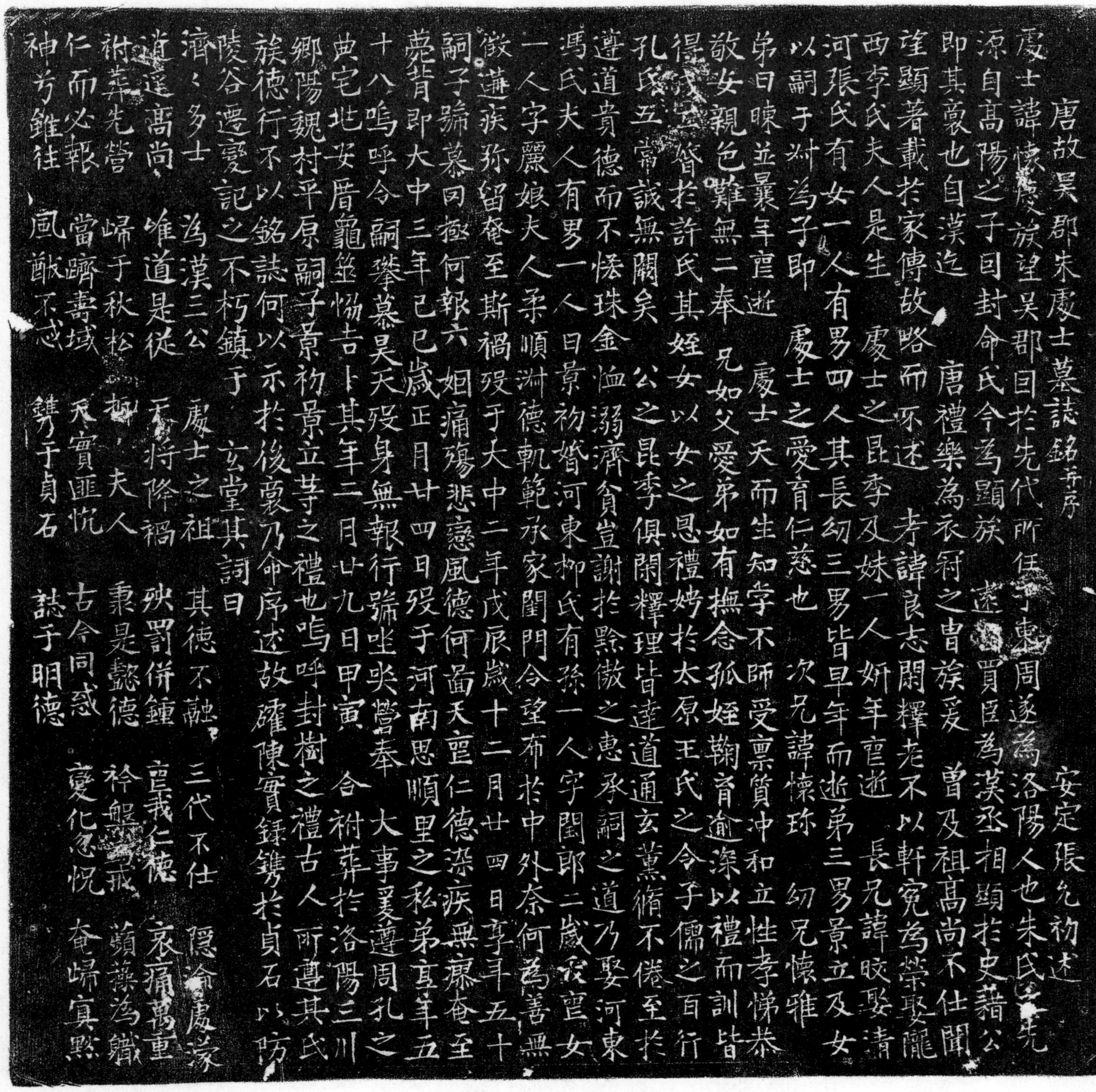
唐故吴郡朱處士墓誌銘并序　安定張允初述
處士諱懷慶族望吴郡因於先代所任于東周遂為洛陽人也朱氏之先
源自高陽之子因封命氏令為顯族遂□買臣為漢丞相顯於史籍公
即其裔也自漢迄唐禮樂為衣冠之冑族爰曾及祖高尚不仕聞
達顯著載於家傳故略而不述考諱良志閑釋老不以軒冕為榮娶隴
西李氏夫人是生處士之昆季及妹一人妍年亶逝長兄諱晈娶清
河張氏有女一人有男四人其長幼三男皆早年而逝弟三男景立及女
以嗣于对為子即處士之愛育仁慈也次兄諱懷珎幼兄懷雅
弟曰暕並曩年亶逝處士天而生知学不師受稟質沖和立性孝悌恭
敬女親色難無二奉兄如父愛弟如有撫念孤姪鞠育逾深以禮而訓皆
得成立嫁於許氏其姪女以女之恩禮娉於太原王氏之令子儒之百行
孔瑤五常誠無闕矣公之昆季俱閑釋理皆達道通玄薰循不倦至於
遵道貴德而不悋珠金恤溺濟貧豈謝於黔敖之惠承嗣之道乃娶河東
馮氏夫人有男一人曰景初婚河東柳氏有孫一人字閏郎二歲亦亶女
一人字麗娘夫人柔順淑德軌範承家閨門令望布於中外奈何為善無
徵遘疾弥留奄至斯禍歿于大中二年戊辰歲十二月廿四日享年五十
嗣子號慕罔極何報六姻痛殤悲戀風德何圖天亶仁德染疾無瘳奄至
薨背即大中三年己巳歲正月廿四日歿于河南思順里之私第享年五
十八嗚呼令嗣攀慕昊天歿身無報行號坐哭營奉大事爰遵周孔之
典宅兆安厝龜筮協吉卜其年二月廿九日甲寅合祔葬於洛陽三川
鄉陽魏村平原嗣子景初景立等之禮也嗚呼封樹之禮古人所遵其氏
族德行不以銘誌何以示於後裔乃命序述故纙陳實錄鐫於貞石以防
陵谷遷變記之不朽鎮于玄堂其詞曰
濟濟多士　為漢三公　處士之祖　其德不融　三代不仕　隱淪處蒙
道邁高尚　唯道是從　天將降禍　殃罰併鍾　亶義仁德　哀痛萬重
祔葬先營　婦于秋松　柳夫人　秉是懿德　衿盤無戒　蘋藻為饊
仁而必報　當躋壽域　天實匪忱　古今同惑　變化忽恍　奄歸冥默
神兮雖往　風猷不忒　鐫于貞石　誌于明德

三〇三　唐故吴郡朱處士（懷慶）墓誌銘

大中三年（八四九）二月二十九日葬。

誌文二十八行，滿行二十八字。正書。誌長、寬均三十九點五厘米。

張允初撰。

唐故吴郡朱處士墓誌銘并序

安定張允初述

處士諱懷慶，族望吴郡。因於先代所任於東周，遂爲洛陽人也。朱氏之先，源自高陽之子。因封命氏，今爲顯族。遠□買臣，爲漢丞相，顯於史籍。公即其裔也。自漢迄　唐，禮樂爲衣冠之胄族。爰　曾及祖，高尚不仕。聞望顯著，載於家傳，故略而不述。

考諱良，志閑釋老，不以軒冕爲榮。娶隴西李氏夫人，是生　處士之昆季，及妹一人，妍年喪逝。長兄諱旼，娶清河張氏。有女一人，有男四人。其長幼三男皆早年而逝。第三男景立及女以嗣於叔爲子，即　處士之愛育仁慈也。次兄諱懷珍，幼兄懷雅，弟曰暕，并曩年喪逝。　處士天而生知，學不師受。稟質冲和，立性孝悌。恭敬安親，色難無二。奉兄如父，愛弟如有。撫念孤侄，鞠育逾深。以禮而訓，皆得成立。婚於許氏。其侄女以女之恩禮，娉於太原王氏之令子。儒之百行，孔氏五常，誠無闕矣。　公之昆季，俱閑釋理，皆達道通玄，薰脩不倦。至於遵道貴德，而不吝珠金。恤溺濟貧，豈謝於黔傲之惠。承嗣之道，乃娶河東馮氏。夫人有男一人曰景初，婚河東柳氏。有孫一人，字閏郎，二歲夭喪。女一人，字麗娘。夫人柔順淑德，軌範承家。閨門令望，布於中外。奈何爲善無徵，遘疾彌留，奄至斯禍。殁於大中二年戊辰歲十二月廿四日，享年五十。嗣子號慕罔極，何報六姻痛殤；悲戀風德，何圖天喪仁德。染疾無瘳，奄至薨背。即大中三年己巳歲正月廿四日殁於河南思順里之私第，享年五十八。嗚呼！令嗣攀慕昊天，殁身無報。行號坐哭，營奉　大事。爰遵周孔之典，宅兆安厝，龜筮協吉。卜其年二月廿九日甲寅　合祔葬於洛陽三川鄉陽魏村平原。嗣子景初、景立等之禮也。嗚呼！封樹之理，古人所遵。其氏族德行不以銘誌，何以示於後裔。乃命序述，故確陳實録，鐫於貞石，以防陵谷遷變。記之不朽，鎮於　玄堂。其詞曰：

濟濟多士，爲漢三公。處士之祖，其德不融。三代不仕，隱淪處濛。逍遥高尚，唯道是從。天將降禍，殃罰并鍾。喪我仁德，哀痛萬重。祔葬先塋，歸於秋松。抑抑夫人，秉是懿德。衿槃爲戒，蘋藻爲職。仁而必報，當躋壽域。天實匪忱，古今同惑。變化忽怳，奄歸冥默。神兮雖往，風猷不忒。鐫於貞石，誌於明德。

三〇四 ☒録事參軍兼萊蕪監副知博陵崔府君（鍛）墓誌銘

大中三年（八四九）五月十☐日葬。

誌文十六行，滿行字數不等。正書。誌長、寬均四十二厘米。

獨孤濛撰。

誌蓋正書：唐故博陵崔府君墓誌

⧄録事參軍兼萊蕪監副知博陵崔府君墓誌銘

⧄自姬姓，齊卿漢臣之後，裔冑家世繼有聞，勛名軒裳，着爲□□。博陵以降，光襲顯嗣，紀於　國史，閥閱風範，詳在家諜，此無録焉。君諱鍛，字大冶。弱歲而孤，長育於我從伯姊。仁義孝敬，貧幼而知者鮮矣，君實天授焉。及讀書閱理，颬嗜無厭。嘗謂太學有朝夕之給，可以肄習。俗多恥之，以爲纓冑典廢，殊不知處之在道。遂篋所業，館於上庠。三年生徒，無一人面焉。射帖通圜，獲第囿司。求己□日，起志負道，若有得也。君之仲兄仕淮海間，歿於理所，孤侄嬰孺無主□。乃匍匐丐食，護喪而歸。明年，調授乾元令。縣居商嶺秦川之間，其民多以鬻山爲業，□土著户。君能適俗綏理，二三年□葺如善地。宰罷歲久，復調授隰糾。二官秩等，或謂資□不宜授焉。君曰：『柳下惠三黜三進，豈非賢達焉。在一級之差？』及其糾郡□□，不利於人，雖公必弛。是以舉措式用，□□人稱。後有知者薦之，自京隨鹺使印書副萊蕪知務。未至職，不幸圛卒於兖州官舍，春秋五十五。從舅濛職於是，隕涕粗筆生之始終。時大中三年五月十□日歸葬生之先塋偃師土樓之東。銘曰：

學富於身，行滿於家，樂何少而苦何多。爲善之□，□耶命耶！於子噫嗟！

兖海察觀[一]巡官兖州都督府參軍獨孤濛撰

[一]『察觀』當爲『觀察』之訛誤。

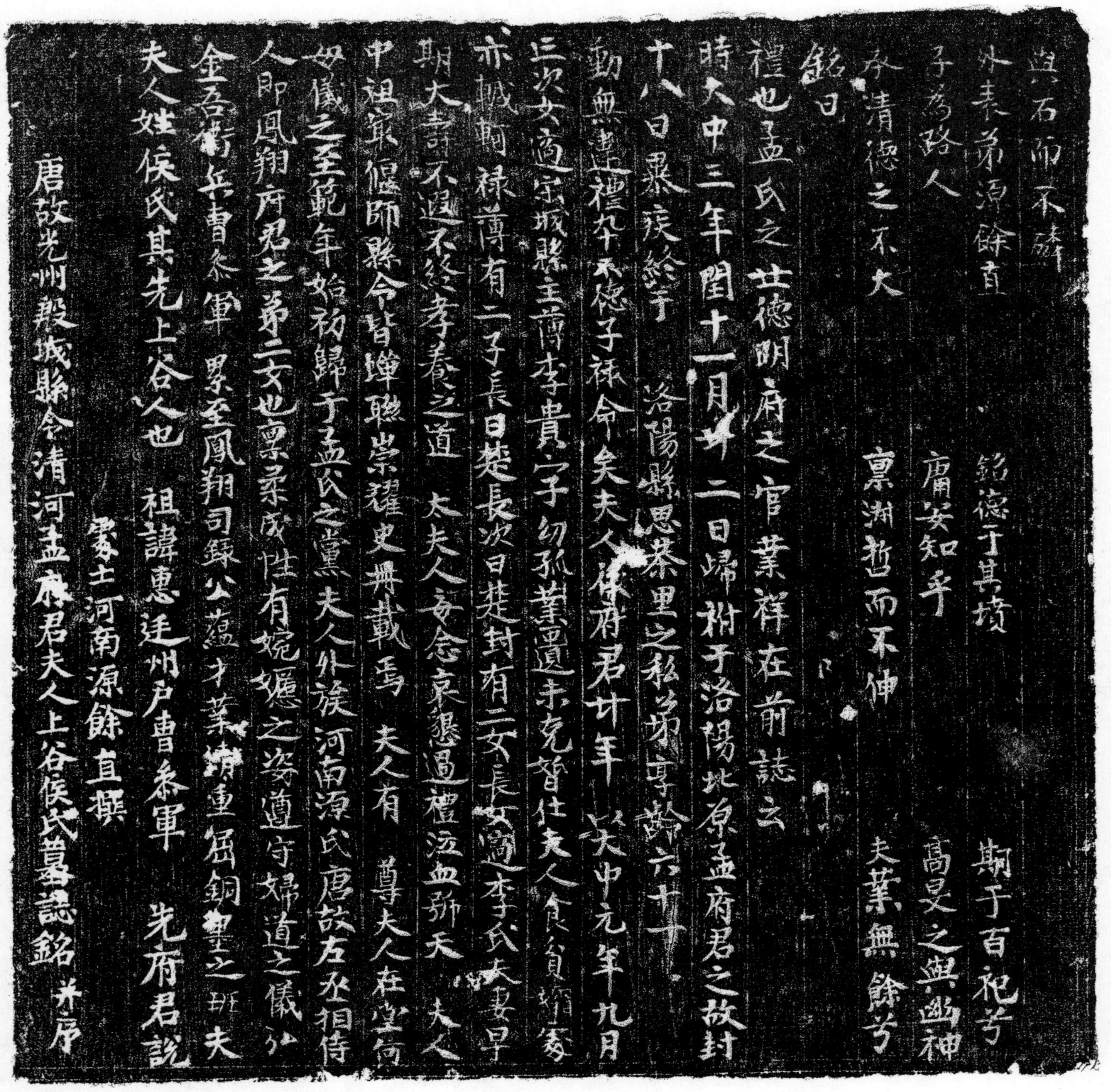

三〇五　唐故光州殷城縣令清河孟府君夫人上谷侯氏墓誌銘

大中三年（八四九）閏十一月二十二日葬。

誌文十九行，滿行字數不等。文字左行。正書。誌長、寬均四十四厘米。

源餘直撰。

唐故光州殷城縣令清河孟府君夫人上谷侯氏墓誌銘并序

處士河南源餘直撰

夫人姓侯氏，其先上谷人也。 祖諱惠，廷[一]州户曹參軍。 先府君説，金吾衛兵曹參軍，纍至鳳翔司録。公藴才業圖，重屈銅墨之班。夫人即鳳翔府君之第二女也。禀柔成性，有婉嫕之姿，遵守婦道之儀，弘母儀之至範。年始初，歸於孟氏之黨。 夫人外族河南源氏，唐故左丞相、侍中[二]。祖最，偃師縣令。皆蟬聯崇耀，史册載焉。夫人有 尊夫人在堂，何期大壽不遐，不終孝養之道。 太夫人每念，哀懇過禮，泣血號天。 夫人亦轗軻禄薄。有二子：長曰楚長，次曰楚封。有二女，長女適李氏，夫妻早亡。次女適宋城縣主簿李貴，字幼孤業匱，未克婚仕。夫人食貧孀處，動無違禮，卒不德子禄，命矣。夫人後府君廿年， 以大中元年九月十八日暴疾終於 洛陽縣思恭里之私第，享齡六十一。 時大中三年閏十一月廿二日歸祔於洛陽北原孟府君之故封，禮也。孟氏之世德，明府之官業，祥[三]在前誌云。銘曰：

承清德之不大，禀淑哲而不伸。夫業無餘兮，子爲路人。庸安知乎，高旻之與幽神。外表弟源餘直，銘德於其墳。期於百祀兮，與石而不磷。

[一] 『廷』或爲『庭』之訛誤。

[二] 唐故左丞相、侍中即源乾曜，見《舊唐書》卷九八《源乾曜傳》。

[三] 『祥』應爲『詳』之訛誤。

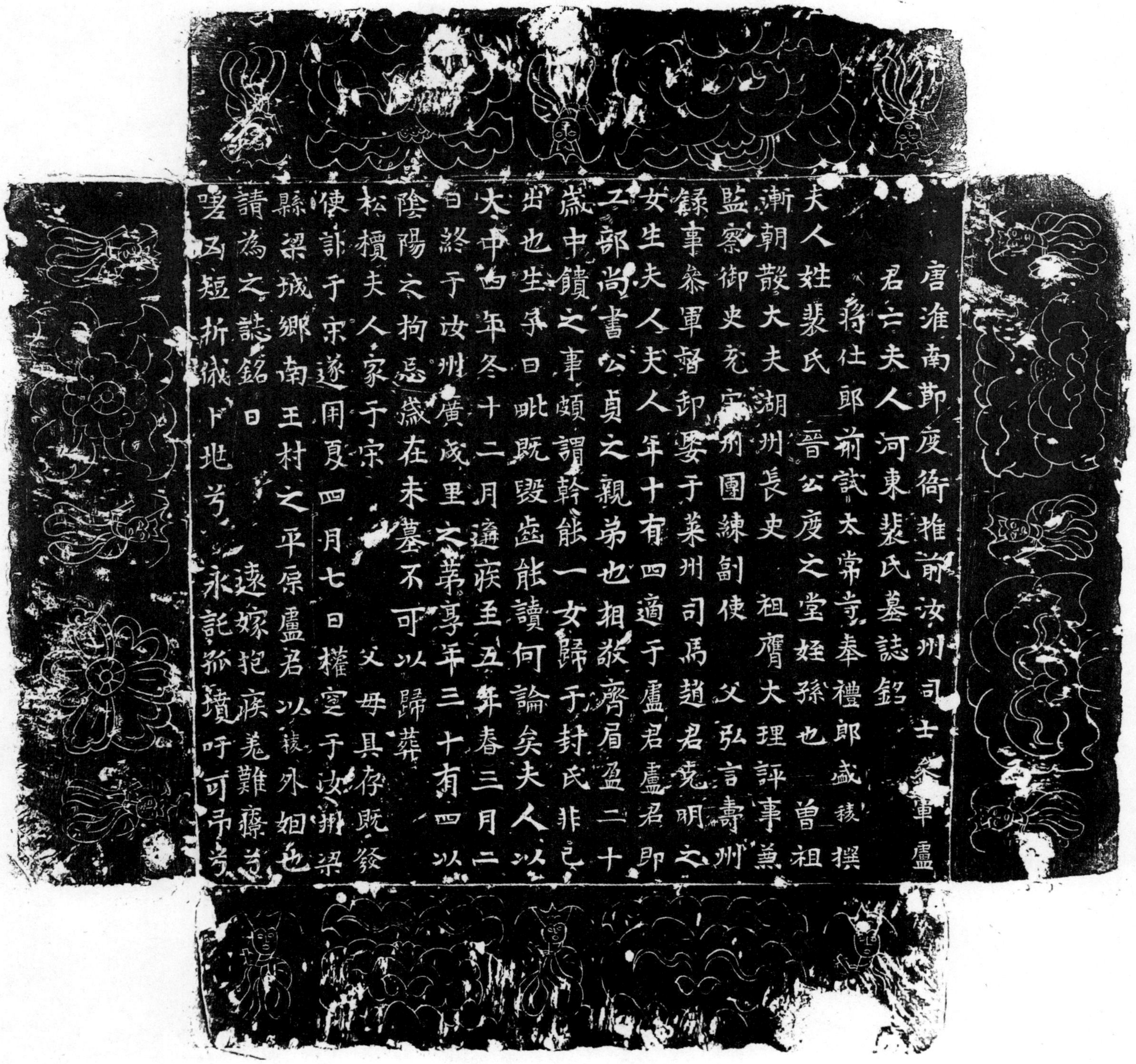

三〇六　唐淮南節度衙推前汝州司士參軍盧君亡夫人河東裴氏墓誌銘

大中五年（八五一）四月七日葬。誌文十九行，滿行十七字。正書。誌長、寬均四十一厘米。盛稜撰。

唐淮南節度衙推前汝州司士參軍盧君亡夫人河東裴氏墓誌銘

將仕郎前試太常寺奉禮郎盛稜撰

夫人姓裴氏，晋公度之堂侄孫也。曾祖漸，朝散大夫、湖州長史。祖膺，大理評事兼監察御史，充宋州團練副使。父弘言，壽州録事參軍。督郵娶於萊州司馬趙君克明之女，生夫人。夫人年十有四適於盧君。盧君即工部尚書公貞之親弟也。相敬齊眉，盈二十歲。中饋之事，頗謂幹能。一女歸於封氏，非己出也。生子曰毗，既毁齒，能讀《何論》矣。夫人以大中四年冬十二月遘疾，至五年春三月二日終於汝州廣成里之第，享年三十有四。以陰陽之拘忌，歲在未墓，不可以歸葬　松檟。夫人家於宋，　父母具存。既發使訃於宋。遂用夏四月七日權窆於汝州梁縣梁城鄉南王村之平原。盧君以稜，外姻也，請爲之誌。銘曰：

遠嫁抱疾，羌難療兮。嗟凶短折，俄卜兆兮。永托孤墳，吁可吊兮。

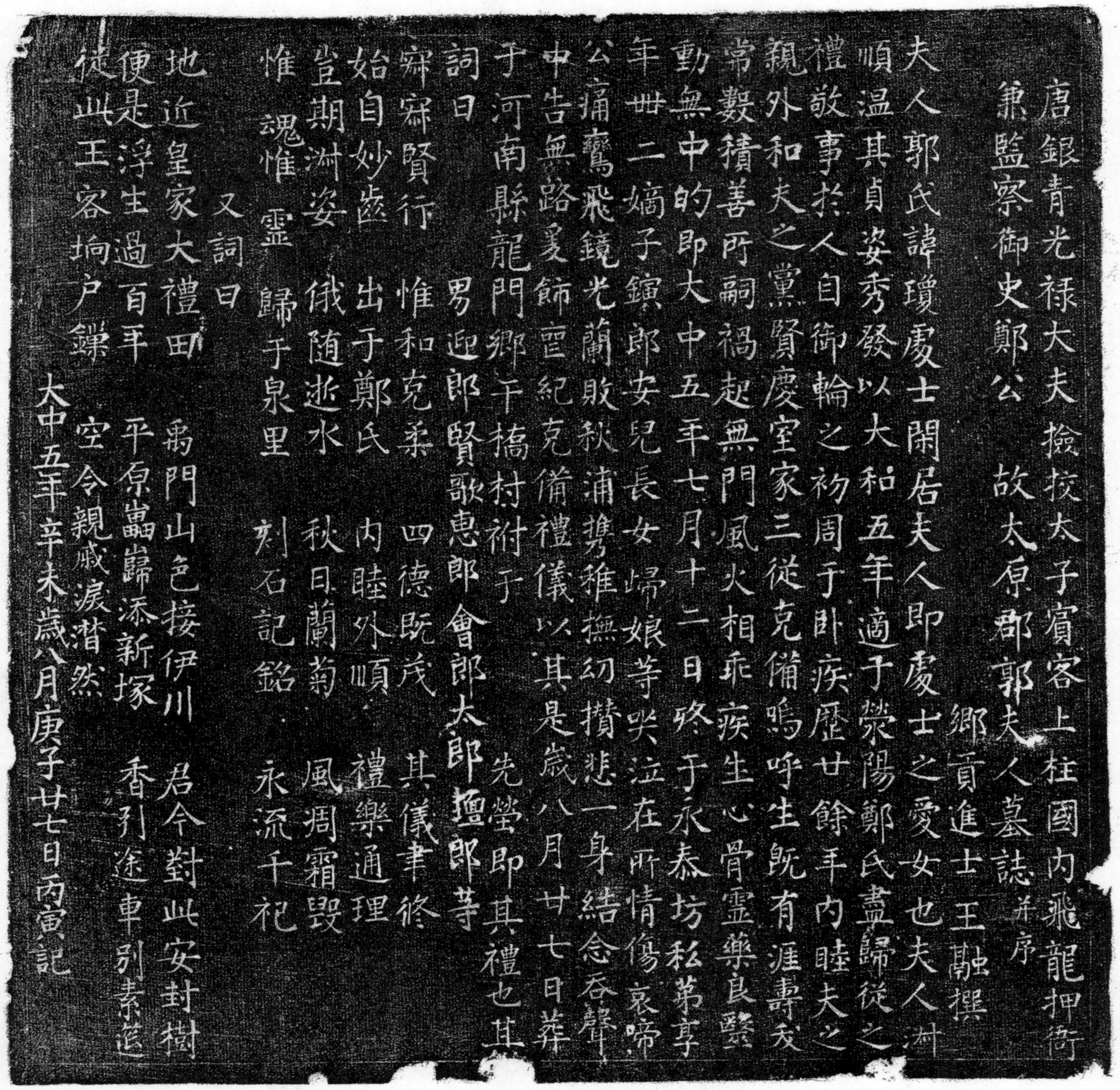
唐銀青光禄大夫撿校太子賓客上柱國内飛龍押衙
兼監察御史鄭公　故太原郡郭夫人墓誌并序
鄉貢進士王融撰
夫人郭氏諱瓊處士閑居夫人即處士之愛女也夫人淑
順温其貞姿秀發以大和五年適于滎陽鄭氏盡歸從之
禮敬事於人自御輪之初周于卧疾歷廿餘年内睦夫之
親外和夫之黨賢慶室家三從克備嗚呼生既有涯壽夭
常數積善所祠禍起無門風火相乖疾生心骨靈藥良醫
動無中的即大中五年七月十二日終于永泰坊私第享
年卌二嫡子鐶郎安兒長女歸娘等哭泣在所情傷哀啼
公痛鸞飛鏡光蘭敗秋浦携稚撫幼攢悲一身結念吞聲
中告無路爰飾匣紀克備禮儀以其是歲八月廿七日葬
于河南縣龍門鄉干橋村祔于　先塋即其禮也其
詞曰　男迎郎賢歌惠郎會郎太郎擅郎等
穆穆賢行　惟和克柔　四德既茂　其儀聿修
始自妙齒　出于鄭氏　内睦外順　禮樂通理
豈期淑姿　俄隨逝水　秋日蘭菊　風凋霜毀
惟魂惟靈　歸于泉里　刻石記銘　永流千祀
又詞曰
地近皇家大禮田　禹門山色接伊川　君今對此安封樹
便是浮生過百年　平原嵓歸添新塚　香引遂車别素筵
從此王容坰户鏁　空令親戚淚潸然
大中五年辛未歲八月庚子廿七日丙寅記

三〇七　唐銀青光禄大夫檢校太子賓客上柱國内飛龍押衙兼監察御史鄭公故太原郡郭夫人（瓊）墓誌

大中五年（八五一）八月二十七日葬。

誌文二十三行，滿行二十二字。正書。誌長、寬均三十六點五厘米。王融撰。

唐銀青光禄大夫檢校太子賓客上柱國内飛龍押衙兼監察御史鄭公　故太原郡郭夫人墓誌并序

鄉貢進士王融撰

夫人郭氏，諱瓊。處士閑居，夫人即處士之愛女也。夫人淑順温其，貞姿秀發。以大和五年適於滎陽鄭氏。盡歸從之禮，敬事於人。自御輪之初周於卧疾，歷廿餘年。内睦夫之親，外和夫之黨。賢慶室家，三從克備。嗚呼！生既有涯，壽夭常數。積善所嗣，禍起無門。風火相乖，疾生心骨。靈藥良醫，動無中的。即大中五年七月十二日終於永泰坊私第，享年卌二。嫡子鎮郎、安兒，長女歸娘等哭泣在所，情傷哀啼。公痛鸞飛鏡光，蘭敗秋浦。携稚撫幼，攢悲一身。結念吞聲，中告無路。爰飾喪紀，克備禮儀。以其是歲八月廿七日葬於河南縣龍門鄉午橋村，祔於　先塋，即其禮也。其詞曰：

男迎郎、賢歌、惠郎、會郎、太郎、擅郎等。

寂寂賢行，惟和克柔。四德既茂，其儀聿修。始自妙齒，出於鄭氏。内睦外順，禮樂通理。豈期淑姿，俄隨逝水。

秋日蘭菊，風凋霜毁。惟魂惟靈，歸於泉里。刻石記銘，永流千祀。

又詞曰：

地近皇家大禮田，禹門山色接伊川。君今對此安封樹，便是浮生過百年。平原嵓巋添新塚，香引途車別素筵。

從此王客坰户鎖，空令親戚泪潸然。

大中五年辛未歲八月庚子廿七日丙寅記

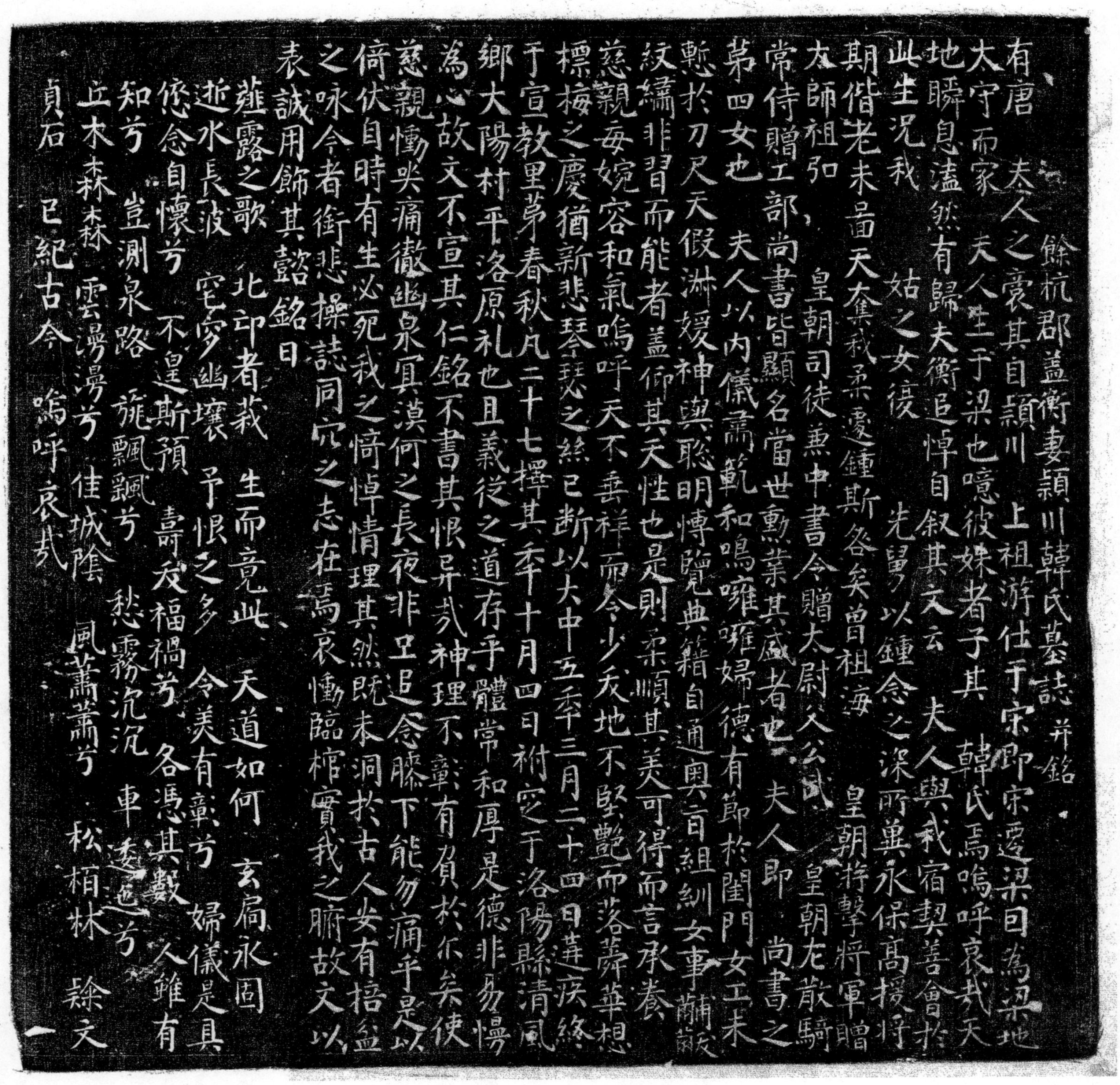

三〇八　餘杭郡蓋衡妻潁川韓氏墓誌

大中五年（八五一）十月四日葬。

誌文二十六行，滿行字數不等。正書。誌長、寬均四十五點五厘米。蓋衡撰。

誌蓋正書：故潁川郡韓氏墓誌銘

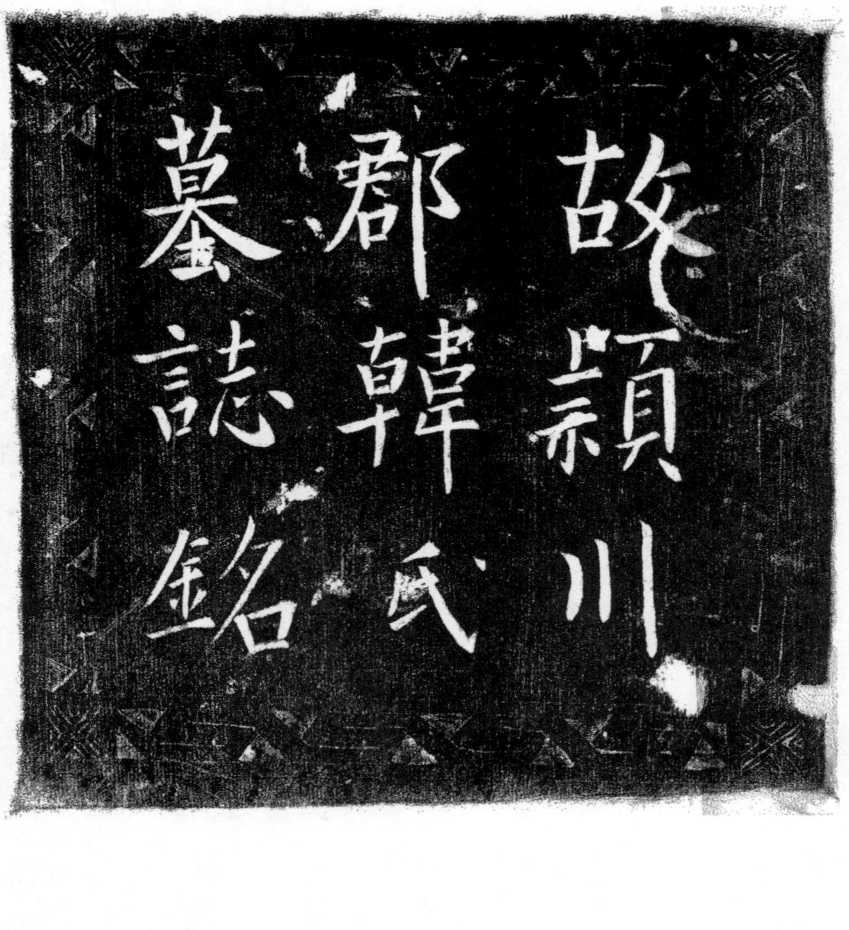

餘杭郡蓋衡妻潁川韓氏墓誌并銘

有唐　夫人之裔，其自潁川。　上祖游仕於宋，即宋遷梁，因爲梁地太守而家。　夫人生於梁也。噫！彼姝者子，其　韓氏焉。嗚呼哀哉！天地瞬息，溘然有歸。夫衡追悼，自叙其文云：　夫人與我，宿契善會於此生。況我　姑之女，復　先舅以鍾念之深，所冀永保高援，將期偕老。未圖天奪我柔，遽鍾斯咎矣。曾祖海，　皇朝游擊將軍，贈太師。祖弘，　皇朝司徒兼中書令，贈太尉。父公武，　皇朝左散騎常侍，贈工部尚書。皆顯名當世，勛業其盛者也。　夫人即　尚書之第四女也。　夫人以内儀肅範，和鳴噰噰，婦德有節於閨門，女工未慚於刀尺。天假淑媛，神與聰明。博覽典籍，自通奥旨。組紃女事，黼黻紋繡。非習而能者，蓋仰其天性也。是則柔順其美，可得而言。承養　慈親，每婉容和氣。嗚呼！天不垂祥而令少夭，地不堅艷而落蕣華。想摽梅之慶猶新，悲琴瑟之絲已斷。以大中五年三月二十四日遘疾終於宣教里第，春秋凡二十七。擇其年十月四日祔窆於洛陽縣清風鄉大陽村平洛原，禮也。且義從之道存乎體，常和厚是德，非易慢爲心。故文不宣其仁，銘不書其恨，异哉！神理不彰，有負於爾矣。使慈親慟哭，痛徹幽泉。冥漠何之，長夜非旦。追念膝下，能勿痛乎。是以倚伏自時，有生必死。我之惝悼，情理其然。既未洞於古人，安有掊盆之咏。今者銜悲操誌，同穴之志在焉。哀慟臨棺，實我之腑。故文以表誠，用飾其懿。銘曰：

薤露之歌，北邙者莪。生而竟此，天道如何。玄扃永固，逝水長波。窀穸幽壤，予恨之多。令美有彰兮，婦儀是具。依念自懷兮，不遑斯預。壽夭福禍兮，各憑其數。人雖有知兮，豈測泉路。旐飄颻兮，愁霧沉沉。車逶迤兮，丘木森森。雲漫漫兮佳城陰，風蕭蕭兮松柏林。隸文貞石，已紀古今。嗚呼哀哉！

三〇九 唐故平昌郡孟處士（君集）墓記

大中六年（八五二）二月十七日葬。
誌文二十二行，滿行二十一字。正書。誌長、寬均四十厘米。
張允初撰。

唐故平昌郡孟處士墓記

將仕郎前試太常寺協律郎上輕車都尉張允初述

處士諱君集，族本平昌。因　先之任，遂爲洛陽人。爲系自周公，洎魯桓公之代，因封命氏，以是著姓。春秋時隱淪，魯儒軻著《孟子》十卷，見行於世。　公即軻之後也。　高曾二代，德行顯於圖諜，略而不述。　皇祖諱昇，　祖妣潁川陳氏。　皇考諱祐，　皇妣隴西李氏。　其　祖考紹　先人之行，好道不仕。尤閑釋老，不以軒冕爲榮。嘉以積善餘慶，是生處士。天生茂昇，立性温恭。克孝克友，惟讓惟廉。鄉黨推其令譽，朋友慕於德風。娶隴西李氏，以奉温凊之養。有女一人，有男二人。長曰景珣，娶濟陰董氏。有孫一人，字永安。次子景璋，娶渤海吴氏。嗣子等五常備弘，言行無二。何圖天喪德仁，染疾於旬。奄至斯禍，歿於河南府福善里之私第宅。即大中五年十一月十五日，享年四十九。女男號絶，中外悲傷。禮遵宅兆，卜於大中六年太歲壬申二月十七日甲寅安厝於河南縣平樂鄉朱陽村　先塋，嗣子景珣等禮也。　夫人禮範承家，誨子以儒。喪事者，莫匪周孔之典。乃銜悲而命於子曰：『窀穸之事，若不以銘記，其氏族德行，何以垂於後裔？』爰命允初礶洪猷以示子孫，仍鐫於石，以防陵谷之變。永鎮　玄堂，傳之不朽。

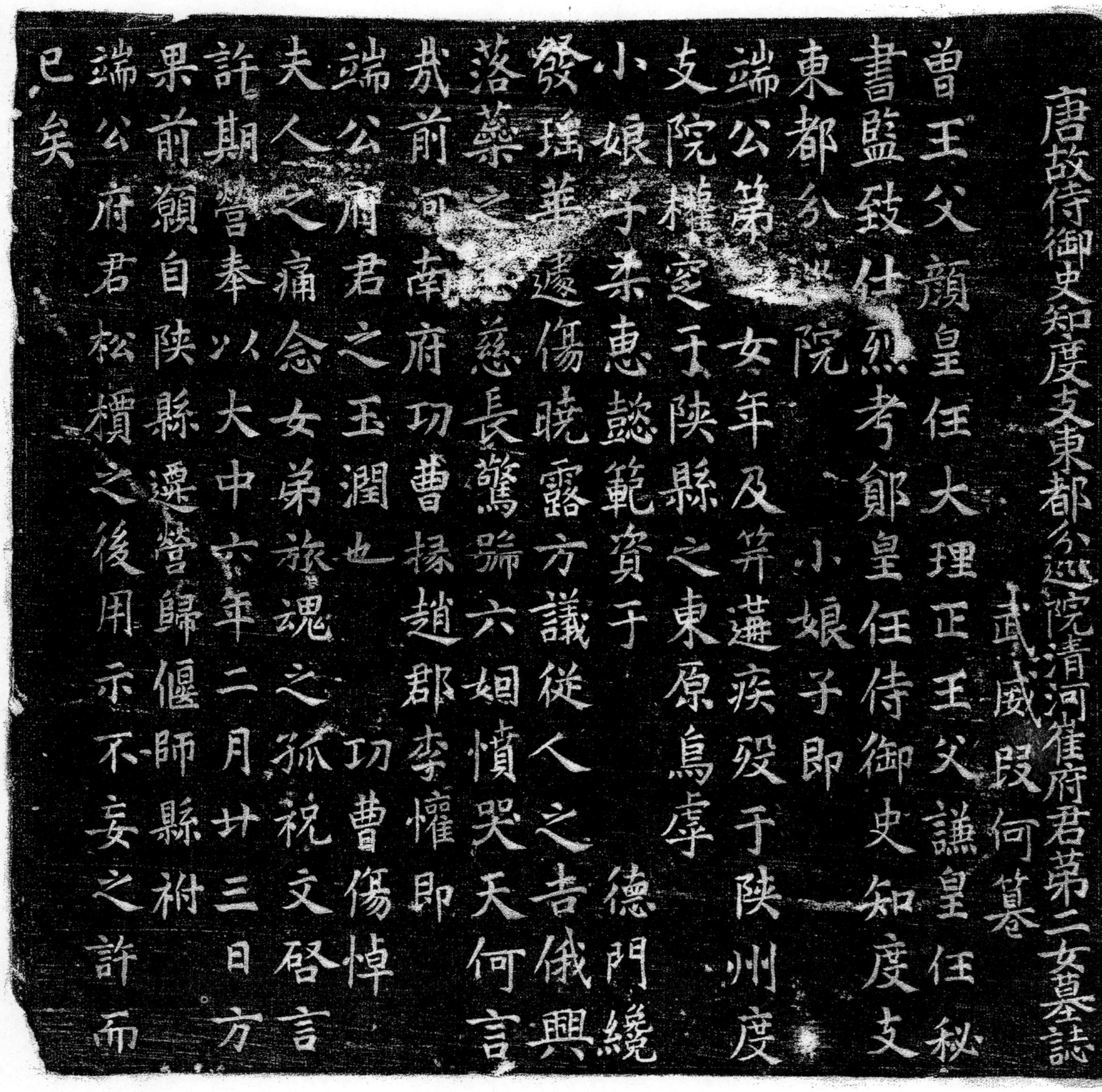
唐故侍御史知度支東都分巡院清河崔府君第二女墓誌
武威段何撰
曾王父顏皇任大理正王父譙皇任秘
書監致仕烈考鄖皇任侍御史知度支
東都分巡院　小娘子即
端公第二女年及笄遘疾殁于陝州度
支院權窆于陝縣之東原烏虖
小娘子柔惠懿範資于　德門纔
發瑤華遽傷曉露方議從人之吉儀興
落蘂之慈長驚號六姻憤哭天何言
哉前河南府功曹掾趙郡李懽即
端公府君之玉潤也　功曹傷悼
夫人之痛念女弟旅魂之孤祝文啓言
許期營奉以大中六年二月廿三日方
果前願自陝縣遷營歸偃師縣祔
端公府君松檟之後用示不妄之許而
已矣

三一〇　唐故侍御史知度支東都分巡院清河崔府君（鄖）第二女墓誌

大中六年（八五二）二月二十三日葬。
誌文十七行，滿行十五字。正書。誌長、寬均三十八厘米。
段何撰。

唐故侍御史知度支東都分巡院清河崔府君第二女墓誌

武威段何纂

曾王父顔，皇任大理正。王父謙，皇任秘書監致仕。烈考鄖，皇任侍御史知度支東都分巡院。　小娘子即　端公第二女。年及笄遘疾，殁於陝州度支院，權窆於陝縣之東原。烏呼！　小娘子柔惠懿範，資於　德門。纔發瑶華，遽傷曉露。方議從人之吉，俄興落蕊之□。慈長驚號，六姻憤哭。天何言哉！前河南府功曹掾趙郡李懽，即　端公府君之玉潤也。　功曹傷悼夫人之痛，念女弟旅魂之孤。祝文啓言，許期營奉。以大中六年二月廿三日方果前願，自陝縣遷營歸偃師縣，祔　端公府君松檟之後，用示不妄之許而已矣。

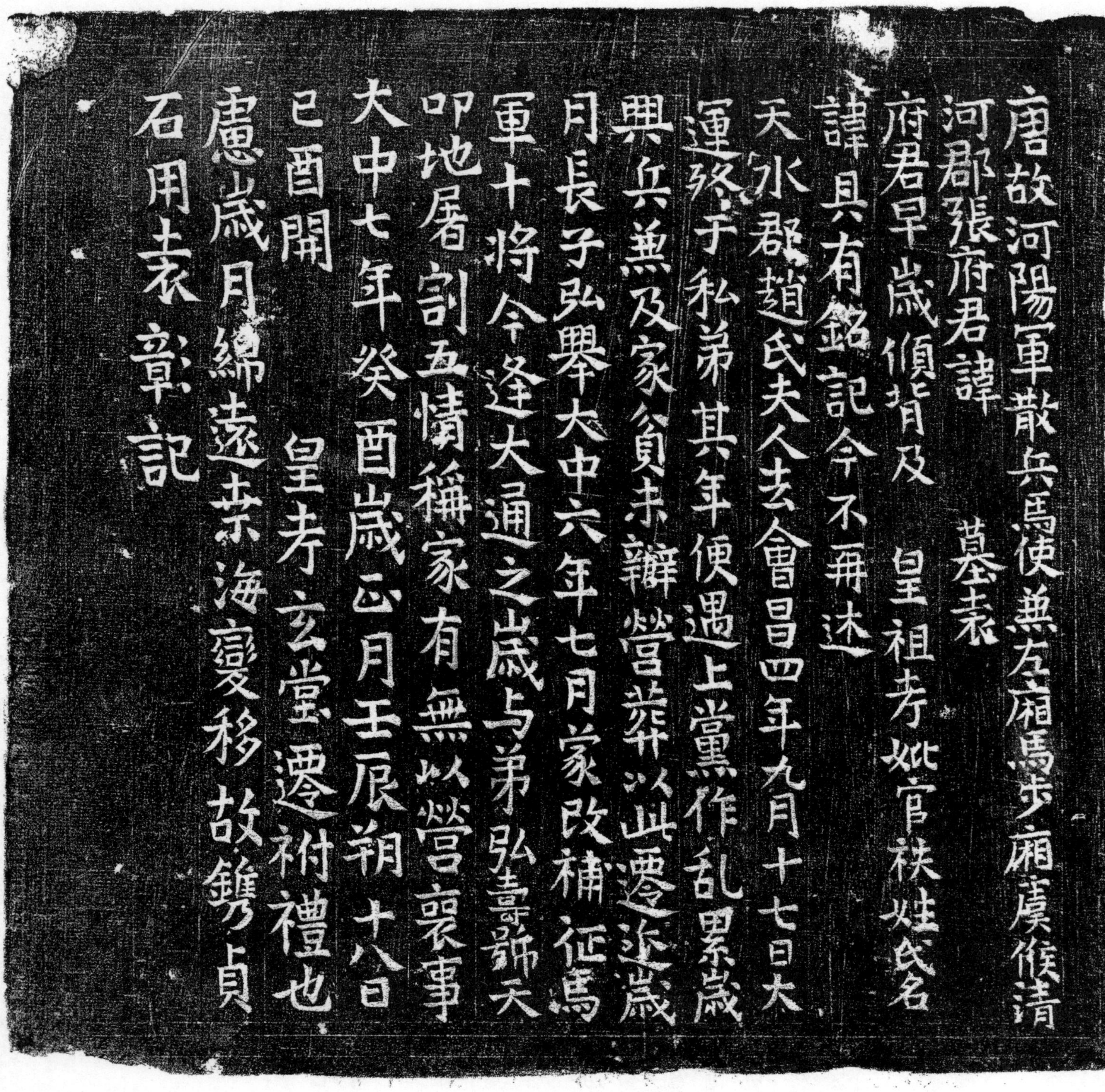

唐故河陽軍散兵馬使兼左廂馬步廂虞候清
河郡張府君諱　墓表
府君早歲傾背及　皇祖考妣官秩姓氏名
諱具有銘記今不再述
天水郡趙氏夫人去會昌四年九月十七日大
運終于私第其年便遇上黨作乱累歲
興兵兼及家貧未辦營葬以此遷延歲
月長子弘舉大中六年七月蒙改補征馬
軍十將今逢大通之歲与弟弘壽歸天
叩地屠割五情稱家有無以營喪事
大中七年癸酉歲正月壬辰朔十八日
己酉開　皇考玄堂遷祔禮也
慮歲月綿遠桑海變移故鐫貞
石用表彰記

三一一　唐故河陽軍散兵馬使兼左廂馬步廂虞候清河郡張府君諱（勳）墓表

大中七年（八五三）正月十八日葬。

誌文十四行，滿行字數不等。正書。誌長三十四點五厘米，寬三十三點五厘米。

唐故河陽軍散兵馬使兼左厢馬步厢虞候清河郡張府君諱[一]墓表

府君早歲傾背，及　皇祖考妣官秩姓氏名諱具有銘記，今不再述。　天水郡趙氏夫人去會昌四年九月十七日大運終於私第，其年便遇上黨作亂，纍歲興兵。兼及家貧，未辦營葬，以此遷延歲月。長子弘舉，大中六年七月蒙改補征馬軍十將。今逢大通之歲，與弟弘壽號天叩地，屠割五情，稱家有無，以營喪事。大中七年癸酉歲正月壬辰朔十八日己酉，開　皇考玄堂遷祔，禮也。慮歲月綿遠，桑海變移，故鐫貞石，用表彰記。

[一] 此處空二格未刻字。此人即張勲，墓誌見本書二八〇《唐故河陽軍散兵馬使兼左厢馬步厢虞候張君（勲）墓誌銘》。

三一二　滎陽鄭府君（韍）墓誌銘

大中七年（八五三）十二月二十八日葬。
誌文二十一行，滿行字數不等。正書。誌長、寬均五十厘米。
鄭頊撰。

滎陽鄭府君墓誌銘并序

堂兄布衣項撰

府君諱韔，字子弓，先祖滎陽人。始得其姓周厲王之後也。定甲乙之差毫，元魏之時也。十三代祖小字爲小白翁，分爲北祖第二房，立爲門户主，時人稱其鼎甲，世傳爾其令族。我□承襲，實不讓此論也。　曾祖圔〔一〕，皇慶王府騎曹參軍。　祖豐，皇絳州正平縣令，賜緋魚袋。　父宗夏，皇鄉貢進士。韔爲長子也。雖寡文學以就身，幼小多自立。假名攝職，皆有公清之能，守事之端，實且迥出於流輩，以此揚其名。襄州節度使燉煌李公景讓慕君之善，諭致在於門館。媾其親懿，采爲再從侄女婿。方動章表，必奏成名。此時且假名郢州，兼之重職。纔未半歲，忽遘疹疾。醫療萬端，厥疾不瘳。自度氣力已耗，徑歸潁上。骨肉因依，會面數月，共奉湯藥，不怠晨夕。竟不起於疾，享年五十二，大中七年十二月廿日終於河南府陽翟縣私第。以其年月便宜，取當月廿八日權窆於縣城西三封鄉李村里。先曾婚隴西李氏，有子二人：長曰鄆郎，次曰曹曹。女名曰小郎。衆共傷其少妻號天泣惻，聞之悲嘆。□痛□此時攬涕□容。强爲援筆，略述其事，粗書其銘，以紀年月鄉里之處也。銘曰：

少失嚴規，幼自孤立。已得薰猶，事能修葺。修持之道，得獲依□。□望其進，方欲立身。上天不明，神理不囧。芳蘭既衰，悲爾無壽。萬事既畢，一生已休。勒銘刊石，萬古千秋。

〔一〕此字漫漶，據《新唐書》卷七五《宰相世系表》，當爲「荃」。

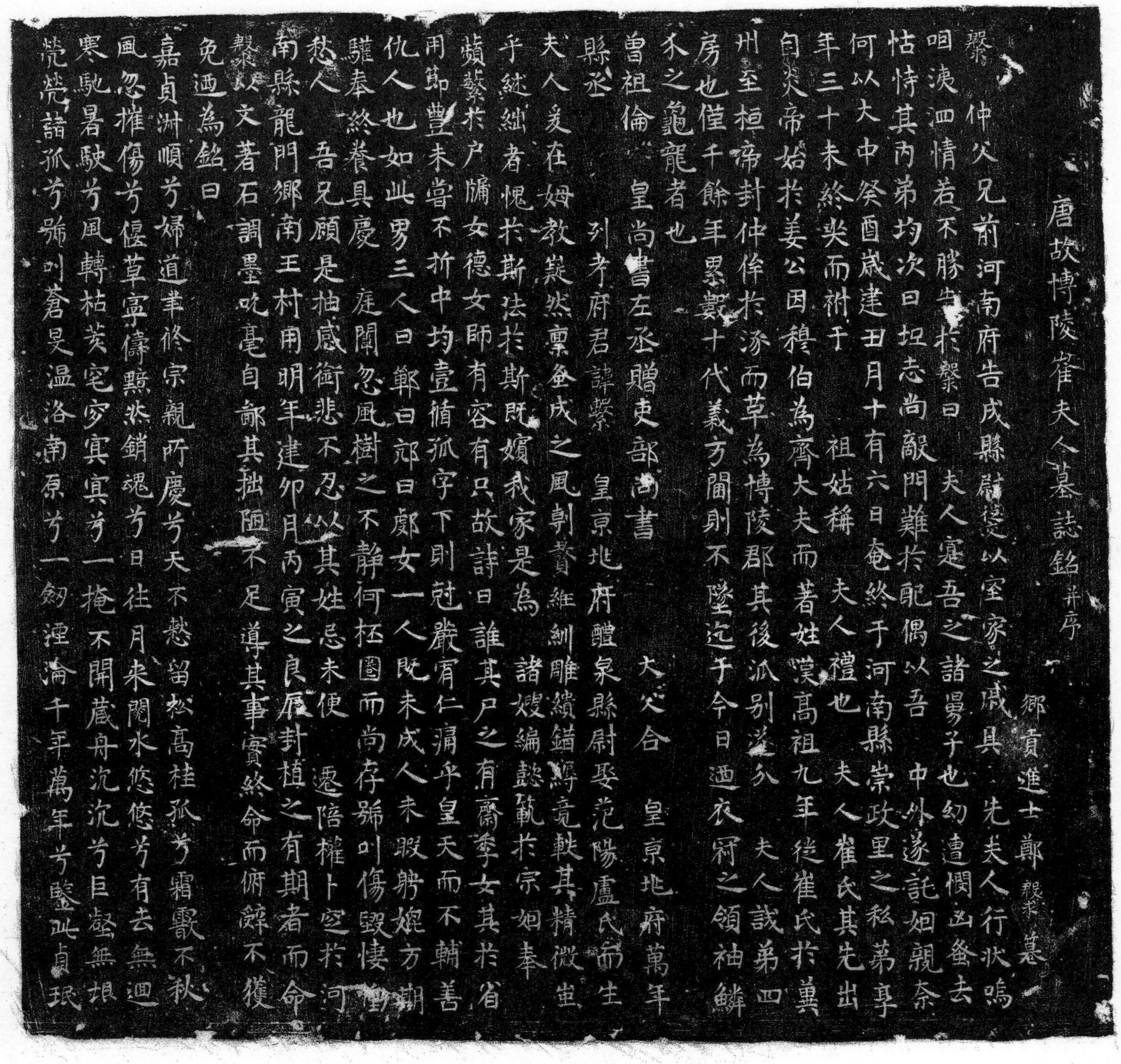
唐故博陵崔夫人墓誌銘并序
鄉貢進士鄭殷求撰
綮仲父兄前河南府告成縣尉從以室家之戚具先夫人行狀嗚
咽湊泗情若不勝告於綮曰夫人寔吾之諸甥子也幼遭憫凶奄去
怙恃其丙弟均次曰垣志尚敵門難於配偶以吾中外遂託姻親奈
何以大中癸酉歲建丑月十有六日奄終于河南縣崇政里之私第享
年三十未終奨而祔于祖姑稱夫人禮也夫人崔氏其先出
自炎帝始於姜公因穆伯為齊大夫而著姓漢高祖九年從崔氏於冀
州至桓帝封仲倖於涿而草為博陵郡其後派別遂分夫人議弟四
房也僅千餘年累數十代義方閭則不墜迄于今日迺衣冠之領袖鱗
禾之龜龍者也
曾祖倫皇尚書左丞贈吏部尚書大父合皇京兆府萬年
縣丞列考府君諱綮皇京兆府醴泉縣尉娶范陽盧氏而生
夫人爰在姆教嶷然稟蚤成之風剸贅維紃雕繢錯縟竟軼其精微蚩
乎紘綖者愧於斯法於斯既嬪我家是為諸嫂編懿範於宗姻奉
蘋蘩於戶牖女德女師有容有只故詩曰誰其尸之有齊季女其於省
用節豐未嘗不折中均壹循孤字下則冠嚴肩仁漏乎皇天而不輔善
仇人也如此男三人曰鄭曰郎曰鄭女一人既未成人未暇髫方期
驩奉終養具慶庭闈忽風樹之不靜何枉圖而尚存號叫傷毀悽惻
愁人吾兄顧是抽感銜悲不忍以其姓忌未便遷陪權卜窆於河
南縣龍門鄉南王村用明年建卯月丙寅之良辰封植之有期者而命
綮以文著石調墨吮毫自鄙其拙陋不足導其事實終命而俯辭不獲
免迺為銘曰
嘉貞淑順兮婦道聿修宗親所慶兮天不憖留松高桂孤兮霜霰不秋
風忽摧傷兮偃草寧儔黯然銷魂兮日往月來閱水悠悠兮有去無迴
寒馳暑駛兮風轉枯荄宅穸冥冥兮一掩不開藏舟沉沉兮巨壑無垠
縈縈諸孤兮號叫蒼旻溫洛南原兮一匆湮淪千年萬年兮鑒此貞珉

三一一三　唐故博陵崔夫人（鄭從交妻）墓誌

大中八年（八五四）二月十一日葬。

誌文二十七行，滿行二十七字。正書。誌長五十二點五厘米，寬五十二厘米。

鄭殷求撰。

誌蓋篆書：唐故博陵崔夫人墓銘

唐故博陵崔夫人墓誌銘并序

鄉貢進士鄭殷求纂

殷求　仲父兄前河南府告成縣尉從交以室家之戚，具　先夫人行狀，嗚咽洟泗，情若不勝，啚於殷求曰：『夫人寔吾之諸舅子也，幼遭憫凶，蚤去怙恃。』其内弟均，次曰坦，志尚敵門，難於配偶，以吾　中外，遂托姻親。奈何以大中癸酉歲建丑月十有六日奄終於河南縣崇政里之私第，享年三十。未終哭而祔於　祖姑，稱　夫人，禮也。　夫人崔氏，其先出自炎帝，始於姜公，因穆伯爲齊大夫而著姓。漢高祖九年，徙崔氏於冀州。至桓帝封仲侔於涿，而革爲博陵郡。其後派别遂分。　夫人誠第四房也。僅千餘年，纍數十代。義方闔則不墜，迄於今日，迺衣冠之領袖，鱗介之龜龍者也。　曾祖倫，　皇尚書左丞，贈吏部尚書。　大父合，　皇京兆府萬年縣丞。

列考府君諱繫，　皇京兆府醴泉縣尉。娶范陽盧氏而生夫人。爰在姆教，嶷然稟蚤成之風。剸贅紝紃，雕繢錯縟，竟軼其精微。蚩乎紩紬者愧於斯，法於斯。既嬪我家，是爲　諸嫂。編懿範於宗姻，奉　蘋蘩於户牖，女德女師，有容有只。故《詩》曰：『誰其尸之，有齋季女。』其於省用節豐，未嘗不折中均壹。循孤字下，則剋嚴宥仁。痛乎皇天，而不輔善，仇人也如此。男三人：曰鄲、曰邴、曰鄜。女一人，既未成人，未暇聘媲。方期驩奉終養，具慶　庭闈，忽風樹之不静，何杯圈而尚存。號叫傷毁，悽慟愁人。　吾兄顧是抽感銜悲，不忍以其姓忌，未便　遷陪，權卜窆於河南縣龍門鄉南王村。用明年建卯月丙寅之良辰，封植之有期者，而命殷求以文著石。調墨吮毫，自鄙其拙陋，不足導其事。終命而俯，辭不獲免，迺爲銘曰：

嘉貞淑順兮婦道聿修，宗親所慶兮天不慭留。松高桂孤兮霜霰不秋，風忽摧傷兮偃草寧儔。黯然銷魂兮日往月來，閲水悠悠兮有去無迴。寒馳暑駛兮風轉枯荄，窀穸冥冥兮一掩不開。藏舟沉沉兮巨壑無垠，煢煢諸孤兮號叫蒼旻。温洛南原兮一劍湮淪，千年萬年兮鑒此貞珉。

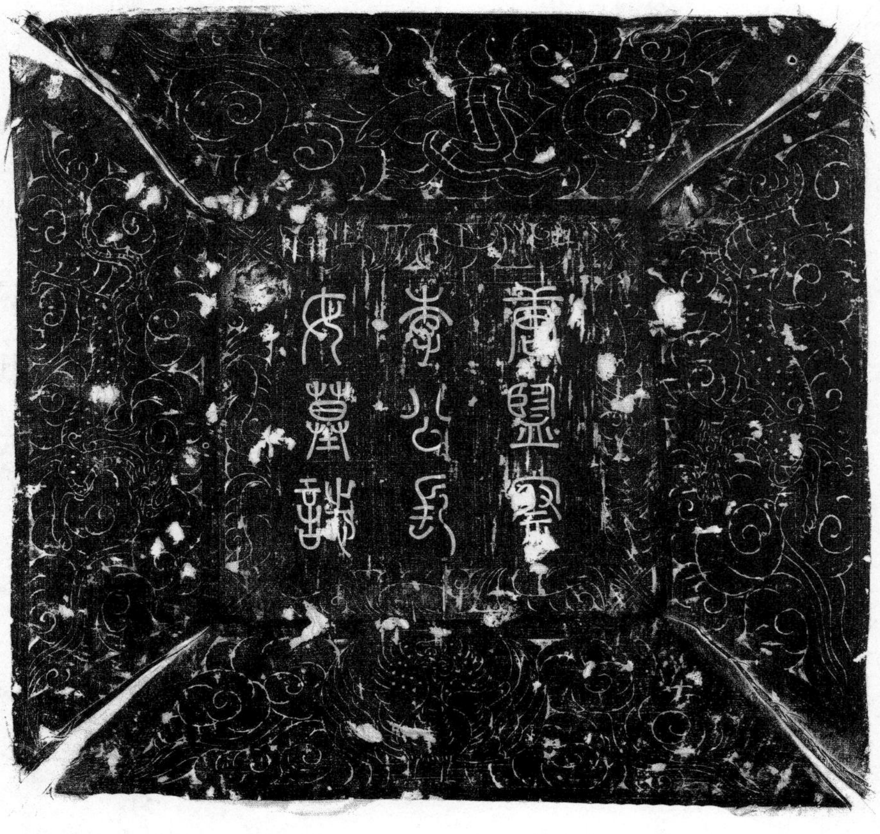

三一四　唐攝度支巡官知河陰陸運院事監察御史裏行賜緋魚袋李公（庠）長女（顔）墓誌銘

大中八年（八五四）八月十五日葬。

誌文二十四行，滿行二十四字。正書兼行意。誌長、寬均四十二厘米。

崔克一撰。

誌蓋篆書：唐監察李公長女墓誌

唐攝度支巡官知河陰陸運院事監察御史裏行賜緋魚袋李公長女墓誌銘并序

重表丈將仕郎守鄭州陽武縣尉崔克一撰

七月望，知度支河陰院監察御史裏行　江夏李殷士庠以書緘疏告於重表兄博陵崔求吉克一曰：『余不幸天奪，厥念長女[一]娘遘疾稍久，一旦殂謝，痛悼夭枉。且卜先遠。』以克一中外之外，早定交契。曰：『我女歸窆，君其銘之。』克一諾。小娘子名顔，字普娘。幼聰晤閑雅，惟是柔順，孝敬得於天性。故侍御於其兄弟妹最鍾愛慈。年既笄，方將采擇良賢以求坦腹。無何遘疾纍月，醫方蝟集而竟一無所效。以至夭落，得非命歟！曾大父正臣，皇任大理卿，贈兵部尚書。　大父師尚，皇任鄂岳觀察判官、試大理評事。　小娘子即　侍御之長女也。嫡親滎陽鄭氏。　小娘子以大中八年七月十四日夭喪於平陰度支院，享年十六。八月十五日歸葬於河南府河南縣伊洛鄉解賈里，祔於　先塋，禮也。於戲，脩短之分，聖賢之所不了。顔回、盜跖，豈相近乎？天其意者，將寵德行而賤耇老哉！不然，何夭善壽惡之如是。以　小娘子淑德懿行，真儒門之顔子也。其所享年壽又此夭促，亦何以嘆。　江夏令德門也，　侍御之昆弟叔侄業文章，擅名籍者，蓋多矣。以在遠，徵銘不及。故克一竊以承　命，代大匠斲，能無愧乎！銘曰：

青天冥冥兮白日昭昭，臨照無私兮如□□遼。胡脩短之莫定，俾善惡以奚招。豈龜年鶴壽兮天不足惜。豈淑德穠華兮人難自消。嗚呼噫嘻，霜不隕兮霰不零，何芳春兮蘭蕙凋。

[一] 此處空一格未刻字。

三一一五　唐故檢校太子賓客監察御史宇文府君（忞）夫人彭城劉氏祔葬墓誌銘

大中九年（八五五）二月二十三日葬。
誌文十七行，滿行字數不等。正書。誌長、寬均四十三厘米。
鄭愚撰，常瀆書。
誌蓋正書：唐故彭城劉夫人墓誌

唐故檢校太子賓客監察御史宇文府君夫人彭城劉氏祔葬墓誌銘并序

外甥將仕郎權知左補闕充集賢殿直學士鄭愚撰

夫人姓劉氏，大漢楚元王交之後。承宗正德之華緒，魏晉顯大，名人哲士，蟬聯軒冕，世有稱紀。
國朝肅明皇后之近屬，諸劉自尚爲皇后房，其最貴也。　大父昌源，太原功曹。皇考巨卿，緱氏令。
養道蓄德，吏隱於時。夫人緱氏之次女。婉嫕閑淑，誠孝柔仁。歸於宇文氏[一]，有子德馨、德貽，皆善
繼府君之美。　府君忠勛之家，勇義自喜。藝成而志壯，材出而命乖。不歸　天朝，不爲將帥，斯有
時也。德貽雖嚮學不敢違　先人之志，戴鶡佩刀，斯孝道也。且又自負，期以武達，上以克　侍御之烈，
次以報　夫人之養。不果，以及於艱棘，斯至哀也。　夫人以大中壬申歲十月廿六日終於陝州私第，以
大中九年二月廿三日葬於河南府伊闕縣神蔭鄉。將事書來求銘：

神璽玉字，因天爲氏。杰子英孫，居華而貴。夫人德世，圖而作儷。有子皆孝，壯心斯繼。則既捐館，
龍門不遠。□文之封，禮成而返。嗚呼！

鄉貢進士常瀆書

[一] 即宇文忞，墓誌見本書二八九《唐故銀青光祿大夫檢校太子賓客兼監察御史上柱國宇文府君（忞）墓誌》。

三一六　唐故華州華陰縣尉裴君（謡）墓誌銘

大中九年（八五五）八月二十四日卒。

誌文二十行，滿行二十四字。正書。誌長、寬均六十六厘米。裴寅撰。

誌蓋正書：唐故華州華陰縣尉裴君墓誌

唐故華州華陰縣尉裴君墓誌銘

仲父右諫議大夫寅撰

裴氏之子名謡，河東聞喜人也。中和謹厚，經明行修。年卅九，大中九年八月廿四日終於上都新昌里第。哀哉！　高祖給事中、贈司空諱惓。　曾祖尚書右僕射、贈太尉諱遵慶，謚貞孝公。　祖吏部尚書致仕諱向，纍贈司空。奕代清德，積仁纍代，軒冕不絶於時者二百餘年矣。爾父京兆府醴泉縣尉騫，居家有顔閔之行，未嘗苟於進趣。娶滎陽鄭氏，即巴州刺史邃之季女。以賢明淑德、莊敬婉順爲婦道也。謡即鄭出也。不幸外氏蚤世，復娶於崔氏，太子司議郎櫝之女也。名族之後，果爲令人。由是崔嫂視謡爲己子也，謡奉嫂亦如崔出之不若也。居官之日，連歲抱疾。然未嘗有鬱悒怨嘆，形於造次，唯恐以疾之憂上□高堂，孝可知也。崔嫂亦以行止飲食非我節之而不去，非我嘗之而不食。謡終之日，崔嫂哭泣之哀，幾將絶者不啻數四，其爲母子之遵如此。有女三人，幼未知事。弟紹應進士，謡同出也。抱和謹之性，申就養之道，與謡同也。俱余門内之懿範。心期遠到，以大余家。何天不仁，奪爾之速歟？余長於家，嘆藥餌之無徵，念生平之素履，不貯不盛，嗚呼哀哉！既哭訴之莫及，憑哀辭以銘之：

朱坡南原，中有故園。爾歸於是，天道寧論。平生懿行，今日孤魂。終期改葬，鎸銘墓門。

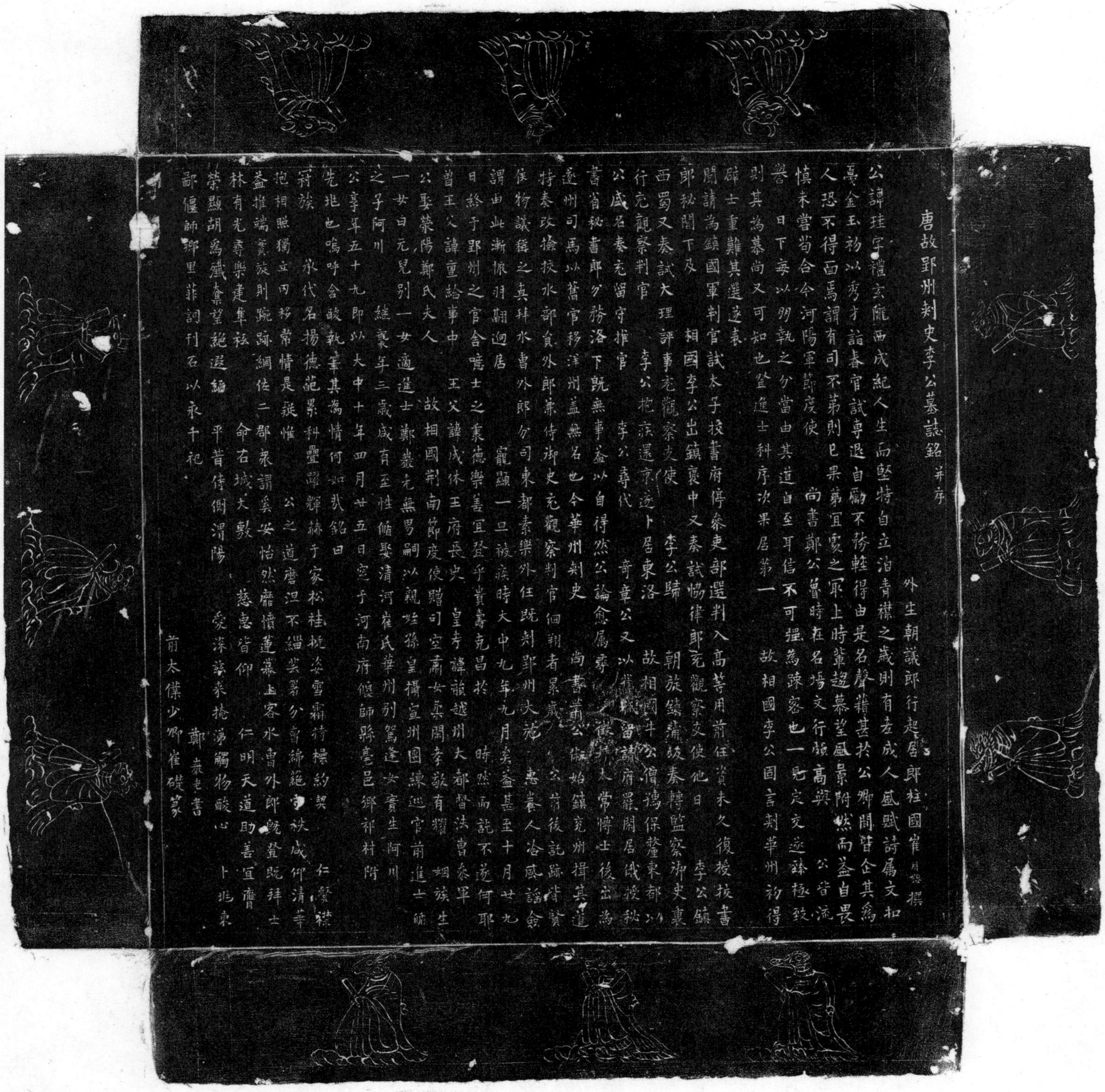

三一七　唐故郢州刺史李公（珪）墓誌銘

大中十年（八五六）四月二十五日葬。

誌文三十三行，滿行三十三字。正書。誌長、寬均六十六厘米。

崔用恕撰，鄭巖老書，崔礎篆蓋。

唐故郢州刺史李公墓誌銘并序

外生朝議郎行起居郎柱國崔用恕撰

公諱珪，字禮玄，隴西成紀人。生而堅特自立。洎青襟之歲，則有老成人風。賦詩屬文，扣戞金玉。初以秀才詣春官試，專退自勵，不務輕得。由是名聲籍甚於公卿間。皆企其爲人，恐不得面焉。謂有司不第則已，果第宜處之最上。時輩趨慕，望風景附。然而益自畏慎，未嘗苟合。今河陽軍節度使尚書鄭公魯，時在名場，文行頗高。與　公皆流譽　日下，每以朋執之分，當由其道自至耳，信不可强爲疏密也。一見定交，遂臻極致。則其爲慕尚，又可知也。登進士科，序次果居第一。　故相國李公固言刺華州，初得辟士，重難其選。遂表　聞請爲鎮國軍判官、試太子校書。府停，參吏部選，判入高等。用前任資未久，復授校書郎秘閣下。及　相國李公出鎮褒中，又奏試協律郎，充觀察支使。他日，　李公鎮西蜀，又奏試大理評事，充觀察支使。　李公歸　朝，旋鎮蒲坂，奏轉監察御史裹行，充觀察判官。　李公抱疾還京，遂卜居東洛。　故相國牛公僧孺保釐東都。以公盛名，奏充留守推官。　李公尋代　奇章公，又以舊職留請。府罷閑居，俄授秘書省秘書郎，分務洛下。既無事，益以自得。然公論愈屬，尋　徵拜太常博士。後出爲遂州司馬。以舊官移洋州，蓋無名也。今華州刺史　尚書蕭公俶始鎮兖州，揖其道，特奏改檢校水部員外郎，兼侍御史，充觀察判官。徊翔者纍歲。公前後托迹皆賢侯，物議稱之。真拜水曹外郎，分司東都。素樂外任，既刺郢州，大施　惠養，人洽風謡。僉謂由此漸振羽翮，迥居　寵顯。一旦被疾，時大中九年九月矣。益甚，至十月廿九日終於郢州之官舍。噫！士之秉德樂善，宜登乎貴壽，克昌於　時。然而訖不遂，何耶？曾王父諱亶，給事中。　王父諱成休，王府長史。　皇考諱韻，越州大都督法曹參軍。　公娶滎陽鄭氏夫人。　故相國荆南節度使、贈司空肅女。柔閑孝敬，有耀　姻族。生一女曰元兒。別一女適進士鄭巖老。無男嗣，以親侄孫皇攝宣州團練巡官前進士循之子阿川[一]繼襲。年三歲，咸有至性。循娶清河崔氏，華州別駕逢女，實生阿川。　公享年五十九，即以大中十年四月廿五日窆於河南府偃師縣亳邑鄉祁村，附　先塋也。嗚呼！含酸執筆，其爲情何如哉！銘曰：

冠族　承代，名揚德葩。纍科叠躍，輝赫於家。松桂挺姿，雪霜持操。約契　仁賢，襟抱相照。獨立罔移，常情是疑。惟　公之道，磨涅不緇。芸署分曹，綿蕝守秩。咸仰清華，益推端實。旋則踠迹，綱佐二郡。衆謂奚安，怡然靡憤。蓮幕上客，水曹外郎。既登既拜，士林有光。尋樂建隼，祇命右城。大敷　慈惠，皆仰　仁明。天道助善，宜膺　榮顯。胡爲殲奪，望絶遐緬。平昔侍側，渭陽　愛深。兹來掩涕，觸物酸心。　卜兆東鄙，偃師鄉里。菲詞刊石，以永千祀。

鄭巖老書

前太僕少卿崔礎篆

[一] 阿川即李巨川，參本書三五四《唐故郢州刺史姑臧李府君（珪）滎陽鄭夫人墓誌銘》。

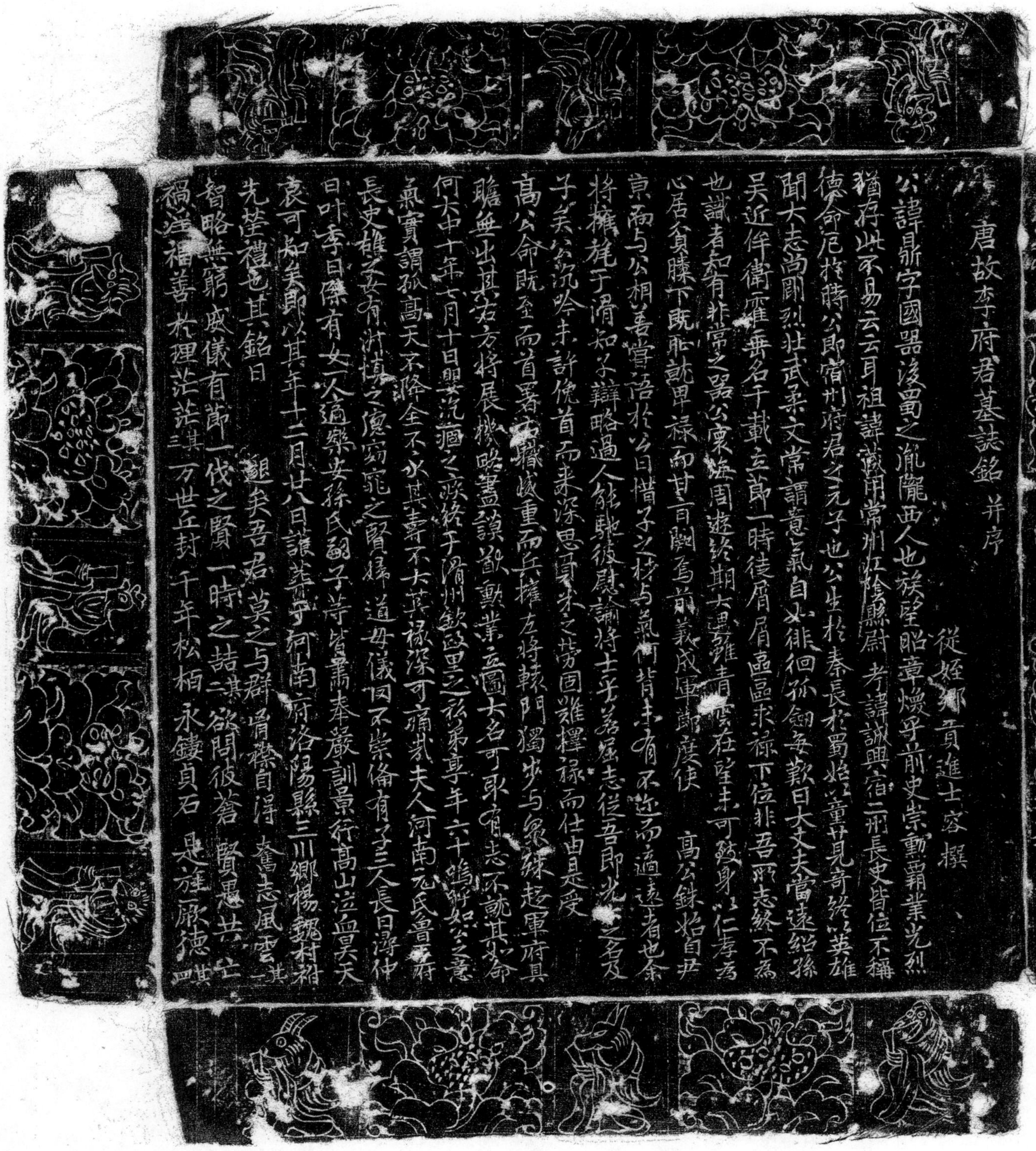

三一八　唐故李府君（鼎）墓誌銘

大中十年（八五六）十二月二十八日葬。

誌文二十二行，滿行字數不等。正書兼行意。誌長三十七厘米，寬三十六厘米。

李容撰。

唐故李府君墓誌銘并序

從侄鄉貢進士容撰

公諱鼎，字國器，後蜀之胤，隴西人也。族望昭章，焕乎前史。崇勛霸業，光烈猶存，此不易云云耳。祖諱藏用，常州江陰縣尉。考諱誠，興、宿二州長史。皆位不稱德，命厄於時。公即宿州府君之元子也。公生於秦，長於蜀。始以童丱見奇，終以英雄聞大。志尚剛烈，壯武柔文。常謂義氣自如，徘徊孤劍。每嘆曰：『大丈夫當遠紹孫吴，近侔衛霍，垂名千載，立節一時。徒屑屑區區，求禄下位，非吾所志，終不爲也。』識者知有非常之器。公寰海周遊，終期大遇。雖青雲在望，未可致身。以仁孝爲心，居貧膝下。既耻就卑禄，而甘旨闕焉。前義成軍節度使 高公銖始自尹京，而與公相善。嘗語於公曰：『惜子之材，與氣何背。未有不邇而適遠者也。余將擁旄於滑，知子辯略過人，能馳彼慰諭將士乎？若屈志從吾，即光爾之名及子矣。』公沉吟未許，俛首而來。深思負米之勞，固難擇禄而仕。由是受 高公命。既至而首署右職，威重而兵權左將。轅門獨步，與衆殊趨，軍府具瞻，無出其右。方將展機略，盡謨猷，勛業立圖，大名可取。有志不就，其如命何！大中十年七月十日嬰沉痼之疾，終於滑州欽政里之私第，享年六十。嗚呼！如公之意氣，實謂孤高。天不降全，不永其壽，不大其禄，深可痛哉！夫人河南元氏，魯王府長史雄之女。有淑慎之德、窈窕之賢。婦道母儀，罔不崇備。有子三人：長曰溽，仲曰叶，季曰傑。有女一人，適樂安孫氏。嗣子等皆肅奉嚴訓，景行高山，泣血昊天，哀可知矣。即以其年十二月廿八日護葬於河南府洛陽縣三川鄉楊魏村，祔先塋，禮也。其銘曰：

邈矣吾君，莫之與群。胸襟自得，奮志風雲。其一。智略無窮，威儀有節。一代之賢，一時之喆。其二。欲問彼蒼，賢愚共亡。禍淫福善，於理茫茫。其三。萬世丘封，千年松柏。永鏤貞石，是旌厥德。其四。

三一九　唐故知鹽鐵汴州院事朝議郎檢校尚書主客員外郎兼侍御史上柱國范陽盧公（方回）墓誌

大中十二年（八五八）二月二十一日葬。

誌文三十一行，滿行三十三字。正書。誌長、寬均五十六厘米。

李洮撰。

唐故知鹽鐵汴州院事朝議郎檢校尚書主客員外郎兼侍御史上柱國范陽盧公墓誌

將仕郎監察御史裏行李洮上

盧氏之源，其先范陽人。以襲修姻媾，冕紱綿遠，用是著爲山東茂族。則所謂甲門華冑者，公得首稱矣。　皇河南府汜水丞先之，公之曾祖也。　皇魏州元城主簿洋，公之王父也。　皇陝州平陸尉殷，公之列考也。皆以士德承緒，儒風習門。位卑道隆，傲爲隱吏。積善如響，鍾美於公。公乃平陸之長子也。公諱方回，字子聞。性禀端厚，志尚温恭。譽洽親交，才推敏濟。故中書令、河東公[一]首表公爲奉禮郎、充度支兩池使巡官，專統榷司。公從命勳喜，且榮　禄及，士君子以是多之。居職能辦，計課稱最。俄屬移務於故褒相太原王公[二]。勤績必舉，熟公之能，思以酬用，遂遷當使推官。公清潔奉事，毫髮無私。其於富　國之術，雖弘羊心計，無以加也。後調補陝州安邑尉。公少年才鋭，深於佐理。利以決滯，廉以當官。未幾而安南都護裴公[三]及拜内作使，表授公京兆府武功尉，充判官。公之操執，不改前職焉。洎相國　博陵崔公元式剸計務，遂纍奏公監察御史裏行、知度支陝州院。將期重用，遽丁　太夫人之喪。公孝道純達，號慕過毀。泣血茹荼，幾將滅性。逮至禮畢，今昭義相國　裴公[四]總統鹺務，奏公知埇橋院，轉殿中侍御史内供奉。俄遷侍御史，移郾城院。及今鹺使柳公[五]移領汴州院，轉檢校尚書主客員外郎。公學識兼通，術推利博。處繁若簡，所立有規。自　國相藩帥，赫赫列列者，皆遇用無疑，奏署不暇，亦爲一時之休盛矣。公以久職榷計，常每厭勞。將自陳誠，冀謀罷退。報命未復，以大中十一年二月五日寢疾殁於官舍，享年六十三。公娶隴西李氏，即贈工部侍郎惇之孫，壽州霍山令復之長女也。茂胤貴族，歸配有榮。婦德女儀，中外師表。天奪善偶，先公而謝。有子三人：長曰昱，兩經擢第。次曰暉、曰晃，年始志學。女四人，并早夭。别子一人，曰荷。别女三人：長適前劍州刺史鄭圖長子慎詞，二人尚幼。即以大中十二年二月廿一日歸葬於河南府河南縣伊汭鄉尹樊村萬安山，附於先公之域，禮也。嗚呼！公自弱冠有立，挺特不常。職事極司，官達兼省。加以冲和粹茂，謙默成風。其於樂志也，以風咏取適；其爲縱逸也，以漁釣寄閑。豈謂才壽不雙，俄痛殂謝。善人永墜，孰不興悲。公之令弟澤州刺史望回，以洮早熟懿行，致簡請銘。嘆逝從托，是不敢讓。銘曰：

世顯官婚，公爲德門。平陸之子，元城之孫。業舉名馳，貌淑言温。嗣續有光，流譽渾渾。蘭以香燒，膏以燭消。才長壽虧，玉毀松凋。化權莫窮，天道且遼。千古斯原，封樹蕭蕭。

[一] 中書令、河東公應爲裴度。據《舊唐書》卷十七《敬宗文宗紀》，寶曆二年（八二六）八月判度支，大和九年（八三五）十月進位中書令。

[二] 太原王公即王起。大和四年（八三〇）四月爲户部尚書、判度支。

[三] 安南都護裴公即裴元裕。據《唐刺史考全编》卷三一〇《安南都護府》，會昌六年至大中元年（八四六至八四七）爲安南都護。

[四] 昭義相國即裴休。據《舊唐書》卷十八下《宣宗紀》，裴休大中五年至九年（八五一至八五五）爲諸道鹽鐵轉運使。大中六年至九年（八五二至八五五）爲禮部尚書、同平章事。大中十一年（八五七）冬十二月任昭義軍節度副大使、知節度事、潞磁邢洺觀察等使。

[五] 鹺使柳公即柳仲郢，大中十一年（八五七）十二月任諸道鹽鐵轉運使。

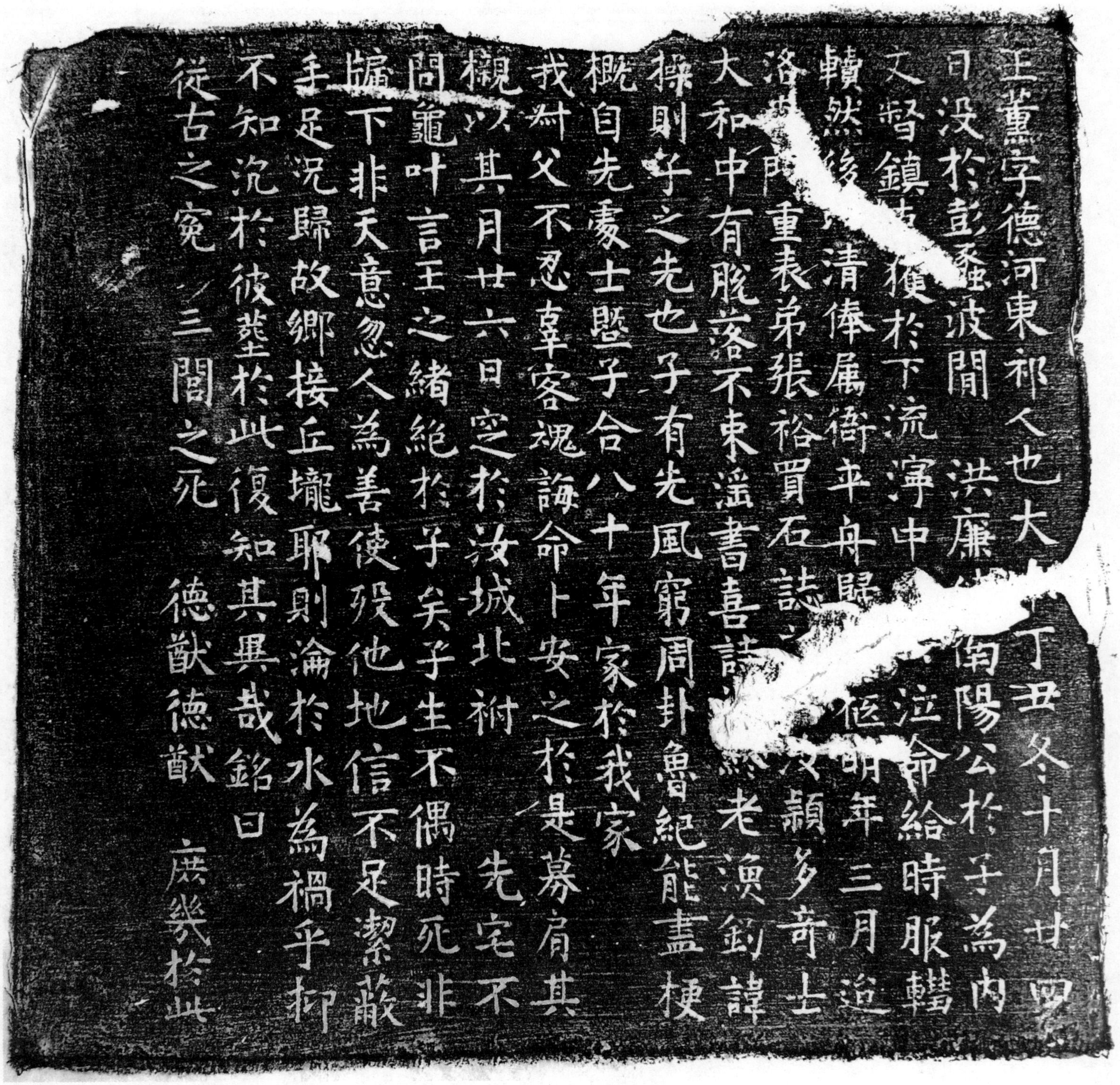

三三〇　王薰墓誌

大中十二年（八五八）三月二十六日葬。誌文十五行，滿行十八字。正書。誌長、寬均三十五厘米。張裕撰。

王薰字德，河東祁人也。大中丁丑冬十月廿四日没於彭蠡波間。洪廉使南陽公[一]於子爲内丈，督鎮因獲於下流濘中。□□泣命給時服轉櫝。然後以清俸屬衙卒舟歸□柩。明年三月迨洛□門。重表弟張裕買石誌之。□汝潁多奇士，大和中有脱落不束淫書，喜圖□，終老漁釣，諱操，則子之先也。子有先風，窮周卦魯紀，能盡梗概。自先處士暨子合八十年家於我家。　我叔父不忍辜客魂，誨命卜安之。於是募肩其櫬，以其月廿六日窆於汝城北，祔　先宅，不問龜叶言。王之緒絶於子矣。子生不偶時，死非牖下。非天意忍人爲善，使殁他地。信不足潔蔽手足。況歸故鄉，接丘隴耶！則淪於水爲禍乎，抑不知沉於彼，葬於此。復知其异哉。銘曰：

從古之冤，三閭之死。德猷德猷，庶幾於此。

[一] 洪廉使南陽公應爲張毅夫，按《唐刺史考全編》卷一五七《洪州》，大中十年至十一年（八五六至八五七）四月，張毅夫爲洪州刺史、江西觀察使。

三二一　唐汝州葉縣尉李逍之妻隴西辛夫人墓誌銘

大中十三年（八五九）十二月九日葬。

誌文十八行，滿行字數不等。正書。誌長、寬均三十五厘米。

李逍之撰。

唐汝州葉縣尉李逌之妻隴西辛夫人墓誌銘并序

夫人姓辛氏，前邢州　使君第三之女也。逌大外薛家中書舍人薛耽即親内丈。夫人即紫微丈親外甥女也。舍人不以逌幽劣無堪，特蒙收録。以大中十二年十二月廿八日於懷州獲嘉縣過婚禮。以明年正月將迎歸郟城私第。　夫人生而辨慧，長而柔淑。德茂蘭玉，禮合閨闈。專以閑婉，而生知孝謹。逌官以佐邑，禄請十千。家無擔石之儲，身安環堵之内。怡怡終日，如厭粱肉。發言知教，聞善必遷。琴瑟既調，未常越禮。嗚呼！而壽不充德，命不登年。以大中丁卯[一]歲九月十二日奄終於郟城縣之官舍。十二月九日窆於河南府河南縣金谷鄉焦古里之南原，祔於先塋之左右。既而日月有期，將營虞事。稱家協日，僉中禮儀。逌不見譜籍，莫究其枝派，但略而記焉。　曾祖瓚，皇朝秘書省著作佐郎，贈散騎常侍。祖秘，昭義軍節度使、檢校工部尚書，贈司空。　父仲邕，前邢州刺史充本州團練使。恐年代綿遠，陵谷遷變，遂揮涕銜哀，誌於貞石。其銘曰：

蘭欲秀兮玉正光，玉□折兮蘭摧霜。笄年夭折命所爲，幽明永隔分路歧。山川寂寂埏窈窈，長夜冥冥何時曉。貞石且虞陵谷遷，壽堂一閉知幾年。

[一]『丁卯』應爲『己卯』之誤，即大中十三年（八五九）。

三三二　唐東都安國觀胡鍊師（玄章）墓誌

咸通二年（八六一）二月十日葬。

誌文二十三行，滿行二十二字。正書。誌長、寬均三十厘米。

李庭彥撰并書。

誌蓋正書：唐東都安國觀胡鍊師墓誌銘

唐東都安國觀胡鍊師墓誌

鄉貢進士李庭彦撰并書

道者萬物之本，天地之先，非含上清之靈，焉能體之？　安定胡氏諱玄章，字隱卿，得姓於陳，汝郡人也。七歲弃榮華，去浮飾，辭　侍奉，禮名師。或曰：『何乃輕　晨昏重道，豈是孝乎？』　師曰：『心不輟　甘滑，誠托仙籍，自拔九泉之苦耶！』遂與長姊洞章字昭微永捨俗裝，長栖霞帔，禮許州龍興觀受中法女道士宋脩然。約十餘歲後，隨　侍歸上黨。至大中甲戌祀，從姊到洛。經兩省牒，射安國觀西廊從北第一院。約居七八歲，奄化於崇政里私第，其年三十有二。嗚呼！含芳素質，秀鬱不實。嘆青陽之妙年，歸玄籍之永路。况　師有事師之盡焉，全其孝焉，妧娣得其悌焉，鄉里傳其美焉。至於門徒公卿內子，無不瞻敬。　師洞達玄元，心如秋水。窮討六籍，鼓素琴，鏗阮音，皆异其妙韻。父唐，河中人也。門傳清素，世襲儒冠。久舉學科，不就一第。後與公侯藝重，奏受潞府文學。母弘農楊氏，汝郡人也。父密，皇任汝州司法。親弟二人：一人劉老，應進士舉。次弟小石，應明經舉。親妹二人：一人謝娘子，從故南陽張氏。次妹高娘子在室。親侄一人明兒，外廣平程氏。　師之骨肉并同外氏，今葬於河南縣平樂鄉朱陽村玄元觀西北約一里地一段二畝置　塋，遂鎸於石記。咸通二年歲次辛巳二月乙卯朔十日甲寅葬。銘曰：

蒼蒼松柏兮奄顔靡，片石鎸銘兮千秋記。

買地用壹拾壹阡，賣地主楊元則。

三三三　大唐故武威安府君（元貞）墓誌銘

咸通二年（八六一）十一月二十日葬。

誌文二十三行，滿行二十四字。正書。誌長、寬均四十七厘米。

石溵撰，安温書兼篆蓋，宋造鎸。

大唐故武威安府君墓誌銘并序

前鳳翔節度衙推石溵撰

公諱元貞，字正己。曾祖諱　茂先，祖諱　均，父諱　公郅。其先武威凉州人也。姬之苗裔，或出統王師，入居侯伯。文武相繼，俸不絶家。　祖均投筆從戎，纍授重職。勛績繁茂，難以備述。公之父，性唯疏曠，懶折於君前，乃高尚而不仕，貿易以供膳。公亦不墜父之弓裘耳。然立身端己，發意盡事父母，色養温凊，撫弟妹，推讓退己。於家治理，於朋友交，言而有信。方期上壽，命等松筠。嗚巇！暫嬰微恙，治療萬般，厥疾不瘳。倏曶之間，奄隨風燭。於咸通二年八月七日終於河南府河南縣通利坊私第，享年卌有七。　母親見在，懸髮高堂。號叫天地，欒欒棘心。　公先婚王氏，不幸短命。去大中五年五月十八日先於　公之終矣。年始初笄，今乃祔焉。次婚鄧氏，有嗣子一人，名有有。年十歲，纔未髫齓，哀哀痛心，泣不見齒。行路之人，無不傷惘。公有親弟二人，長曰元弘，幼曰元應。主護　喪櫬，就　先塋之禮也。於咸通二年十一月廿日歸葬於河南府陽翟縣西約八里麥秀鄉龍懷村石門里。西接嵩少，東枕潁川，南望汝濆，北大限。恐陵移碧海，水變蒼山。故勒貞石，用旌厥善。

堂堂安公，骨秀神聰。目所未睹，則之玄同。容止可觀，作事可宗。今也則亡，唯餘德風。皎皎霜月，離離晚村。陰風凄切，永閉松門。

子温書兼篆蓋

匠人宋造鐫

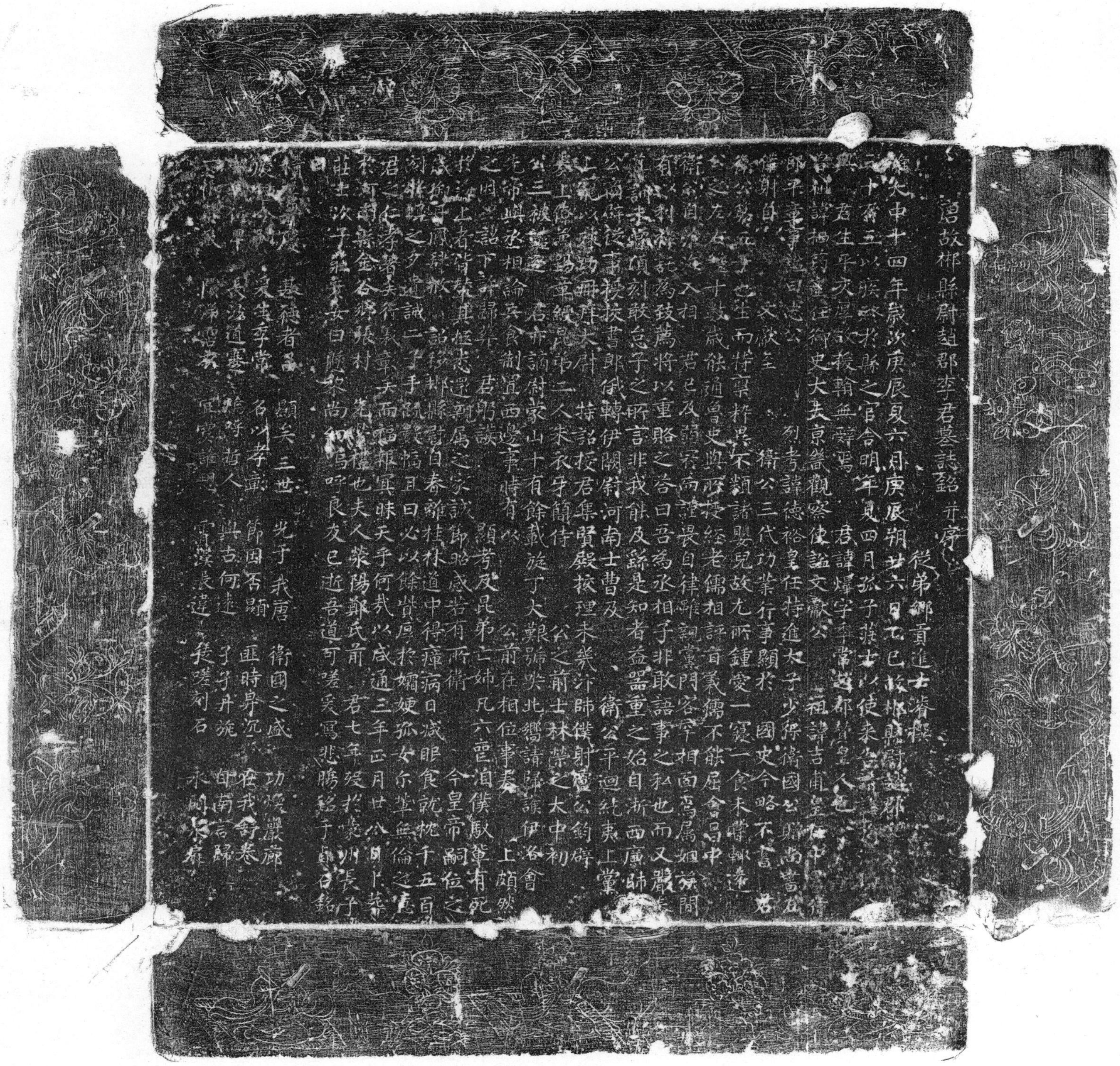

三三四　唐故郴縣尉趙郡李君（燁）墓誌銘

咸通三年（八六二）正月二十八日葬。

誌文三十行，滿行三十一字。正書。誌長、寬均六十二厘米。李濬撰。

墓誌原石藏洛陽張存才唐誌精品館。

唐故郴縣尉趙郡李君墓誌銘并序［一］

從弟鄉貢進士濬撰

維大中十四年歲次庚辰夏六月庚辰朔廿六日乙巳，故郴縣尉趙郡李君享年三十有五，以疾終於縣之官舍。明年夏四月，孤子莊士以使來告，請誌於濬。獨念與　君生平交厚，故援翰無辭焉。　君諱爗，字季常，趙郡贊皇人也。　曾祖諱栖筠，皇任御史大夫、京畿觀察使，謚文獻公。　祖諱吉甫，皇任中書侍郎、平章事，謚曰忠公。　烈考諱德裕，皇任特進、太子少保、衛國公，贈尚書左僕射。自　文獻至　衛公三代，功業行事，顯於　國史，今略不書。　君衛公第五子也。生而特禀粹异，不類諸嬰兒，故尤所鍾愛，一寢一食，未嘗輒遠　公之左右。纔十數歲，能通魯史。與所授經老儒相評旨義，儒不能屈。會昌中，　衛公自淮海入相。　君已及弱冠，而謹畏自律，雖親黨門客，罕相面焉。屬姻族間有以利禄托爲致薦，將以重賂之。答曰：『吾爲丞相子，非敢語事之私也。而又嚴奉尊訓，未嘗頃刻敢怠。子之所言，非我能及。』繇是知者益器重之。始自浙西廉帥□公商［二］辟從事，授校書郎，俄轉伊闕尉、河南士曹。及　衛公平迴紇，夷上黨，　上寵以殊功，册拜太尉，　特詔授君集賢殿校理。未幾，汴帥僕射盧公鈞辟　奏上僚，兼錫章綬。昆弟二人，朱衣牙簡，侍　公之前，士林榮之。大中初，　公三被譴逐，　君亦謫尉蒙山，十有餘載。旋丁大艱，號哭北嚮，請歸護伊洛。會先帝與丞相論兵食制置西邊事，時有以　公前在相位事奏。　上頗然之，因　詔下許歸葬。　君躬護　顯考及昆弟亡姊凡六喪，洎僕馭輩有死於海上者，皆輦其柩，悉還親屬之家。誠節昭感，若有所衛。　今皇帝嗣位之歲，禦丹鳳肆赦，　詔移郴縣尉。自春離桂林，道中得瘴病，日減眠食，就枕千五百刻。將瞑之夕，遺誡二子，手疏數幅，且曰：『必以餘貲厚於孀嫂孤女，爾輩無倫之。』噫！君之仁孝著矣，行義彰矣，而福報冥昧，天乎何哉？以咸通三年正月廿八日卜葬於河南縣金谷鄉張村　先塋，禮也。夫人滎陽鄭氏，前　君七年殁於蒙州。長子莊士，次子莊彦，女曰懸黎，尚幼。嗚呼！良友已逝，吾道可嗟。爰寫悲腸，銘於貞石。銘曰：

積善儲慶，基德者昌。顯矣三世，光於我唐。衛國之盛，功焕巖廊。慶鍾令嗣，爰生季常。名以孝彰，節因否顯。匪時昇沉，在我舒卷。執戟位卑，長沙道蹇。嗚呼哲人，與古何遠？孑孑丹旐，自南言歸。一慟莫及。隕涕霑衣。冥寞誰想？霄漢長違。徒嗟刻石，永閉泉扉。

［一］該墓誌二十世紀二十年代末在洛陽出土。陳寅恪《李德裕貶死年月及歸葬傳説辯證》曾加以引用論説。國家圖書館藏拓本，收入《北京圖書館藏中國歷代石刻拓本滙編》第三十三册。另見《隋唐五代墓誌滙編·洛陽卷》第十四册，均無邊飾。《唐代墓誌彙編》收入録文。惟原石長期散落民間，二十世紀九十年代被洛陽張存才唐誌精品館徵集收藏，一直被誤爲僞品。經鑒定，確認爲墓誌原石。原石保存基本完好，惟右下角及左上角由於長時間風化，文字較爲模糊。

［二］浙西廉帥□公商即盧商，開成二年至會昌元年（八三七至八四一）爲浙西觀察使。

唐故范陽郡君盧夫人墓誌銘

三二五　唐故范陽郡君盧夫人（含）墓誌銘

咸通三年（八六二）十月十四日葬。

誌文三十二行，滿行三十四字。正書。誌長七十六點五厘米，寬七十四厘米。

苗恪撰，盧象銘。

唐故范陽郡君盧夫人墓誌銘

夫山南西道節度觀察處置等使太中大夫檢校工部尚書兼興元尹御史大夫柱國賜紫金魚袋苗恪撰

郡君姓盧氏，諱含，字中美，其始范陽郡人也。范陽盧氏列南北祖，第其房以分派。序郡君之先，系出北祖第一房。婚姻蟬聯，皆名族大家，於盧氏中號爲甲門。北齊之思道，皇唐之齊卿，位皆至三公，且赫赫有大名。思道於　郡君爲七世祖，齊卿爲四世祖，其間顯名爲達官者，比比有之。曾大父成軏贈易州刺史，大父佐爲趙州刺史。父揆爲宣州溧水令，娶滎陽鄭氏，生女子四人，　郡君爲第三女也。　郡君生而端嚴，不喜妄笑語。不謟曲以承上，不狹比以瀆下。其母兄於諸女間愛而异之。雖諸姑姊從母，長大老成，舉止或小差，必曰：『我不惜失，但畏卅五女笑我。』郡君第卅五[一]。線纊制度皆甚工，筆硯棋博諸樂無不通者。年廿四，嫁上黨苗恪。奉事　鄭國太夫人，動必得意，蚤夜懾惕，未嘗解衣，以伺指召。由是諸婦中　太夫人尤愛之，屏帷箱篋間所愛之物，必舉而與之。苗氏之昆弟，既免鄭國太夫人之喪，皆徙宦東西。恪生活獨甚褊，　郡君娣姒間有貴家女，以　郡君服物不華，憐而與之。　郡君笑曰：『夫官薄，妻服物宜然，安敢健羡。』每謝而却之。　郡君於是從一錢，貯一錢，量入制用，不嗇不侈，侃侃自強。迨恪始爲郎官，已能樹置第宅。洎一切生物無闕者，祭祀有處賓客至茵榻，籩豆殊不褊屑。成苗氏之家者，　郡君之力。恪性疏且墮，　郡君常蚤夜牽勉，竟至達官高爵而無咎，實　郡君之助也。食不待言而已飽，衣不俟求而自華。　郡君治家慈而有制。句絶[二]。限内外家人不敢妄出入，豈暇爲非。恪伯氏、仲氏繼没世，孤兒稚女凡十人，收撫之慈甚於己子。以至於男娶女嫁，無可恨之事。凡施與必周厚均等，指撝侍婢感多於所爲，皆一一妙絶如法。至於餚膳蔬鮓，時節糜餅，必甘潔出於諸家。苗氏之族親至者如歸。恪自翰林承　旨學士節制山南軍，　郡君扶疾而至，至則疾小間。日日合樂設百戲，聚會爲樂。帷障屏帟，儼陳於前後軒廡，庭廊暐暐曄曄，藹若雲霞之舒布。軍中吏握刀羅列庭下，　郡君坐堂上，兒侄女郎駢侍。盧氏昆弟諸親自遠方至者，咸觀以爲甚榮。

郡君早得疾，不能履步，至於坐起衣食皆不便。既貴矣，而又病侵苦甚，旦夕不輟呼吟，而猶不忘治家事。恪飯食衣服時節，尚一一經心。初封范陽縣君，後進封范陽郡君。咸通三年壬午歲五月卅日夜漏未盡數刻，起居如常時，奄然而逝，壽卌五。問於陰陽氏，得其年十月十四日葬河南府洛陽縣北恪　先塋之側。

郡君生男女凡三人，其二人皆未成孩而失之。其一男醜兒存焉，年十二，爲千牛備身。　郡君親兄一人次玄爲新鄭丞。諸兄象已下三四人。象得進士第有名，從事諸侯府。云銘曰：

終日人生，終日人死，紛紛紜紜，吾不知其以。往而有知耶，吾從夫人遊固有時。往而無知耶，則吾恨之悲無已期。彼蒼者天，夫何期。音基[三]。裂我腸，割我肌，肝摧心潰爛如糜。嗚呼噫嘻，訴於誰！

[一]『郡君第卅五』爲小字。

[二]『句絶』爲小字。

[三]『音基』爲小字。

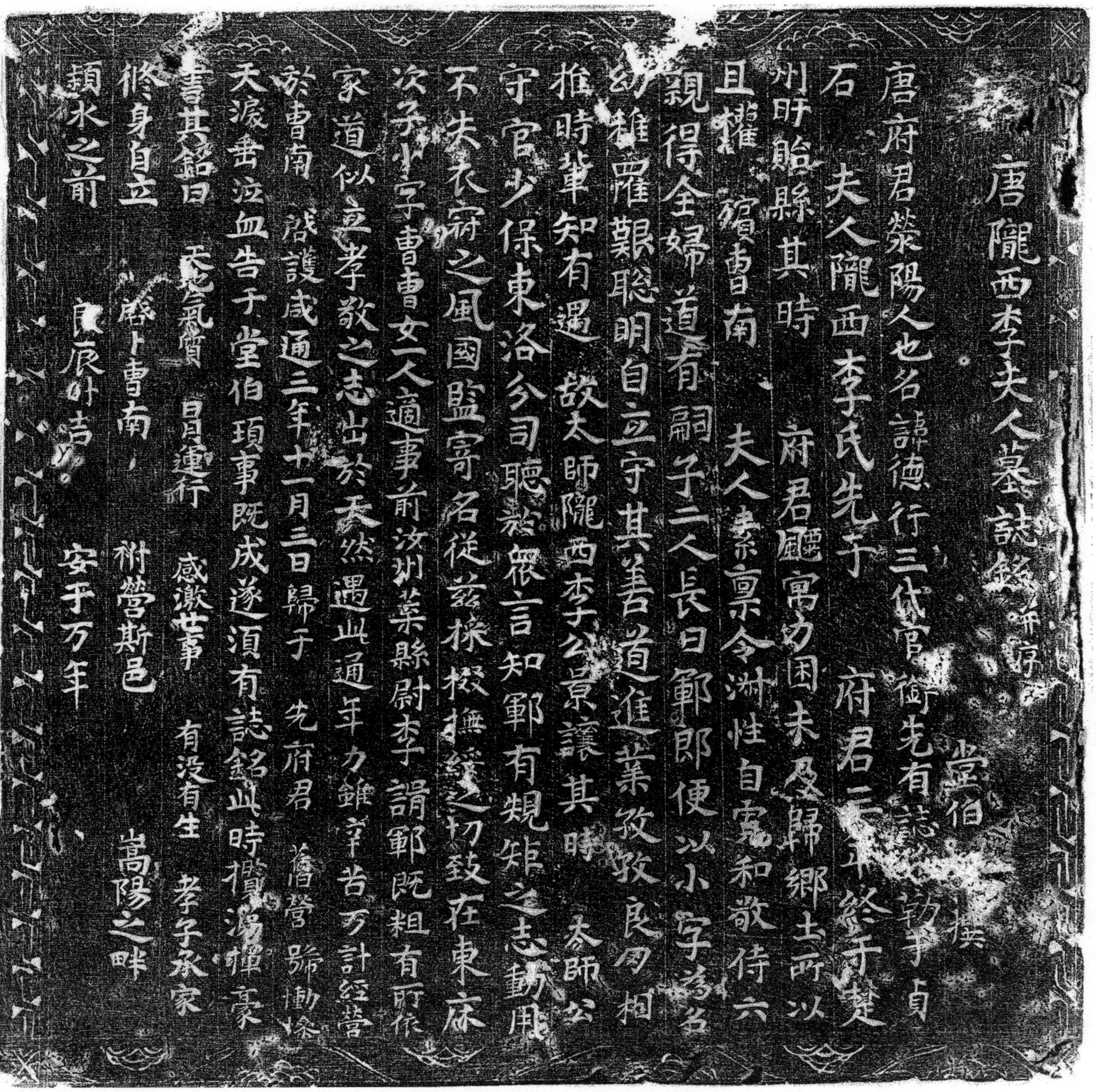

三三一六　唐隴西李夫人（鄭頊妻）墓誌銘

咸通三年（八六二）十一月三日葬。
誌文十八行，滿行字數不等。正書。誌長、寬均四十五厘米。
鄭頊撰。
誌蓋正書：唐隴西李夫人墓誌銘

唐隴西李夫人墓誌銘并序

堂伯頊撰

唐府君[一]滎陽人也，名諱德行，三代官銜，先有誌□，勒於貞石。　夫人隴西李氏，先於府君三年終於楚州盱眙縣。其時　府君飄寓力困，未及歸鄉土，所以且權　殯曹南。夫人素禀令淑，性自寬和。敬侍六親，得全婦道。有嗣子二人：長曰鄆郎，便以小字爲名。幼稚罹艱，聰明自立。守其善道，進業孜孜。良朋相推，時輩知有。遇　故太師隴西李公景讓。其時太師公守官少保，東洛分司。聽於衆言，知鄆有規矩之志，動用不失衣冠之風。國監奇名，從兹采掇，撫綏之切，致在東床。次子小字曹曹。女一人，適事前汝州葉縣尉李諝。鄆既粗有所依，家道似立。孝敬之志，出於天然。遇此通年，力雖辛苦，萬計經營。於曹南　啓護，咸通三年十一月三日歸於　先府君　舊營[二]。號慟慘天，泪垂泣血，告於堂伯頊。事既成，遂須有誌銘。此時攬涕揮豪，書其銘曰：

天地氣質，日月運行。感激世事，有没有生。孝子承家，修身自立。啓卜曹南，祔營斯邑。嵩陽之畔，潁水之前。良辰叶吉，安於萬年。

[一] 府君即鄭韍，墓誌見本書三一二《滎陽鄭府君（韍）墓誌銘》。

[二] 『營』應爲『塋』之訛誤。

三二七　大唐故陳州西華縣令河東裴府君（紹）墓誌銘

咸通四年（八六三）二月二十七日葬。

誌文二十二行，滿行字數不等。誌文左行。正書。誌長、寬均四十四厘米。

裴繁撰并書。

大唐故陳州西華縣令河東裴府君墓誌銘并述

季鄉貢進士繁撰并書

罝乎有豎碑碣作誌狀者，皆非欲苟衒奇文，是紀乎年月日也。欲紀者必請於親之舊。繁敢撰者，以親之又親，匪唯其舊，要盡其事，寔不讓未□□而纂乎誌。　府君諱紹，字弘業，世系絳郡人也。樂百代家諜，二千餘年勛業，官位不可勝紀也。　曾諱溆，皇任太子司議郎，贈大理卿。　祖諱甯□，皇任太子右庶子，贈禮部尚書。　父諱蒙，皇任虢州司户參軍。外祖京兆韋，諱紓，皇河南少尹。　太夫人即少尹之次女。　公即户曹府君之長子，繁之親兄也。公以承　家孝謹，克繼門風。德行稱著，弱冠而仕，釋褐授河南府福昌丞。始以家私就便，在秩間多承乏潁陽，能以敬遵　家□，清慎有聞。再調授鄭州功曹掾。洎刺史韋公[一]以州務細繁，搜羅可倚之士，乃假其利刃，俾之兼判糾曹。竟以連帥相抑，遽厄邅迴，事可比公冶之囚、宣尼之厄而自適也。三任今政，□□□化，百里歌風。見羈旅者，道至室家，感鄉人焉，稱戴父母。繁有寃痛，不得不言，□　公之明，亦應抱恨。　公任西華，以心切憂民，偏鞫囹圄二歲，上論寃滯之囚，一朝全獲洗雪。　公即雅合，別沐鴻恩，立於殊績之上。但以　天聽難聞，抑功爲過，豈不寃哉！□以勢□未通，忽纓氣恙，連綿伏枕，僅洎周星。祈禱　神祠，符咒藥餌，凡有可求，靡所□□。國通四年正月一日儼然逝於上都興化里之客舍，享年四十五。雖疾逾歲月，在手足之痛，情不自勝。今卜用其年二月廿七日，余自咸京　護至伊闕縣神蔭鄉吴李里之　舊原，祔葬於户曹府君宅之側，禮也。　公娶堂舅前徐州彭城縣尉宗虔之長女，令淑有則，應禮無虧，豐約稱家，克遵婦道。有二男五女，長纔及冠，幼而未步。痛哉痛哉！余乃抑情垂泣爲銘曰：

嗚呼嗚呼，哲人其萎。沉泉永訣，痛畫難追。寃哉痛哉！福壽未虧，倏然云逝，聞靡不悲。

[一]《唐刺史考全編》卷五三《鄭州》，大中時有刺史韋曈，或即此韋公。

三三一八　唐故渤海封氏女廿七娘墓誌銘

咸通四年（八六三）十二月十六日卒。
誌文二十二行，滿行二十二字。正書。誌長、寬均四十六厘米。
封望卿撰。

唐故渤海封氏女廿七娘墓誌銘并序
嗚呼夫壽也夭也必賦之宿定而復繫乎情性之與飲食
耶余深有惑於是惟天之高不可問惟神之昧不可詰徒
飲恨抱恚而痛纏手足耶封氏廿七女以情性之淑厚宜
享乎貴富以飲食之精淡宜臻乎延長汪汪然若澄陂之
凝盂徐徐然若風絃之應響六親奇待必介福而眉壽也
既已及笄許嫁鉅鹿魏緄緄名族令子修詞立誠尋撰近
期雅當匹偶何畐忽遘微恙旋閱逝川以咸通四年十二
月十六日歿于京兆府萬年縣新昌里之私第享年廿有
三嗚呼痛哉嗚呼痛哉蘭蕙含英芙蕖耀浦方凝春晝遽
罹秋霜雖生滅之理則明而脩短之數奚自追而不及痛
憤徒深況生於　德門復茲桼惠天道不福福之何
人嗚呼痛哉嗚呼痛哉　曾祖希奭皇延王掾贈著
作郎　祖亮皇杭州刺史贈吏部尚書　烈考
敖皇右僕射致仕贈司徒　外族博陵崔夫人自元
昆至于幼弟都十人其間翰卿茂卿舒卿稱卿即同其出
也不亦感乎比以夭謝之年本姓不利從權旅殯憂愧亘
深今以日者云通龜仍告吉永安歸祔當慰幽魂元兄殿
中侍御史望卿銜悲紀述以旌陵谷銘曰
噫生德門兮欽明慧宜介福兮期遠大福不享兮壽不臻
天何欺兮神何昧將妃良人遽辭昭代琴瑟遺韻鸞凰失
對卻指洛川言旋河内信魂之與骨兮歸必有其所在

唐故渤海封氏女廿七娘墓誌銘并序

嗚呼！夫壽也夭也，必賦之宿定而復繫乎情性之與飲食耶？余深有惑於是。惟天之高不可問，惟神之昧不可詰。徒飲恨抱恙而痛纏手足耶？封氏廿七女，以情性之淑厚，宜享乎貴富；以飲食之精淡，宜臻乎延長。汪汪然若澄陂之凝虛，徐徐然若風弦之應響。六親奇待，必介福而眉壽也。既已及笄，許嫁鉅鹿魏緄。緄，名族令子，修詞立誠，尋撰近期，雅當匹偶。何圖忽遘微恙，旋閲逝川。以咸通四年十二月十六日歿於京兆府萬年縣新昌里之私第，享年廿有三。嗚呼痛哉，嗚呼痛哉！蘭蕙含英，芙蕖耀浦。方凝春晝，遽罹秋霜。雖生滅之理則明，而脩短之數奚自。追而不及，痛憤徒深。況生於　德門，復茲柔惠。天道不福，福之何人？嗚呼痛哉，嗚呼痛哉！　曾祖希奭，皇延王掾，贈著作郎。　祖亮，皇杭州刺史，贈吏部尚書。

烈考敖，皇右僕射致仕，贈司徒。　外族博陵崔夫人。自元昆至於幼弟，都十人。其間翰卿、茂卿、冠卿、稺卿，即同其出也，不亦盛乎！比以夭謝之年，本姓不利，從權旅殯，憂愧亘深。今以日者云通，龜仍告吉，永安歸祔，當慰幽魂。元兄殿中侍御史望卿，銜悲紀述，以虞陵谷。銘曰：

噫！生德門兮欽明慧，宜介福兮期遠大。福不享兮壽不臻，天何欺兮神何昧。將妃良人，遽辭昭代。琴瑟遺韻，鸞凰失對。却指洛川，言旋河內。信魂之與骨兮，歸必有其所在。

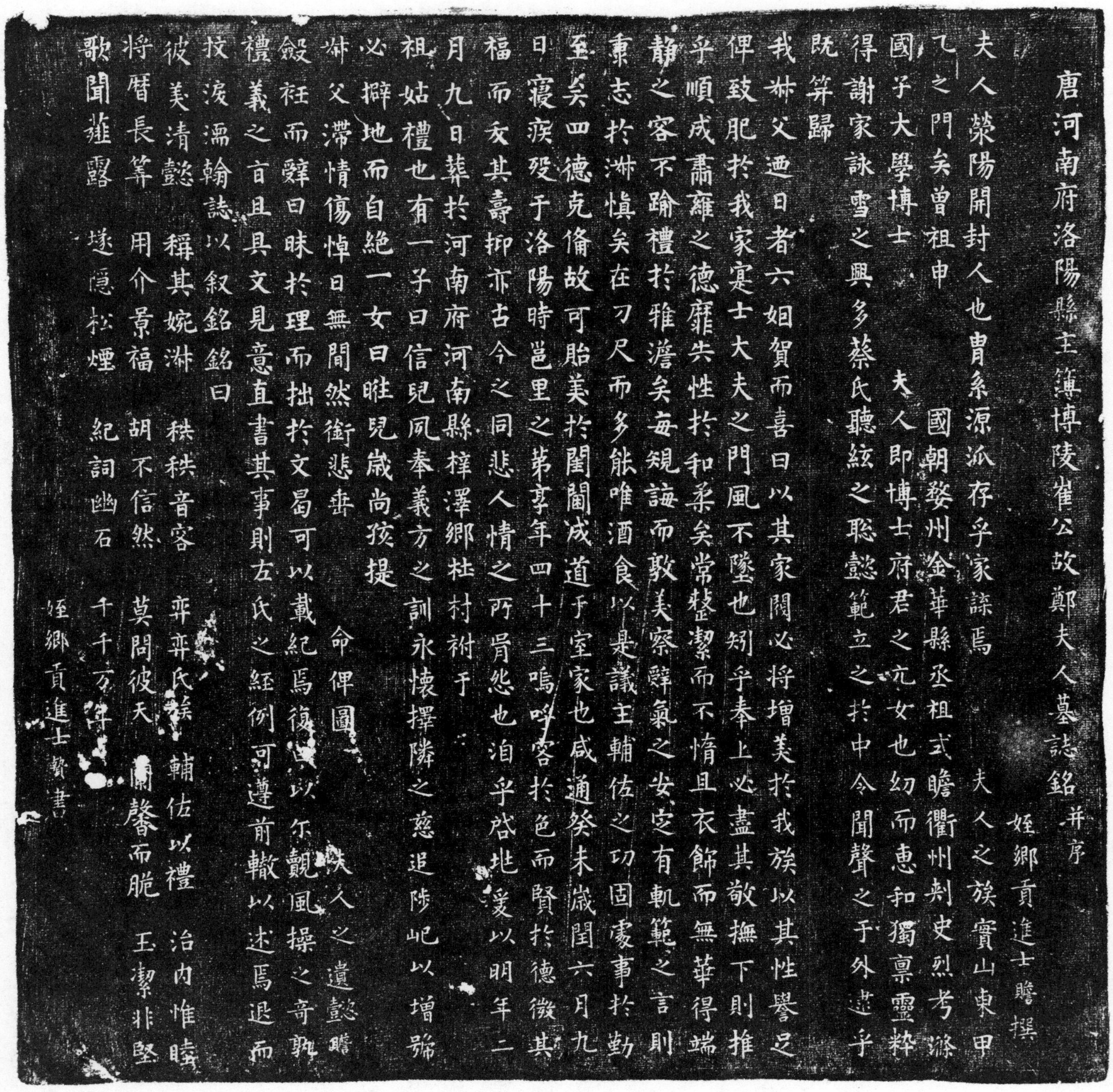
唐河南府洛陽縣主簿博陵崔公故鄭夫人墓誌銘并序
姪鄉貢進士瞻撰
夫人滎陽開封人也冑系源流存乎家諜焉　夫人之族實山東甲
乙之門矣曾祖申　國朝婺州金華縣丞祖式瞻衢州刺史烈考滌
國子大學博士　夫人即博士府君之元女也幼而惠和獨稟靈粹
得謝家詠雪之興多蔡氏聽絃之聰懿範立之於中令聞聲之于外逮乎
既笄歸
我堂父洎曰者六姻賀而喜曰以其家閥必將增美於我族以其性譽足
俾致肥於我家寔士大夫之門風不墜也矧乎奉上必盡其敬撫下則推
乎順成肅雍之德靡失性於和柔矣常整潔而不惰且衣飾而無華得端
靜之容不踰禮於雅澹矣每規誨而敦美察辭氣之安定有軌範之言則
秉志於堂慎矣在刀尺而多能唯酒食以是議主輔佐之功固處事於勤
至矣四德克備故可貽美於閨闈成道乎室家也咸通癸未歲閏六月九
日寢疾歿于洛陽時邕里之第享年四十三嗚呼容於色而賢於德微其
福而夭其壽抑亦古今之同悲人情之所胥怨也洎乎啓兆溪以明年二
月九日葬於河南府河南縣梓澤鄉杜村祔于
祖姑禮也有一子曰信兒夙奉義方之訓永懷擇隣之慈追陟屺以增號
必擗地而自絕一女曰睢兒歲尚孩提　命俾圖　夫人之遺懿瞻
以堂父滯情傷悼曰無間然銜悲垂
𣪘祇而辭曰昧於理而拙於文曷可以載紀焉復曰以尔覩風操之奇孰
禮義之旨且具文見意直書其事則左氏之經例可遵前轍以述焉退而
抆淚濡翰誌以叙銘銘曰
堂美清懿稱其婉淑　秩秩音容　弈弈氏族　輔佐以禮　治内惟睦
將磨長筭用介景福　胡不信然　莫問彼天　蘭馨而脆　玉潔非堅
歌聞薤露　遂隱松煙　紀詞幽石　千千万年
姪鄉貢進士贇書

三二一九　唐河南府洛陽縣主簿博陵崔公（迺）故鄭夫人墓誌銘

咸通五年（八六四）二月九日葬。
誌文二十六行，滿行二十八字。正書。誌長、寬均四十九厘米。
崔瞻撰，崔贇書。
誌蓋正書：唐崔氏鄭夫人墓誌銘

唐河南府洛陽縣主簿博陵崔公故鄭夫人墓誌銘并序

侄鄉貢進士贍撰

夫人滎陽開封人也，冑系源派，存乎家諜焉。　夫人之族，實山東甲乙之門矣。曾祖申，　國朝婺州金華縣丞。祖式瞻，衢州刺史。烈考滌，國子大學博士。　夫人即博士府君之元女也，幼而惠和，獨禀靈粹，得謝家咏雪之興，多蔡氏聽弦之聰。懿範立之於中，令聞聲之於外。逮乎既笄，歸　我叔父迺。日者六姻賀而喜曰：『以其家閥，必將增美於我族；以其性譽，足俾致肥於我家。』寔士大夫之門風不墜也。矧乎奉上必盡其敬，撫下則推乎順成。肅雍之德，靡失性於和柔矣。常整潔而不惰，且衣飾而無華。得端静之容，不逾禮於雅澹矣。每規誨而敦美，察辭氣之安定，有軌範之言，則秉志於淑慎矣。在刀尺而多能，唯酒食以是議。主輔佐之功，固處事於勤至矣。四德克備，故可貽美於閨闈，成道於室家也。咸通癸未歲閏六月九日寢疾歿於洛陽時邕里之第，享年四十三。嗚呼！容於色而賢於德，微其福而夭其壽，抑亦古今之同悲，人情之所胥怨也。洎乎啓兆，爰以明年二月九日葬於河南府河南縣梓澤鄉杜村，祔於　祖姑，禮也。有一子曰信兒，夙奉義方之訓，永懷擇鄰之慈，追陟屺以增號，必擗地而自絶。一女曰睢兒，歲尚孩提。　叔父滯情傷悼，日無間然。銜悲垂　命，俾圖　夫人之遺懿。贍斂衽而辭曰：『昧於理而拙於文，曷可以載紀焉。』復曰：『以爾覿風操之奇，孰禮義之旨。且具文見意，直書其事。則左氏之經例，可遵前轍以述焉。』退而抆泪濡翰，誌以叙銘。銘曰：

彼美清懿，稱其婉淑，秩秩音容，弈弈氏族。輔佐以禮，治内惟睦，將曆長筭，用介景福。胡不信然，莫問彼天，蘭馨而脆，玉潔非堅。歌聞薤露，隧隱松烟，紀詞幽石，千千萬年。

侄鄉貢進士贇書

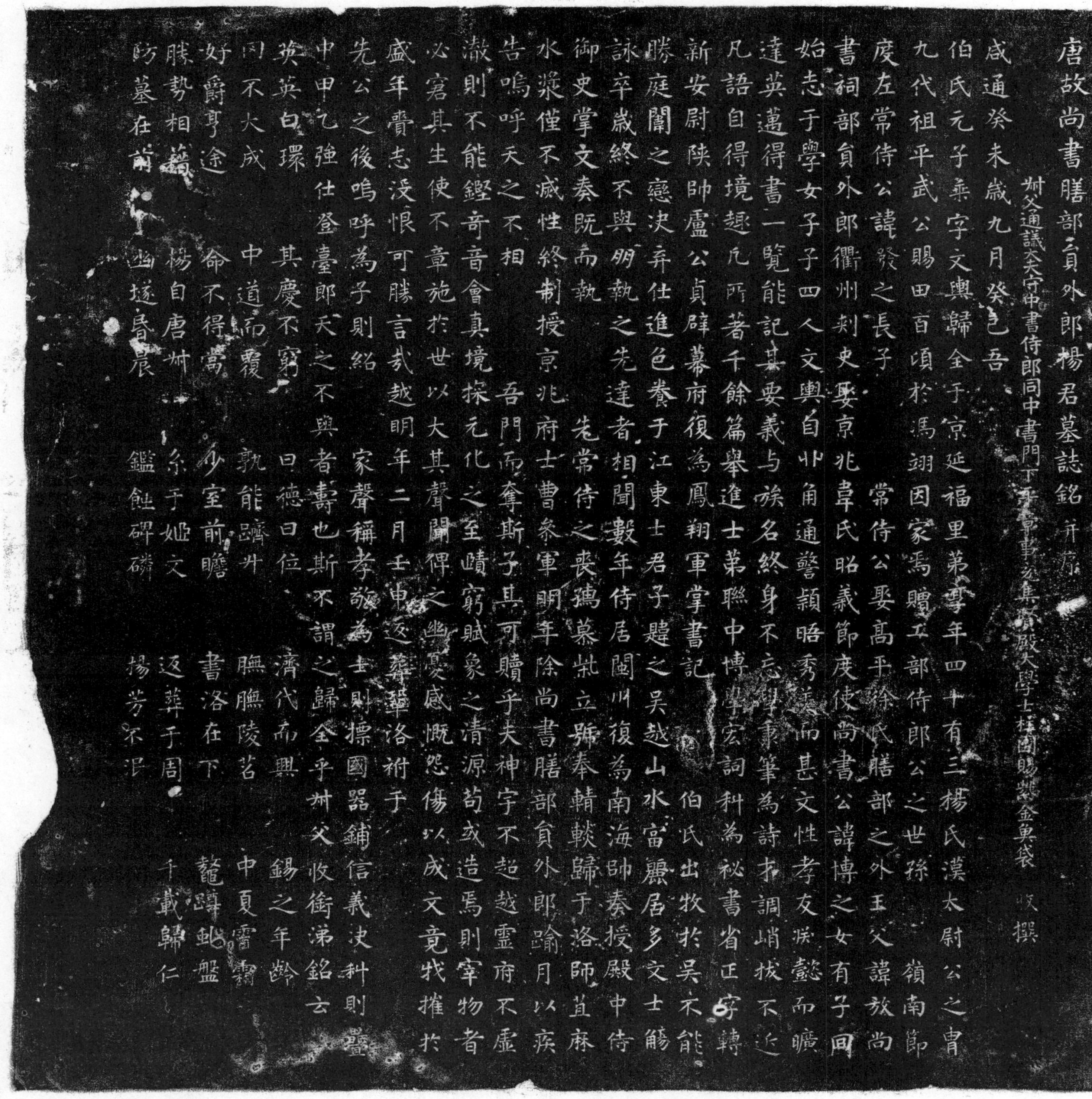
唐故尚書膳部員外郎楊君墓誌銘并序
姪父通議大夫守中書侍郎同中書門下平章事充集賢殿大學士柱國賜紫金魚袋　收撰
咸通癸未歲九月癸巳吾
伯氏元子乘字文輿歸全于京延福里第享年四十有三楊氏漢太尉公之胄
九代祖平武公賜田百頃於馮翊因家焉贈工部侍郎公之世孫　嶺南節
度左常侍公諱發之長子　常侍公娶高平徐氏膳部之外王父諱放尚
書祠部員外郎衢州刺史娶京兆韋氏昭義節度使尚書公諱博之女有子曰
始志于學女子子四人文輿自丱角通警穎晤秀美而甚文性孝友猶懿而曠
達英邁得書一覽能記其要義与族名終身不忘學秉筆為詩才調峭拔不近
凡語自得境趣凡所著千餘篇舉進士第聯中博學宏詞科為秘書省正字轉
新安尉陝帥盧公貞辟幕府復為鳳翔軍掌書記　伯氏出牧於吳不能
勝庭闈之戀決弃仕進色養于江東士君子韙之吳越山水富麗居多文士觴
詠卒歲終不與朋執之先達者相聞數年侍居閩州復為南海帥奏授殿中侍
御史掌文奏既而執　先常侍之喪鴻慕柴立號奉輤輀歸于洛師苴麻
水漿僅不滅性終制授京兆府士曹參軍明年除尚書膳部員外郎踰月以疾
告嗚呼天之不相　吾門而奪斯子其可贖乎夫神宇不超越靈府不虛
澈則不能鑒奇音會真境探元化之至賾窮賦象之清源苟或造焉則宰物者
必窘其生使不章施於世以大其聲闡俾之幽憂感慨怨傷以成文竟戕摧於
盛年賚志沒恨可勝言哉越明年二月壬申返葬華洛祔于
先公之後嗚呼為子則紹　家聲稱孝敬為士則標國器鋪信義決科則登
中甲乙強仕登臺郎天之不與者壽也斯不謂之歸全乎姪父收銜涕銘云
英英白環　其慶不窮　曰德曰位　濟代而興　錫之年齡
罔不大成　中道而覆　孰能躋升　膴膴陵苕　中夏雷霸
好爵享途　命不得當　少室前瞻　書洛在下　龍蹲虯盤
勝勢相藉　楊自唐州　系于媯文　返葬于周　千載歸仁
防墓在前　幽隧昏晨　鑑蝕碑磷　楊芳不泯

三三〇　唐故尚書膳部員外郎楊君（乘）墓誌銘

咸通五年（八六四）二月十五葬。

誌文二十六行，滿行三十字。正書。誌長、寬均五十六厘米。

楊收撰。

唐故尚書膳部員外郎楊君墓誌銘并序

叔父通議大夫守中書侍郎同中書門下平章事充集賢殿大學士柱國賜紫金魚袋收撰

咸通癸未歲九月癸巳，吾　伯氏元子乘，字文輿，歸全於京延福里第，享年四十有三。楊氏漢太尉公之胄。九代祖平武公賜田百頃於馮翊，因家焉。贈工部侍郎公[一]之世孫，　嶺南節度、左常侍公諱發之長子。　常侍公娶高平徐氏，膳部之外王父諱放，尚書祠部員外郎、衢州刺史。娶京兆韋氏，昭義節度使、尚書公諱博之女。有子回，始志於學。女子子四人。文輿自丱角通警穎晤，秀美而甚文。性孝友，淵毅而曠達英邁。得書一覽能記要義與族名，終身不忘學。秉筆爲詩，才調峭拔不近凡語，自得境趣，凡所著千餘篇。舉進士第，聯中博學宏詞科。爲秘書省正字，轉新安尉。陜帥盧公貞辟幕府，復爲鳳翔軍掌書記。　伯氏出牧於吴，不能勝庭闈之戀，決弃仕進，色養於江東，士君子韙之。吴越山水富麗，居多文士，觴咏卒歲，終不與朋執之先達者相聞。數年侍居閩川，復爲南海帥[二]奏授殿中侍御史，掌文奏。既而執　先常侍之喪，孺慕柴立，號奉輤輚，歸於洛師。苴麻水漿，僅不滅性。終制，授京兆府士曹參軍。明年，除尚書膳部員外郎。逾月，以疾告。嗚呼！天之不相　吾門而奪斯子，其可贖乎！夫神宇不超越，靈府不虚澈，則不能鏗奇音，會真境，探元化之至賾，窮賦象之清源。苟或造焉，則宰物者必窘其生，使不章施於世以大其聲聞。俾之幽憂感慨，怨傷以成文。竟戕摧於盛年，賫志没恨，可勝言哉！越明年二月壬申返葬鞏洛，祔於　先公之後。嗚呼！爲子則紹　家聲，稱孝敬；爲士則標國器，鋪信義；決科則叠中甲乙，强仕登臺郎。天之不與者，壽也。斯不謂之歸全乎！叔父收銜涕銘云：

英英白環，其慶不窮。曰德曰位，濟代而興。錫之年齡，罔不大成。中道而覆，孰能躋升。膴膴陵苕，中夏雪霜。好爵亨途，命不得當。少室前瞻，書洛在下。鼇蹲蛇盤，勝勢相籍。楊自唐叔，系於姬文。返葬於周，千載歸仁。防墓在前，幽隧昏晨。鑑蝕碑磷，揚芳不泯。

〔一〕贈工部侍郎公即楊收父楊遺直，參《舊唐書》卷一七七《楊收傳》。

〔二〕南海帥即嶺南東道節度使。按大中十二年（八五八）正月至四月間，楊發曾任嶺南東道節度使，因軍亂被囚，貶婺州刺史。南海帥當爲楊發之後任李承勛或蕭倣，參《唐刺史考全編》卷二五七《廣州》。

三三二一　亡妻范陽盧氏（有德）夫人（吳籌妻）墓誌

咸通五年（八六四）二月二十五日葬。

誌文二十九行，滿行二十八字。正書。誌長、寬均四十六厘米。吳籌撰。

誌蓋正書：大唐故盧氏夫人墓誌

亡妻范陽盧氏夫人墓誌

前陝虢都防禦判官文林郎試大理司直兼殿中侍御史吴籌撰

亡妻范陽盧氏。號有德，家世北祖，族冠山東。懿範淑儀，本於經誥，閑雅貞□，凝惟素姿。曾祖諱涉，虢州湖城縣令。臨危奮節，贈太子家令。祖忠肅，河南府鞏縣尉。皇考礪，由進士調補潤州延陵縣尉，急於禄養也。官曹治理，廉使溢聞。奏授試太常寺協律郎，充觀察判官。娶琅琊王氏女，生三子，夫人最少。仲兄不幸蚤卒。元兄崇賁，克紹　堂構，焯有文章。夫人初能步，首不戴天。及笄，勤幹紀家，侍　太夫人左右，温清滫瀡之養無闕焉。　外王父沂海節度使[一]，名節峻茂，望重當時。中外嫁娶，多居顯仕。然家世以德行著，不以閥閱稱。三從　伯父鈞，自右僕射佩相印、帥興元、東都留守，嘗賙其家。季舅杲，衡州刺史，亦備其乏。籌少與前宣州監察李開物通家，嘗言曰：『其幼不夭，托於大外族。表丈　協律府君仁撫周至，視余猶子。昔有緒言曰：「我稚女聰异甚，他日必簡進士歸之。」知子欲繼室，是必能柔家者。』余曰：『幸也。』開物因爲通書，　太夫人曰：『然，吾前已聞於季氏。』明年，籌乃調受河南縣丞，卜用十月四日成禮於陽武橋盧氏别業。既而籌有孤侄寓山陽，因往挈取。明年三月，舟泊橋下，始聞夫人罹　大罰。初兄長下第未到家，夫人羸然在疚，克荷家事，禮無違者。嗚呼艱哉！既越月逾時，乃迎夫人歸洛。朝夕悲泣讀佛經，呼吸冷氣得心腹疾。明年春赴職甘棠，夫人偕行。及秋府罷，復歸於洛。始告病，謁醫召巫，僮僕旁午。自重陽逮仲冬，四日至除夕，終於尚賢里第，享年三十。男三人：曰總、曰紘、曰尹兒。女二人：曰讓子、曰賀兒。夫人視遇皆若己出，由是奉養孝謹，侍粥藥不解帶。殆三月疾小間，顧總曰：『兒孝侍我勞瘁。』語其家老曰：『宜布諸親知之。』幼女賀兒明惠，夫人尤念之，曰：『類我。』自授《孝經》《論語》兩卷，指字一過，輒不遺忘。至於方書、本草、詩禮，夫人無不通熟。嗚呼！歸纔三年矣，治蘋蘩，佐　蒸嘗，雖疾不懈。忌嫉之迹，不萌於心源；仁厚之旨，已傳於親戚。嗟乎！毓兹懿德，宜享貴壽。克成家而乃景命不融，遽歸冥漠，永懷痛憤，曷時云已。用明年二月廿五日壬午窆於鞏縣鞏川鄉義塘店西二里，唐後咸通五年也。銘曰：

柔靈孕粹生若人兮，含華未曜弃良辰兮。馨香不播委窮塵兮，有識有知鼻酸辛兮，悼慟沮心神兮。玄堂下閉當青春兮，終期同兹歸無垠。

[一] 沂海節度使應爲王沛。長慶元年（八二一）升沂海觀察使爲節度使。王沛長慶三年至寶曆元年（八二三至八二五）爲節度使。參《唐方鎮年表》卷三《泰寧軍》。

三三二　唐故宣威將軍守右金吾衛大將軍兼御史大夫充右街使上柱國賜紫金魚袋贈工部尚書王公夫人清河縣君崔氏（璠）墓誌銘

咸通五年（八六四）二月二十七日葬。

誌文三十三行，滿行三十五字。正書。誌長、寬均六十三厘米。

崔璐撰。

誌蓋篆書：唐故清河縣君崔氏夫人墓銘

唐故宣威將軍守右金吾衛大將軍兼御史大夫充右街使上柱國賜紫金魚袋贈工部尚書王公夫人清河縣君崔氏墓誌銘并序

季弟鄉貢進士璐撰

周建萬邦，光宅天下，制禮作樂，垂裕無窮。則我祖齊侯，實佐元命，光輔三主，奄荒營丘。嘉謨秘符，千古彌烈，皇天助德，代有其人。其後丁公元子曰季，能以國讓，歸老於崔，因以命氏。故《四人月令》，作範於前；座右之銘，遺戒於後。自後魏著五姓，定甲門，莫之與京，推我爲首。大則霖潤四海，小則風偃一同。禮樂軒裳，蟬聯波注。夫人承千載之嘉祚，備四德之令猷。蘭室舊芳，桂輪新滿。夫人諱璠，字玉卿，別號懿君。自漢遷大族，因家於貝，今爲清河人也。 皇大理評事迥，夫人之高曾。 皇唐州桐柏縣令瑝，夫人之大父。 皇河中府寶鼎縣令級，夫人之顯考。皇國子祭酒，鄭其氏，仲爲名，夫人之外祖。夫人寶鼎府君第三女也，既笄歸於太原 王氏。秀質天假，端明神與，根孝友於肺腑，視經誥爲筌蹄。幼不教於公宮，長不勤於師姆。動契法度，若履規繩。故 王氏一門，慶洽和鳴之兆；我宗九族，共推林下之風。至於丘、軻、佛、老之玄微，言德工容之要妙，莫不炯如宿習，暗然生知。加以婉嫕內柔，慈和外順，喜無見色，愠不忤聲。諧琴瑟而終始不渝，暢塤篪而常如不及。洎晨歌告禍，晝哭興哀，汎共姜之柏舟，染湘娥之泪竹。護 殯東洛，還靈上京。成遺志於松楸，慘終天之荼蓼。而能事長以敬，接下以慈，束敲朴而內理益嚴，絶將迎而疏屬自附。有二男一女，出於外館。女未字而前亡，男長曰元裕，前大理寺主簿。次曰融，前太府寺丞。承 先德之蔭緒，爲後生之令人。孝敬不匱於晨昏，友愛頗彰其雍洽。璇源長派，克紹家風。 夫人享年五十三，咸通五年正月九日寢疾没於上京宣義里之私第，以其年二月廿七日歸葬河南府洛陽縣崇義鄉戴村，祔於 先夫之塋，從周制，且遵顧命也。 夫人智以周物，明以察微。謙儉於生前，謀慮及没後。懼子孫無歌哭之地，憫臧獲有服勤之勞。大漸之辰，曾不撓懼，顧謂元裕等曰：『歸殯東都，盡焚僮約。我有服玩，足辨送終。葬無厚，費無廣，成禮而已，無侈斯言。』及牖下綴衣，篋開餘帛，周身楄衬之具，群下縗麻之資，修齋饋奠之支持，即遠裹糧之耗用，預計其費，不匱不餘。朱門免售於他豪，丹旐獲歸乎同穴。可謂智合蓍蔡，善始令終者矣。先是，余 孟兄將行展覲，夢持寶鏡，忽奪手而飛，閃閃上騰，直天門而合乎桂魄，愕眙未已，傍聞語曰：『此 王執金之鏡也。』 夫人寢疾數日，又自夢身履异境，花木藂綷，不類人間。有一女郎，奇服姱容，非凡常輩，授 夫人廿字詩。既寤，召余誦之，時氣綿聲惙，不得全曉其音，失其首句，其下詞曰：『金堤與玉堤。如今向直上，正在玉山西。』夫金玉爲堤，天路之象也；向直上，昇凌之義也；玉山之號，蓬壺之簉也。 夫人幼而孝悌，長而慈和，宗佛老之言，行仁義之術。道合乎神明，德全乎生滅。余知體魄，則降精爽，不没於地矣。元裕等寢苫在疚，托余爲詞。竊預文場，不得避命。茹哀揮涕，敬爲銘曰：

天謫婺星，降爲蕣英。作配 君子，惟家之禎。言德工容，儒道佛經。生知宿習，不教而成。賢無愧於今古，行可質於神明。母儀婦道，玉潤蘭馨。規範留於閨閫，精爽歸乎圓靈。懼陵谷之遷變，勒琬琰爲斯銘。

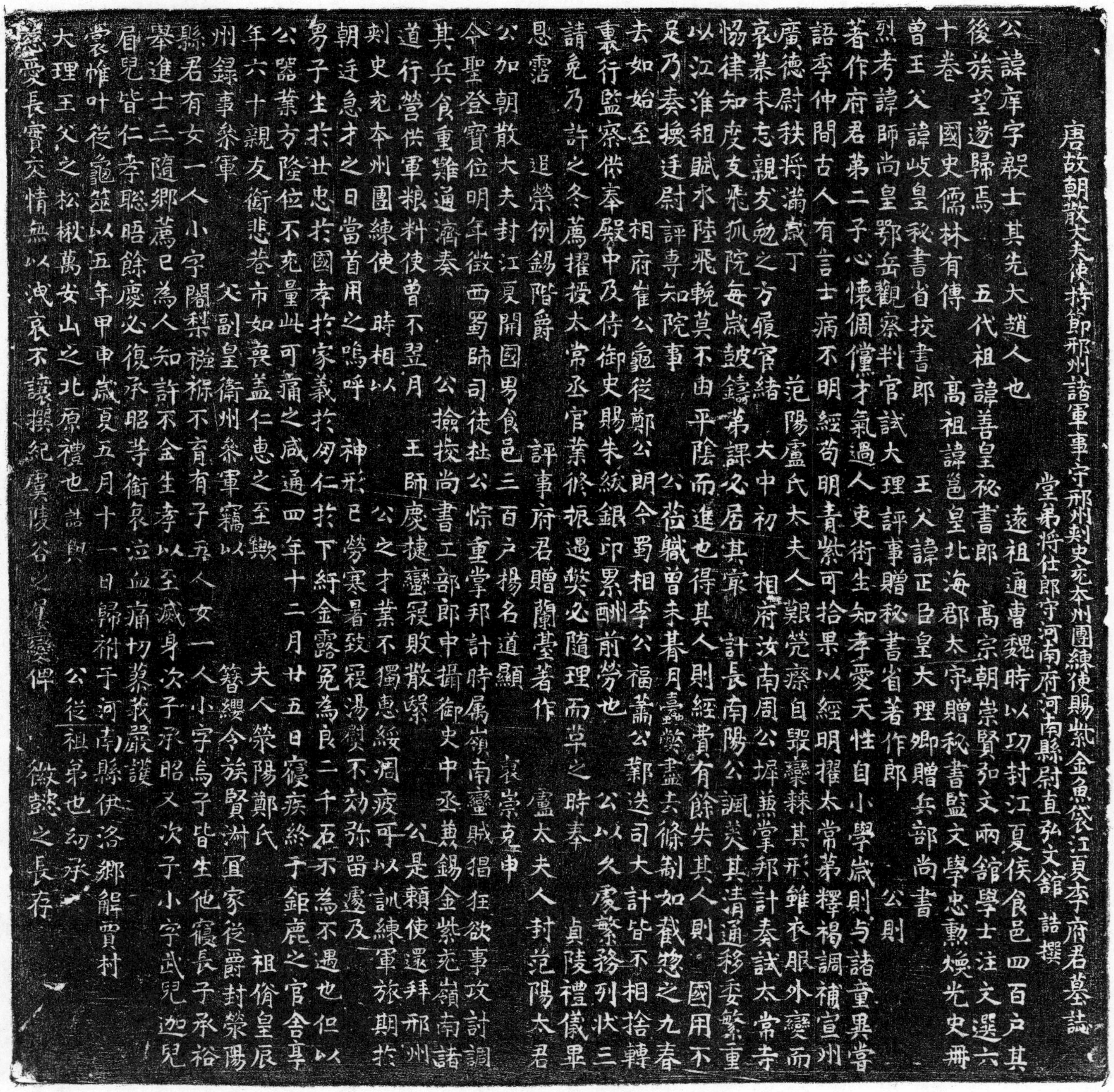

三三三　唐故朝散大夫使持節邢州諸軍事守邢州刺史充本州團練使賜紫金魚袋江夏李府君（庠）墓誌

咸通五年（八六四）五月十一日葬。

誌文三十四行，滿行三十三字。正書。誌長、寬均六十一點五厘米。

李諧撰。

誌蓋正書：唐故江夏李府君墓誌

唐故朝散大夫使持節邢州諸軍事守邢州刺史充本州團練使賜紫金魚袋江夏李府君墓誌

堂弟將仕郎守河南府河南縣尉直弘文館詰撰

公諱庠，字殷士，其先大趙人也。　遠祖通，曹魏時以功封江夏侯，食邑四百户，其後族望遂歸焉。　五代祖諱善，皇秘書郎，　高宗朝崇賢、弘文兩館學士，註《文選》六十卷，《國史》儒林有傳。　高祖諱邕，皇北海郡太守，贈秘書監。文學忠勛，焕光史册。曾王父諱岐，皇秘書省校書郎。　王父諱正臣，皇大理卿，贈兵部尚書。　烈考諱師尚，皇鄂岳觀察判官、試大理評事，贈秘書省著作郎。　公則　著作府君第二子。心懷倜儻，才氣過人。吏術生知，孝愛天性。自小學歲，則與諸童异。嘗語季仲間：『古人有言，士病不明經，苟明，青紫可拾。』果以經明擢太常第，釋褐調補宣州廣德尉。秩將滿歲，丁　范陽盧氏太夫人艱。煢瘵自毁，欒棘其形，雖衣服外變而哀慕未忘。　大中初，　相府汝南周公墀兼掌邦計，奏試太常寺協律，知度支飛狐院。每歲鼓鑄，第課必居其最。　計長南陽公諷[一]美其清通，移委繁重。以江淮租賦，水陸飛輓，莫不由平陰而進也。得其人則經費有餘，失其人則國用不足，乃奏换廷尉評專知院事。　公莅職曾未期月，蠹弊盡去，條制如截。總之九春，去如始至。　相府崔公龜從、鄭公朗、今蜀相李公福、蕭公鄴迭司大計，皆不相捨。轉裏行監察、供奉殿中及侍御史，賜朱紱銀印，纍酬前勞也。　公以久處繁務，列狀三請免，乃許之。冬薦擢授太常丞，官業修振，遇弊必隨理而革之。時奉　貞陵禮儀畢，恩霑　追榮，例錫階爵。　評事府君贈蘭臺著作，　盧太夫人封范陽太君。公加朝散大夫，封江夏開國男，食邑三百户。揚名道顯，　哀崇克申。　今聖登寶位，明年，徵西蜀帥司徒杜公悰重掌邦計。時屬嶺南蠻賊猖狂，欲事攻討，調其兵食，重難通濟，奏　公檢校尚書工部郎中、攝御史中丞兼錫金紫，充嶺南諸道行營供軍糧料使。曾不翌月，　王師慶捷，蠻寇敗散，緊　公是賴。使還，拜邢州刺史充本州團練使。時相以　公之才業不獨惠綏凋瘵，可以訓練軍旅，期於朝廷急才之日，當首用之。嗚呼！　神形已勞，寒暑致寇，湯熨不效，彌留遽及。　男子生於世，忠於國，孝於家，義於朋，仁於下，紆金露冕，爲良二千石，不爲不遇也。但以公器業方隆，位不充量，此可痛之。咸通四年十二月廿五日寢疾終於鉅鹿之官舍，享年六十。親友銜悲，巷市如喪，蓋仁惠之至歟！　夫人滎陽鄭氏，　祖佾，皇辰州録事參軍。　父副，皇衛州參軍。竊以　簪纓令族，賢淑宜家，從爵封滎陽縣君。有女一人，小字闍梨，襁褓不育。有子五人，女一人，小字烏子，皆生他寢。長子承裕，舉進士，三隨鄉薦，已爲人知許。不全生孝，以至滅身。次子承昭，又次子小字武兒、迦兒、眉兒，皆仁孝聰晤，餘慶必復。承昭等銜哀泣血，痛切蓼莪，嚴護　裳帷，叶從龜筮。以五年甲申歲夏五月十一日歸祔於河南縣伊洛鄉解賈村　大理王父之松楸，萬安山之北原，禮也。詰與　公從祖弟也，幼承　慈愛，長實交情。無以洩哀，不讓撰紀。虞陵谷之屢變，俾徽懿之長存。

[一] 南陽公諷即張諷。

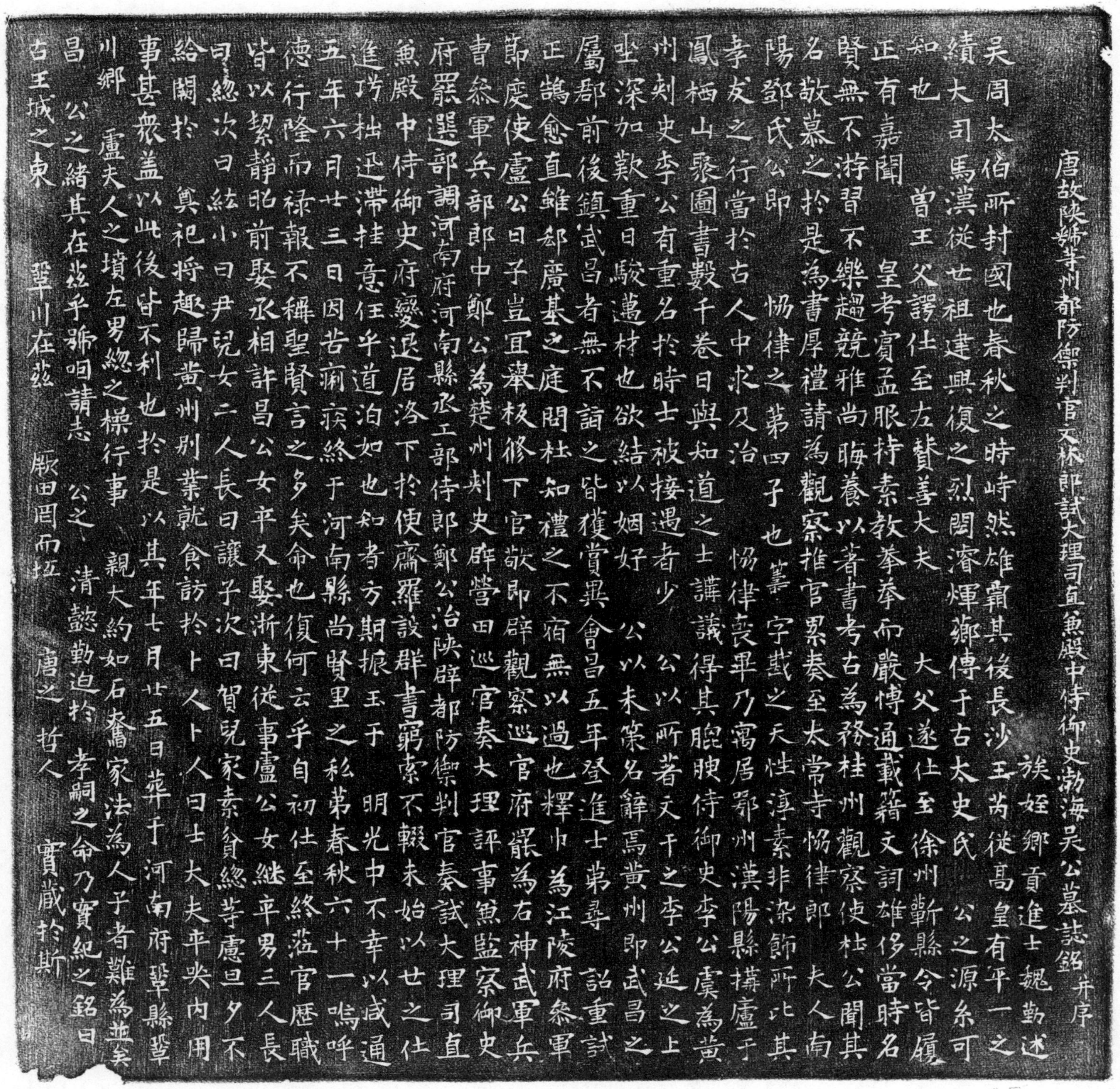

三三三四　唐故陝虢等州都防禦判官文林郎試大理司直兼殿中侍御史渤海吳公（籌）墓誌銘

咸通五年（八六四）七月二十五日葬。

誌文二十九行，滿行二十九字。正書。誌長、寬均四十九厘米。魏勤撰。

誌蓋正書：唐故渤海吳府君墓誌

唐故陝虢等州都防禦判官文林郎試大理司直兼殿中侍御史渤海吴公墓誌銘并序

族侄鄉貢進士魏勤述

吴，周太伯所封國也，春秋之時，峙然雄霸。其後長沙王芮從高皇，有平一之績；大司馬漢從世祖，建興復之烈。闓濬煇薌，傳於古太史氏，　公之源系可知也。曾王父謂，仕至左贊善大夫。　大父遂，仕至徐州蘄縣令。皆履正有嘉聞。　皇考賓孟，服持素教，拳拳而嚴。博通載籍，文詞雄侈。當時名賢，無不游習。不樂趨競，雅尚晦養，以著書考古爲務。桂州觀察使杜公[一]聞其名，敬慕之，於是爲書厚禮，請爲觀察推官，纍奏至太常寺協律郎。　夫人南陽鄧氏。公即　協律之第四子也，籌，字戩之。天性淳素，非染飾所比，其孝友之行，當於古人中求。及治　協律喪畢，乃寓居鄂州漢陽縣，構廬於鳳栖山，聚圖書數千卷，日與知道之士講議，得其腠腴。侍御史李公虞爲黄州刺史，李公有重名於時，士被接遇者少。　公以所著文干之，李公延之上坐，深加嘆重，曰：『駿邁材也。』欲結以姻好，　公以未策名辭焉。黄州即武昌之屬郡，前後鎮武昌者，無不詣之，皆獲賞异。會昌五年登進士第，尋　詔重試，正鵠愈直，雖郄廣基之庭問，杜知禮之不宿，無以過也。釋巾爲江陵府參軍。節度使盧公[二]曰：『子豈宜舉板，脩下官敬。』即辟觀察巡官。府罷，爲右神武軍兵曹參軍。兵部郎中鄭公[三]爲楚州刺史，辟營田巡官，奏大理評事，兼監察御史。府罷，選部調河南府河南縣丞。工部侍郎鄭公[四]治陝，辟都防禦判官，奏試大理司直，兼殿中侍御史。府變，退居洛下，於便齋羅設群書，窮索不輟。未始以世之仕進巧拙迅滯挂意，任乎道，泊如也。知者方期振玉於明光中，不幸以咸通五年六月廿三日因苦痢疾，終於河南縣尚賢里之私第，春秋六十一。嗚呼！德行隆而禄報不稱，聖賢言之多矣，命也，復何云乎？自初仕至終，莅官歷職，皆以潔静昭。前娶丞相許昌公[五]女，卒。又娶浙東從事盧公[六]女，繼卒。男三人：長曰總，次曰紘，小曰尹兒。女二人：長曰讓子，次曰賀兒。家素貧，總等慮旦夕不給，闕於　奠祀，將趣歸黄州別業就食。訪於卜人，卜人曰：『士大夫卒哭，内用事甚衆，蓋以此後皆不利也。』於是以其年七月廿五日葬於河南府鞏縣鞏川鄉盧夫人之墳左。男總之操行事　親，大約如石奮家法，爲人子者難爲并矣。昌　公之緒，其在兹乎？號咽請誌　公之　清懿，勤迫於　孝嗣之命，乃實紀之。銘曰：

古王城之東，鞏川在兹，厥田罔而坻，唐之　哲人，實藏於斯。

[一] 桂州觀察使杜公即杜式方，元和十五年至長慶二年（八二〇至八二二）爲桂州刺史、桂管觀察使。參《唐刺史考全編》卷二七五《桂州》。

[二] 節度使盧公即盧商，大中前期任荆南節度使。參《唐刺史考全編》卷一九五《荆州》。

[三] 鄭公或爲鄭祇德，據《唐刺史考全編》卷一二四，鄭祇德大中五年至七年（八五一至八五三）爲楚州刺史。

[四] 按《唐方鎮年表》《唐刺史考全編》均未見大中至咸通初執掌陝虢之鄭姓長官，此工部侍郎鄭公待考。

[五] 丞相許昌公應爲陳夷行。

[六] 盧公即盧礪，參本書三三一《亡妻范陽盧氏（有德）夫人（吴籌妻）墓誌》。

唐立山郡司馬權知軍州事清河崔公墓誌銘并序
堂弟荆南節度判官將仕郎試太常寺協律郎崔安潛撰
公諱師蒙字養正清河東武城人　高祖諱融
唐國子司業以德行文學冠當時薨謚文公曾祖諱翘
以禮部尚書東都留守薨贈太子太傅王父諱畢　以水部員
外郎渠州刺史薨贈太子太保顯考諱能　進士上第德行
文學克光于　先以嶺南節度使御史大夫薨贈尚書右僕射
尚書娶嘉州刺史李鎔女生二子皆公之弟　公事嫡夫人
以孝謹聞少讀書以　聞資調為蘄州黃梅尉滿秩復調為
岳州昌江令清絜謹飭理有奇名由是桂州觀察使
張公文規聞其為人遽奏為立山郡司馬權知軍州事
公仁恕善吏理意貸活遠人不顧道遼即時裝去既至用慈惠撫
養立山理觀察使多之將奏真至明年不幸疾作遂以大中八年
六月廿五日終于郡年六十七　公娶滎陽鄭絺女生一子
曰進凡女二人長弟十二次弟卅一噫　公之終未去郡而
夫人復以其年八月廿一日沒年六十一哀哉令子以明經上第
調補鄧州南陽主簿弃官歸養卒不得志而丁其艱生人之酷窮
矣即以大中九年八月廿日權窆于江陵府江陵縣桐臺鄉地山
之原与　夫人祔堂弟泣而以銘銘曰
嗚呼　崔公善飭其躬宜富而壽宜貴而崇何辛不昌得稟
禍長將歸洛師歲用匪臧權安于此寧歷多祀俟乎吉享終安嵩趾
至咸通五年八月十八日得吉卜遂遷窆于河南府潁陽縣潁
源鄉勾龍里萬安山之原祔　尚書公地
石克勤書并鐫

三三五　唐立山郡司馬權知軍州事清河崔公（師蒙）墓誌銘

咸通五年（八六四）八月十八日葬。

誌文二十四行，滿行二十五字。正書。誌長、寬均四十厘米。

崔安潛撰，石克勤書并鐫。

唐立山郡司馬權知軍州事清河崔公墓誌銘并序

堂弟荆南節度判官將仕郎試太常寺協律郎崔安潛撰

公諱師蒙，字養正，清河東武城人。　高祖諱融，唐國子司業，以德行文學冠當時，薨謚文公。曾祖諱翹，以禮部尚書、東都留守薨，贈太子太傅。王父諱異，　以水部員外郎、渠州刺史薨，贈太子太保。顯考諱能，進士上第，德行文學克光於　先，以嶺南節度使、御史大夫薨，贈尚書右僕射。尚書娶嘉州刺史李鎔女，生二子，皆公之弟。　公事嫡夫人以孝謹聞。少讀書以　聞，資調爲蘄州黄梅尉。滿秩，復調爲岳州昌江令。清潔謹飭，理有奇名。由是桂州觀察使　張公文規，聞其爲人，遽奏爲立山郡司馬權知軍州事。　公仁恕，善吏理，意貪活遠人，不顧道遼，即時裝去。既至，用慈惠撫養，立山理。觀察使多之，將奏真。至明年，不幸疾作，遂以大中八年六月廿五日終於郡，年六十七。　公娶滎陽鄭締女，生一子曰璡。凡女二人：長第十二，次第卅一。噫！　公之終，未去郡，而夫人復以其年八月廿一日没，年六十一。哀哉！令子以明經上第，調補鄧州南陽主簿。弃官歸養，卒不得志，而丁其艱，生人之酷窮矣。即以大中九年八月廿日權窆於江陵府江陵縣桐臺鄉蛇山之　原，與　夫人祔。堂弟泣而以銘，銘曰：

嗚呼　崔公，善飾其躬。宜富而壽，宜貴而崇。何卒不昌，得寡禍長。將歸洛師，歲用匪臧。權安於此，寧歷多祀。俟乎吉享，終安嵩趾。

至咸通五年八月十八日得吉卜，遂遷窆於河南府潁陽縣潁源鄉勾龍里萬安山之原，祔　尚書公兆。

石克勤書并鐫

三三三六　唐故中大夫守中書侍郎同中書門下平章事柱國賜紫金魚袋贈司空高公（璩）墓誌銘

咸通六年（八六五）二月二十一日葬。
誌文三十九行，滿行字數不等。正書。誌長、寬均九十二厘米。
劉鄴撰，裴璩書。
誌蓋篆書：唐故相國高公墓誌銘

唐故中大夫守中書侍郎同中書門下平章事柱國賜紫金魚袋贈司空高公墓誌銘并序

門吏朝散大夫守尚書户部侍郎充諸道鹽鐵轉運等使柱國賜紫金魚袋劉鄴撰

翰林學士朝議郎守尚書户部郎中知 制誥賜緋魚袋裴璩書

夫提權衡列巖廟，以宏圖達識佐佑 神化，道彰於埏埴，誠貫於天地，豈不盛歟！然而抱文武之業，出杖玉節，入調金鼎，信才當貴也。繫脩短之分，生如夢幻，去若風雹，胡仁不壽也。福善禍淫，報施安在？知與不知，掩泣相吊。 公諱璩，字瑩之，望渤海，姓高氏。澄源潔派，延祥濟美。 曾祖趄，皇秘書省著作佐郎，贈右諫議大夫。藻繢其文，珪球其行。位不充量，慶貽後裔。 祖集，皇河東節度副使、檢校尚書吏部郎中、太原少尹兼御史中丞，贈太尉。冲澹夷雅，貞莊静深，温良而行己，明敏而贊畫。 父元裕，皇吏部尚書，贈司徒，謚曰貞。 貞公詞鋒學海，冠於當世。密行正氣，臻於古賢。鏘珮峩冠，不仁者遠。 貞公娶李氏，封隴西郡太夫人。 公即 貞公之冢息也。生知孝友，神付聰哲。標格峻整，風容美秀。埃塵之外，片玉長寒；霄漢之間，孤峰迥拔。究典謩之旨，通教化之源。學富儒林，名高士範。曾參至性，本於天資；衛玠玄譚，克傳家法。髫齔之歲，援毫賦詩。 貞公幾欲抉去瑕類，吟味久之，竟不能點竄一字，故得小號奇童，長爲才子。既而就試於 神州，主文者以緣情體物之妙，特用高等薦名，聲華時論，輝動京國。隴西李公褒勵公平掇翹秀，擢於群萃之中，昇於甲乙之選。會張公諷踐列曹，掌大計，急時之賢彦，以巡官奏授秘書省校書郎，旋爲武昌軍節度掌書記。丁 貞公憫凶，毁將滅性。衣裳外除，聘幣交至。時 中書令太原白公[一]按節西蜀，以安撫之目，表 公爲從事。 朝命俞之，改太常寺協律郎。使車至止， 太原公一覩而神聳，一言而道合。不逾旬朔，超處記室。牋奏簿書，細大咨稟，故得羌蠻怗息，不敢萌亂常心、犯邊意。太原公移鎮荆門，厥職仍舊。太冲之筆，孔璋之詞，清議多之，遂除右拾遺内供奉。慎脩官業，不畏權右，朱雲舊風，自 公而還。一日， 宣宗皇帝召入金馬門，以本官爲翰林學士。 朝儀之重輕，時政之得失，賴 公密贊其事，非獨草一書，裁一詔而已。遷起居郎、知 制誥，浴堂敷奏，寵錫銀印。歲滿，改右諫議大夫，賜金龜紫綬於 麟德殿下，遷工部侍郎、承 旨學士。未幾，轉兵部侍郎，西署昇渥， 公爲第一。王褒詞賦，已滿六宫；韓信壇場，忽臨千乘。出爲劍南東川節度觀察處置等使、檢校禮部尚書兼御史大夫。東蜀奥區，臨制八郡，據梁益之重地，接巴庸之舊封。賊壘猶高，戎車尚駕，苟非奇略，不建殊勛。 公嚴以練兵，和而煦物，拓其襟帶，扼彼咽喉。境内置平戎栅、大硐栅，分布驍雄之士，共禦奔衝之患。蒐卒以殄寇，貢金而贍軍。 皇情既安，公望彌顯。乃捧徵詔，還於京師。俄拜兵部侍郎、同中書門下平章事，翊亮 皇極，昭宣 帝圖。心惟在於致 君，道每形於匡國。時初議鑄監軍使印， 公紫宸面諍，詞旨深切， 吾君爲之感動。良直之史，豈無可書？洎於揚清激濁，起幽振滯，謂周之申甫，漢之蕭曹，不難到也。上意自謂 高祖、太宗賚予良弼，乃授中書侍郎、平章事。方開 社稷之基，遽迫陰陽之沴。以咸通五年九月廿日薨於位，享年四十七。 天子震悼，廢 朝三日，命刑部侍郎王鐸賻吊，有加常等。工部侍郎王渢持節備禮，册爲司空，識者榮之。 公夙禀粹靈，素爲重器。侔子孺之默識，類王粲之宿構。閨門常保於雍和，朋友不渝於久要。疏通有守，和粹積中。歷試諸難，昭宣懿效。出鎮則子牟之心，常懷魏闕；立 朝則汲黯之志，唯在 漢庭。本於吐鳳之才，終見問牛之喘。 聖日方永，臺星遽沉。浮生溘然，萬事皆畢。凡著 詔誥、詩賦、贊述、表檄三十卷。夫人韋氏，封扶風郡君。温柔令德，著範族姻；婦道母儀，騰芳圖史。有子二人：長曰龜年，鄉貢進士，神閑而氣和，筆健而詞麗。幼曰松年，千牛備身。殊姿异彩，秀出倫類。女一人曰遷娘，年未及笄。明年正月十五日，龜年號奉輤輿，歸於洛師。其年二月廿一日葬於伊闕縣何晏鄉范村白沙原，次 貞公之塋，禮也。鄴與 公實 通家之舊。大中甲戌歲， 公 世父僕射公[二]駕廉車於傅巖之側，以弓旌重禮置愚於幕下。 公不鄙庸陋，許以始終。及夫叨居 禁近，獲接行綴，追南巷之素分，深 北門之密契。道則交友，情同弟昆。終天之别，今則已矣。撫 吾兄之孤，銘 吾兄之墓。搜羅遺美，窮極菲詞，竟何爲哉！竟何爲哉！銘曰：

天垂景貺兮嶽降英靈，作瑞閨門兮振耀簪纓。心遊霄漢兮迹造蓬瀛，白玉光寒兮朱弦韻清。夙摧吞鳥兮早逐遷鶯，五府交辟兮萬里前程。賓筵素重兮相閤殊榮，徊翔諫署兮薰灼令名。金鑾入對兮瓊珮琤琤，綱索歸來兮琪樹亭亭。峩冠就列兮紫綬晶熒，垂簾草詔兮綵筆縱横。絲綸四掌兮再歷貳卿，山川一去兮獨對雙旌。仁霑闔境兮威肅連營，朝軒纔至兮 寵命俄行。方期翊 聖兮德被八紘，如何夢奠兮悲深兩楹。九原茫茫兮洛邑之形，千古潺潺兮洛水之聲。鳳池故事兮奄若前生，空餘隴月兮夜夜長明。

[一] 太原白公即白敏中，大中六年至十一年（八五二至八五七）爲劍南西川節度使。

[二] 世父僕射公即高璩伯父高少逸，後贈尚書右僕射。參兩《唐書·高少逸傳》及《高少逸墓誌》。

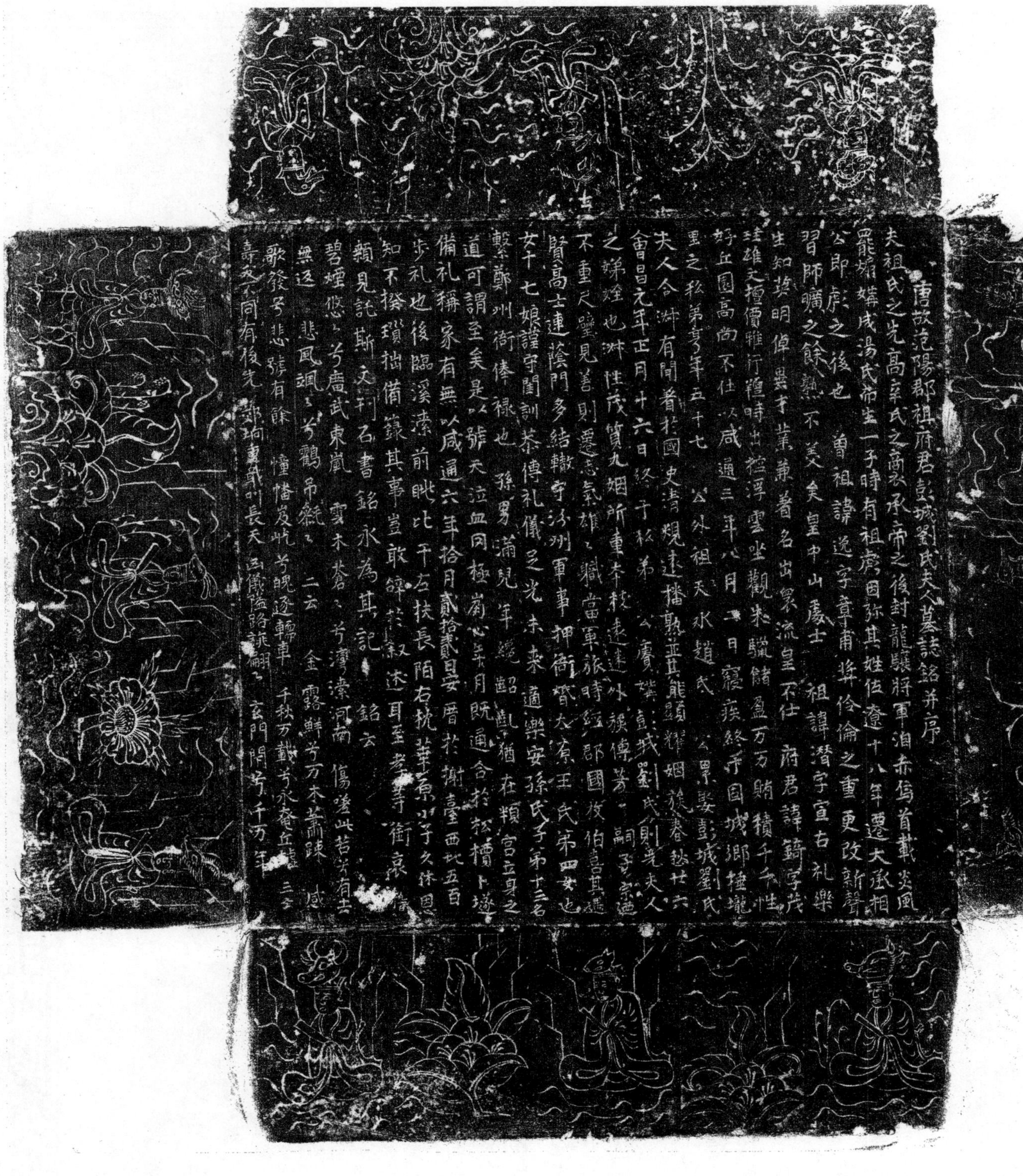

三三七　唐故范陽郡祖府君（錡）彭城劉氏夫人墓誌銘

咸通六年（八六五）十月二十二日葬。

誌文二十五行，滿行字數不等。正書。誌長、寬均五十五厘米。

誌蓋篆書：唐故范陽祖府君墓誌

唐故范陽郡祖府君彭城劉氏夫人墓誌銘并序

夫祖氏之先，高辛氏之裔，承帝之後，封龍驤將軍。洎赤烏首載，炎風罷煽，媾成湯氏而生一子。時有祖彪，因彌其姓，佐遼十八年，遷大丞相。公即彪之後也。　曾祖諱逸，字章甫，獎伶倫之重，更改新聲；習師曠之餘，孰不美矣。皇中山處士。　祖諱潛，字宣古。禮樂生知，英明倬异。才業兼著，名出衆流。皇不仕。　府君諱錡，字茂珪，雄文擅價，雅行羶時。出控浮雲，坐觀朱鬣。儲盈萬萬，賄積千千。性好丘園，高尚不仕。以咸通三年八月二日寢疾終於固城鄉捶壠里之私第，享年五十七。　公外祖天水趙氏。　公纍娶彭城劉氏，夫人令淑有聞，著於國史。清規遠播，熟并其能，顯耀姻族。春秋廿六，會昌元年正月十六日終於私第。　公賡媾彭城劉氏，則先夫人之娣侄也，淑性茂質，九姻所重，本枝遠遠，外族傳芳。　嗣子宗迺，不重尺璧，見善則遷。志氣雄雄，職當軍旅。時經郡國，牧伯喜其遇賢。高士連蔭，門多結轍。守汾州軍事押衙，婚太原王氏第四女也。女十七娘謹守閨訓，恭傳禮儀，足光未來。適樂安孫氏子第十三名纍，鄭州衙俸禄也。　孫男滿兒，年纔齠齓，猶在頖宮，立身之道，可謂至矣。是以號天泣血，罔極崩心。年月既通，合於松櫝。卜隧備禮，稱家有無。以咸通六年拾月貳拾貳日安厝於榭臺西北五百步，禮也。後臨溪溹，前眺比干，左扶長陌，右枕華原。小子久休恩知，不揆瑣拙，備籙其事，豈敢辭於叙述耳。至孝等銜哀稽顙，見托斯文，刊石書銘，永爲其記。銘云：

碧烟悠悠兮廣武東嵐，雲木蒼蒼兮灣溹河南，傷嗟此苦兮有去無返，悲風颯颯兮鶴吊毵毵。二云：金露鮮兮萬木蕭疏，感歌發兮悲號有餘，幢幡岌屹兮魄逐轜車，千秋萬載兮永奄丘墟。三云：壽夭不同有後先，郊坰重戢叫長天，凶儀隘路旐翩翩，玄門閉兮千萬年。

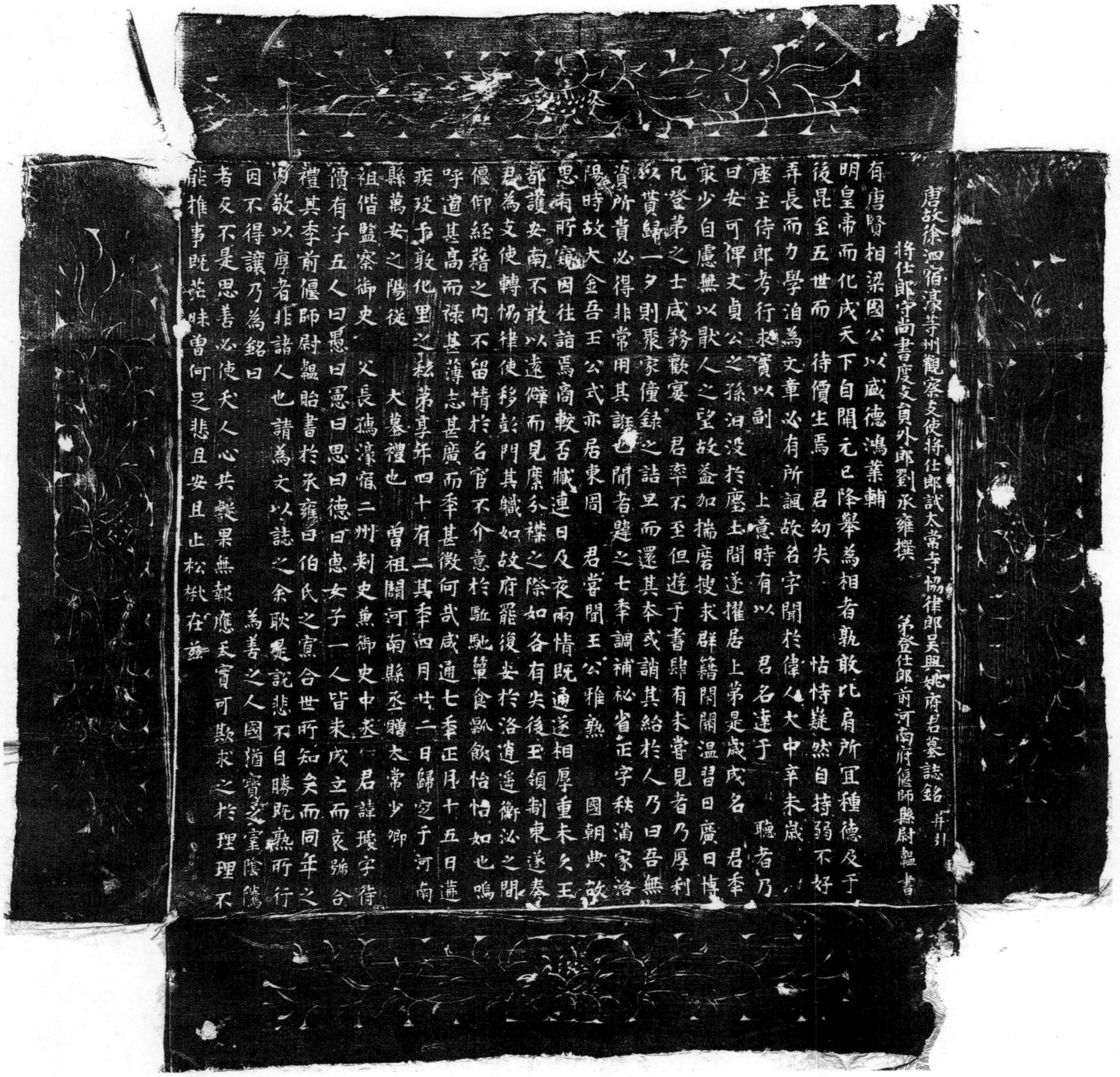

三三八　唐故徐泗宿濠等州觀察支使將仕郎試太常寺協律郎吳興姚府君（璩）墓誌銘

咸通七年（八六六）四月二十二日葬。
誌文二十七行，滿行二十七字。正書。誌長、寬均四十六厘米。
劉承雍撰，姚鞰書。
誌蓋正書：唐故吳興姚府君墓銘

唐故徐泗宿濠等州觀察支使將仕郎試太常寺協律郎吳興姚府君墓誌銘并引

將仕郎守尚書度支員外郎劉承雍撰

弟登仕郎前河南府偃師縣尉韞書

有唐賢相梁國公以盛德鴻業，輔　明皇帝而化成天下。自開元已降，舉爲相者孰敢比肩。所宜種德及於後昆，至五世而　待價生焉。君幼失　怙恃，巋然自持。弱不好弄，長而力學。洎爲文章，必有所諷，故名字聞於偉人。大中辛未歲，　座主侍郎[一]考行求實，以副　上意。時有以　君名達於　聽者，乃曰：『安可俾文貞公之孫汩没於塵土間。』遂擢居上第。是歲成名，　君年最少。自慮無以厭人之望，故益加揣磨，搜求群籍，閉關温習，日廣日博。凡登第之士咸務歡宴，　君率不至。但游於書肆，有未嘗見者，乃厚利以貫歸。一夕則聚家僮録之，詰旦而還其本。或誚其給於人，乃曰：『吾無資，所貴必得，非常用其誑也。』聞者韙之。七年，調補秘省正字。秩滿，家洛陽。時故大金吾王公式亦居東周，　君嘗聞王公雅熟　國朝典故，思有所窺，因往詣焉。商較否臧，連日及夜，兩情既通，遂相厚重。未久，王都護安南，不敢以遠僻而見麾，分襟之際，如各有失。後王領制東，遂奏君爲支使，轉協律。使移彭門，其職如故。府罷，復安於洛。逍遥衡泌之間，偃仰經籍之内，不留情於名宦，不介意於驅馳，簞食瓢飲，怡怡如也。嗚呼！道甚高而禄甚薄，志甚廣而年甚微，何哉？咸通七年正月十五日遘疾殁於敦化里之私第，享年四十有二。其年四月廿二日歸窆於河南縣萬安之陽，從　大墓，禮也。　曾祖闢，河南縣丞，贈太常少卿。　祖偕，監察御史。　父長孺，濠、宿二州刺史兼御史中丞。　君諱璩，字待價。有子五人：曰愚、曰憲、曰思、曰德、曰惠，女子一人，皆未成立，而哀號合禮。其季前偃師尉韞貽書於承雍曰：『伯氏之寡，合世所知矣。而同年之内，敬以厚者，非諸人也。請爲文以誌之。』余耿是説，悲不自勝。既熟所行，因不得讓。乃爲銘曰：

爲善之人，國猶寶之。宰陰騭者，反不是思。善必使夭，人心共疑。果無報應，天實可欺。求之於理，理不能推。事既茫昧，曾何足悲。且安且止，松楸在兹。

[一] 侍郎即韋慤，大中五年（八五一）以禮部侍郎知貢舉。參《登科記考》卷二十二。

三三三九　唐故同州參軍李府君（懌）墓誌銘

咸通七年（八六六）八月十二日葬。

誌文二十八行，滿行二十九字。正書。誌長五十二厘米，寬五十一厘米。

李邃撰。

唐故同州參軍李府君墓誌銘并叙

堂兄鄉貢進士邃撰

公諱懌，字夢之，隴西成紀人也。 皇朝中書侍郎、同中書門下三品、尚書左僕射、贈太傅諱揆之曾孫，杭州刺史府君諱幼公之孫，河中府河西縣尉府君諱弼之子，饒州刺史清河崔府君諱鄑之外孫。內外鼎甲，秦晉閥閲，如日月之交光，嵩華之相望。書在國史，備於家諜，故略而不載。咸通七年五月五日遘疾終於同州之私第，享年廿八。其年七月十三日自長□啓引，歸於河南府偃師縣亳邑鄉祁村，八月十二日殯於 先塋之側，禮也。公植性端良，生知孝敬。自童丱智識高遠，挺然有古賢之風。加以酷好詩書，力臻善道。每執卷獲一經義，即欣然忘食；或晨興遇一善事，即竟日怡暢。懿親共賞，朋友嘆伏。公總角之歲，即 先府君弃世，號泣顧慕，動皆老成。後明經中第，博覽群籍，文華粲然，尤功篇咏。先達者皆勉令貢藝春闈，可以一鳴人，取青紫如俯拾矣。公曰：『 太夫囚年高違恙，旨甘是切，又有終鮮之嘆。若何一日間晨昏袖軸，京師角名利哉！』遂決，從常調補同州參軍。洎版輿之任至，則當□有立，幹濟推先，三考奉公，始終一致。或案劾刑獄，或檢馭重難，動關 制敕，必盡精微。刺史皇甫公珪嘆曰：『前途萬里，豈可當焉。』秩滿寓居故林，將及選限，方議姻媾。忽染時疾，藥餌無徵，遽至淪殁。 牧守王公凝親密之中，早垂獎顧。公啓手足之日，無擔石之資。王公竭俸以濟恤，自升屋至於啓引，無巨細皆拯之。所費不啻五萬錢，求之古烈，何以加焉？公叔舅長安尉行餘自聞 凶訃，信使旁午。迎 伯姊秦地就醫，送衛玠東周禮物，仁孝俱備，實少比儔。內外親戚，不遠千里，悉有賻贈。邃自左輔護領，訖於窀穸，竭哀主辦，事皆無闕。公別女子四歲，名曰堅奴，呱呱而泣，來隨丹旐。行路聞之，皆爲雪涕。嗚呼！公積德纍行，抱義戴仁，誠合當卿相之貴，享繁衍之榮。豈期圀囬不霑於再命，承家俄絕於一身。未及壯室，遽歸泉壤，天之報施，竟何如哉。邃雁序之中，友愛素厚。屬青烏告叶，楚挽將臨，不暇別求賢彥，叙述德美。搏膺長慟，□涕操觚，哀□成文，强爲銘曰：

生兮有殁，自古皆然。壯歲俄夭，如何問天。驥足纔聘，鵬翅將飛。一息不還，交親共悲。合賦螽斯，合享榮禄。琴書無主，生涯遽促。洛水潺湲，邙山鼎峙。佳城忽閉，萬事遄已。

唐故東川節度推官試太常寺協律郎隴西李府君墓銘有序
外重表兄朝議郎前使持節硤州諸軍事守硤州刺史柱國楊埴撰
君諱亞封字冏啓隴西人隨太師申國明公穆字顯慶八代孫也曾祖諱
褚太僕卿兼十二閑廐使祖諱并左贊善大夫太府卿父諱宣進第書判
等歷監察尚書刑部郎萬年令吉州刺史贈左散騎常侍娶范陽盧夫人
生四子君季之重季也皆搢紳目林精華共秀鼎族之盛獨步一門君頂
歸初東珪璋角角清風渊氣蘊在襟帶立群児中一珠自圓一鏡獨照洎
秉筆為文左善五言詩鸞鳳鳴叫生於華下聲奏日新不可自遏乃舉進士
天與其實不与其華十竊名場軋軋不中大諸侯欲而惜之欲奪致府幕
復有　內廷密友憤激謀於秉事同知者共說前事兩捐的及試藝日曉
皷將半束馬在街因搔皐痒爪觸血發狼藉襟袖家人狂乱療之不禁乃
就舁而行淋瀝透其重服無奈何復舁而歸　神人與　省闥哀鏑而君
病血頓止偃仰一夕飲食如故嗚呼命之厄人也如此明年終為大諸侯
奏戎事自春官正字又易鎮轉協律郎天竟刻其始與多復以支體不隨
病中之連延十年以至不救以咸通四季十一月十一日終于襄陽之私
舍享年六十八君娶弘農楊夫人生一子始九歲子名元子前一女配清
河張洎有穆氏甥高氏甥皆一時角立清德者穆氏甥仁裕為尚書吏部
郎中高氏甥璩節制東川有二甥榮其出君之不祿少蘇冥恨耶　吉用
五季五月十一日以嗣子權厝于襄州鳳林鄉闌化坊以埴□外甥列藉
忝昇堂硯席之恩舊託誄其景行云□慟哭収淚述其事豈是予其寃耶
辭曰
人誰不生生則有卒嗟嗟夫子存亡無屈倚天無梯扣神無閒我雖大叫
陰聽孰聞春野蒼蒼孤魂茫茫未歸故里焉為永藏想有嗣子門楨豈亡
以漢汭卑濕雖　權厝亦難為久又屬家方困窘未克歸祔以七季
七月十八日季姪衍自襄州与元子同　護喪八月十八日于汝州
梁縣新豊鄉趙馬村　權厝重俟通年用卜歸三京故里
由子衍書

三四〇　唐故東川節度推官試太常寺協律郎隴西李府君（亞封）墓銘

咸通七年（八六六）八月十八日葬。

誌文二十七行，滿行二十八字。正書。誌長、寬均四十五厘米。

楊埴撰，李衍書。

誌蓋正書：唐故李府君墓銘石記

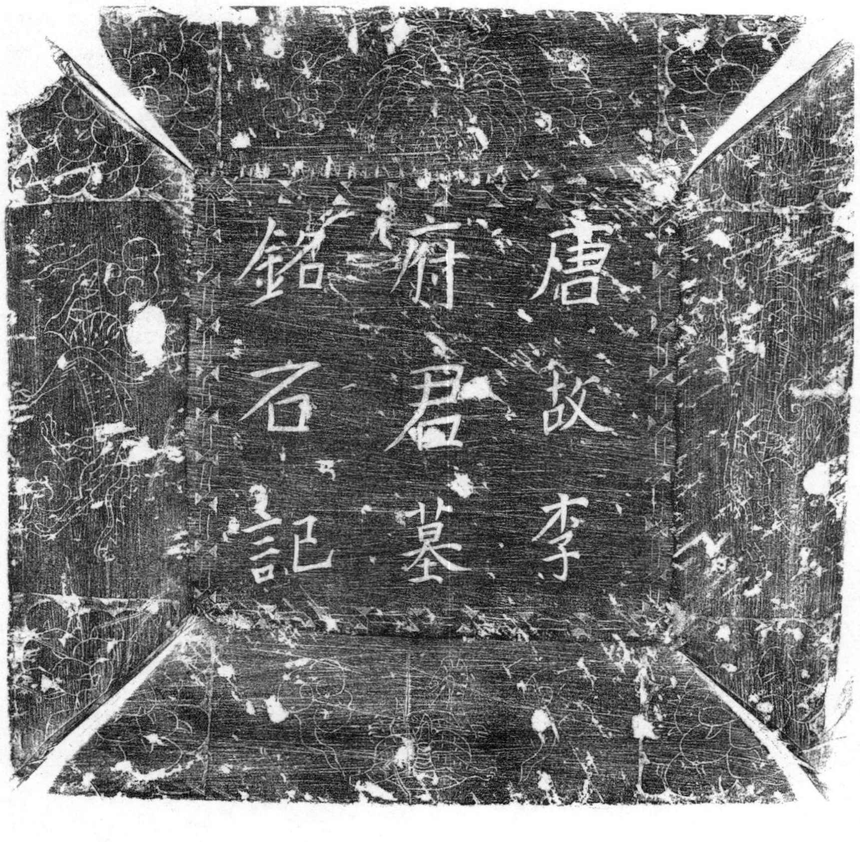
唐故李府君墓銘石記

唐故東川節度推官試太常寺協律郎隴西李府君墓銘有序

外重表兄朝議郎前使持節硤州諸軍事守硤州刺史柱國楊塡撰

君諱亞封，字周啓，隴西人。隋太師申國明公穆，字顯慶，八代孫也。曾祖諱祐，太僕卿兼十二閑厩使。祖諱并，左贊善大夫、太府卿。父諱宣，進第書判等。歷監察、尚書刑部郎、萬年令、吉州刺史，贈左散騎常侍。娶范陽盧夫人，生四子，君季之重季也。皆搢紳巨材，精華共秀。鼎族之盛，獨步一門。君頂髻初束，珪璋角角。清風淑氣，蘊在襟帶。立群兒中，一珠自圓，一鏡獨照。洎秉筆爲文，左善五言詩。鸞鳳鳴叫，生於華下。聲奏日新，不可自遏。乃舉進士，天與其實，不與其華。十窺名場，軋軋不中。大諸侯忿而惜之，欲奪致府幕。復有　內廷密友，憤激謀於秉事同知者共説前事兩指的。及試藝日，曉鼓將半，束馬在街，因搔鼻痒，爪觸衄發，狼藉襟袖。家人狂亂，療之不禁。乃就舁而行，淋瀝透其重服。無奈何，復舁而歸。若神人與□，省闈裁鐍，而君病血頓止。偃仰一夕，飲食如故。嗚呼！命之厄人也如此。明年，終爲大諸侯奏戎事。自春官正字又易鎮，轉協律郎。天竟刻其始與多，復以支體不隨，病中之連延十年，以至不救。以咸通四年十一月十一日終於襄陽之私舍，享年六十八。君娶弘農楊夫人，生一子，始九歲，子名元子。前一女配清河張洎。有穆氏甥、高氏甥，皆一時角立清德者。穆氏甥仁裕，爲尚書吏部郎中。高氏甥璩節制東川。有二甥榮其出，君之不禄，少蘇冥恨耶？

告用五年五月十一日，以嗣子權厝於襄州鳳林鄉闉化坊。以塡中外齒列，復忝昇堂硯席之恩舊，托誄其景行云。塡慟哭收泪述其事，豈是吊其冤耶？辭曰：

人誰不生，生則有卒。嗟嗟夫子，存亡兼屈。倚天無梯，扣神無關。我雖大叫，陰聽孰聞。春野蒼蒼，孤魂茫茫。未歸故里，焉爲永藏。慰有嗣子，門楨豈亡。

以漢汭卑濕，雖　權厝亦難爲久。又屬家方困窘，未克歸祔。以七年七月十八日季侄衎自襄州與元子同　護喪，八月十八日於汝州梁縣新豐鄉趙馬村　權厝，重俟通年用卜歸三原故里。

由子衎書

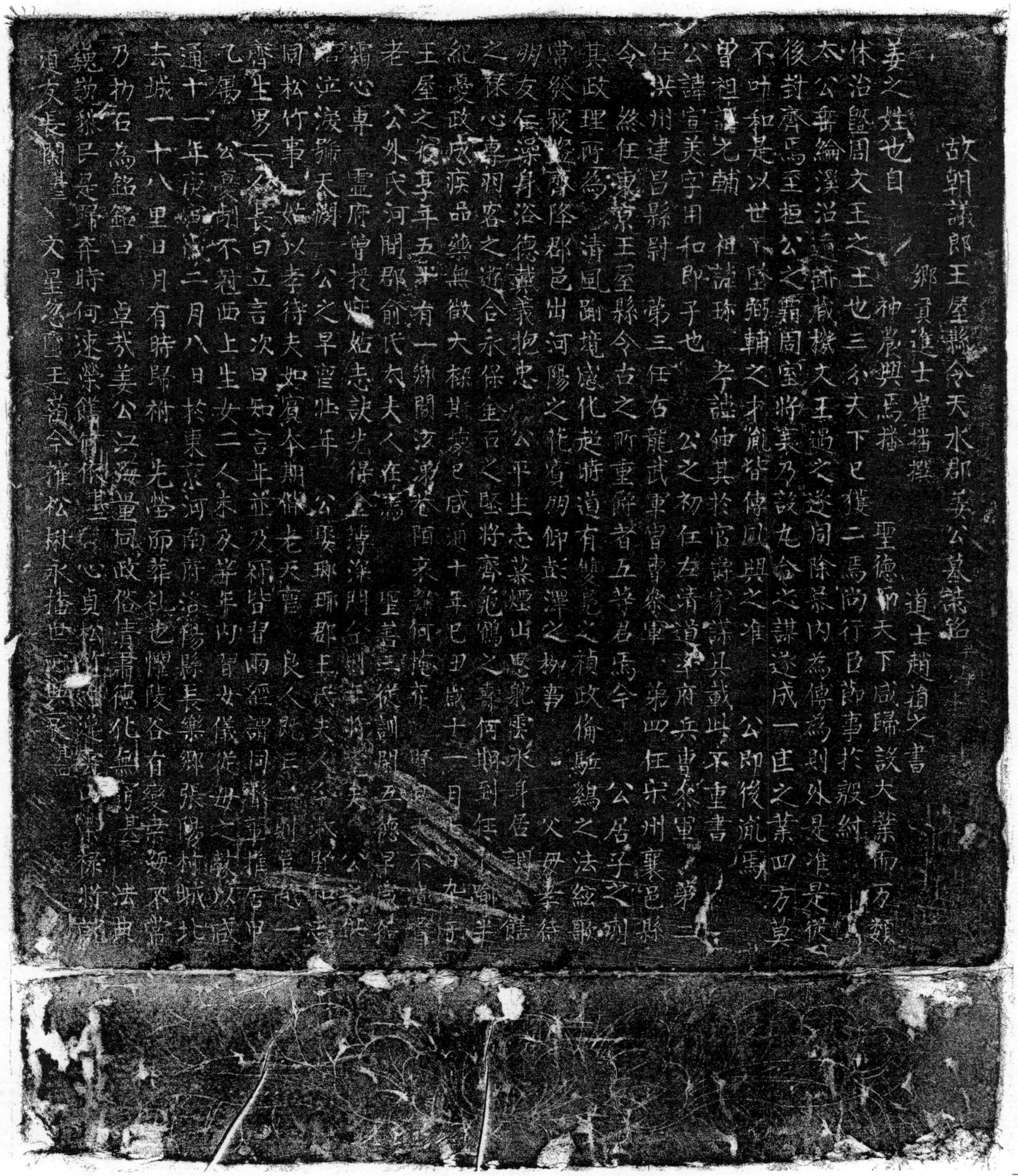

三四一　故朝議郎王屋縣令天水郡姜公（宣美）墓誌銘

咸通十一年（八七〇）二月八日葬。

誌文二十八行，滿行二十八字。正書。誌長、寬均四十六厘米。

崔播撰，趙損之書。

故朝議郎王屋縣令天水郡姜公墓誌銘并序

鄉貢進士崔播撰

道士趙損之書

姜之姓也，自　神農興焉，播　聖德而天下咸歸，設大業而萬類休治。曁周文王之王也，三分天下已獲二焉，尚行臣節，事於殷紂。　太公垂綸溪沼，遁迹藏機，文王遇之，遂同除暴。内爲傅爲則，外是準是從，後封齊焉。至桓公之霸，周室將衰，乃設九合之謀，遂成一匡之業，四方莫不叶和。是以世不墜弼輔之才，胤皆傳夙興之準。　公即後胤焉。　曾祖諱元輔，　祖諱珍，　考諱伸，其於官爵，家諜具載，此不重書。　公諱宣美，字用和，即子也。　公之初任左清道率府兵曹參軍，　第二任洪州建昌縣尉，　第三任右龍武軍冑曹參軍，　第四任宋州襄邑縣令，　終任東京王屋縣令。古之所重，爵者五等君焉。今　公居子之列。其政理所爲，　清風逾境，感化超時，道有雙梟之禎，政備驅鷄之法。弦歌常發，寇盜齊降。郡邑出河陽之花，賓朋仰彭澤之柳。事　父母孝，待朋友仁。澡身浴德，戴義抱忠。　公平生志慕烟山，思耽雲水，身居調□膳之禄，心專羽客之遊。合永保金石之堅，將齊龜鶴之壽。何期到任不逾半紀，憂政成疾，品藥無徵，大梁斯壞已。咸通十年己丑歲十一月七日卒於王屋之寢，享年五十有一。鄉閭泫涕，巷陌哀號。何掩弃　賢良，天不遺耆老。　公外氏河間郡俞氏太夫人在焉。　聖善三從，訓閑五德。早歲孤霜，心專　靈府，曾授麻姑，志訣先得，金籙深門，今則年將耄矣。□公之供□，泣泪號天，憫　公之早喪壯年。　公娶瑯琊郡王氏夫人，令淑賢和，志同松竹，事　姑以孝，待夫如賓。本期偕老，天喪　良人。既亡二則，言越一齊。生男二人：長曰立言，次曰知言，年并及冠，皆習兩經，謂同□輩，推居甲乙。屬　公憂制，不剋西上。生女二人，未及笄年，内習女儀，從母之教。以咸通十一年庚寅歲二月八日於東京河南府洛陽縣長樂鄉張陽村城北去城一十八里，日月有時，歸祔　先塋而葬，禮也。懼陵谷有變，桑海不常，乃材石爲銘。銘曰：

卓哉姜公，江海量同。政俗清肅，德化無窮。其一。法典巍巍，黎民是歸。弃時何速，榮膳何依。其二。心貞松竹，志逸雲山。榮禄將就，道友長閑。其三。文星忽墜，玉嶺今摧。松楸永播，世所興哀。其四。

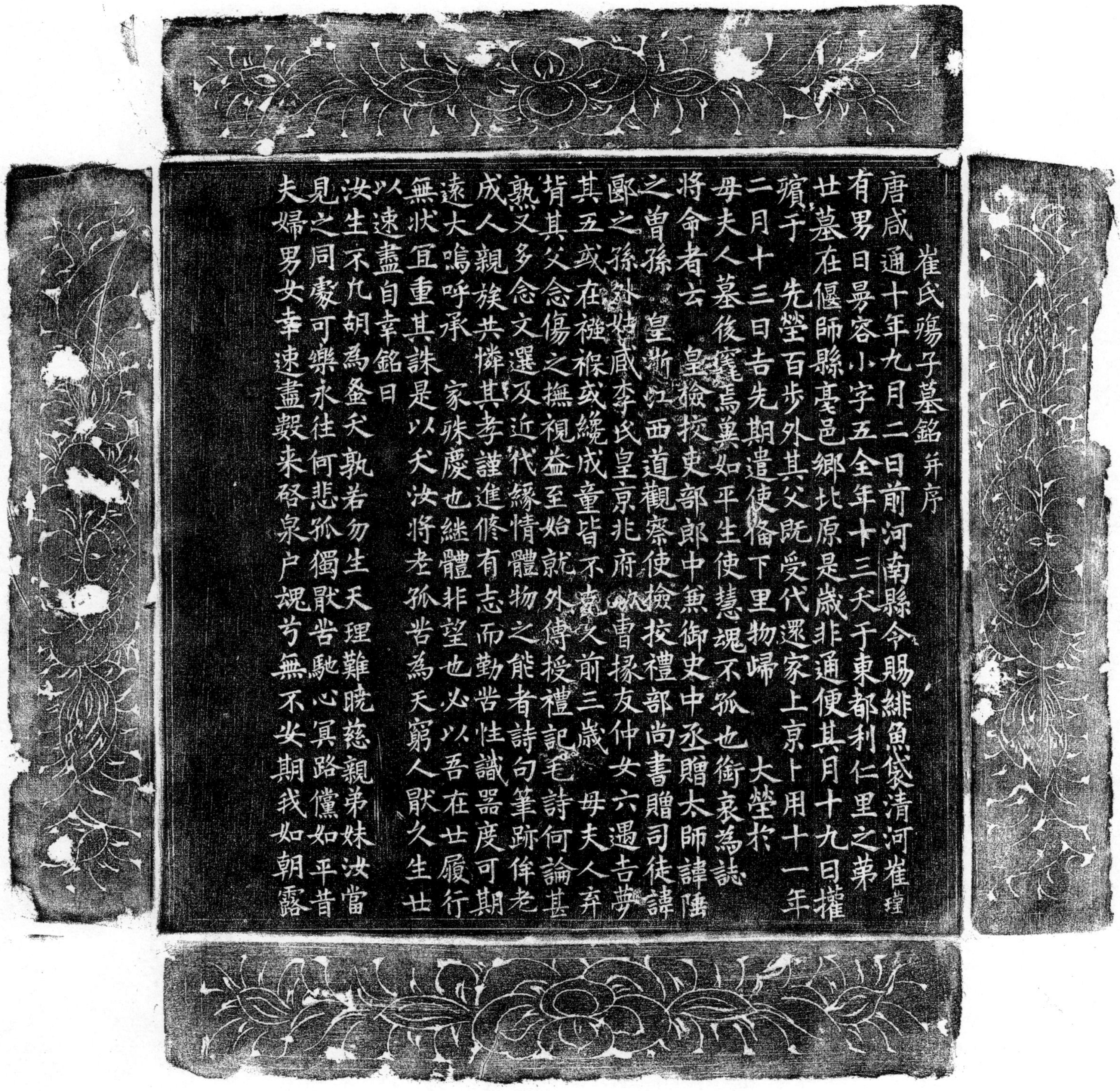

崔氏殤子墓銘幷序
唐咸通十年九月二日前河南縣令賜緋魚袋清河崔瑝
有男曰曼容小字五全年十三夭于東都利仁里之第
廿墓在偃師縣亳邑鄉北原是歲非通便其月十九日權
殯于 先塋百步外其父既受代還家上京卜用十一年
二月十三日吉先期遣使備下里物婦 大塋於
母夫人墓後寘焉冀如平生使慧魂不孤也銜哀為誌
将命者云 皇撿挍吏部郎中兼御史中丞贈太師諱陲
之曾孫 皇靳江西道觀察使撿挍禮部尚書贈司徒諱
鄲之孫外姑咸李氏皇京兆府士曹掾友仲女六遇吉夢
其五或在褪褓或纔成童皆不竟久前三歲母夫人弃
背其父念傷之撫視益至始就外傳授禮記毛詩何論甚
熟又多念文選及近代緣情體物之能者詩句筆跡侔老
成人親族共憐其孝謹進修有志而勤砦性識器度可期
遠大嗚呼承 家殊慶也繼體非望也必以吾在廿履行
無狀宜重其誅是以夭汝将老孤砦為天窮人猷久生廿
以速盡自幸銘曰
汝生不九胡為蚤夭孰若勿生天理難曉慈親弟妹汝當
見之同處可樂永往何悲孤獨猷砦馳心冥路儻如平昔
夫婦男女幸速盡毀來啓泉户覢兮無不安期我如朝露

三四二　崔氏殤子（崔曼容）墓銘

咸通十一年（八七〇）二月十三日葬。

誌文二十行，滿行二十二字。正書。誌長、寬均三十四厘米。

誌蓋正書：清河崔氏殤子墓誌銘

崔氏殤子墓銘并序

唐咸通十年九月二日，前河南縣令賜緋魚袋清河崔瑾有男曰曼容，小字五全，年十三，夭於東都利仁里之第。　世墓在偃師縣亳邑鄉北原。是歲非通便，其月十九日權殯於　先塋百步外。其父既受代，還家上京。卜用十一年二月十三日吉。先期遣使，備下里物歸　大塋於　母夫人墓後，窆焉。冀如平生，使慧魂不孤也。銜哀爲誌，　將命者云：　皇檢校吏部郎中兼御史中丞、贈太師諱陲之曾孫，　皇浙江西道觀察使、檢校禮部尚書、贈司徒諱郾之孫。外姑臧李氏，皇京兆府功曹掾友仲女。六遇吉，夢其五，或在襁褓，或纔成童，皆不克久。前三歲，　母夫人弃背。其父念傷之，撫視益至。始就外傳授《禮記》《毛詩》《何論》甚熟，又多念《文選》及近代緣情禮物之能者，詩句筆迹侔老成人。親族共憐其孝謹，進修有志而勤苦，性識器度，可期遠大。嗚呼！承　家殊慶也，繼體非望也。必以吾在世履行無狀，宜重其誅，是以夭汝。將老孤苦，爲天窮人厭，久生世以速盡自幸。銘曰：

汝生不凡，胡爲蚤夭。孰若勿生，天理難曉。慈親弟妹，汝當見之。同處可樂，永往何悲。孤獨厭苦，馳心冥路。儻如平昔，夫婦男女。幸速盡數，來啓泉户。魂兮無不安，期我如朝露。

三四三　唐故處州司馬滎陽鄭府君（偁）墓誌銘

咸通十一年（八七〇）八月十六日葬。

誌文三十行，滿行字數不等。正書。誌長、寬均五十二厘米。

段温撰并書兼篆蓋。

唐故處州司馬滎陽鄭府君墓誌銘并序

鄉貢進士段温撰并書兼篆蓋

官有負材器以致超特者矣，職有仗忠信以至榮達者焉，則有　滎陽鄭公以仗忠信而至榮達者歟。　公諱偁，字譽之。其先曾祖華，處州人也，仕冀州阜城縣令。祖浦，廬州長史。皇父貞，明州貿縣丞。公即　丞之長嗣也，材質挺生，形貌瑰美。性含寬恕，體抱剛柔。威禮厚載於容，喜怒不干於色。幼懷梗概，期紹　家風。霜月澄輝，比清澈於襟韻；秋波澹濘，爲藻鑒於心靈。頗遵無競之規，深奉不言之妙。後解褐本郡掾曹。　公以宏略，揚於藩鎮，爲義武軍節度押衙，充忠勇軍使兼監察御史。繇是戢清麾下，軍士悉凜，導必以義，勸不加刑。而又　雅譽聞於　諸侯。是歲，本職轉度支巡檢官，授處州司馬，階至銀青光禄大夫、檢校太子賓客。既佐專城，仍上柱國。前後歷任，厥甚是防。其所效守，備竭公忠，廉儉操潔，爲衆鑽仰。職趨龍節，官署烏臺，處世又榮矣美矣。　公即　尊夫人姚氏之子。　夫人肅然令問，昭彰母儀，仁乃推於斷髮，賢且慕於擇鄰。　公自辭　堂游宦，綿歷未還。早曾懷橘之誠，每感扣冰之忠。方俟休禄歸家，躬調膳味，天鑒何辜，遽至先歿。故知眉壽，寧在鬼神，敻隔山川，孰不痛矣。　公有仁弟二人：仲曰俊，處州軍事押衙、試左千牛衛長史，孝謹在心，德爲謙柄。季曰伾，温州司倉，文藻飾身，行有枝葉。俱爲時俊，并擅淑聲。公又治家於長幼間，無悔吝，有慈惠，上和下睦，出孝入敬。年四十五娶　舒州長史瑯琊顔玄女，以柔順克諧於四德，以雍穆行及於九族。作陰禮之紀綱，爲女範之儀表。有一男一女，男曰苟，女曰春，男雖幼而必榮家，女雖稚而終光閫。　公先是罷秩之夕，家於洛汭。止而守静，動不躁求。安每見於杜門，財不聞於潤屋，居貧同陋巷之栖，慕道等荆扉之閉。洎咸通十一年五月上弦，因詣京師。纔及周輔，沉疴屢發，天神無福，藥絶良徵。以其月廿五日終於馮翊官舍，享年五十五。以其年秋八月十六日歸葬於河南府洛陽縣三川鄉楊魏村，禮也。胤嗣雖幼，孝達精誠。備以　先事見托，將紀終天，用於窀穸，録其歲月。余爲遍葺　履行，刊列於石。其銘曰：

天之不祐，禍及英雄。神之不福，喪於公忠。寒竹折雪，靈松倒風。卜兆將舉，龜圖筮從。萬安之北，洛陽之東。刊銘紀石，禮而斯終。

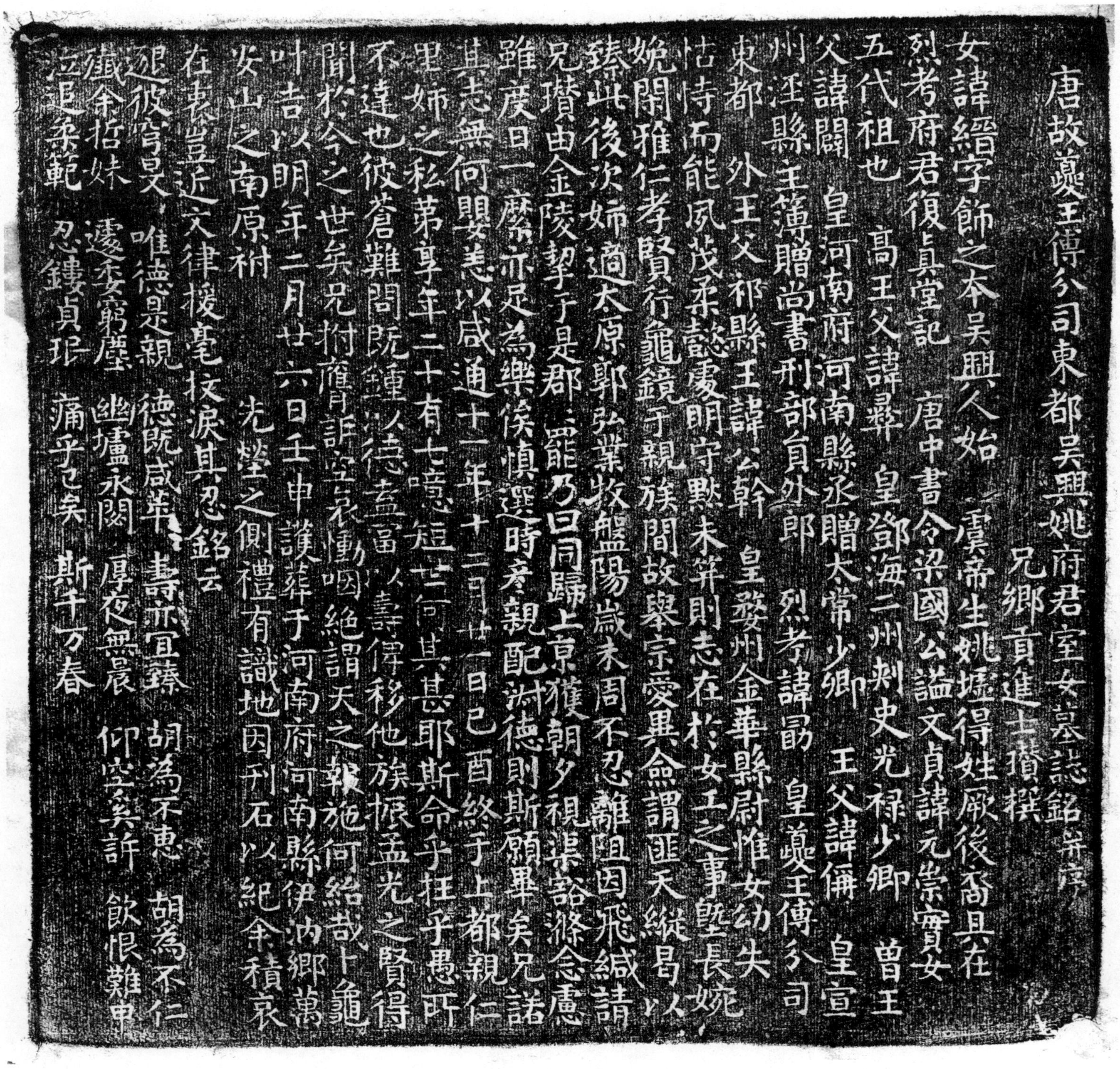

三四四 唐故夔王傅分司東都吴興姚府君（勗）室女（縉）墓誌銘

咸通十二年（八七一）二月二十六日葬。

誌文二十三行，滿行字數不等。正書。誌長三十五厘米，寬三十四點五厘米。

姚瓚撰。

誌蓋篆書：唐吴興姚氏室女墓誌

唐故夔王傅分司東都吴興姚府君室女墓誌銘并序

兄鄉貢進士瓚撰

女諱縉，字飾之，本吴興人。始　虞帝生姚墟得姓，厥後裔具在　烈考府君《復真堂記》。　唐中書令、梁國公，謚文貞，諱元崇，實女　五代祖也。　高王父諱彝，　皇鄧海二州刺史、光禄少卿。　曾王父諱闢，　皇河南府河南縣丞，贈太常少卿。　王父諱偁，　皇宣州涇縣主簿，贈尚書刑部員外郎。　烈考諱勗，　皇夔王傅分司東都。外王父祁縣王諱公幹，皇婺州金華縣尉。惟女幼失　怙恃，而能夙茂柔懿，處明守默。未笄，則志在於女工之事。暨長，婉娩閑雅，仁孝賢行，龜鏡於親族間。故舉宗愛异，僉謂匪天縱，曷以臻此。後次姊適太原郭弘業，牧盤陽，歲未周，不忍離阻，因飛緘請兄瓚由金陵挈於是郡。郡罷，乃曰：『同歸上京，獲朝夕視渠，豁滌念慮，雖度日一縻，亦足爲樂。俟慎選時彦，親配淑德，則斯願畢矣。』兄諾其志。無何嬰恙，以咸通十一年十二月廿一日己酉終於上都親仁里姊之私第，享年二十有七。噫！短世何其甚耶？斯命乎！枉乎！愚所不達也。彼蒼難問，既鍾以德，盍富以壽。俾移他族，振孟光之賢，得聞於今之世矣。兄拊膺訴空，哀慟咽絶，謂天之報施何紿哉！卜龜叶吉，以明年二月廿六日壬申護葬於河南府河南縣伊汭鄉萬安山之南原，祔　先塋之側。禮有識地，因刊石以紀。余積哀在衷，豈近文律，援毫抆泪，其忍銘云：

邈彼穹旻，唯德是親。德既咸萃，壽亦宜臻。胡爲不惠，胡爲不仁。殲余哲妹，遽委窮塵。幽壚永閟，厚夜無晨。仰空奚訴，飲恨難申。泣追柔範，忍鏤貞珉。痛乎已矣，斯千萬春。

三四五　唐登仕郎前守左千牛衛胄曹參軍崔特自銘亡妻（于氏）墓

咸通十三年（八七二）二月十四日葬。

誌文四十三行，滿行四十一字。正書。誌長、寬均七十八厘米。崔特撰。

墓誌原石藏山東桓臺拿雲美術博物館。

唐登仕郎前守左千牛衛胄曹參軍崔特自銘亡妻墓并序

夫人姓于氏，代爲河南洛陽人。 聖朝始定區寓，得 賢臣曰尚書左僕射、□侍中、燕國公諱志寧，崇勛茂德，布在圖史，即 夫人六代祖也。 侍中之嗣曰 尚書□□□、贈左庶子諱默成。庶子之嗣曰 工部尚書、集賢院大學士、贈尚書左僕射諱休烈。僕射之嗣曰□□中、翰林學士、贈司徒諱肅。司徒之嗣曰宣歙等州觀察使、御史大夫、贈太尉諱敖。太尉公大德盛名，位不稱望。□□□□，祚益熾昌焉。其嗣五人： 長曰太原府參軍諱球， 次曰浙江西道觀察支使兼監察御史諱珪，□□□□□天朝追贈尚書禮部員外郎。 次曰前平盧軍節度使兼御史大夫名涓， 次曰湖南觀察使、檢校左散騎常侍名瓌， 季曰尚書左僕射兼門下侍郎、平章事名琮。 夫人即 禮部府君第三女□。始□尚幼，□□南常侍鍾念焉，撫之猶己子。 常侍娶弘農楊氏， 楊夫人婦德母儀冠姻□，以訓子之道，□□□□□□□。 夫人纔勝笄珥，焯有閨閫之譽。大中九年，特客於蜀。時 湖南常侍□事於丞相白公[一]府，特□□□□□得階於門下。雖慎言之道，有愧南容；而坦腹之知，叨名東榻。其年，特以經明調選。明年，授同州參軍事。間一歲， 夫人始歸於馮翊官舍。參軍倖微薄貧，門聚飴養，弊衣糲食，往往不給。 夫人無□□□誕，知稼穡艱難，量事自安，隨時取適。至十三年，馮翊秩滿，歸於敷谿之別墅。特 □母范陽縣□□夫人在堂， 夫人恭執婦禮，勤修女工。居無怨尤，動有規矩。蘭茝之譽，鄉里同稱。居纍年，以 庭闈之戀，歸寧於京。特尋調授左千牛衛胄曹參軍，因僦舍於立政里，挈幼稚安焉。尋則□疑身計，妄竊名場。五變寒□，一無聲耗。卧牛衣雖蒙勉勵，覽鶴髮還自悲憐。旋屬 鈞衡在 高門，澄□及卑，迹歸田業，廢學賈□。□遂□薦起，遠從假攝。咸通九年十一月與夫人將領緣累，赴長沙團練巡官之職。□行□泊，府變來聞。明年四月，還寓襄漢。七月，又蒙 陶傳恩舊，薦□龍沙。未變假名，易巡爲□耳。□□□□□至止，曾未稍息，□縈蓐疾。來年夏，抱傷寒疫。每疾必經時始復，復即夫病血屬病凶□遠□□一□□□而笑也。十二年夏四月，癰毒自左乳發。五月，府庭遘凶。特雖解倖，且以藥醫之急，未議歸計。百□攻療，□隨日加劇。至九月八日巳時長逝於洪州東湖南岸之官舍，享年三十二。痛哉！ 夫人覽古之典籍不□，而禮儀受教於季女明達得之於天賦。謙虛自下，和平與物。雖圖篆所載，有不如者。疾病之際，斷□不疑。襟靈怙然，捨弃無撓。則大人長者，譚今知古，至於是事，有不如者。居常寡言笑，持標表，雖狎近指使，不得窺其惰容。特家甚困貧，族無强近。 長兄名宦不立，猶子寒餒可憐。 夫人奉之撫之，無間言者。左右婢使輩，雖有過犯，必存仁恕，終年無笞責。故是日也，悲涕號慟。而天地草木，如有變焉。嘗相諭曰：『倖禄儻來之物，第一恤孤寡，行仁義；其次酬恩惠，賞勤勞；其次造津梁，修福業。至於奉身之事，充給寒餒而已。多藏累愚，慎勿爲也。』有是志，不得行其言，可悲也已。大中十二年，生一男，曰牧童。咸通二年，生一女，曰步孫。爾後誕娩者兒女五六人，或胞胎同坎，或孩笑粗能，無慶成人，可嗟敗族。以其月廿九日，特領牧童、步孫護 旅櫬離鍾陵。來年正月十五日達東都。二月十四日，歸葬於河南縣平樂鄉上店村，在余氏 大墓東北二里許，得禮儀，叶龜筮也。 禮部府君前婚弘農楊氏，國子祭酒敬之之女。後婚京兆韋氏，歸州刺史端符之女。今 綸誥舍人楊公戴爲親舅也。 夫人母兄京兆府藍田縣尉藹，母弟國子司業濤。姊適韋鈞，今爲隴州刺史。妹適薛譔，前任衛尉少卿。友愛之道，士族稱首。將葬之日，悉備使賻送，致奠申哀。季弟鄉貢進士鄰，扶侍在洛。自護櫬至止，揚旌就塗，皆來臨喪，哭泣加禮。 青州大夫霜威執引，雪涕垂纓。觀者爲榮，往矣何恨！特始自龍沙之來，指鄉原數千里，視囊橐無一金資，且悲且言曰：『苟不違道，得行余志。斂手足形，無慚也已。』未久，而 湖南常侍專使吊問，以金帛倍百數恤行焉。逾月至襄漢， 僕射相公使又至。又逾月，近汝海， 青州大夫復假館食迎接之。則力物俱贍，期日及吉，行志從儉之事，其不遂已。嗚呼！有令德，不享年壽；蘊仁義，不得施爲。生華族，獨作窮人；望成家，竟無寧歲。銜冤入地，誰與問天。特衰年，向迫薄命，多違名宦。誠已息機筋骸，無與同保。良由罪釁重積，殃誅驟加。四德相捐，百身何贖。吞悲集事，抆泪援毫。攢毒刃以傷心，寄貞琨而寫恨。銘曰：

丘墳壘壘，平聲[二]，古來所悲。性命得理，悲猶有期。桃李方穠，風霜遽隨。夭奪違分，悲無已時。邙山之陽，松柏成行。之子所歸，余家舊鄉。蓍龜告叶，日月就良。埋冤之恨，地久天長。

已刻銘，追悼不能止。既悲 往者，亦有以自悲焉。重爲辭曰：

乃聖乃神廣恩澤，郡君縣君誰不得。可憐仁淑夫匪良，衛掾之妻閟窀穸。曾聞昔日梁鴻婦，不是禕褕振聲迹。好披羽服却歸天，無爲因緣成再謫。

[一] 丞相白公即白敏中。

[二] 『平聲』爲小字。

唐故河中府法曹掾李君墓誌銘并序
外兄朝請大夫前太子左庶子盧回撰并書
君諱元嗣字子續隴西成紀人由　玄元皇帝得姓　帝之裔孫涼武昭
王暠則　君之所承故李氏代為開右冠冕其長源浅緒於士大夫間蓋羣山
之嵩華衆流之淮濟盡詳於　國史家諜矣洎元魏道武皇帝定天下族望
又與崔盧鄭為官婚之甲故簪纓家言閥閱者他族莫得儗議五代祖皇朝常
州刺史名列十八學士諱玄道玄道生給事中亶亶生昭王府司馬成休成休
生潤州丹徒尉霸霸生撿校屯田郎中連州刺史紹　君即連州府君之次子
也有兄早世故嗣為冢嫡因以名焉　先夫人范陽盧氏　外王父諱瑾
皇任屯田員外郎河中少尹其枝葉扶踈姻媾鼎盛則又為四姓之領袖故
君之門地寔為海內首　君岐嶷夙成詩禮亶訓沉深局量不與他童等長而
鄙薄孝廉進之弊遂用伯父任籍弘文生參陝州軍事調補鄖縣尉遭
先府君憂去任曾子奉養顏丁居喪識者以為難服闋授壽安尉未滿秩復丁
先夫人憂泣血寢苫哀感行路免喪再為長水簿時河南尹崔公璙以
君吏事詳明局務修整特表授河南尉所從皆以清舉稱為業官者歎伏焉辛
卯歲冬復調試於有司而縉紳間厲譽者駢羅於天官署所司以蒲之繁會亞
于京邑每歲聽訟決獄不翅萬計詳明中恕特難其人遂補公蒲法掾既至任
未朞月果捐翅音所職凡屬縣之疑獄簿書入　公目者無不靡潰儿決吏伏為
神君予以為李氏世爵咸不稱德有後於魯其虛語歟嗚呼視履無徵為善不
助疾恙未幾去琴俄聞以咸通十三年十月十六日告終于蒲之官舍享年卅
六同寮屬吏無不霣涕　丞相杜公尹于蒲熟　君之善其所以資給之禮
皆有加焉　夫人清河崔氏其門地令範與　君為秦晉有歸十年生二男皆
不育嗚呼天道疑真無知而晝哭始梟躬集喪具以明年二月十四日歸葬于
東都亳邑鄉偃師縣從　先塋禮也有別女一人曰盤七別子一人曰小猪
女許嫁鄭氏子尚童丱其執親之喪皆若成人回於　君是中外兄弟懼他人
莫盡　君之盛德懿行是以不避無文請誌貞石銘曰
聖人之胄　君子之儒　絜而不峻　和而不諌　求也之退　顏也之愚
仁自難隣　德豈有孤　礼義飾身　詩書入仕　蘊而無施　非我之恥
國之良才　家之令子　天命不祐　今則已矣　日月云良兮　龜筮告吉
生必有終兮　人之所畢　洛水之陽兮　先塋之側　全而歸之兮　永安永佚

三四六　唐故河中府法曹掾李君（元嗣）墓誌銘

咸通十四年（八七三）二月十四日葬。
誌文三十行，滿行二十字。正書。誌長、寬均五十二厘米。
盧回撰并書。

唐故河中府法曹掾李君墓誌銘并序

外兄朝請大夫前太子左庶子盧回撰并書

君諱元嗣，字子續，隴西成紀人。由　玄元皇帝得姓，　帝之裔孫涼武昭王暠，則　君之所承。故李氏代爲關右冠冕，其長源茂緒，於士大夫間蓋群山之嵩華，衆派之淮濟，盡詳於　國史家諜矣。洎元魏道武皇帝定天下族望，又與崔盧鄭爲官婚之甲。故簪纓家言閥閱者，他族莫得擬議。五代祖皇朝常州刺史，名列十八學士諱玄道，玄道生給事中亶，亶生昭王府司馬成休，成休生潤州丹徒尉霸，霸生檢校屯田郎中、連州刺史紹。　君即連州府君之次子也。有兄早世，故嗣爲冢嫡，因以名焉。　先夫人范陽盧氏，　外王父諱瑾，皇任屯田員外郎、河中少尹。其枝葉扶疏，姻媾鼎盛。則又爲四姓之領袖。故　君之門地，寔爲海内首。　君岐嶷夙成，詩禮亶訓。沉深局量，不與他童等。長而鄙秀孝旅進之弊，遂用伯父任籍弘文生，參陝州軍事，調補眉縣尉。遭　先府君憂去任。曾子奉養，顔丁居喪，識者以爲難。服闋，授壽安尉。未滿秩，復丁先夫人憂。泣血寢苦，哀感行路。免喪，再爲長水簿。時河南尹崔公璪以君吏事詳明，局務修整，特表授河南尉。所莅皆以清舉稱，爲業官者嘆伏焉。辛卯歲冬，復調試於有司，而縉紳間薦譽者騈羅於天官署。所司以蒲之繁會，亞於京邑，每歲聽訟決獄，不翅萬計。詳明中恕，特難其人，遂補公蒲法掾。既至任未期月，果招音翹[一]所職。凡屬縣之疑獄，薄書入　公目者，無不癰潰川決，吏伏爲神。君子以爲李氏世爵，咸不稱德有後於魯，其虚語歟！嗚呼！視履無徵，爲善不助。疾恙未幾，去瑟俄聞。以咸通十三年十月十六日告終於蒲之官舍，享年卌六。同寮屬吏，無不雪涕。　丞相杜公[二]尹於蒲，熟　君之善，其所以資給之禮，皆有加焉。　夫人清河崔氏，其門地令範，與　君爲秦晋。有歸十年，生二男，皆不育。嗚呼！天道疑真無知，而晝哭茹哀，躬集喪具。以明年二月十四日歸葬於東都亳邑鄉偃師縣，從　先塋，禮也。有別女一人曰盤七，別子一人曰小猪。女許嫁鄭氏子，尚童丱，其執親之喪，皆若成人。回於　君是中外兄弟，懼他人莫盡　君之盛德懿行。是以不避無文，請誌貞石。銘曰：

聖人之胄，君子之儒。潔而不峻，和而不訣。求也之退，顔也之愚。仁自難鄰，德豈有孤。禮義飾身，詩書入仕。蕴而無施，非我之耻。國之良才，家之令子。天命不祐，今則已矣。日月云良兮龜筮告吉，生必有終兮人之所畢。洛水之陽兮先塋之側，全而歸之兮永安永佚。

[一]『音翹』爲小字。

[二]丞相杜公即杜審權，參《唐刺史考全編》卷七九《蒲州》。

三四七　唐故汴州開封縣令崔公（迺）墓誌銘

咸通十四年（八七三）二月二十五日葬。

誌文二十八行，滿行二十五字。正書。誌長四十厘米，寬三十九厘米。

崔贊撰。

誌蓋正書：唐開封縣令崔公墓銘

唐故汴州開封縣令崔公墓誌銘并序

姪男鄉貢進士贇撰

崔氏出自神農後，及齊太公孫叔乙讓國，居崔邑，因命氏，世爲卿大夫。至秦司徒、東萊侯庭少子仲牟居博陵郡南安平亭，茲後子孫綿歷千祀，或徙他土，亦稱博陵安平人。自漢迄唐，繼有　明德，編於太史氏。後魏時，博陵分六房，我爲第二房，實本郡太守琨之後。　高祖諱濤，唐大理少卿。曾祖諱儀甫，大理寺丞，贈刑部侍郎。皇祖諱倰，户部尚書致仕，贈太子太傅。公即　太傅之幼子，諱迺，字行臻，髫齓失　庭訓。　太夫人盧氏，范陽郡太君，有慈無威。公能謹潔，以至於大成，綺紈受禄。纔逾弱冠，補河南府偃師縣主簿，改徐州蕭縣令，以軍旅繹騷，未終秩去任。後以便於家，求爲洛陽縣主簿。秩滿，授同州白水縣令。俄有爲　敕授陝州安邑縣令。以私親喪，不之任。後爲汴州開封縣令，縣居軍中，輪楫繁夥，最號難治。汴兵自元和已來，常怙衆矜豪，多不用朝廷法，以淩屈州縣爲能。前後令長，皆俛仰終事。及　公到任，持清直以馭之，向者驕悍，不敢私請謁，況明較是非哉。肅吏安民，固在餘力。昔之尹小邑，坐一曹，蓋匣龍泉，而不知斬犀之利也。以咸通十三年三月六日違代於官舍，年五十八。　公幼而岐嶷，長而敦允。讀書知梗概，不屑屑於篇句。篤好服餌，飛砂鍊者，僅三十年，杖於家而玄髪不衰。有疾浹旬，雖寢食失度竟不伏枕。嗚呼！豈委蜕而然耶？或藥誤而致耶？復命止於斯耶！　夫人滎陽鄭氏，衢州刺史申之孫，太學博士滌之女。先　公九年而捐館，柔淑之德，備於前志，故不叠詞。咸通十四年二月廿五日合葬於河南縣梓澤鄉杜村，祔　先太傅之兆，禮也。子一人曰信兒，未仕而書子名。女子子二人：曰暀兒，曰小掾，皆幼稚。姪男贇銜哀襄事，陵谷爲虞，遂賔銘　玄室。銘曰：

積善襲慶兮，實爲清門。　逮　我季父兮，孝友直温。不貴不壽兮，天復何言。追慈繕美兮心煩冤，刻銘貞石兮垂後昆。

三四八 唐故鄆州刺史李公夫人（鄭氏）墓誌銘

咸通十五年（八七四）正月二十五日葬。

誌文二十四行，滿行二十七字。正書。誌長、寬均五十三厘米。

薛涔撰。

唐故郢州刺史李公夫人墓誌銘并序

朝議郎使持節婺州諸軍事守婺州刺史柱國薛洿撰

洿從内弟李沆罹　外艱，毁瘠柴立，號必僕絶。越一月，氣不屬言。其族親家祖之傍者，不忍以　先遠之期爲告。及喪事具，且曰『誌墓宜與文與沆。』忍死不遠數千里，詣愚治所，泣血請爲其誌。洿始以文非工，懼不敢諾。退而念曰：夫紬緒終始，導揚愔嫕。不使淑問與潛川共閟，歸華將勝範俱淪。自非訪彼好師，熟其幽懿，俾之覼縷，則熟過於洿者。乃授簡抽毫，謹爲叙曰：　夫人姓鄭氏，滎陽人也。曾祖皇任齊州章丘縣令諱昊。祖皇任衢州江縣丞諱岑。皇考宋州寧陵縣令諱寬。　夫人即　第四女也。弱而純澹，至有家人之私不見其懈。芝秀天稟，蘭儀幼挺。非由婦學，如漸師言。既笄，歸於　公[一]。雖鍾郝家法，無與相等輩者。則閨庭之範，靄如也。　公以郢州刺史，先　夫人四十六年即世。有子三人，咸生知孺慕。夫人能慈威誨誘，循循然。由是女儀士行，罔或不備。男既壯俊，與衆异。夫人私自喜，益奇之。女　幼，令淑柔明，嬉嬉怡怡，可奉君子之箕箒矣。先是，居　太守之艱，泊[二]蒸嘗至於襄事，皆　夫人親自經給，指顧惟謹，飾終之用，若責辦於己。以咸通十四年六月九日終於鄧州歸稔鄉積福坊，享年六十三。議者或言：　夫人以男未筮仕，女未適人，鬱悒寢疾，遂主委化。噫！福善之報，竟何驗？即以咸通十五年正月廿五日歸葬於東都偃師縣北原，祔　李公之壙，禮也。惟小子錮昧，慮浼刊勒，敢不抆涕爲銘，以誌其地。銘曰：

嵩之崗兮伊之陽，横峨峨兮流湯湯，揲之吉兮灼之良。謹其日時兮，抑嗣人其昌。

[一] 此李公名諱不詳。按誌文稱：『公以郢州刺史，先夫人四十六年即世。』鄭氏卒於咸通十四年（八七三），則李公卒於文宗大和元年（八二八）。文獻中未見此時李姓刺郢州者，待考。

[二] 『泊』應爲『洎』之訛誤。

三四九　唐故朝散大夫守秘書少監柱國賜緋魚袋陸公（勲）墓誌銘

乾符三年（八七六）二月葬。

誌文三十二行，滿行三十二字。正書。誌長、寬均四十六厘米。陸墉撰。

誌蓋篆書：唐秘書少監陸公誌銘

唐故朝散大夫守秘書少監柱國賜緋魚袋陸公墓誌銘

親兄朝散大夫守太子詹事賜紫金魚袋墉撰

唐乾符二年歲次乙未十二月十五日秘書少監陸公卒於長安静安里之私第，享年六十一。公諱勳，字厚之。　曾祖諱言遠，贈國子博士。　祖諱待詮，故惠陵臺令，贈工部尚書。　先考諱亘，故宣歙觀察使，纍贈司空。　先夫人上谷侯氏[一]，贈吴國太夫人。娶衛尉卿高陽齊公㬙之女，早卒。生一子曰欽，前華州參軍。他室子三人：曰孝廉、曰牧豎、曰丹沙。女一人。公即　司空公之第六子也。以明年二月歸葬於河南府河南縣伊汭鄉萬安山之大塋，尚未合祔，俟通年也。公幼而穎悟，及知書，受《易》於會稽僧乾俊。撰述异義，頗爲學易者推服。既明識理，文章自高。因旁通玄言，歸心釋氏，迷而不反者幾矣。弱冠丁　先府君憂。免喪，舉進士及上第。首從兖海節度使　蕭公俶所辟，試校書郎、節度推官。府罷，今　少師李公訥在浙東，奏轉協律，充觀察判官。在魯中有推官辨獄未明，因黨上訴，　命御史按之。時訴者言非法拷掠，宰相不俟平反，遂作怒以憫恤爲能。御史希合，因鍛成其獄。公竟坐削資，乃閑居於陽羨山中，頗興議論，故時譽益光。時故魏國　崔公鉉以宰相鎮淮南，皆取朝賢以致幕中。幕中人争延之，魏公因發使賫簡幣，乘馬就山起之爲支使，復舊官。相國畢公諴加集賢學士，奏授長安尉，充校理。故　相國崔公慎由拜華州，以贊就第，奏兼殿中，充防禦判官，復隨鎮河中。　故相國徐公商爲大夫，首狀奏署監察御史。公曰：『余嘗以刑書被罪，今豈得爲御史耶？』因以疾辭。　魏公時鎮荆門，聞不就命，先致書於河中　崔公曰：『聞陸侍御不應臺命，果得進退之道矣。某已以觀察判官奏之，願先焉。』授檢校禮部員外，充觀察判官，復以銀章并命。道中拜左補闕，上章言五事，皆蠹政之甚者。時南詔反覆，再陷西蜀。　天子以一大刀賜監軍使者，公曰：『是授鉞哉！』再上疏極諫，言甚激切。雖不行，頗爲識者所重，因遷起居郎。殿庭記言之職，近廢不行。復上疏請守職業，至今行之。轉司封員外。以未任字人官，不得居兩省，除河南縣令。屬再歲旱蝗，人不離叛，無苛政故也。復爲兵部員外，轉吏部遷郎中。朝夕造近侍，旋得足疾，除秘書少監。命矣夫！不成山不升堂者，闕一壝蹶一級耳。命矣夫，豈身命而已乎？抑吾家之衰也。抑吾家之衰乎？實陸氏之不幸也。自束帶赴薦，便爲時賢知賞，多以公卿許之。及上第，從知凡六府，皆碩德舊相，唯恐延之不及。至如　相國周公墀、　蔣公伸悉推誠嚮仰。不如是，安能以清名標表於班行間哉？夫修飾名節者即遺其富貴，既得其所重，復何恨於所遺哉。銘曰：

清霜飄兮，萬物蕭索。驚風起兮，玉樹凋落。恨不可已兮，命如之何。數不可極兮，匪終則那。所失者微兮，所獲者多。顔子作樂兮，伯夷高歌。向水背山兮，地勢蹣跚。君自得之兮，奕世安安，斯千萬年。

[一] 侯氏即侯綗，參《洛陽新出土墓誌釋録》中《唐陸亘、侯綗墓誌考釋》，墓誌藏洛陽師範學院河洛古代石刻藝術館。

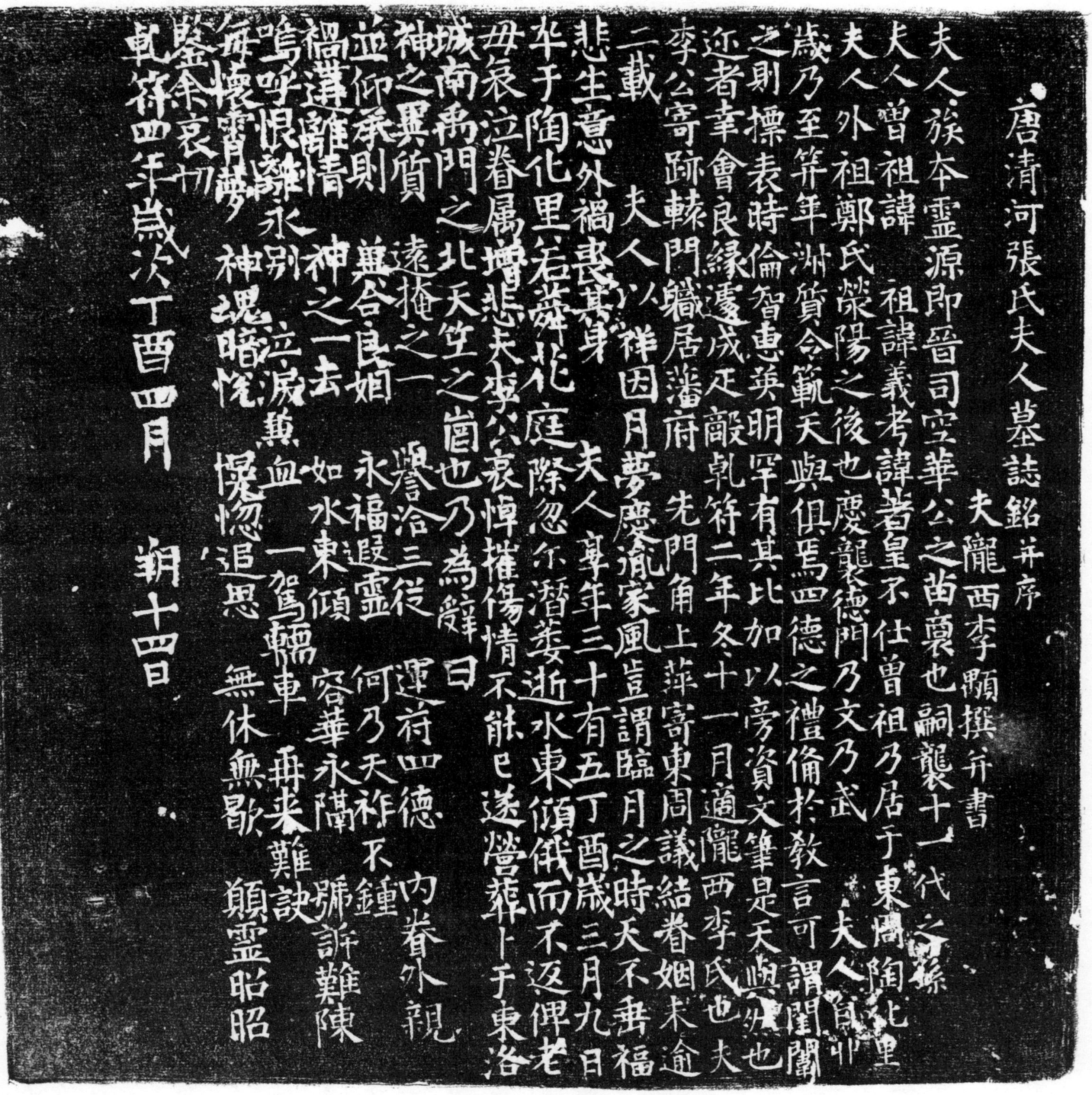
唐清河張氏夫人墓誌銘并序
夫隴西李顒撰并書
夫人族本霊源即晉司空華公之苗裔也嗣襲十一代之孫
夫人曽祖諱　祖諱義考諱著皇不仕曽祖乃居于東周陶化里
夫人外祖鄭氏滎陽之後也慶襲德門乃文乃武　夫人自卝
歲乃至笄年淑質令範天與俱焉四德之禮備於教言可謂閨闈
之則標表時倫智恵英明罕有其比加以旁資文筆是天與然也
近者幸會良緣遷成疋配乾符二年冬十一月適隴西李氏也夫
李公寄跡輔門職居藩府　先門角上萍寄東周議結眷姻未逾
二載　夫人以祥因月夢慶流家風豈謂臨月之時天不垂福
悲生意外禍丧其身　夫人享年三十有五丁酉歳三月九日
卒于陶化里若蕣花庭際忽尓潛萎逝水東傾而不返俾老
母哀泣眷屬增悲夫李公哀悼摧傷情不能已遂營葬于東洛
城南禹門之北天竺之崗也乃為辭曰
神之異質　遠掩之一　譽洽三從　運符四德　内眷外親
並仰承則　共合良姻　永福遐霊　何乃天祚　不鍾
禍遘離情　神之一去　如水東傾　容華永隔　號訴難陳
嗚呼恨離永別　泣淚兼血　一駕轜車　再來難訣
每懷霄夢　神魂暗恍　愰惚追思　無休無歇　願霊昭昭
鑒余哀切
乾符四年歳次丁酉四月　朔十四日

三五〇　唐清河張氏夫人（李顒妻）墓誌銘

乾符四年（八七七）四月十四日葬。

誌文二十一行，滿行字數不等。正書。誌長、寬均三十七厘米。

李顒撰并書。

誌蓋隸書：唐清河張氏夫人墓銘

唐清河張氏夫人墓誌銘并序

夫隴西李顒撰并書

夫人族本靈源，即晉司空華公之苗裔也，嗣襲十一代之孫。　夫人曾祖諱[一]，祖諱義，考諱著，皇不仕。曾祖乃居於東周陶化里。夫人外祖鄭氏，滎陽之後也，慶襲德門，乃文乃武。　夫人自丱歲乃至笄年，淑質令範，天與俱焉。四德之禮，備於教言，可謂閨闈之則。標表時倫，智惠英明，罕有其比。加以旁資文筆，是天與然也。邇者幸會良緣，遽成匹敵，乾符二年冬十一月適隴西李氏也。夫李公寄迹轅門，職居藩府，　先門角上，萍寄東周。議結眷姻，未逾二載。　夫人以祥因月夢，慶胤家風。豈謂臨月之時，天不垂福，悲生意外，禍喪其身。　夫人享年三十有五，丁酉歲三月九日卒於陶化里。若蕣花庭際，忽爾潛萎，逝水東傾，俄而不返。俾老母哀泣，眷屬增悲。夫李公哀悼摧傷，情不能已，遂營葬卜於東洛城南禹門之北天竺之崗也。乃爲辭曰：

神之异質，遠掩之一。譽洽三從，運符四德。內眷外親，并仰承則。冀合良姻，永福遐靈。何乃天祚不鍾，禍遘離情。神之一去，如水東傾。容華永隔，號訴難陳。嗚呼！恨離永別，泣泪兼血。一駕輀車，再來難訣。每懷霄夢，神魂暗悅。恍惚追思，無休無歇。願靈昭昭，鑒余哀切。

乾符四年歲次丁酉四月[二]朔十四日

[一] 此處空一格未刻字。

[二] 此處空兩格未刻字。

三五一　唐故天水趙氏（素真）墓誌銘

乾符五年（八七八）六月十八日葬。

誌文二十一行，滿行二十一字。正書。誌長、寬均三十三厘米。

薛正嗣撰，薛奉珪書并篆額，韋實鎸。

唐故天水趙氏墓誌銘并叙

孤子薛正嗣撰

趙氏字素真，天水人也。其先不知所自。父岌，母王氏，父卒而母存焉。王氏念以賦得氣質有异諸子，不宜委迹閭里間，願伍賤隸，獲侍　賢貴。繇是年始十三，正嗣先考善而納之，備於　指顧。趙之爲人也，謙以得衆，恭而執禮。柔和外著，貞介内持。凡十八年，曾無瑕纇。乾符戊戌歲，　先考[一]尹於河洛，趙氏從焉。自道遘疾，沉綿纍月。是歲正嗣茹毒銜冤，奄丁　家禍。趙氏　追感哀痛，宿疹彌篤，醫藥畢至，有加無瘳。夏六月十有四日歿於東都道化里。幼妹汝娘，趙之所出，年十一，有成人之風。以其月十八日權厝於洛陽縣感德鄉高村，從其便也。正嗣殘毀未泯，苟視　襄事。撫念孤幼，痛憫何極。嗚呼！日月云邁，幽明杳殊。紀事不文，用識陵谷。銘曰：

婉彼淑態，幼惟敏聰。委質承順，克敬克恭。善不可托，壽竟無從。倏爾槿露，欻若燈風。卜新壟兮周圻，念幽魂兮永歸。慘松森兮楸茂，閟原高兮崗固。

進士薛奉珪書并篆額

鎸字人韋實

[一] 根據墓誌記載，薛正嗣父薛某於乾符五年（八七八）曾任河南尹，按《唐刺史考全編》卷五〇《河南府下》未見其人。待考。

趙素真當爲薛某侍妾。

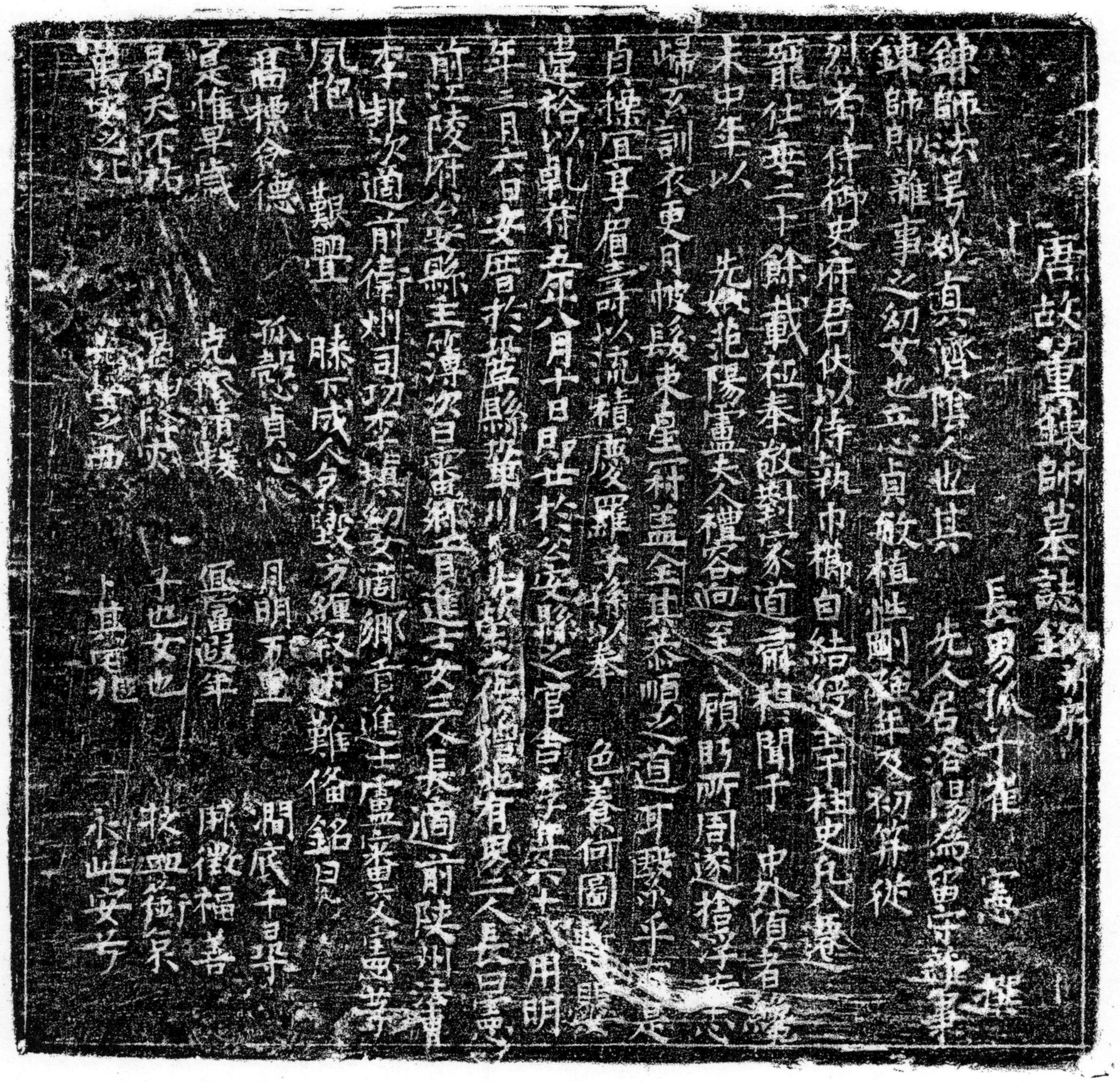

三五二　唐故董鍊師（妙真）墓誌銘

乾符六年（八七九）三月六日葬。

誌文十八行，滿行字數不等。正書。誌長、寬均三十八厘米。

崔憲撰。

唐故董錬師墓誌銘并序

長男孤子崔憲撰

錬師法號妙真，濟陰人也。其　先人居洛陽爲留守雜事，錬師即雜事之幼女也。立心貞敏，植性剛强。年及初笄，從　烈考侍御史府君。伏以侍執巾櫛，自結綬至於柱史，凡八遷，寵仕垂二十餘載。祗奉敬對，家道肅穆，聞於　中外。頃者纔未中年，以　先妣范陽盧夫人禮容迴至，　顧眄所周。遂捨浮圖，心歸玄訓。衣更月帔，髮束星冠，蓋全其恭順之道耳。繄乎□是貞操，宜享眉壽，以流積慶，羅子孫以奉　色養。何圖暫嬰違裕，以乾符五年八月十日即世於公安縣之官舍，享年六十八。用明年三月六日安厝於鞏縣鞏川□先塋之傍，禮也。有男二人：長曰憲，前江陵府公安縣主簿。次曰審，鄉貢進士。女三人，長適前陜州法曹李邽，次適前衛州司功李瑱，幼女適鄉貢進士盧審交。憲等夙抱　　艱釁，　　膝下成人。哀毁方纏，叙述難備。銘曰：

高標令德，孤慤貞心。月明萬里，澗底千尋。寔惟早歲，克依清援。宜富遐年，用徵福善。曷天不祐，曷神降灾。子也女也，拉血銜哀。萬安之北，先塋之西。卜其宅兆，永此安兮。

唐故檢校尚書祠部員外郎河東裴府君墓誌銘并序
外姪孫鄉貢進士蕭振撰
海內軒冕百族其著姓八而已裴氏居其一焉其先也出於
秦流於晉里於聞裳之盛時無出其右蟬聯紱艷殆二千
載世為華宗不俟備載
公諱宗偃字昭文河東聞喜人也曾祖諱陵陽皇任絳州大
平縣令王父諱當皇任河南府告成縣令　先君諱鐐皇任
陝州夏縣令贈左散騎常侍　公以門蔭調補宋州柘城
尉遷宣州寧國河中虞鄉二邑丞復射河南丞洛陽宰丹徒
咸有政能實揚善跡　故宣城太原公之掌銅鹽也嚮
公才術　奏以議郎兼柱史知陝州院事旋加朝散大夫移
涖浙西院歲滿考績增秩臺郎清畏人知明除吏黜商無吳
貌皆有羨財　公平生善與人交不為利惑其從官也
必敬其在家也必聞雖不即方州不通朝籍豈我之不足
蓋道之難行以乾符六年七月廿七日終于洛陽道光里以
其年十一月五日葬于東都洛陽縣平陰鄉積潤村享年八
十一有子兩人長子曰揖次曰都長女適前左武衛兵曹蘭
陵蕭敎次女適前攝全椒縣丞范陽盧濟次女適前任廬州
合肥縣丞滎陽鄭鈴次女令令免留洛命深軫悲慮恪振以外
族近恩早蒙懿德將刊遺懿[illegible]書銘曰
人生一世兮百歲間　馳隙駟兮葬邙川
伊洛谷兮猶變遷　唯德琰兮千萬年
猶子鄉貢進士輅書

三五三　唐故檢校尚書祠部員外郎河東裴府君（宗偃）墓誌銘

乾符六年（八七九）十一月五日葬。

誌文二十三行，滿行二十三字。正書。誌長、寬均三十一點五厘米。

蕭振撰，裴輅書。

唐故檢校尚書祠部員外郎河東　裴府君墓誌銘并序

外侄孫鄉貢進士蕭振撰

海内軒冕百族，其著姓八而已，裴氏居其一焉。其先也出於秦，派於晋，里於豈。冠裳之盛，時無出其右。蟬聯歙赩，殆二千載。世爲華宗，不俟備載。　公諱宗偃，字昭文，河東聞喜人也。曾祖諱陵陽，皇任絳州大平縣令。王父諱宙，皇任河南府告成縣令。　先君諱鑄，皇任陝州夏縣令、贈左散騎常侍。　公以門蔭調補宋州柘城尉，遷宣州寧國、河中虞鄉二邑丞。復尉河南，丞洛陽，宰丹徒，咸有政能，實揚善迹。故宣城太原公[一]之掌銅鹽也，嚮　公才術，奏以議郎兼柱史，知陝州院事。旋加朝散大夫，移莅浙西院。歲滿考績，增秩臺郎。清畏人知，明除吏黠，商無暴斂，帑有羨財。　公平生善與人交，不爲利惑。其莅官也必敬，其在家也必聞。雖不即方州，不通　朝籍，豈我之不足，蓋道之難行。以乾符六年七月廿七日終於洛陽道光里，以其年十一月五日葬於東都洛陽縣平陰鄉積潤村，享年八十一。有子兩人：長子曰揖，次曰都。長女適前左武衛兵曹蘭陵蕭收，次女適前攝全椒縣丞范陽盧沆，次女適前任廬州合肥縣丞滎陽鄭鈐。次女令令，克留治命，深軫慮居。振以外族延恩，早蒙　慈德。將刊遺懿，匪愧面書。銘曰：

人生一世兮百歲間，馳隙駟兮奔逝川。伊陵谷兮猶變遷，唯琬琰兮千萬年。

猶子鄉貢進士畧書

[一] 宣城太原公即王凝，王凝僖宗時先後任鹽鐵使及宣歙觀察使。參《舊唐書》卷一六五《王凝傳》。

三五四　唐故郢州刺史姑臧李府君（珪）滎陽鄭夫人墓誌銘

乾符六年（八七九）十一月五日葬。

誌文二十九行，滿行二十九字。正書。誌長、寬均四十三厘米。

鄭仁表撰。

唐故郢州刺史姑臧　李府君滎陽鄭夫人墓誌銘并序

侄將仕郎殿中侍御内供奉賜緋魚袋仁表撰

仁表無諸父，追從父之父、之姑第中稱猶子，獨　李氏姑。仁表始生，　大父相國太尉文簡公子鞠之，故　如視仁表不與他昆仲等。以是前日外弟李巨川致書曰：『伏念堂上之愛，請以文誌石。』仁表泫然不應者再。而使人三來。伏惟行巍如山，德温如玉。文以詩禮，博以器識。恭嚴以事上，和順以處衆，仁恕以撫下，儉薄以待己。中外至大，動静有悔。閨訓婦則，斯焉取斯。而天賦甚薄，人事不稱。難以來備，乃虧全功。嗚呼！何也？謹板後魏末分五著姓，而鄭氏　小白房爲最。繼繼承承，聿修不墜。他稱甲門者，公言不及。故孔志七姓，略疏其旁云婚娶不雜，獨出諸家。唯軒冕寂寥，故屈居盧氏之左。今則有將有相，有連帥，有州牧。有　尚書丞郎、郎中、員外郎、左右史官紀於省壁者凡十六；於御史府者五，石渠文館者四。是兩翼其虎，上齒其兕矣。恭惟　祖母，魏國崔太夫人，清河小房之甲也。諱濟貢不必詳，其系著之至也。姑仞以容德，稱於鄉黨中。　文簡公奇之，不妄以許人。　姑夫[一]，吾門之敵者。而少年以聲華人物自負。謂所親曰：『吾將求之，其有不許者？』既而歸之後二年，　姑夫以文隨貢，　策等居第一。始，　文簡公以狀頭昇第，而門户家未嘗有。姑夫能繼之。時，　姑始生女。　文簡公字之曰：『元元』，里中爲美譚。迨　姑夫從軍爲郎，　姑始嫠居焉。姑唯生元一女，許嫁而斃，竟不能□，先　姑若干年即世。無男子，以侄孫巨川爲之後。初　姑夫與故許昌帥尚書鄭公魯以品流價譽定交終始。許昌公爲三川時，生巨川，孩而名之曰『川』。將成人，　我先考侍郎[二]以『巨』配而字之。有出人文學，舉進士，其譽甚高。　姑享年六十六，以乾符五年十一月廿八日終於華州敷水別業。以明年十曰月五日[三]歸葬於河南府偃師縣亳邑鄉祁村北原，　李氏先塋，禮也。恭惟　我高祖諱冽，　皇朝主簿太僕寺，纍贈尚書右僕射。　曾祖諱閲，宦止浙西團練判官、殿中侍御史，纍贈太尉。　文簡公諱業肅，　武宣二朝，典　國大柄。以左僕射、中書侍郎平章事出鎮於荆南，贈太尉。　姑夫有前誌焉，故不敘。銘曰：

亥之歲，子之月。饑年且兵，窮陰而雪。荒郊瀰蒼兮行人絶，輀車轔轔兮銘旌孑孑。遠山寒林兮天之末，夕陽欲盡兮松風不頗。悵薄宧兮如羈緘，哀誠不申兮終天之訣。臨風寄詞兮心摧絶。

[一] 即李珪，墓誌見本書三一七《唐故郢州刺史李公（珪）墓誌銘》。

[二] 此處『先考侍郎』即鄭仁表父鄭洎，參《舊唐書》卷一七六《鄭肅傳》。

[三] 按銘文稱『子之月』，乾符六年（八七九）十一月爲丙子月，則鄭氏歸葬時間爲十一月。

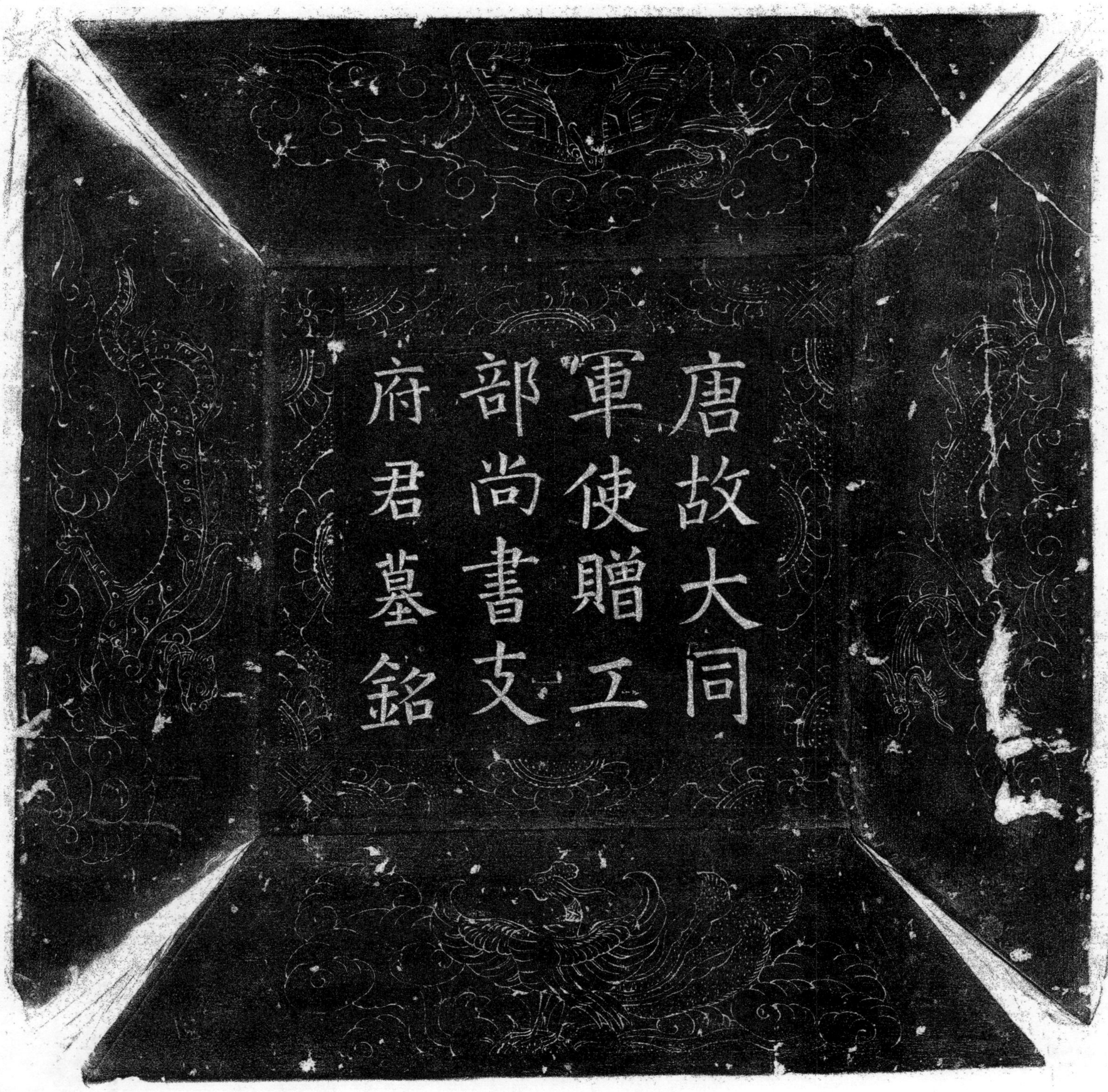
唐故大同
軍使贈工
部尚書支
府君墓銘

三五五　唐故大同軍使贈工部尚書支府君（謨）墓銘蓋

廣明元年（八八〇）七月十五日葬。
誌蓋長、寬均七十八厘米。正書。

唐故大同軍使贈工部尚書支府君墓銘

此即支謨墓誌蓋，洛陽民間收藏。誌石藏洛陽理工學院圖書館。相關研究見董延壽、趙振華《唐代支謨及其家族墓誌研究》，張明《李克用的發迹：『鬥鷄臺事變』史實新考——〈支謨墓誌〉再解讀》。

三五六　有唐朝議郎行河陰縣令柱國成延宗故清河郡張氏夫人（戣）墓誌銘

中和二年（八八二）八月三日葬。

誌文二十九行，滿行字數不等。正書。誌長、寬均四十五厘米。成延宗撰。

誌蓋篆書：唐故清河張氏夫人墓誌之銘

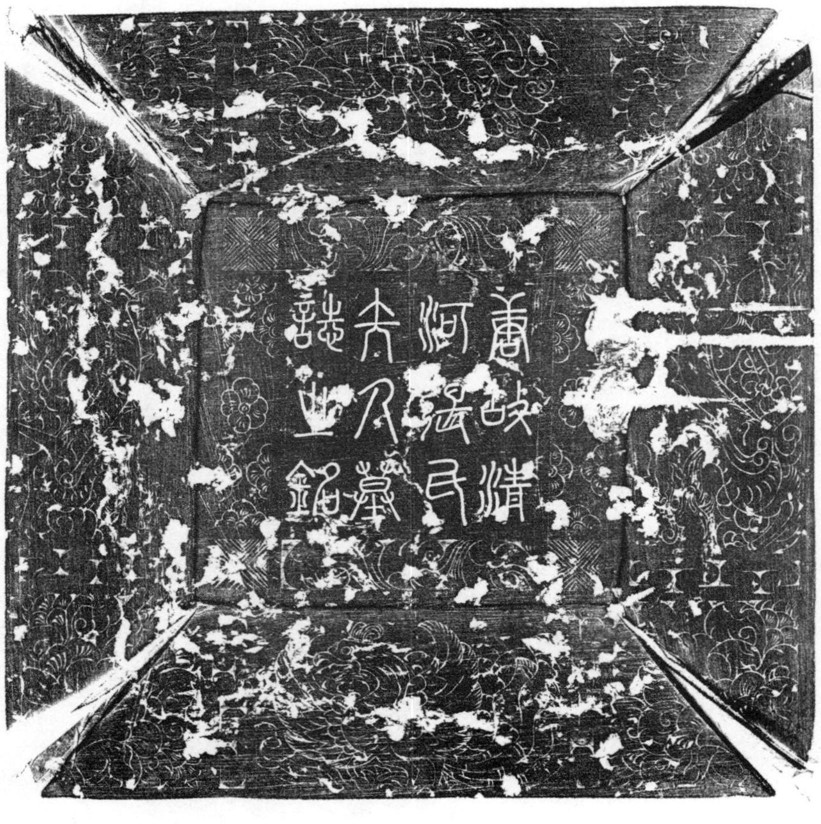

有唐朝議郎行河陰縣令柱國成延宗　故清河郡張氏夫人墓誌銘并序

延宗自叙其誌，庶昭同穴之悲。

夫人諱戣。其先纂黄帝之遠葉，晋金紫光禄之後。歷漢魏，洎隋唐，間秀瓌偉，皆鱗差繼踵於明代，不復備紀。曾祖，皇不仕。祖遲咸，中經第，皇任揚州録事參軍。列考有五戣，學亞生知，抱明允虔虔之志，以國朝大理重輕，議獄緩死，多缺於折衷。公少有才略，通貫古今，進《大中刑法統類》，大中十一年春登科。　上覽奇之，曰：『五聽三宥之典要，好生之德，洽於人心，可謂吕刑之龜鏡耳。』以是　皇任太子文學，用光儲貳之盛業也。　夫人即文學之次女矣。余時以招討軍功慰薦，首任陽城令。秩滿，纍任晋州襄陵縣令。始議清河之姻懿，及保慶結縭，而益昌家道。夫人每以盥饋之禮孝於姑，以寬裕弘恕恤於下。詩書毓德，蠲潔粢盛。侍膳問安，無墜鷄鳴之訓；箴規婦道，式彰荇菜之儀。余當調選咸秦，成命未降，矻矻孜孜，常迫於時計。夫人乃俯捜篋笥，徵彼香奩，祭服之餘，悉贍窮窶。淑慎映黔婁之婦，堅貞高許氏之妻，無玷無私，有終有卒。外扶内助，凝冢嫡之瓊姿；匡短弼違，贊疏慵之拙政。斯實夫人平生輔導薰藉之所致也。及守官望縣，不幸屬運罹百官，王室多虞。值寇亂之初，在危疑之際，上玄不造，余丁家艱，居縗絰之中，幾不勝處。遽蒙　卧龍相國[一]就加録用。余泪血瀝懇，辭不獲免，付之大邑，毗倚再三。指金革之繁難，俾奪情於攝任。苦心爲理，清慰人知，敢期陟明，更新寵命。竊冀官參上佐，位厠專城；所希微給罄空，同歡魚水。報杜蘭之德，雪原憲之貧。奈何時與願違，竟鬱衷素。迨夫人危疾綿輟，攻救罔瘳，禱祀百靈，鮮其　饗答。俄見風摧蕙質，霜殞蘭芳，終虧俞附之工，已睹黄熊之變。嗚呼哀哉！夫人享齡卅有五，以中和二年五月十五日終於正寢。有嗣子五人焉：曰買、曰初、曰歸、曰季、曰超。有女四人：曰願、曰羨、曰蟬、曰繼。咸偏錫慈誨，誡以儉約。男無缺於忠勤，女有光於内則，斯乃作嬪承家之義備矣。以其年歲在壬寅八月庚子朔三日壬寅，自平陰杖策護夫人之靈輿，歸葬於孟州河陽縣太平鄉那羅西北之乾山，鳳凰崗之前，臆附　先塋之左，禮也！其地乃遥翻翠翼，迴展垂天，睹河洛於轂中，藹休祥於物外。尚慮代更綿古，愴彼湮沉，親誌嘉猷，庶竭悼亡之旨而已。乃勒銘曰：

邈矣夫人，軒轅茂族。慶自德門，來光戬穀。禮樂詩書，箴規佩服。玉潔冰清，蘭芳桂馥。四德克備，守道無虧。如何冥寞，喪我貞姿。空標懿範，莫睹音輝。長嗟雍睦，每嘆家肥。隔存亡於顯晦，庶悼慟於泉扉。

[一] 卧龍相國即諸葛爽，時任河陽節度使，兼中書門下平章事。參兩《唐書·諸葛爽傳》。

唐故左武衛兵曹參軍扶風馬公夫人隴西李氏墓誌銘并序
族外生應書判拔萃給事郎前太常寺奉禮郎張博文撰
巨唐故左武衛兵曹參軍扶風馬公諱岳即皇鄭州刺史無彼之曾
孫江陵少尹兼御史中丞贈汝州刺史彝之猶子也公風度詳雅襟
量方深於國為忠於人為孝天不福善以元和十二年六月七日□
夫人而終於漢南遂權窆于彼也夫人族冠山東派流帝裔家傳
令範門望清雄曾祖充縕德丘園而終不仕祖諱紹精於刑典人命
所懸皇任大理評事父諱允祐皇任左武衛大將軍志略經撫職居
環衛忠惟奉國名著勳庸夫人即將軍之長女也夫人承積善
之慶稟中和之氣十歲學詩書十四工織紝道全藝備歸于我公周
急親疎躬服浣濯敬長慈幼中外所依有子三人焉長曰廣次
次曰元廣試太常寺太祝元司農寺巡官方應鄉貢明經元太
奉禮元鹽鐵均州場官皆博物才藝領于要職夙稟　夫人之
而得無悔焉廉娶弘農楊氏實姬姜大族秦晉為足也　夫人
孫留揚氏在側恭勤婦道饋藥躬嘗衣服不解壁于五旬矣豈期
短有命奄棄孝養以今年五月十六日傾背于東都永豐里之私第
也廉等痛結茹荼哀纏泣血宅兆是卜禮制難逾即以其年十一月
廿七日葬于河南府河南縣伊汭鄉之原禮也龜筮以是歲非便不
克合祔焉嗚呼逝水東注白日西落人世淪謝俱無還期博文外氏
趙与廉為族少相習長相愛備聞　夫人之盛德故書無媿辭乃為
銘曰
肅肅令德歸于我公　既親中饋以榮其宗　如何不弔天道難窮
慶族嘉姻人無與倫　內成嬪則外睦親親　嗣子泣血佩玉埋塵
墳古邊也悲風棘薪　伊水之西龍門之陽　前橫玉几後連重崗
神道安寧子孫蕃昌　高岸為虞刻石其彰
姪朝散郎前試大理評事李□回書　鄉貢進士馬昭篆蓋

三五七　唐故左武衛兵曹參軍扶風馬公（岳）夫人隴西李氏墓誌銘

某年十一月二十七日葬。

誌文二十六行，滿行二十七字。正書。誌長、寬均四十三厘米。

張博文撰，李□回書，馬昭篆蓋。

唐故左武衛兵曹參軍扶風馬公夫人隴西李氏墓誌銘并序

族外生應書判拔萃給事郎前太常寺奉禮郎張博文撰

巨唐故左武衛兵曹參軍扶風馬公諱岳，即皇鄭州刺史無彼之曾孫。江陵少尹兼御史中丞、贈汝州刺史彝之猶子也。公風度詳雅，□量方深。於國爲忠，於人爲孝。天不福善，以元和十二年六月七日□夫人而終於漢南，遂權窆於彼也。　夫人族冠山東，派流帝裔。家傳令範，門望清雄。曾祖充，藴德丘園，而終不仕。祖諱紹，精於刑典，人命所懸。皇任大理評事。父諱元祐，皇任左武衛大將軍，志略縱横，職居環衛。忠惟奉國，名著勛庸。　夫人即將軍之長女也。　夫人承積善之慶，禀中和之氣。十歲學詩書，十四工織紝。道全藝備，歸於我公。周急親疏，躬服浣濯。敬長慈幼，中外所依。有子三人焉：長曰廉，次曰充，次曰元。廉試太常寺太祝。充司農寺巡官，方應鄉貢明經。元太常寺奉禮，充鹽鐵均州場官。皆博總才藝，領於要職。夙禀　夫人之□□而得無悔焉。廉娶弘農楊氏，實姬姜大族，秦晋爲匹也。　夫人□□彌留，楊氏在側。恭勤婦道，饋藥躬嘗。衣服不解，曁於五旬矣。豈期脩短有命，奄弃孝養。以今年五月十六日傾背於東都永豐里之私第也。廉等痛結茹荼，哀纏泣血。窀穸是卜，禮制難逾。即以其年十一月廿七日葬於河南府河南縣伊汭鄉之原，禮也。龜筮以是歲非便，不克合祔焉。嗚呼！逝水東注，白日西落。人世淪謝，俱無還期。博文外氏趙，與廉爲族，少相習，長相愛。備聞　夫人之盛德，故書無愧辭。乃爲銘曰：

肅肅令德，歸於我公。既親中饋，以榮其宗。如何不吊，天道難窮。慶族嘉姻，人無與倫。内成嬪則，外睦親親。嗣子泣血，佩玉埋塵。墳古邐迤，悲風棘薪。伊水之西，龍門之陽。前横玉几，後連重崗。神道安寧，子孫蕃昌。高岸爲虞，刻石其彰。

任朝散郎前試大理評事李□回書

鄉貢進士圜昭篆蓋

人名筆畫索引

一、本索引據本書收入墓誌編製。

二、本索引收入本書墓誌中的南北朝及隋唐時代人物姓名。

三、索引收録的人名，以姓名爲主條，其後括注字號。

四、對墓誌中表述不够清楚，僅有姓氏、職官、謚號的人物，儘量通過史料加以考證還原，以其姓名作爲主條。

五、婦女以姓氏爲主目，從屬關係見參見條目。

六、姓名後所列數碼，爲本書墓誌序號，誌主或首題中所見人名後標注＊號。對於墓誌中多次出現的人名，序號後標注＊號者爲誌主墓誌。

人名筆畫索引

五畫

六畫

七畫

九畫

十畫

十一畫

十二畫

十三畫

十四畫

十五畫

十六畫

十八畫

十九畫

二十畫

其他

後記

《三集》的編訂工作在《續集》刊布之後已經展開，原本計劃將手頭已經徵集到的墓誌拓本及相關整理成果編訂後即可完工，工作相對輕鬆一些。然而，在這個過程中，又不斷寓目新見的洛陽墓誌拓本資料，個中滋味真是悲喜交集。因此，新見墓誌拓本的查訪與徵集、文字的整理與校訂又成爲工作的常態。轉眼間四年的時光就這樣匆匆而過，本來計劃在二〇二一年下半年能够推出，但由於各種原因，一直到現在纔得以面世。

《三集》中墓誌拓本的搜集、鑒定以及整理的統籌工作由我負責。整理工作主要由我及洛陽師範學院河洛文化研究中心的伍純初博士、圖書館牛紅廣副研究員，千唐誌齋博物館鄧盼盼，西安電子科技大學人文學院趙水静博士承擔，人名索引的提取由趙水静和我承擔。洛陽師範學院歷史文化學院歷史學專業二〇一六級的邢廣舉、嚴思潔、劉雨馨、王一涵、楊文杰幾位同學參與了部分墓誌的初步整理。拓本的拍攝及掃描由我和天天文印社製作完成。定稿後的文字校訂、圖版的審定由我來完成。

侯予、韓旭騫、張存才諸先生在本書墓誌拓本的徵集過程中付出了辛勤的勞動。他們襄助徵集到的許多新資料爲本書增色不少。此外，洛陽本地許多熱心朋友也給予了積極的支持，或是饋贈，或是幫忙購買。正是由於大家共同的努力，使得散落各處的洛陽唐代墓誌拓本得以一張張徵集而來，集腋成裘。能够在本書中將這些珍貴文獻裒集展現，也是編者格外感到欣慰的。需要特别説明的是，本書中部分拓本來自洛陽及周邊的一些民營博物館，由於種種原因，書中無法一一注明所在，在此謹致歉意。

這裏還要特别感謝中國社會科學院考古研究所趙超先生的溝通和引薦，筆者帶領課題組於二〇一九年夏專程前往山東拿雲美術博物館進行實地考察，承蒙博物館館長劉建先生的熱情接待，并惠允購藏館藏部分唐代墓誌拓本，使得該館所藏洛陽唐代墓誌拓本得以完整展現在本書中，彌補了以往出版物中僅有部分拓本圖版及録文的缺憾。

國家圖書館出版社的景晶女史爲本書的謀劃、圖版和文字的校訂、書稿的印刷做了大量的工作。在二〇二一年上半年排版和文字工作即將完成之際，我又增加并置換了相當部分圖版和文字，這無疑爲編輯工作增加了巨大的工作量。但景晶女史一直非常寬容地對待書稿内容的反復修訂與整理工作的拖沓。從《彙編》到《三集》，她一直參與并見證了三部書稿的出版過程。此外，本書的出版得到了國家社科基金項目、國家社科基金重大項目、河南省高校哲學社會科學創新團隊、河南省高校科技創新人才、洛陽師範學院河洛文化科研平臺專項經費的資助，感謝科研處處長張瑞玲教授和歷史文化學院原院長郭紅娟教授的大力支持。在這裏，向爲本書的編輯和出版付出辛勞的各位專家、同仁致以誠摯的謝意。最後，儘管本書即將完成，在略感輕鬆的同時，不禁捫心自問，《三集》完成了，《四集》還會遠嗎？

毛陽光

二〇二二年七月